法贵简当，使人易晓，若条绪繁多，或一事两端，可轻可重，吏得因缘为奸，非法意也。夫网密则水无大鱼，法密则国无全民。

（清）张廷玉等撰
《明史·刑法志》

中國法制通史

【第七卷】

明

总主编　张晋藩

本卷主编　张晋藩　怀效锋

本卷副主编　刘广安

中国法制出版社
CHINA LEGAL PUBLISHING HOUSE

撰稿人（以撰写章节为序）

张晋藩 绪　言

刘广安 第一章

陈国平 第二章

童光政 第三章

李　鸣 第四章

怀效锋 第五章

李曙光 第六章

CONTENTS

目录

绪 言

一、明朝法制的历史地位

明朝法制是中国封建社会后期法制的代表形态，它在传统法制的基础上，进一步确立了新的法律体系，提高了立法技术，严密了法律规范，改革了司法制度，因而可以与在中国法制史上起承前启后作用的唐朝法制相提并论。其影响虽不如唐律深远，但无论立法、司法还是法律解释，都为清朝法制提供了重要的基础。

明朝法制的历史地位是在特定的背景下，基于统治者的指导思想和政策，由立法、司法实践中所取得的成就决定的。

首先，明朝政权是在农民起义和反元的尖锐的阶级矛盾和民族矛盾中建立起来的。为了巩固新建立的以汉族地主阶级为主体的封建政权，统一地组织全国力量，对内整顿社会秩序，对外保卫国防，并将尖锐的阶级矛盾、民族矛盾纳入法定的限度以内，都急需建立法制，发挥法律的治国作用。明太祖朱元璋虽然出身布衣，但是参加反元农民大起义的实践，使他认识到元末法制败坏，纲纪废弛，官吏贪蠹，民不聊生，是激起民变，最终酿成元末大起义的重要原因。他曾告诫群臣说，“从前我在民间时，见州县官吏多不恤民，往往贪财好色，饮酒废事，凡民疾苦，视之漠然，心实怒之。故今要严立法禁，但遇官吏贪污蠹害吾民者，罪之不恕”[①]。正是

---

① 《明太祖实录》卷39。

在总结历史经验与教训的基础上，朱元璋充分估计了法律的治国作用，他说："夫法度者，朝廷所以治天下也。"[①] 还在吴元年平定武昌，朱元璋即吴王位时，便提出"建国之初，先正纲纪"[②]，并命重臣李善长等议拟律令。统一的明朝建立以后，又几次组织修订《大明律》，并亲自"为之裁定"。如同《明史·刑法志》所概括的："盖太祖之于律令也，草创于吴元年，更定于洪武六年，整齐于二十二年，至三十年始颁示天下，日久而虑精，一代法始定，中外决狱，一准三十年所颁。"

洪武三十年（1397年），《大明律》制定以后，朱元璋特别下令："子孙守之，群臣有稍议更改，即以变乱祖制之罪议处。"[③] 这道严令虽然表现了朱元璋固守祖制的保守性，不符合法律与社会同步发展的客观规律，但却反映了他对于建立和稳定统一的法律制度是何等的重视。

其次，经过元朝的野蛮统治，特别是元末全国性的大动乱，社会经济遭受严重的摧残，以致经济能否得到恢复和发展成为明朝政权能否巩固的存亡攸关问题。为此，明初统治者不仅实行了一系列移民垦荒、奖励屯田、兴修水利、招诱流亡的政策，而且积极制定法律以保护变动中的所有权关系，促进农、工、商业的恢复与发展。随着统一的明朝政权的建立，国内各地的经济联系显著加强，商品经济和对外贸易在经过短暂的恢复期以后，开始了迅速的发展，因而迫切要求法律的统一调整。正是社会经济发展的内在要求，推动了明朝制定独立的《盐法》《茶法》《钞法》《税法》和有关的律例，使得封建的民事与经济法律达到了新的发展水平。法律的相对完善又反过来促进了经济的发展。

最后，唐宋以来封建法制建设经验的积累，不仅使明朝法制的起点较高，而且为其新发展准备了重要的思想、文化前提。著名的唐朝法制是封

① 《明太祖实录》卷116。

② （明）谷应泰：《明史纪事本末》卷14《开国规模》。

③ 《明史·刑法志》。

建法制臻于成熟的形态，宋朝的民事与经济立法又将封建法制推进了一大步。这两朝（尤其是唐朝）的法制资料和立法与司法经验，受到明朝统治者的高度重视和认真吸取。洪武元年（1368 年），朱元璋曾“命儒臣四人，同刑官讲《唐律》，日进二十条”①，作为制定《大明律》的依据。洪武七年刑部尚书刘惟谦、翰林学士宋濂在《进明律表》中宣称：（大明律）“篇目一准之于唐，……合六百有六条，分为三十卷，或损或益，或仍其旧，务合轻重之宜”②。这说明《大明律》既以唐律为基础，但又不泥于唐律，而是针对时宜，有所发展。尤其是明律的结构由唐律的十二篇精简为名例、吏、户、礼、兵、刑、工七篇，反映了按国家职能进行部门立法的趋向，是传统法律结构的巨大进步。

此外，律、典、例、敕的相互为用，制定法与判例法的密切配合，行政法律的细密，民事法律渊源的多样，经济法律的迅速增加等，都标志着明朝法律已臻于封建法律之集大成。

在法律实施上，明初统治者遵行朱元璋所确立的“明礼以导民，定律以绳顽”的指导思想，注意礼、法、情三者的结合，开创了会审的复核制度。尤其在援法断罪上，由明初迄至成、宣两朝是严于唐宋的，直到中叶以后，随着专制制度的极端发展，所造成的政治腐败，使得一切既定的成法都受到宦官非法专擅的冲击，艰难缔造的法制秩序遭到破坏。法制的破坏，又加速了政治的腐朽。在这个恶性循环中，曾经赫赫一时的明朝统治，终于土崩瓦解。

二、明朝法制建设的两个重要时期

明朝的法制建设，可以划分为以下两个重要时期。

① 《明史·刑法志》。
② 《明史·刑法志》。

（一）开国时期

统一的明朝建立以后，朱元璋从消除元末各种腐败现象的消极影响，迅速建立新秩序，以巩固统一的专制主义中央集权的目标出发，高度重视制定《大明律》和建立新的司法制度。

从吴元年十二月制定的《大明令》起，几经修订，至洪武三十年，终于完成了《大明律》这部大法。

《大明律》七篇，460 条，形式与内容都较唐宋律有所改进。它“上稽天理，下揆人情”，条例简于唐律，精神严于宋律，是明朝的基本法典。由于朱元璋严令子孙世守《大明律》，群臣不得稍议更改，因此《大明律》成为明朝辗转相承的“百代之准绳”。[①]

除《大明律》外，朱元璋根据“刑乱国用重典”的传统思想，为了力矫元末纲纪废弛，官吏恣纵的积弊，亲自编订《大诰》四编，其中汇编了以酷刑惩治官民过犯的案例，以及各种峻令和训诫。《御制大诰》虽是法外之法，但却为司法审判提供了极具权威的比附判例。同时，还从中撷取若干条附于《大明律》之后，使之上升为成法，名曰《律诰》。直至明成祖永乐十九年（1421 年）四月，基于形势日趋于稳定，才宣布“法司所问囚人，今后一依《大明律》拟罪，不许深文，妄行榜文条例”[②]，从而在司法中终止了对于《大诰》的适用。仁宣朝以后，不仅终止《大诰》的效力，而且连同《律诰》36 条，一并废除不用。

明朝的司法制度，中央体制虽然基本沿袭唐宋旧制，但也有所发展。譬如，洪武十七年（1384 年）建立了“三司（刑部、大理寺、都察院）会审”制度。三司之间既有明确的职权分工，也有严格的互相配合与制衡关系，遇有重案疑案和死刑复核案件，则由三司会审。明朝的会审制度开了

---

① 《进明律表》。

② 《明太宗实录》卷 236。

清朝秋审制度的先河。

地方司法体制的主要变化是省设立提刑按察使司，“专掌一省刑名按劾之事”[①]，并作为府县的上诉审判。州县与里之间设立申明亭，“凡民间应有词状，许耆老里长准受于本亭剖理”。由于户婚田土一类案件均须经过申明亭，因而其具有基层司法机关的性质。

随着明朝专制制度的加强，皇帝的亲军锦衣卫和内侍——东厂、西厂，也因皇帝特令而参与司法、侦捕与羁押，并有权出席三法司会审，名曰“听记”。由于宦官势盛，常常使“法司掣肘”。[②]对于宦官作出的判决，法司虽然“洞见其情”，也“不敢擅改一字”。[③]在中国法制史上宦官公然擅权于司法是明朝所仅有的，它是专制制度不断加强和日益腐朽的结果。但从厂卫插手于司法的事实中，也反映了司法在国家活动中的重要性以及司法是勒索贪赃、鱼肉百姓的途径。随着宦官们揽权司法，使得过去完全非法的行为变为合法，明朝法制的败坏也就不言而喻了。明末清初著名思想家黄宗羲曾经愤怒地抨击说：“阉宦之祸，历汉、唐、宋而相寻无已，然未有若有明之为烈也。……天下之刑狱，先东厂而后法司，其他无不皆然。”[④]

（二）中后期

《大明律》制定以后，虽然朱元璋宣布为祖宗成法，“一字不可改易”，[⑤]但毕竟与发展着的社会生活逐渐脱节，矛盾日渐尖锐。至弘治朝，被称为“中兴之令主”[⑥]的孝宗皇帝，励精图治，广开言路，这时大臣们相继提出分类编集奏准的事例，用以弥补《大明律》的不足，以便“情罪无遗”。

① 《明史·职官志》。

② 《明史·刑法志》。

③ 《明史·孙盘传》。

④ （明）黄宗羲:《明夷待访录·阉宦》。

⑤ 《皇明祖训》序。

⑥ （清）夏燮:《明通鉴》卷40。

弘治十一年（1498 年）孝宗皇帝俯察臣议，下令修订《问刑条例》。弘治十三年二月编成《问刑条例》279 条，通行天下。

弘治《问刑条例》以明朝建立以来的社会生活发展为依据，并对已有的大量条例删繁就简，使之整齐划一，纠正了实际存在着的“以例代律”，“以例改律”的弊病，成为“辅律而行”的重要立法。

弘治以后，嘉靖、万历两朝也都遵循“辅律而行”的路线，修订嘉靖《问刑条例》和万历《问刑条例》。

弘治、嘉靖、万历三朝《问刑条例》的修订，是明朝中后期的重要立法活动，它弥补了不变的《大明律》与可变的社会生活之间的矛盾，起到了以例补律的作用，成为司法实践中的重要依据，既有利于法律的统一适用，也提高了司法效率，而且为清朝的立法提供了成功的经验。

除《问刑条例》外，明朝中后期立法的另一重要成就是制定了《大明会典》。

弘治十五年（1502 年）孝宗皇帝仿《唐六典》的体例编成《大明会典》八十卷。经过武宗时“内阁重加参校补正遗阙”，正式颁行天下。其后，世宗时编成《嘉靖续纂会典》；神宗时编成《万历重修会典》。

《大明会典》以六部官制为纲，分述各行政机关的职掌和事例，它取材于官修的律、令、礼、式、宪纲和诸司档案，资料广博，论述详密，是集明朝典章制度于一书的行政立法总汇。清代五朝会典就是仿明会典而编制的。

明朝中后期的立法以弘治朝为最有成就，而且贯穿始终。嘉靖朝初期，在大学士杨廷和的辅佐下，比较重视法制，力矫前朝严刑峻法之弊，删革了正德朝太监刘瑾为揽权售奸而制定的条例，并在弘治《问刑条例》的基础上修订了新的《问刑条例》。但从“议大礼”起，嘉靖政治开始走向腐败，皇帝任意处罚大臣，又屡屡滥赦，破坏了法制的职能与严肃性，促进了统治集团内部的矛盾，加剧了明朝政治的没落。

神宗时期，除《问刑条例》外，大学士张居正力图恢复太祖时期法制严明、朝令夕行的行政效率，因而推行“考成法”，并在清丈土地的基础上，正式下令全面实施“一条鞭法”，进行中国封建社会后期一项重要的经济体制改革。但张居正死后，人亡政息，神宗皇帝几十年不临朝治事，极端专制主义的积弊，已使明朝无力回天了。

三、明朝法制的特点

明朝是中国封建社会发展近二千年以后建立起来的。封建社会后期的历史背景加给明朝法制以鲜明的特点。

（一）法律的形式与内容简约，便于百姓知法、守法与官吏执法

明朝的法律形式以律、例为主，虽有令、诰、典等，但诰只适用于中期以前；典则出现于中期以后，总的说来，较之唐宋简化。法律内容也同样是如此。以《大明律》为例，律文仅460条，比唐律少42条，如同《明史·刑法志》所说，“大抵明律视唐律简核”。其所以如此是和朱元璋“法贵简，使人易知”的指导思想分不开的。他曾指出：“……古者律令至简，后世渐以繁多，甚至有不能通其义者，何以使人知法意而不犯哉！人既难知，是启吏之奸而陷民于法，朕甚怜之。今所定律令，芟繁就简，使之归一，直言其事，庶几人人易知而难犯。”[①]由此可见，简约法律形式与内容的出发点是为了使百姓知法、防止官吏玩法，以保持国家的长治久安。

正是着眼于百姓知法才可以有所规避，朱元璋也十分注意法制宣传。早在吴元年（1367年）《大明令》完成以后，他便特命编纂《律令直解》，“颁之郡县”，使“小民周知”。洪武三十年（1397年）朱元璋在阐明制定《大明律诰》的思考时强调：“法在有司，民不周知，故命刑官取大诰条目，撮

① 《大明令》，转引自怀效锋点校：《大明律》附录，法律出版社1999年版，第231页。

其要略，附载于律……刊布中外，令天下知所遵守。”[①]

不仅如此，他还下令将《大诰》三编作为国子监学和科举考试的内容。在乡里则由塾师教授《大诰》，每于乡村节日聚会之处，派遣专人讲授《大诰》。而且以讲读律令，“考校有司”，“其不能晓晰者，罚有差”[②]。

明初，通过法制宣传，在颇大的程度上使法律公开化了。百姓了解“趋吉避凶之道”，自然有利于社会的稳定。有司百官知法执法将自己的行为纳入法定的限度以内，也就会避免元末官吏贪蠹，激起民变的历史重演。但是，朱元璋期望于官吏的并不限于此，他要求有司百官务要做到执法以御民，用法而无私。

以上可见，明初的法制建设，确实是立足于对历史经验与教训的总结，具有很强的针对性，由此而带来了一派严整的景象。

（二）贯穿了强化专制主义的精神

统一的专制主义制度建立于秦朝，至宋，由于实行加强中央集权的政策，而使专制制度得到加强。明朝统治者远承秦汉，近效宋元，进一步将专制制度推向极端化，并体现在法制当中。

1. 废除宰相制度，确立皇权至高无上的专制主义行政管理体制。皇帝不仅是国家元首，而且是直接统辖六部的行政首脑，从而揭开了封建行政法史上前所未有的一页。

2. 加重了对于危害君主专制制度的反逆大罪的镇压，无论处刑的严酷、株连的广泛都重于唐宋律。为了严防臣下结党，形成威胁皇权的政治集团，在《大明律》中专设“奸党”罪，成为诛杀大臣的法律依据。清人薛允升在《唐明律合编》一书中指出：奸党等条，“皆洪武年间增定者也。明朝猜忌臣下，无弊不防，所定之律亦苛刻显著，迥不相同”。“凡所以防臣下之

① 《明史·刑法志》。
② 《明史·刑法志》。

揽权专擅交结党援者，固已不遗余力矣”。

3. 继续保护以小农为核心的自然经济结构，同时扩大禁榷制度，严格推行新的赋税制度，以巩固专制制度所赖以矗立的经济基础。

4. 凡属断罪无正条者，须要引律比附；定拟罪名后，要由刑部议定奏闻取旨，否则按故失论罪，以维护皇帝最高的立法权和司法权。皇帝还通过特派亲军和内侍参与侦捕审判，以控制司法活动。

5. 加强思想文化领域的专制统治，出现了以文字论罪的文字狱。

（三）注意发挥法律对于经济的调整作用

处于封建社会后期的经济关系，无论城乡之间，中外之间，农工商业之间，都日益复杂化了，联系也更加密切，因而迫切要求法律的规范、调整和保护。明律中详定“钞法”“盐法”“茶法”“市廛”“田宅”“钱债”“营造”等，都是为了发挥法律对于经济的调整作用，以适应经济发展的需要。

（四）诉讼与审判进一步程序化、制度化

明朝的司法制度是封建司法制度的发达形态。在诉讼方面，已经建立起一套更加规范化的诉讼程序。在审判方面，审级的层次清晰，管辖分明，民事调处与死刑复核都进一步制度化。尤其是各种形式的会审制是明朝的创新，对于清朝的九卿会审具有直接的渊源意义。

（五）私家注律有所发展

明神宗以后，私家注律开始兴起，著名的如：彭应弼的《刑书据会》、雷梦麟的《读律琐言》、姚思仁的《大明律附例注释》、贡举的《明律法全书》、明允的《大明律例详刑冰鉴》、王樵的《读律私笺》、陆柬之的《读律管见》、苏茂相的《大明律例临民宝镜》、王肯堂的《大明律笺释》等。其中王肯堂的《大明律笺释》，不仅为官方修律所援引和司法官断狱的圭臬，而且对清初的私家注律有着重要的影响。

在专制制度极端强化的明朝，私家注律却得到了发展，这看起来是矛盾的，实则恰恰是专制制度强化所要求的。因为专制制度越强化，越要求法律的统一适用和统一解释，于是私家注律便应运而生了。但私家注律不是自由地任凭己意去注释现行律例，而是在明朝政府的控制下进行的。个人的认识服从于统治者的法律意识和国家的需要，否则不仅注释无效，还要受到刑罚制裁。

四、封闭与保守使中国法制落后于西方国家

（一）中华法系曾经积极影响和推动周边国家法制文明的进步

中国是法制文明起源最早的国家之一，在很长时期居于世界的前列。被世界公认为五大法系之一的中华法系，曾经影响着周边的一些国家，这是中华民族对世界法制文明的杰出贡献。中国古代法律概念的明确与律学疏解的精练，便是一个很有说服力的范例。

早在先秦的文献中，已经对“故意”“过失”“一贯”“偶犯”作出了最初的解释。至晋朝，张斐所撰《律表》对于“故”“失”“谩”“诈”“不敬”“斗”“戏”“贼”“过失”“不道”“恶逆”“戕”“造意”“谋”“率”“强”“略”“群”“盗”“赃”二十个基本概念，综合长期的实际经验，进一步作出明确而又概括的解释，这在公元三至四世纪的世界法制史上是仅见的。

至公元六世纪《永徽律疏》问市，标志着法律解释达到了一个新的高峰。《律疏》通过对律文的统一诠解，不仅阐明了律文的概念与内涵，便于司法官引律断罪；而且还论述了封建法制的基本原则和历史沿革，它是中国先进的法文化的代表，被当时东南亚一带国家奉为解律的圭臬，可以说以唐律为核心的中华法文化，曾经滋润了东南亚各国法制文明成长的土壤。

又如，以礼为指导的伦理法，不仅是中华法系的基本特征，也是东南

亚一些国家共同接受的规范。中国古代在宗法血缘关系的基础上，经过法律的儒家化，使法律与道德互相交融，形成了特有的调整家族成员权利义务关系的伦理法。它以维护父权家长制为核心、以调整长幼尊卑的秩序为基本职能，以宣传家国相通、借父权以加强皇权为政治目的，因此亲情关系与法律关系一直是统一的。由于伦理法植根于深厚的宗法制度的土壤，而且得到儒家思想的论证，尤其是在自然经济结构为主体的封闭环境中，得以辗转相承，源远流长。在与中国相邻的周边国家中，有些国情与中国相似，以至伦理法的观念、原则与规范，得到它们的认同和吸收，其影响相当深广。

除此之外，类似于“罪刑法定”的援法断罪在中国也是由来已久的。根据《云梦秦简》，早在秦统一前便以“明法律令”为“良吏”，以“不明法律令”为“恶吏”。晋时，刘颂曾引《晋律》说：“律法：断罪皆当以法律正文，若无正文，依附名例断之，其正文名例所不及皆无论。法史以上，所执不同，得为异议。”至唐代，《永徽律疏》进一步规定，“诸断罪，皆须具引律令格式正文，违者笞三十”。所谓“具引律令格式”，就是要求司法官断罪时详细完整地引用法律，不得断章取义，任意援引。这是中国古代司法制度的一个原则性规定，也是体现封建法治主义精神的杰出规定，它反映了统治者对于司法的重视，和防止因法外诛求造成社会的动荡。

中国古代的援法断罪，与西方资产阶级革命时期提出的“罪刑法定主义”，虽然背景和性质不同，但就其精神而言基本上是一致的，只是中国早于西方一千余年。

除此之外，制定法与判例法的互补、法典结构的严密，也是中华法系的特点和优点，受到周边国家的重视。

作为中华法系具体表征的古代法典，是以结构严谨，条文细密著称于世的。从地下发现的秦汉律，到唐宋明清各律，辗转相承，代有发展，使得法典的结构日趋严谨，由律而篇，而卷，而门，而条，而附例，而疏解，形成一个既相对独立，又互相关联的，具有内在逻辑的整体。在这个结构下，法典的内容极为细密，从个人到家庭，从社会到国家，从经济到政治，从生产到生活，的确是“皆有法式”，这是同时期的其他国家难以比拟的。

（二）封闭与保守使中国法制落后于西方国家

独树一帜的中华法系，是在封闭的环境中形成和发展的，中华法系的特点也都和封闭性的国情密切相关。封建专制主义的中国，经历了二千多年之得以存在和延续，正是以封闭性为前提的。而自给自足的自然经济结构是封闭性长期维持的物质基础；专制政府所推行的闭关锁国的政策，又给予这种封闭性以强制的保护。与外界相隔绝的环境，还养成了人们自视甚高、睥睨一切的心理状态，在法制上尤其如此。

中国古代法制在漫长的发展过程中，没有受到外来法文化的影响，因此只有纵向的继受，没有横向的交流。生活在春秋时期的孔子在谈到三代礼（广义的）的沿革关系时，说：“殷因于夏礼，所损益可知也；周因于殷礼，所损益可知也。”① 这个论断也完全适用于法制的历史。三代以降、秦、汉、魏、晋、唐、宋、明、清各朝的法制，陈陈相因，总的说来，都是以宗法血缘集体为本位，以纲常政治伦理为核心，以刑法涵盖诸法为结构，以纵向继受为前提，从中看不到外来法文化影响的痕迹。所以中国古代的法文化是输出的，不是纳入的；是单向的，不是双向的。在这一点上，法文化与其他文化构成因素是不同的。譬如，宗教、艺术、天文等，自汉以来，中外便存在着广泛悠久的交流关系，并在互相吸收中形成新的风格，取得发展。然而天朝法律，经纬天下，优于天下的认识，顽固地抵御着外来法文化的输入。直到十九世纪中叶海禁大开以后，仍然如此。封建专制制度的政治要求，只能是容许因袭祖宗成法，抱残守缺，而决不可以面向外部世界，革旧纳新。

① 《论语·为政》。

如果说中国古代法制是在封闭的环境中独立形成和发展的，那么它的没落与腐朽也是在封闭的环境中进行的，因而缺乏起码的内省与自觉。以明朝法制为例，《大明律》虽然具有反映社会发展需求的某些新内容，但仍然是完整的纯粹的封建法典，在某些方面甚至落后于七百年前的唐律。以刑制为例，按唐律，法定刑罚不外笞、杖、徒、流、死五种，死刑的执行方法也不外绞、斩两种。明律则除传统的五刑外，增加了充军、枭令、夷族、刺字、凌迟等刑，不仅使传统的肉刑复活，而且将五代以来最残酷的凌迟入律，这显然是一种历史的倒退。这种刑罚上的威吓与报复是专制制度极端发展所带来的必然结果。

不仅如此，在法律结构上，从李悝《法经》到《大明律》，历时一千余年，始终停留在以刑为主、诸法合体、民刑不分的水平。

然而就在明朝法制徘徊不前之际，西方世界行将开始了一场震古烁今的资产阶级革命。

十六至十七世纪的中国（嘉靖至万历年间）是中国历史上资本主义萌芽的显著发展阶段，但专制国家所推行的重农抑商、闭关锁国、维护自然经济的政策，遏制和摧残了资本主义的萌芽，延缓了新的社会阶级的分化，打击了有识之士改良与变革的努力，终于导致极端的专制、空前的腐败、严重的停滞，所有这一切都根源于专制主义的制度。

就在这时，尼德兰资产阶级革命的成功宣告了资本主义生产方式的确立与资产阶级的崛起。英国开始的圈地运动和德国的宗教改革，也都在为资产阶级革命作准备。西方国家的海外贸易已经在走向东方，走向世界。与经济的剧变相适应的西方资产阶级的文艺复兴运动，也冲破了封建的桎梏，达到极盛时期。

为了呼唤资产阶级革命，建立资产阶级的民主与法治国家，西方启蒙思想家们极尽能事地发挥了理论先导的作用。例如，洛克从自然法的原则出发，论述了“自然状态有一种为人人所应遵守的自然法对它起着支配作用；而理性，也就是自然法，教导着有意遵从理性的全人类：人们既然都是平等和独立的，任何人就不得侵害他人的生命、健康、自由或财产”[①]。我们从法国《人权宣言》中看到了洛克的理论影响：“人们生来并且始终是自由的，在权利上是平等的；社会的差别只可以基于共同的利益”。（第一条）“一切政治结合的目的都在于保存自然的、不可消灭的人权；这些权利是自由、财产权、安全和反抗压迫。”（第二条）

孟德斯鸠在《论法的精神》中所阐述的“什么是自由，自由就是做法律所许可的一切事情的权利；如果一个公民能够做法律所禁止的事情，他就不再有自由了，因为其他人也同样会有这个权利”也通过《人权宣言》的形式，得到了体现：“自由包括从事一切不损害他人的行为的权利。因此，行使各人的自然权利只有以保证社会的其他成员享有同样的权利为其界限。这些界限只能够由法律确定”。（第四条）

我们还可以从美国1776年《弗吉尼亚权利法案》第二条关于“一切权力属于人民，因之来自人民，执行法律的一切官吏都是人民的受托人和仆人，在任何时候均应服从人民”以及1791年法国宪法关于“主权是统一的，不可分的，不可剥夺的和不可转移的；主权属于国民……”等规定中，看到卢梭主权论的指导意义。他说：“主权是不可分割的，不可转让的，而且它在本质上就存在于共同体的全体成员之中。”[②]

由此可见，资产阶级启蒙思想家关于民主与法制的论述，指导了创建资产阶级民主法律制度的实践。资产阶级国家虽然建立于明朝覆亡以后，但它的思想酝酿却是在明末时期。

如果从中国古代法制的纵向的比较中，可以发现相对的停滞，那么从横向的比较中便会清楚地感觉到绝对的落后。这个落后不应完全归罪于清朝，因为清袭明制，是明朝法制的延伸，而应归罪于明朝的更加专制，更加封闭和更加冥顽不化。

---

① ［英］约翰 · 洛克：《政府论（下篇）》，叶启芳、瞿菊农译，商务印书馆1964年版，第6页。
② ［法］卢梭：《山中来信》，商务印书馆2016年版，第169页。

明末清初，以黄宗羲为代表的一批思想家猛烈抨击明朝专制制度，揭露专制皇帝是荼毒天下的大盗，专制法律是“一家之法”，而非“天下之法”。其出发点虽然是有感于汉族的社稷沦亡和“衣冠扫地”，但也的确在某种程度上接触到了专制制度的实质。可惜的是这种思想在当时的中国还没有生根的土壤，只如掠过夜空的流星，虽然显露了异彩，但随即在清朝的专制黑幕下消失。直到二百余年后的十九世纪后半期，才又重现光明，但那时的中国和世界都发生了巨大的变化。中国的封闭环境被彻底打破了，中国的主权独立也在外国侵略下丧失了。西方的法文化同西方的商品一起涌入中国。尽管西方的法文化同中国传统的法文化发生了激烈的冲突，但先进的总是要占上风的，经过半个世纪的冲突、吸收、融合和转型，终于在二十世纪初循着西方法文化的轨迹，中国的修律和司法改革开始了，从此，揭开了中国法制近代化的序幕。

第一章　立法概况

第一节　立法思想

明朝君臣在制定《大明律》等各种法律形式的过程中，提出了许多立法方面的主张。这些主张反映了明朝内容广泛的立法思想。

一、立法的继承性

明初，丞相李善长等言："历代之律，皆以汉《九章》为宗，至唐始集其成。今制宜遵唐旧。"太祖从其言。① 在《御制大明律序》中，朱元璋特别强调了"朕仿古为治"的立法继承性思想。朱元璋之后的明朝诸帝也不同程度地强调立法继承性方面的思想。弘治十五年（1502 年）的《御制明会典序》中专门申述："我太祖高皇帝以至圣之德驱胡元而有天下，凡一政之举，一令之行，必集群儒而议之，遵古法，酌时宜……我太宗文皇帝、仁宗昭皇帝、宣宗章皇帝、英宗睿皇帝、宪宗纯皇帝，圣圣相承，先后一心，虽因时损益而率由是道，百有余年之太平，端有在矣。"正德四年（1509 年）的《御制明会典序》中说："我太祖高皇帝稽古创制……列圣相承，随时与事，因革损益，代各不同，而皆不失乎皇祖之意。"正德六年《皇帝敕谕内阁》："朕

① 《明史·刑法志》。

嗣承丕绪，以君万邦，远稽古典，近守祖宗成法，夙夜祗惧，罔敢违越。”嘉靖八年（1529 年）《皇帝敕谕内阁》同样强调了立法继承性方面的思想：“朕躬承天命，入继祖宗大统，君临天下，凡致治保邦之道，远稽古典，近守祖宗成法，夙夜祗慎，罔敢违越。仰惟我皇伯考孝宗皇帝，命儒臣纂修《大明会典》一书。我圣祖神宗，累朝以来，创业垂统，守成致治。凡官职制度、事物名数，仪文等级，宏纲众目，本末备具，因时修改，损益具载，大要以祖宗旧制为主。节年事例，附书于后。我皇兄武宗皇帝，又命儒臣再加参校重进，然后刊印颁行。”万历四年（1576 年）《皇帝敕谕内阁》，在申述修订《大明会典》理由之前，仍专门强调“惟我祖宗之旧章成宪，是守是遵”。明朝君臣有关立法继承性方面的思想，虽然不够系统和深刻，但是意旨简要明确，为其统治的合理性，立法的权威性寻找了历史的依据，法统的依据。

二、立法的稳定性

追求统治权的至高无上，追求社会的长治久安，是历代君主的政治目标，也是历代君主强调立法稳定性的根本原因。明太祖朱元璋废除宰相制，实行高度的君主集权制，更需要立法的稳定性来维护君权的稳定性。他在洪武三十年修订《大明律》后，即“令子孙守之。群臣有稍议更改，即坐以变乱祖制之罪”[①]。在此思想指导之下，律成为“万世之常法”，在有明一朝，“历代相承，无敢轻改”[②]。洪武十八年颁行《大诰》初编时，朱元璋在《御制大诰序》中特别申明“斯令一出，世世守行之”。朱元璋之后的明朝诸帝，每当修订法律时，总是不忘维护祖宗定律的稳定性，反复申述了立法稳定性和继承性方面的思想。这在纂修《大明会典》的过程中，表现尤为突出。上文所引立法继承性方面的思想，即与立法稳定性的思想紧密相连。

① 《明史·刑法志》。
② 《明史·刑法志》。

三、立法简明

明太祖朱元璋在吴元年（1367年），曾对议律官发布上谕："法贵简当，使人易晓。若条绪繁多，或一事两端，可轻可重，吏得因缘为奸，非法意也。夫网密则水无大鱼，法密则国无全民。卿等悉心参究，日具刑名条目以上，吾亲酌议焉。"[①] 洪武元年（1368年），朱元璋在《颁行大明令敕》中再次申述了立法简明的思想，敕文中说："古者律、令至简，后世渐以繁多，甚至有不能通其义者，何以使人知法意而不犯哉？人既难知，是启吏之奸而陷民于法。朕甚悯之。今所定律、令，芟繁就简，使之归一，直言其事，庶几人人易知而难犯。《书》曰：'刑期于无刑'。天下果能遵令而不蹈于律，刑措之效，亦不难致。兹命颁行四方，惟尔臣庶，体予至意。"在立法简明思想的指导下，明初统治者不仅制定了比唐律"简核"的《大明律》，而且颁发了文字浅显易懂的《大诰》，并把《大诰》发至每户人家，令"一切官民诸色人等"知悉守法。明代的政治家、律学家丘浚对立法简明的思想有过深入的考察和评论。他在《总论制刑之义》一文中考察了汉代君臣关于立法繁简的讨论。汉光武时，群臣上言：古者肉刑严重，则人畏法令。今宪令轻薄，故奸轨不胜，宜增科禁以防其源。大臣杜林上奏认为，法令繁苛，故国无廉士，家无全行。至于法不能禁，令不能止，上下相循，为敝弥深。他建议应当继续遵循简明的旧制。光武帝采纳了杜林的意见。丘浚在《定律令之制》一文中进一步论述了立法应如何做到简明适当的问题。他认为："后世律文深晦，故比拟之际，彼此可通，舞智之吏，得以轻重其罪……制律者当何如？亦曰：浅易其语，显明其义，使人易晓，避而不犯，可也……（唐）高宗时赵冬曦言：立法贵下人尽知，则天下不敢犯。何必饰其文义，简其科条哉？夫科条省，则下人难知而暗陷机阱。文义深，则法吏得便而比附行私。臣请律令格式，直书其事，无假文饰，其以准加减，

---

① 《明史·刑法志》。

比附量情，及举轻以明重，不应为而为之类，皆勿用之。使愚夫愚妇皆知，则相率而远之。故曰法明则人信，法一则主尊。臣按不简科条，不饰文义，惟直书其事，用世俗浅近之言，显委曲详尽之义。所谓以准加减等文，皆明著曰：该得某罪，该杖几十，所加何罪，所减几何？使天下共见共闻，粗知文义者，开卷即了，则民知趋避，不陷于机阱矣。”[①]

四、立法因时制宜

立法简明虽有利于民众了解法律，但社会的发展，事势的变化，常使简明的法律不足以为用，所以明朝统治者又指出了立法因时制宜的思想。明初，朱元璋即对皇太孙说：“吾治乱世，刑不得不重。汝治平世，刑自当轻，所谓刑罚世轻世重也。”[②] 朱元璋之后的明朝诸帝，在制定各种条例和纂修《大明会典》的过程中，又反复申述了立法因时制宜的思想。在弘治十五年的《御制明会典序》和正德四年的《御制明会典序》中都特别提到了历代立法因时制宜的问题。正德六年的《皇帝敕谕内阁》，一方面强调了遵守祖宗成法，保持立法的连续性和稳定性的重要性，另一方面又指出了立法“因时制宜，或损或益，盖有不得不然者”的必要性。万历十五年的《御制重修明会典序》开头即说：“朕惟自古帝王之兴，必创制立法，以贻万世。而继体守文之主，骏惠先业，润色太平，时或变通以适于治。故前主所是著为律，后主所是疏为令。虽各因时制宜，而与治同道，则较若画一焉。”在因时制宜立法思想的指导下，明朝统治者在保证《大明律》稳定性的前提下，采取了随时修例以补律之不足的立法方式，并在万历年间形成了律为正文，例为附注，律例合编的立法新体制。

---

① 《大学衍义补辑要》卷九。

② 《明史·刑法志》。

五、立法重礼

礼在汉唐时期逐步成为立法的核心内容。明初统治者也特别注重礼在立法中的重要性。明太祖朱元璋在《御制大明律序》中就以“明礼以导民，定律以绳顽”作为立法的指导思想。在给皇太孙的上谕中又说：(《大明律》)“此书首列二刑图，次列八礼图者，重礼也。顾愚民无知，若于本条下即注宽恤之令，必易而犯法，故以广大好生之意，总列《名例律》中。善用法者，会其意可也。”[①] 建文帝即位后，进一步强调了重礼的立法思想。他在给刑官的上谕中说：“夫律设大法，礼顺人情，齐民以刑，不若以礼。其谕天下有司，务崇礼教，赦疑狱，称朕嘉与万方之意。”[②]

六、立法遵循天理

弘治十五年（1502 年）的《御制明会典序》说：“朕惟自古帝王君临天下，必有一代之典，以成四海之治。虽其间损益沿革，未免或异，要之不越乎一天理之所寓也。纯乎天理，则垂之万世而无弊。杂以人为，虽施之一时而有违，盖有不可易焉者。唐虞之时，尧舜至圣，始因事制法。凡仪文数度之间，天理之当然，无乎不在。故积之而博厚，发之而高明，巍然焕然，不可尚已。三王之圣，禹汤文武，视尧舜固不能无间，而典制浸备，纯乎是理则同。是以雍熙泰和之盛，同归于治，非后世所能及也。自秦而下，世之称治者，曰汉，曰唐，曰宋，其间贤君屡作，亦号小康。但典制之行，因陋就简，杂以人为，而未尽天理。故宋儒欧阳氏谓其治出于二，其不能古若也。”弘治帝在该序文中还认为明朝的立法能本于天理，取得了超越前代的成就，是社会百有余年之太平的根由所在。在中国历史

① 《明史·刑法志》。
② 《明史·刑法志》。

上，人们的行为应当遵循天理的思想早已有之。《庄子・天下》中说："顺之以天理。"《韩非子・大体》中说："不逆天理。"《经法・四度》中说："禁伐当罪，必中天理。"北宋张载在《正蒙・诚明》中认为"所谓天理也者，能悦诸心，能通天下之志之理也"，"天理者，时义而已。"在朱熹之前，"天理"一般是指合乎自然的准则和合乎社会公德的准则。朱熹则把天理认定为儒家维护的纲常伦理，"天理只是仁义礼智之总名，仁义礼智便是天理之件数。"[①]明朝立法思想中所说的天理，从明统治者的立法旨意和明律体现的法律精神来看，主要就是指儒家维护的纲常伦理。纲常伦理上合天理，下通人情，是明统治者立法中最重要的指导思想。所以，在明初的立法中，明太祖曾采纳皇太孙的意见，修订法律七十余条，[②]以体现纲常伦理的精神。

七、立法除恶安良、为民造福

朱元璋在洪武十八年（1385年）的《御制大诰序》中提到了历代君臣"立纲陈纪，昭示天下，为民造福"的思想。在洪武十九年的《御制大诰三编序》中，朱元璋阐发了颁行《大诰》除恶安良的思想。他申明，《大诰》初编出后，"良民君子欣然遵奉，恶人为非则未能禁止"，故再出《大诰》续编，"警省愚顽"。"斯二诰于民间，良民君子坦然无忧，伸于诸恶之上。其奸顽之徒，屈于善良之下，虽不死者，终是囚徒。以前二《诰》，良民君子钦遵有益，人各获安。近来凶顽之人，不善之心，犹未向化，朕复出《诰》以三示之。奸顽敢有不钦遵者，凡有所犯，比《诰》所禁者治之。""此《诰》三颁，良民君子，家传人诵，以为福寿之宝，不亦美乎。"在洪武三十一年发布的《教民榜文》中，朱元璋进一步申述了立法除恶安良的思想。

① 《朱子语类》卷13。

② 《明史・刑法志》。

八、立法思想的特点及其哲学基础

明朝的立法思想涉及的方面很多，但每一方面的内容都未能形成独立的系统的立法理论著作。表现统治者立法思想的各种主张，多是以宣告式的方式提出，缺乏深入的理论阐发。但不能以此认为，明朝的立法主张是统治者随心所欲的产物，是统治者使用的权宜之计。实际上，我们透过每一种立法主张背后，都能看到明朝立法思想赖于存在的哲学基础。在立法继承性、立法稳定性和立法因时制宜的思想背后，我们能看到维护君主权威，维护一统天下的法家的君权至上的政治哲学观。在立法简明、宽严适中、除恶安良、为民造福的思想背后，我们能看到儒家的民本主义的政治哲学观。在立法重礼，立法遵循天理的思想背后，我们能看到儒家维护纲常名教的伦理哲学观和自然哲学观。正是从这些政治哲学观、伦理哲学观和自然哲学观出发，明朝立法者才能提出观点鲜明、内容广泛的各种立法主张来。

第二节　立法活动

一、《大明律》的制定

《明史·刑法志》记载："明太祖平武昌，即议律令。吴元年冬十月命左丞相李善长为律令总裁官，参知政事杨宪、傅瓛，御史中丞刘基，翰林学士陶安等二十人为议律官，……十二月，书成，凡为令一百四十五条，律二百八十五条。"此书所记"律二百八十五条"，就是《大明律》的雏形。其内容是"准唐之旧而增损之"，计有"吏律十八、户律六十三、礼律十四、兵律三十二、刑律一百五十、工律八"[1]。此部《大明律》于洪武

① （明）王圻：《续文献通考》卷136。

元年（1368 年）正式颁行天下。因此律过于简略，不足以为用。洪武元年八月，朱元璋“命儒臣四人，同刑官讲《唐律》，日进二十条。五年定宦官禁令及亲属容隐律，六年夏刊《律令》、《宪纲》，颁之诸司。其冬，诏刑部尚书刘惟谦详定《大明律》”[①]。洪武七年二月，重修《大明律》完成。此部《大明律》“篇目一准于唐：曰卫禁、曰职制、曰户婚、曰厩库、曰擅兴、曰贼盗、曰斗讼、曰诈伪、曰杂律、曰捕亡、曰断狱、曰名例。采用旧律二百八十八条，续律百二十八条，旧令改律三十六条，因事制律三十一条，掇《唐律》以补遗百二十三条，合六百有六条，分为三十卷”[②]。此部《大明律》虽然“篇目一准于唐”，但条文比《唐律》多出一百零四条，比洪武元年颁行的《大明律》多出三百二十一条。洪武九年，明太祖“览律条犹有未当者，命丞相胡惟庸、御史大夫汪广洋等详议厘正十有三条。十六年，命尚书开济定诈伪律条”[③]。二十二年，明太祖采纳刑部奏言，命令翰林院同刑部官，将历年所增条例，分类附于《大明律》中，并改《名例律》于各篇之首。洪武二十二年所定《大明律》，共三十卷，四百六十条。具体篇次是：《名例》一卷，四十七条。《吏律》二卷：《职制》十五条，《公式》十八条。《户律》七卷：《户役》十五条，《田宅》十一条，《婚姻》十八条，《仓库》二十四条，《课程》十九条，《钱债》三条，《市廛》五条。《礼律》二卷：《祭祀》六条，《仪制》二十条。《兵律》五卷：《宫卫》十九条，《军政》二十条，《关津》七条，《厩牧》十一条，《邮驿》十八条。《刑律》十一卷：《贼盗》二十八条，《人命》二十条，《斗殴》二十二条，《骂詈》八条，《诉讼》十二条，《受赃》十一条，《诈伪》十二条，《犯奸》十条，《杂犯》十一条，《捕亡》八条，《断狱》二十九条。《工律》二卷：《营造》九条，《河防》四

---

① 《明史·刑法志》。

② 《明史·刑法志》。

③ 《明史·刑法志》。

条。[①]洪武二十二年《大明律》卷首已列有五刑图、狱具图和丧服图。此部《大明律》制定后，明太祖采纳皇太孙的请言，修改与五伦相关者七十余条。洪武二十五年，刑部奏请："律条与条例不同者宜更定。太祖以条例特一时权宜，定律不可改。不从。"[②]洪武三十年，《大明律》定本颁行天下。其篇目体例与洪武二十二年《大明律》相同。《明史 · 刑法志》记述了《大明律》制定的整个过程，并总结说："盖太祖之于律令也，草创于吴元年，更定于洪武六年，整齐于二十二年，至三十年始颁示天下。日久而虑精，一代法始定。中外决狱，一准三十年所颁。"[③]洪武三十年《大明律》颁行后，明太祖命令子孙世代遵守，"群臣有稍议更改，即坐以变乱祖制之罪"[④]。《大明律》遂成为有明一代最重要的法典。

据法律史学者研究：《大明律》的篇名源于唐律而细于唐律，其中《名例》《职制》《贼盗》《诈伪》《捕亡》《断狱》六篇名与唐律相同，但各篇内容少于唐律，因为从中分出若干罪名另为新篇。《户役》《田宅》《婚姻》从《户婚》中分出。《市廛》《关津》篇名已有。《祭祀》篇名当合并北周《祀享》和元《祭令》而令。《杂役》当依元，北周亦有之。《宫卫》略同于晋、北周之《卫宫》。《厩牧》《仓库》系析《厩库》为二，晋、北齐、北周等律均有《厩牧律》，梁律和《大业律》都有《仓库》一篇。《受赃》略同于魏、晋的《请赇律》。《邮驿》略同于魏《邮驿令》。《斗殴》《诉讼》当是分《斗讼》为二。《公式》《课程》《钱债》《仪制》《军政》《人命》《骂詈》《犯奸》《营造》《河防》十篇才是明所创立的篇名。[⑤]《大明律》编纂体例的发展变化，法律史学家杨鸿烈曾给予很高的评价："洪武三十年更定的《大明律》，比较唐代的《永徽律》更为复杂，又新设许多篇目，虽说条数减少，而内

① 《明史 · 刑法志》。
② 《明史 · 刑法志》。
③ 《明史 · 刑法志》。
④ 《明史 · 刑法志》。
⑤ 张晋藩主编：《中国刑法史稿》，中国政法大学出版社 1991 年版，第 334 页。

容体裁俱极精密，很有科学的律学的楷模。后来的《大清律》也都是大部分沿袭这部更定的《大明律》。可以见得，这书实在算得中国法系最成熟时期的难得产物。”①

二、《大明令》的制定

明令制定于朱元璋建立明朝之初。“国初未制律之前，首著为令，以颁示天下，分为六科：吏令自选用以至宣使等，凡十八条；户令自漏、脱户至解纳官物，凡二十四条；礼令自朝贺班次至封赠，凡一十七条；兵令自额设只候人等至支给分例，凡一十条；刑令自五刑至里长犯赃至徒，凡七十条；工令则造作军器、织造缎匹二条。”② 明令是一种内容比较简单的法律形式。丘濬认为：“斯令也盖与汉高祖初入关，约法三章，唐高祖入京师，约法十二条，同一意也。”③ 洪武元年颁布的《大明令》共有 145 条，是与 285 条律文同时颁布的。据《续文献通考》记载：“凡为令一百四十五条：吏令二十、户令二十四、礼令十七、兵令十一、刑令七十一、工令二。律则准唐之旧而增损之，计二百八十五条：吏律十八、户律六十三、礼律十四、兵律三十二、刑律一百五十、工律八。命有司刊布中外。”④ 朱元璋于洪武元年正月十八日就律、令的颁行专门发布了诏书。诏书中说：“朕惟律、令者，治天下之法也。令以教之于先，律以齐之于后。”⑤ 从此诏书的内容来看，令与律的关系是一种并行的关系，令起指导行为的作用，律起制裁违犯律、令行为的作用。《明史·刑法志》对明初律、令的关系有专门的说明：“其洪武元年之令，有律不载而具于令

---

① 杨鸿烈：《中国法律发达史》（下），上海书店 1990 年版，第 746 页。

② 《大明律》卷 26《杂犯篇·违令条》，万历三十八年（1610 年）刻本纂注。

③ （明）丘濬：《大学衍义补》卷 3。

④ 《续文献通考》卷 136。

⑤ 怀效锋点校：《大明律》附录，辽沈书社 1990 年版，第 229 页。

者，法司得援以为证，请于上而后行焉。”《大明律集解附例》纂注对明初律、令的关系有不尽相同的说明：“国初未制律之前，首著为令，以颁示天下……其间有律条并载者，依律科断。若律无罪名，而令有禁制，则当守令，故违者笞五十。”[①]从以上史料来看，明初律、令两种法律形式虽然并行于世，但律的效力要高于令的效力。律、令都有规定的行为，应依律科断。在没有律条规定的情况下，才能依令处置。

明初颁行的《大明令》，至洪武三十年颁布《大明律》时，为后者采用甚多。据日本学者内藤乾吉研究，《大明令》吸收入《大明律》的条文有以下数种：吏令，公事自觉改正；户令，和顾和买、解纳官物；兵令，军情、告给路引；刑令，五刑、十恶、八议、赎刑、元告合就被告、诉讼、二罪俱发、妇人犯罪、犯罪自首、职官犯罪、盗贼自首、徒流遇赦不还、亲属容隐、流囚家属、计赃估价、赃物给没、亲属代首、僧道犯罪、家人共犯、籍没遇革、军官犯罪、取受计赃、官员家人犯罪、特旨处决罪名、颁降律令、老幼犯罪、诬告抵罪、徒役；工令，造作军器、织造缎匹。以上令文采入《大明律》时，“未有一例是将明令条文原封不动地入律的。仅改一二字的虽有二三例，但多数是加以详密，或使法的内容多少变更，而且文法句式也显齐整。将数条令包含于一条律之中，当是出于文所述的合并条文之因，一条令仅占一条律中一部分的条文甚多”[②]。

《大明令》中未被吸收入《大明律》的条文，直到明代中、后期仍有法律效力。如明中叶颁行的《问刑条例》中即有“依《大明令》分给财产”的规定。

① 《大明律集解附例》卷26《杂犯篇 · 违令条》纂注。

② ［日］内藤乾吉：《大明令解说》，载《日本学者研究中国史论著选译》（第八卷），中华书局1992年版，第394页。

三、《大诰》的编纂和颁行

洪武初叶，朱元璋制定颁行了《大明律》和《大明令》等法律，但贪官犯罪、奸民犯罪的情况未能减少。于是，朱元璋在洪武十八年（1385年）至二十年（1387年）间，采辑官民犯罪的重要案例，模仿周公“陈大道以诰天下”之意，编成《大诰》四编相继颁行天下。《明太祖实录》记载了四编《大诰》颁行的经过：“洪武十八年冬十月己丑朔，《御制大诰》成，颁示天下。”[①]“洪武十九年三月辛未，《御制大诰续编》成，颁示天下。”[②]“洪武十九年十二月癸巳，《御制大诰三编》成，颁示天下。”[③]“洪武二十年十二月，是月，《大诰武臣》……颁示中外。”[④]

四编《大诰》共有236个条目。其中《大诰》74条，《大诰续编》87条，《大诰三编》43条，《大诰武臣》32条。《诰》文系由典型案例、重刑法令和明太祖对臣民的“训戒”三个方面的内容构成。在《大诰》初编、续编和三编中，涉及官吏犯罪的条目有150余条，涉及豪强犯罪的条目有30余条，有关百姓违法的条目有20余条。所以，《大诰》是一部以惩治官吏犯罪和豪强犯罪为主要内容的特别法。

关于《大诰》编纂和颁行的目的，朱元璋在四编《大诰》的序言中有清楚的说明。在《大诰》初编序言中，朱元璋说：“朕闻曩古历代君臣，当天下之大任，闵生民之涂炭，立纲陈纪，昭示天下，为民造福。当是时，君臣同心，志同一气，所以感皇天后土之监，海狱效灵，由是雨阳是若，五谷丰登，家给人足。斯君臣之逝，遐且久矣，育民之功，载诸方册，犹如见存。君子读诵至斯，陡然情怀感激，仰慕于千万古之下，恨不目击耳

① 《明太祖实录》卷176。
② 《明太祖实录》卷177。
③ 《明太祖实录》卷179。
④ 《明太祖实录》卷187。

闻，乐此升平，以为庆幸。昔者元处华夏，实非华夏之仪，所以九十三年之治，华风沦没，彝道倾颓。学者以经书专记熟为奇，其持心操节必格神人之道，略不究衷。所以临事之际，私胜公微，以致愆深旷海，罪重巍山。当犯之期，弃市之尸未移，新犯大辟者即至。若此乖为，覆身灭姓，见存者曾几人而格非。呜呼！果朕不才而致是欤？抑前代污染而有此欤？然况由人心不古，致使而然。今将害民事理，昭示天下诸司，敢有不务公而务私，在外赃贪，酷虐吾民者，穷其原而搜罪之。斯令一出，世世守行之。”[①]从此序言的内容来看，朱元璋颁行《大诰》的目的，一是仿古为治，顺天承运，建立升平社会；二是克服元朝为政的弊病，除暴安民。

在《大诰续编》序言中，朱元璋描绘了上古社会的理想图景，再次表明了仿古为治的愿望，并把“奸恶日增”的现象归咎于民众“效习夷风”导致“泯彝伦之攸叙”的结果，申述了复出《大诰续编》的目的。

在《御制大诰三编序》中，朱元璋针对《大诰初编》《大诰续编》颁行后，良善有所安宁，而奸恶不能止息的情况，说明继续颁行《大诰三编》的原因，要使凶顽之徒得到严惩，使“良民君子”得到“福寿之宝”。

在《大诰武臣序》中，朱元璋针对军官欺压盘剥士兵的情况，说明了发布此《诰》文的目的。

明《大诰》颁行后，受到朱元璋的高度重视。洪武二十六年（1393 年）三月颁行的《诸司职掌》中专门规定：“凡本部问有应合充军者，必须照依《律》与《大诰》内议拟明白。”[②]洪武三十年五月，朱元璋在颁行《钦定律诰》时特别指出：“凡法司今后议拟罪名，除繁文、烧毁卷宗、更名易讳、军人关赏征进在逃、死罪充军工役在逃、在京犯奸盗诈骗，仍依定例处治，及军官私役军人因而致死一名者偿命外，其余有犯，务要依《律》与《大诰》

① 明洪武十八年《御制大诰序》，引自杨一凡主编：《中国珍稀法律典籍集成》乙编第一册，《洪武法律典籍》，科学出版社 1994 年版，第 51 页。下文所引《大诰》序文均出于此书。
② 《诸司职掌》，《刑部职掌 · 司门科》。

拟罪，照今定条例，并不许将递年各衙门禁约榜文等项条例定罪。敢有违者，以变乱成法论。”①

明《大诰》颁行后，除独立适用外，部分条目又被吸收入《充军条例》《真犯杂犯死罪条例》等条例之中。据有的学者查考，洪武二十六年颁发的《充军条例》中列入了《大诰》条目5条：诡寄田粮；积年民害官吏；揽纳户；私充牙行；断指诽谤。另有符合《大诰》内容但条目文字有差异者3条：闲吏；游食；不务生理。《真犯杂犯死罪条例》中列入《大诰》条目28条，依次是：僧道不务祖风；说事过钱；冒解罪人；逸夫；滥设吏卒；耆民赴京面奏事务阻挡者；擅立干办等项名色；闲民同恶；官吏下乡；擅差职官；渔课扰民；经该不解物；不对关防勘合；关隘骗民；居处僭上用；市民为吏卒；造作买办不与价；庆节和买；空引偷军；臣民依法为奸；官吏长解卖囚；寰中士夫不为君用；乡民除患；阻挡耆民赴京；官民犯罪买重作轻或尽行买免；揽纳户；安保；断指诽谤。

朱元璋又定《应合抄札》16条，列入《大诰》条目10条。依次是：揽纳户；安保过付；诡寄田粮，民人经该不解物；洒派抛荒田土；倚法为奸；空引偷军；黥刺在逃；官吏长解卖囚；寰中士夫不为君用。

洪武三十年（1397年）年初，朱元璋又把《大诰》条目3条列入《秋后处决》条款之中。条目依次是：朋奸欺罔；说事过钱；阻挡耆民赴京。同年，把《大诰》条目19条列入《工役终身》条例之中。条目依次是：逸夫；交结安置；居处僭用；空引偷军；闲民同恶；官吏下乡；乡民除恶；擅差职官；冒解罪人；庆节和买；关隘骗人；滥设吏卒；长解卖囚；市民为吏卒；经该不解物；僧道不务祖风；臣民倚法为奸；妄立干办等名；造作买办不与价。

洪武三十年五月，朱元璋把《大诰》附在《大明律》后同时颁布。所附《大诰》条目有不准赎死罪《诰》文12条，依次是：朋奸欺罔；说事过钱；代人告状；诡名告状；载刑肆贪；空引偷军；医人卖毒药；臣民倚法为奸；

① （明）张楷：《律条疏议》。

妄立干办等名；阻挡耆民赴京；秀才断指诽谤；寰中士夫不为君用。准赎死罪《诰》文 24 条，依次是：逸夫；居处僭分；闲民同恶；官吏下乡；擅差职官；揽纳户；冒解罪人；庆节和买；关隘骗人；滥设吏卒；长解卖囚；官民有犯；渔课扰民；钱钞贯文；路费则例；造作买力；市民为吏卒；经该不解物；阻挡乡民除患；僧道不务祖风；有司不许听事；不对关防勘合；有司逼民奏保；交结安置人。①

关于明《大诰》的效力，朱元璋有过多次声明。在《大诰初编》序言中，朱元璋就要求“斯令一出，世世守行之”。在《大诰初编》正式颁行时，朱元璋专门发布了“颁行大诸”令：“朕出是诰，诏示祸福，一切官民诸色人等，户户有此一本。若犯笞、杖、徒、流罪名，每减一等；无者每加一等。所在臣民，熟观为戒。”② 在《大诰续编》序言中，朱元璋又声明：“今朕复出是《诰》，大播寰中，敢有不遵者，以罪罪之，具条于后。”朱元璋就《大诰续编》的正式颁行，发布了“颁行续诰”令：“朕出斯令，一曰《大诰》，一曰《续编》。斯上下之本，臣民之至宝，发布天下，务必户户有之。敢有不敬而不收者，非吾治化之民，迁居化外，永不令归，的不虚示。”③ 朱元璋还在《大诰续编后序》中，就《大诰》翻刻印行中的文字错误问题专门指示：“今特命中书大书重刻颁行，使所在有司，就将此本，易于翻刻，免致传写之误。敢有仍前故意差讹，定拿所司提调及刊写者，人各治以重罪。”

在《大诰三编序》中，朱元璋就《诰》文的效力再次申明：“以前二《诰》，良民君子钦遵有益，人各获安。近来凶顽之人，不善之心，犹未向化，朕复出《诰》以三示之。奸顽敢有不钦遵者，凡有所犯，比《诰》所禁者治之。”同时，朱元璋发布了“颁行三诰”的法令：“此《诰》前后三编，凡朕臣民，务要家藏人诵，以为鉴戒。倘有不遵，迁于化外，的不虚示。”

① 张晋藩主编：《中国刑法史稿》，第 342—344 页。
② 《御制大诰》“颁行大诰第七十四”。
③ 《御制大诰续编》“颁行续诰第八十七”。

在《大诰武臣序》中，朱元璋就《诰》文的效力发出了更加严厉的声明：如果管军人员不知《诰》文，“那其间长幼都治以罪。为此，特将不才无藉、杀身亡家亡命之徒，条陈于后，仁者智者观之。管军人员，毋违我训，毋蹈前非，故敕序尔”。

由于朱元璋对《大诰》效力的再三强调，洪武后期的各种学校都采用《大诰》作为教材，科举考试也从中出题，“于是，天下有讲读《大诰》师生来朝者十九万余人，并赐钞遣还”[①]。民间讲读《大诰》，一时蔚然成风。又因犯罪者家属藏有《大诰》者，可减罪一等。无《大诰》者，应加罪一等。持诰入京呈控，无须路引，关津一律放行。所以，司法机关援引《大诰》，也一时风行。但《大诰》在明代风行的时间并不长，明中叶时，民间已很难找到《大诰》了。其原因主要是《大诰》的许多内容已被吸收入多种条例之中，作为条例适用了。而《大诰》的重刑手段又为后世所不取，《大诰》的教化内容也为历朝圣训所取代，《大诰》遂很少流传于世间。

四、《教民榜文》的制定和颁行

洪武三十一年（1398年），明太祖为处理民间细微争纷，减少民间词讼，特命户部制定和颁行了《教民榜文》。这是明代历史上具有特殊意义的一部法律。朱元璋在诏令中说明了颁行《教民榜文》的动因及榜文的基本原则和效力：“朕自混一四海，立纲陈纪，法古建官，内设六部、都察院，外设布政司、按察司、府、州、县。名虽与前代不同，治体则一。奈何所任之官多出民间，一时贤否难知。儒非真儒，吏皆猾吏，往往贪赃枉法，倒持仁义，殃害良善，致令民间词讼，皆赴京来，如是连年不已。今出令昭示天下，民间户婚、田土、斗殴相争一切小事，须要经由本里老人、里甲断决。若系奸、盗、诈伪、人命重事，方许赴官陈告。是令出后，官吏敢

① 《明史·刑法志》。

有紊乱者，处以极刑。民人敢有紊乱者，家迁化外。”[1]

《教民榜文》虽然只有41个条目，但它在明朝法律体系中占有一个特殊的地位。《大明律》《大明令》《大诰》《问刑条例》等法律，主要规定了刑法制度、司法制度、行政制度和经济制度方面的重要内容。《教民榜文》则集中规定了民事关系方面内容。《教民榜文》使律、令、条例中有关户婚、田土方面的内容和乡村社会诉讼制度方面的内容达到了非常具体化的程度。

《教民榜文》作为“户部为教民事”而奉圣旨颁布的法律，与《大明律》存在着密切的关系。在《教民榜文》的规定中，下列情况须依《大明律》决断：

里甲、老人不能决断民间争纷小事，致令百姓赴官紊烦者，其里甲、老人各杖六十，年七十以上者不打，依律罚赎。

里甲、老人处理民间词讼，循情作弊，颠倒是非者，依出入人罪论。

里甲、老人挑起民间词讼，有赃者，以赃论。

榜文中笼统规定治罪或治以重罪的条文，都与《大明律》或条例相关。

《教民榜文》与明《大诰》也有密切的关系。《榜文》中规定，老人、里甲劝民为善，务要申明遵守《大诰》内已有条款。地方官员“果能公勤廉洁，为民造福者，或被人诬陷，许里老人等遵依《大诰》内多人奏保，以凭辩理”。教化民间子弟，须“早令讲读三遍《大诰》”。

《教民榜文》与《大明律》《大诰》《问刑条例》，共同构成了明太祖时期的法律体系。《教民榜文》的内容更为具体、更为贴近民间生活，是明代立法体系中不可忽视的组成部分。

五、《问刑条例》的编纂和修订

明太祖时期，在《大明律》《大明令》《大诰》之外，还有“条例”的

① 明洪武三十一年颁行《教民榜文》。

法律形式。据《明史·刑法志》记述："洪武二十五年，刑部言，律条与条例不同者宜更定。太祖以条例特一时权宜，定律不可改，不从。"从此段记述来看，明初的条例是一种尚未系统化的因时制宜的法律形式，没有律所具有的"不可改"的稳定性。明初的条例，现知有"真犯杂犯死罪条例""充军条例""抄札条例""赎罪条例""王府禁例"等多种。明初的条例，一般是由臣下议定，皇帝批准实施。条例或因案而生，或因事而生。其制定程序比律简便，可以补充律文的不足，减少律不可更改的弊端，提高统治的效能和灵活性。所以，条例数量增加很快，其前后混杂矛盾的地方也越来越多。明宪宗时期，朝臣已要求将数量众多的条例进行整理修订。据学者研究，成化十年六月，兵科给事中祝澜曾上书："五府六部都察院大理寺等衙门，备查在京在外、远年近日节次条例，开具揭帖，会同内阁重臣，精选符合律意，允协舆情，明白简约者，以类相从，编集奏闻，取旨裁决，定为见行条例，刊版印行。"①此后，成化十四年，刑科给事中赴艮又上书："洪武以来所增条例，通行会议斟酌取舍"，"以定条例"。②但这两次上书未能实现。弘治元年九月、三年二月，刑部尚书何乔新两次上疏奏请修订条例。弘治五年，鸿胪寺少卿李鐩、刑部尚书彭韶也上书奏请修订条例。直到弘治十一年十二月，明孝宗才下诏："法司问囚，近来条例太多，人难遵守。中间有可行者，三法司查议停当，条陈定夺。其余冗杂难行者，悉皆革去。"③刑部尚书白昂奉诏审看历年条例，于弘治十三年二月，整理修订条例 279 条，报经皇帝批准，颁行天下，"永为常法"。弘治《问刑条例》遂由此产生。④从而正式形成了明代例以辅律的立法制度。

弘治《问刑条例》实行到嘉靖年间，由于社会世事的变化，其内容已

---

① 《皇明条法事类纂》。

② 《皇明条法事类纂》。

③ 《明孝宗实录》卷 145。

④ 详见曲英杰、杨一凡：《明代〈问刑条例〉的修订》，载《中国法律史国际学术讨论会论文集》，陕西人民出版社 1990 年版，第 341—348 页。下引此文材料不再一一注明。

不够用。嘉靖二十七年（1548年）九月，刑部尚书喻茂坚上书奏请修订《问刑条例》，得到明世宗批准："会官备查各年问刑事例，定议来说。"[①]嘉靖二十九年（1550年）十月，刑部尚书顾应祥将重修《问刑条例》奏进，世宗下诏："这问刑条例，你每既会议停当，着刊布，内外衙门一体遵行。今后问刑官敢有任情妄引，故入人罪的，依拟查参降黜。"[②]嘉靖《问刑条例》遂由此产生。此部《问刑条例》计有名例九十条，吏例三十三条，户例六十五条，礼例九条，兵例五十一条，刑例一百二十一条，工例七条，共三百七十六条。嘉靖三十四年二月，刑部尚书何鳌奏请增入九事，嘉靖《问刑条例》遂增至三百八十五条。其中，因袭弘治《问刑条例》二百五十二条，新增一百零一条。至此，《问刑条例》已发展成为一部与《大明律》并用的大型法规。由于《问刑条例》数量的增多，地位的提高，有的法律史学者将它列入了"法典"的行列。

嘉靖《问刑条例》适用至万历时期，又再一次增修。万历二年（1574年），刑科给事中乌升等奏请续增条例，神宗下旨："《问刑条例》依拟参酌续附。"[③]刑部尚书舒化根据"立例以辅律"，"依律以定例"的原则，认真地修订了《问刑条例》，至万历十三年方修订完毕。神宗批准颁行："这《问刑条例》，既会议详悉允当，着刊布，内外衙门永为遵守。仍送史馆纂入《会典》。各该问刑官如有妄行引拟，及故入人罪的，法司及该科参奏治罪。"[④]此后，神宗又批准舒化的建议，将《律》《例》合刻，"律为正文，例为附注"[⑤]，从而完成了律例合编的立法体制。

明中后期三次修订《问刑条例》，是明代立法史上的重要事件。《明史·刑法志》对此作了详细记述："弘治中，去定律时已百年，用法者日弛。

① 《明世宗实录》卷34。
② 《明世宗实录》卷366。
③ （明）舒化：《重修问刑条例题稿》。
④ 《重修问刑条例题稿》。
⑤ 《明神宗实录》卷160。

五年，刑部尚书彭韶等以鸿胪少卿李鐩请，删定《问刑条例》。至十三年，刑官复上言：'洪武末，定《大明律》，后又申明《大诰》，有罪减等，累朝遵用。其法外遗奸，列圣因时推广之而有例，例以辅律，非以破律也。乃中外巧法吏或借便已私，律浸格不用。'于是下尚书白昂等会九卿议，增历年问刑条例经久可行者二百九十七条。帝摘其中六事，令再议以闻。九卿执奏，乃不果改。然自是以后，律例并行，而网亦少密。王府禁例六条，诸王无故出城有罚，其法尤严。嘉靖七年，保定巡抚王应鹏言：'正德间，新增问刑条例四十四款，深中情法，皆宜编入。'不从。惟诏伪造印信及窃盗三犯者不得用可矜例。刑部尚书胡世宁又请编断狱新例，亦命止依律文及弘治十三年所钦定者。至二十八年，刑部尚书喻茂坚言：'自弘治间定例，垂五十年。乞敕臣等会同三法司，申明《问刑条例》及嘉靖元年后钦定事例，永为遵守。弘治十三年以后、嘉靖元年以前事例，虽奉诏革除，顾有因事条陈，拟议精当可采者，亦宜详检。若官司妄引条例，故入人罪者，当议黜罚。'会茂坚去官，诏尚书顾应祥等定议，增至二百四十九条。三十四年又因尚书何鳌言，增入九事。万历时，给事中乌升请续增条例。至十三年，刑部尚书舒化等乃辑嘉靖三十四年以后诏令及宗藩军政条例、捕盗条格、漕运议单与刑名相关者，律为正文，例为附注，共三百八十二条，删世宗时苛令特多。"[①] 崇祯年间，刑部尚书刘泽深复请议定《问刑条例》，得到崇祯皇帝批准。因明统治局势危急，未及实行。

关于明代条例的修订情况，杨一凡等法律史学者有过系统的考察。他们在《明代条例》的点校说明中作了扼要的总结："明代的条例，与宋代的'条例''断例'，元代的'条格''断例'等有类似之处，并在其基础上有发展和归总。重视制例，律、例并用，于洪武时已开其端，而后各朝沿相编例，从未中断。仁宗、宣宗、英宗、景帝四帝，即位时均颁诏，将前朝所定事例、条例革去，故这几朝颁行的定例已不多见。宪宗以后，新定的

① 《明史·刑法志》。

例辅律而行，故当时已有人将成化、弘治两朝的定例案牍全文抄录，或加以删节，按题奏时间先后编辑成书。……明代君臣经过长达一百余年的立法实践，到弘治时，已形成一套相当成熟的律例关系理论，‘依律以定例，定例以辅律’‘律例并行’，被确认为制例的基本指导原则。依据这一立法原则，明中后期各朝进行了大量的制例、修例工作，其有史可查的重要条例有数十种。定例的案牍之繁，以数百万字计。”①

六、《明会典》的编纂和修订

《明会典》首次编成于弘治十五年（1502 年）。《御制明会典序》对编修《明会典》的原因和意义有清楚的说明：“累朝典制，散见叠出，未会于一。乃敕儒臣发中秘所藏《诸司职掌》等书，参以有司之籍册，凡事关礼度者，悉分馆编辑之。百司庶府，以序而列。官各领其属，而事皆归于职。名曰：《大明会典》。辑成来进，总一百八十卷。朕间阅之，提纲挈领，分条析目，如日月之丽天，而群星随布。我圣祖神宗百有余年之典制，斟酌古今，足法万世者，会粹无遗矣。特命工锓梓，以颁示中外，俾自是而世守之。”② 从上引序言可以看出，编修《明会典》是整理统一明开国百余年来重要典制的一项具有立法意义的活动。

《明会典》于正德四年（1509 年）重校刊行。正德四年《御制明会典序》回顾了编纂《明会典》的经过：“我太祖高皇帝稽古创制，分任六卿，著为《诸司职掌》……迨我英宗睿皇帝复辟之时，尝命内阁儒臣纂辑条格，以续《职掌》之后，未底于成。皇考孝宗敬皇帝继志述事，命官开局，纂辑成编，厘为百八十卷。其义一以职掌为主，类以颁降群书，附以历年事例，使官领其事，事归于职，以备一代之制。仍会府部院寺、大小诸司，面相

---

① 杨一凡主编：《中国珍稀法律典籍集成》乙编第二册《明代条例》卷首：点校说明。

② 弘治十五年《御制明会典序》。

质订。登进于廷，将欲布之天下，未及而龙驭上宾矣。朕嗣位之四年……复命内阁重加参校，补正遗阙，又数月而成。”该序还指出，祖宗成法繁多，“不能尽述”于《明会典》之中，只将“其大而可见者，略在此书”。[1]从序言所说及《明会典》的编纂体例来看，此时的《明会典》不是明朝所有法律的全编，只是重要法律的汇编。

嘉靖年间，朝廷又续修了《明会典》。嘉靖八年（1529年）四月“皇帝敕谕内阁”：“自弘治十五年纂修之后，至今二十有八年，典礼之因革，事例之增损，又复烦多。恐数十年之后，卷册浩繁，条贯繁琐，失真之弊，又或如前。已纳卿等之言，先令六部、都察院、通政使司、大理寺等衙门，各委属官，将所载各司事例，再行检查校勘，若有差错，备细贴注明白，送史馆改正。仍将弘治十五年以后至嘉靖七年续定事例，照前例查出纂集，校勘停当，写成上进，续修附入。”[2]嘉靖续修《明会典》进呈后，未及刊行。

万历四年，朝廷再次修订《明会典》。万历四年（1576年）六月，“皇帝敕谕内阁”：“自嘉靖己酉而来，又历二十余载。中间事体，亦复繁多……今特命卿等查照弘治年间创修，及我皇祖敕谕重修事理，择日开馆，分局纂修，校订差伪，补辑缺漏……以成一代画一经常之典。”[3]万历重修《明会典》于万历十五年（1587年）刊行。万历十五年二月《御制重修明会典序》记述了《明会典》编纂的始末：“盖我孝宗皇帝，尝命儒臣纂述《大明会典》，辑累朝之法令，定一代之章程。鸿纲纤目，灿然具备。逮我世宗皇帝入承天序，时历四纪，而因革损益，代有异同，乃复下诏重修。续自弘治壬戌，迄嘉靖己酉。载在秘府，未及颁行。盖至于今，又三十八年矣。岁历绵远，条例盖繁。好事者喜纷更，建议者昧体要。甚则弄智舞文，奇请他比。自明曹者，莫知所从。小吏浅闻，何由究宜。朕甚闵焉。赖天之灵，社稷之福，

① 正德四年《御制明会典序》。
② 《明会典》卷首《敕谕》。
③ 《明会典》卷首《敕谕》。

国家闲暇，得及时而明政刑。乃命儒臣重加修辑，芟繁正伪，益以见行事例而折衷之。盖阅十有二载，其书始成。”

关于《明会典》与《大明律》《大明令》《大诰》《问刑条例》的关系，可以从《明会典》的内容来源和编修凡例说明。据万历《明会典》卷首所列“纂辑诸书”，《明会典》的内容来自下列法律典籍：《诸司职掌》《皇明祖训》《大诰》《大明令》《大明集礼》《洪武礼制》《礼仪定式》《稽古定制》《孝慈录》《教民榜文》《大明律》《军法定律》《宪纲》。据“弘治间凡例”所列：“《会典》之作，一遵敕旨。以本朝官职制度为纲，事物名数仪文等级为目。凡有籍册可据者，先后具载。其因革损益，间与见行不同者，亦存其旧。”“本朝旧籍，惟《诸司职掌》，见今各衙门遵照行事。故《会典》本《职掌》而作。凡旧文皆全录。而诸书所载，事有相关者，亦并录之。若《大明律》已通行天下，尤当遵奉。故于刑部照职掌律令条下，分类备载。而《服制图》则附于礼部。”“凡事有纲有目，于目之中，又有分类。多不能悉举，则各以类书，而总注其后曰：已上某事。”“事例出于朝廷所降，则书曰诏，曰敕。臣下所奏，则书曰奏准，曰议准，曰奏定，曰议定。或总书曰令。或有增革减罢者，则直书之。若常行而无所考据者，则指事分款，以凡字别之。其事系于年，或年系于事者，则连书之。繁琐不能悉载者，则略之。”“各衙门事有相关者，皆互见。惟举其重者详书，其余则略……”“诏、敕、诰、旨等文，不能悉载，止书其事。”“凡各衙门职掌事重及新增者，于纲目之下略叙大意，以见始末。”

从以上所引《明会典》编修中的“纂辑诸书”和编修凡例可以看出，《明会典》与《大明律》《大明令》《大诰》《问刑条例》的关系非常密切，《明会典》是律、令、诰、例、宪纲等法律形式的分类汇编和内容概要。

七、明朝立法体系的内在关系

《大明律》《大明令》《大诰》《问刑条例》《明会典》等法律典章构成

了明朝的立法体系。在律、令、诰、例、典等诸种法律形式中，律是最重要的法律形式，是其他法律形式制定和发展的基础。在律与其他法律形式发生冲突时，律具有最高效力的地位。在没有律文规定的情况下，才依照其他法律形式裁决。这是明朝立法体系内在关系的基本情况和总的原则。但在明朝立法体系的具体运行过程中，皇帝往往根据需要，在某一时期特别强调某一种法律形式的效力，甚至屈法伸情，有时以礼代律，有时以例代律。所以，明朝立法体系的内在关系是既有相对稳定的原则，又有因时制宜的变通的。相对稳定的原则，体现了明朝立法者对法治主义的追求。因时制宜的变通则体现了皇权至上的专制主义特征。明朝立法体系中内在关系的确定和变通，都取决于皇权。皇帝是解决各种法律形式冲突的最高裁决者，但皇帝的裁决也不是完全随心所欲的。皇帝要提高某一种法律形式的效力，既会受到古代立法传统的约束，又会受到本朝祖宗遗训的限制，还会受到各派臣僚利益要求的制约。因此，认识明朝立法体系的内在关系，不能只从法律形式的内部观察，还要从皇权与法治的关系去观察。

第三节　立法解释

一、立法解释的发展概况

明朝的立法解释始于明太祖立国之初。明太祖曾于吴元年（1367 年）冬十月命议律官编纂法律。“十二月，书成，凡为令一百四十五条，律二百八十五条。又恐小民不能周知，命大理卿周祯等取所定律令，自礼乐、制度、钱粮、选法之外，凡民间所行事宜，类聚成编，训释其义，颁之郡县，名曰《律令直解》。”[①] 此部《律令直解》，因无传本可查，所以不知其

---

① 《明史・刑法志》。

解释的具体内容和特点。明太祖建立明朝后，又于洪武六年、九年、十六年、二十二年、三十年多次修订了《大明律》。洪武三十年，《大明律》和明《大诰》编纂皆告成之时，明太祖曾“命刑官取《大诰》条目，撮其要略，附载于律”①。以诰文附于律文之后，是明朝建国初期立法解释的一种发展。洪武三十年《大明律》颁行之时，明太祖在《御制大明律序》中指出：“今后法司祇依律与《大诰》议罪……杂犯死罪并徒、流、迁徙、笞、杖等刑，悉照今定《赎罪条例》科断。”从此，以例附律的立法解释方式也肇其端。明太祖之后的明朝各代在以例解律的立法方式上又有不断的发展。

二、立法解释的规范化

洪武二十二年修纂《大明律》时，立法者对律文中常用的八个关键词进行了详细的解释，名之为“例分八字之义”，列于法典卷首。具体解释如下：

以：以者，与真犯同。谓如监守贸易官物，无异真盗，故以枉法论，以盗论，并除名、刺字，罪至斩、绞，并全科。

准：准者，与真犯有间矣。谓如准枉法、准盗论，但准其罪，不在除名刺字之例。罪止杖一百，流三千里。

皆：皆者，不分首从，一等科罪。谓如监临主守，职役同情，盗所监守官物，并赃满贯，皆斩之类。

各：各者，彼此同科此罪。谓如诸色人匠拨赴内府工作，若不亲自应役，雇人冒名私自代替，及替之人，各杖一百之类。

其：其者，变于先意。谓如论八议罪犯，先奏请议，其犯十恶不用此律之类。

及：及者，事情连后。谓如彼此俱罪之赃及应禁之物则没官之类。

① 《明史·刑法志》。

即：即者，意尽而复明。谓如犯罪事发在逃者，众证明白，即同狱成之类。

若：若者，文虽殊而会上意。谓如犯罪未老疾，事发时老疾，以老疾论。若在徒年限内老疾者，亦如此之类。

《大明律》制定者除对以上八个词做出标准解释外，还对五刑、狱具、丧服、六赃等内容列出图表做了规范性的解释。在“五刑之图”中，立法者分别对笞刑、杖刑、徒刑、流刑、死刑以及迁徙作了适用方面或性质方面的解释。具体解释内容如下：

笞刑：笞者，谓人有轻罪，用小荆杖打。自一十至五十为五等，每一十下为一等加减。

杖刑：杖者，谓人犯罪，用大荆杖决打。自六十至一百为五等，亦每一十下为一等加减。

徒刑：徒者，谓人犯罪稍重，拘收在官，煎盐炒铁，一应用力辛苦之事。自一年至三年为五等，每杖一十及半年为一等加减。

流刑：流者，谓人犯重罪，不忍刑杀，流去远方，终身不得还乡。自二千里至三千里为三等，每五百里为一等加减。

死刑：绞，全其肢体。斩，身首异处。刑之极者。

迁徙：谓迁离乡土一千里之外。

唐宋时期的立法者对笞、杖、徒、流、死五刑已有详细的解释。明朝的解释比唐宋时期的解释更为简明扼要了。

在“狱具之图”中，明朝立法者对笞、杖、杖讯、枷、杻、铁索、镣等刑具从制作规格、适用方式、适用对象等方面作了详细解释。具体解释内容如下：

笞：大头径二分七厘，小头径一分七厘，长三尺五寸。以小荆条为之，须削去节目。用官降较板，如法较勘，毋令筋胶诸物装钉。应决者，用小头臀受。

杖：大头径三分二厘，小头径二分二厘，长三尺五寸。以大荆条为之，亦须削去节目。用官降较板，如法较勘，毋令筋胶诸物装钉。应决者，用小头臀受。

杖讯：大头径四分五厘，小头径三分五厘，长三尺五寸。以荆杖为之。其犯重罪，赃证明白，不服招承，明立文案，依法拷讯。臀腿受。

枷：长五尺五寸，头阔一尺五寸。以干木为之。死罪重二十五斤，徒流重二十斤，杖罪重一十五斤，长短轻重，刻志其上。

杻：长一尺六寸，厚一寸。以干木为之。犯死罪者用杻，犯流罪以下及妇人犯死罪者不用。

铁索：长一丈。以铁为之。犯轻罪人用。

镣：连环，共重三斤。以铁为之。犯徒罪者带镣工作。

在“丧服总图”“本宗九族五服正服之图”“妻为夫族服图”“妾为家长族服之图”“出嫁女为本宗降服之图”“外亲服图”“妻亲服图”“三父八母服图”中，明朝立法者对各种亲属关系作了解释说明，并列出“服制”一项，对“斩衰三年”“齐衰杖期”“齐衰不杖期”“齐衰五月”“齐衰三月”“缌麻三月”的具体内容作了详细解释。

在“六赃图”中，明立法者对监守盗、常人盗、窃盗、坐赃等罪的用刑标准作了列举解释。

在万历十三年《大明律附例》的“纳赎例图”中，立法者分在京、在外情形，对笞、杖、徒各等刑罚的纳赎标准作了详细说明，并有补充解释说明例外情况。

在万历十三年《大明律附例》的“律例钱钞图”中，立法者对“老小废疾收赎”“妇人兼收钱钞”“妇人余罪收赎”“赎罪例钞”等情形的纳赎标准作了具体规定，并在图外补充解释：“在京仍收钱钞。在外收赎钞，照例每贯折银一分二厘五毫。其妇人兼收钱钞及赎罪例钞，俱每笞杖一十，折银一钱。”

在万历三十八年《大明律集解附例》的“收赎钞图”中，立法者对收赎标准分别情况作了进一步解释。“诬轻为重，已决全抵。剩罪未决，笞杖收赎，徒流杖一百，余收赎。”“徒限内老疾收赎。”

明代立法者通过对“例分八字之义”的重点解释，通过上述各种图表对重要刑制的专门解释，使明代的立法解释逐步达到了规范化的程度。这种规范化的程度，是唐宋时代的立法解释尚未达到的。

三、立法解释的主要方式和特点

洪武三十年颁行的《大明律》，立法者的解释非常简略，除在个别律文后加小注作简要解释外，没有像唐宋时期那样在律文后作详细的解释。由于《大明律》的律文已比唐律“简核”，加之立法解释过于简略，明太祖又有后世子孙不得稍议更改律文的遗训，所以，明太祖之后的君臣不得不以制定各种条例的方式来补充律文的不足。条例除单行者外，有的则附于律文之后或列于律文之旁，从而逐步形成了以例辅律的立法解释方式。

从洪武三十年《大明律》中的解释和后来的《大明律附例注解》等书来看，明朝的立法解释具有以下两个显著特点：

1. 从律文字面含义进行严格解释，极少作推理或评论方面的引申解释。如《大明律》对“谋反”重罪的解释，只有“谓谋危社稷”数字。而《唐律疏议》对“谋反”的解释，除指明此罪“谋危社稷”的基本含义外，还引用儒家经典《春秋·公羊传》《左传》《周礼》等书的内容作进一步的推论解释，从而说明“王者居宸极之至尊，奉上天之宝命，同二仪之复载，作兆庶之父母。为子为臣，惟忠惟孝。乃敢包藏凶慝，将起逆心，规反天常，悖逆人理，故曰‘谋反’。”《大明律》对“不孝”的解释是：“谓告言、咒骂祖父母、父母，夫之祖父母、父母，及祖父母、父母在，别籍异财，若奉养有缺；居父母丧，身自嫁娶，若作乐，释服从吉；闻祖父母、父母丧，匿不举哀；诈称祖父母、父母死。”《唐律疏议》对“不孝”的解释，除上述基本含义外，还特别指出：“善事父母曰孝。既有违犯，是名‘不孝’。”并以设置问答的方式对“诅詈”等情节作出专门的解释：“问曰：依《贼盗律》：‘子孙于祖父母、父母求爱媚而厌、咒者，流二千里。’然厌魅、咒诅，罪无轻重。今诅为‘不孝’，未知厌入何条？”“答曰：厌、咒虽复同文，理乃诅轻厌重。但厌魅凡人，则入‘不道’；若咒诅者，不入十恶。《名例》云：‘其应入罪者，则举轻以明重。’然咒诅是轻，尚入‘不孝’；明知厌魅是重，理入此条。”对“别籍、异财”的含义，《唐律疏议》作了进一步的解释：“祖父母、父母在，子孙就养无方，出告反面，无自专之道。而有异财、别籍，情无至孝之心，名义以之俱沦，情节于兹并弃，稽之典礼，罪恶难容。二事既不相须，违者并当十恶。”对“供养有缺”等情节，唐律制定者也引用儒家经典作了进一步的解释。把《唐律疏议》与《大明律》的解释相比较，明律的解释只是一种严格的字面含义的直接解释，缺乏论理解释的深度和广度，虽称“简核”，但不如唐律的解释详细清楚。因此，薛允升在比较明律与唐律之后，认为“明律虽因于唐，而删改过多，意欲胜于唐律，而不知其相去远甚也”[①]。

2. 明律制定者着重解释法律适用方面的具体问题，极少进行历史沿革或立法目的方面的广义的解释。附于《大明律》律文后的解释数量很少，除紧扣律文的严格的字面含义解释外，就是有关律文如何适用方面的解释。如对“十恶”重罪的解释，明律制定者只解释了“十恶”中各罪的基本含义以及相关条文中涉及法律适用或量刑标准方面的部分问题。唐律制定者则在解释基本含义之外，又引用儒家经典作了伦理方面的解释，并首先从立法旨意和历史沿革方面进行了解释。《唐律疏议》从立法旨意方面说明“五刑之中，十恶尤切，亏损名教，毁裂冠冕，特标篇首，以为明诫”。从历史沿革方面说明“汉制《九章》，虽并湮没，其‘不道’、‘不敬’之目现存，原夫厥初，盖起诸汉。案梁陈以往，略有其条。周齐虽具十条之名，而无‘十恶’之目。开皇创制，始备此科，酌于旧章，数存于十。大业有造，复更刊除，十条之内，唯存其八。自武德以来，仍遵开皇，无所损益”。

① （清）薛允升：《唐明律合编》例言。

明律制定者削减立法目的解释和历史解释方面的内容，是明律解释不同于唐律解释的又一显著特点。

第四节　立法权的行使

明朝的立法权原则上属于皇帝所专有。律、令、诰、例等重要法律形式的制定，都要经过皇帝的批准。皇帝行使立法权的方式有以下数种：

一、皇帝亲自行使立法权

吴元年《大明律》的制定，朱元璋就专门发布了上谕，要求议律官“日具刑名条目以上，吾亲酌议焉。每御西楼，诏诸臣赐坐，从容讲论律义”①。洪武六年冬重修《大明律》时，朱元璋诏刑部尚书，“每奏一篇，命揭两庑，亲加裁酌”②。洪武三十年，《大明律》修纂完毕时，朱元璋就《大明律》的颁行专门制作了《御制大明律序》。明《大诰》的编纂和颁行，是明朝皇帝亲自行使立法权的典型事例。《大诰》初编完成时，朱元璋制作了《御制大诰序》，并就《大诰》的颁行发布了专门的诏令。《大诰》续编、三编和《大诰武臣》的编纂和颁行，朱元璋都亲自制作了序文，发布了颁行诏令。四编《大诰》中的案例、峻令和对臣民的训戒，也经过朱元璋亲定。

二、皇帝任命议律官行使立法权

吴元年初定《大明律》时，朱元璋即“命左丞相李善长为律令总裁官，

① 《明史·刑法志》。

② 《明史·刑法志》。

参知政事杨宪、傅瓛，御史中丞刘基，翰林学士陶安等二十人为议律官”，编纂《大明律》和《大明令》。洪武六年（1373 年），明太祖“诏刑部尚书刘惟谦详定《大明律》”。洪武九年，明太祖命丞相胡惟庸、御史大夫汪广洋等详议厘正《大明律》13 条。洪武十六年，明太祖命刑部尚书开济定诈伪律条。二十二年，命翰林院同刑部官将累年增加的条例，取其可以入律的，分类纂入《大明律》，并改《名例律》冠于《大明律》篇首。[①] 任命议律官编修法律，具体内容和条文由议律官议决，皇帝可以随时亲自参与定夺，并行使批准颁行的最后决定权。在明代，议律官不是长期的专职修律人员，只是皇帝临时任命某些行政长官兼职修律的人员。在初定《大明律》和《大明令》及后来编修《明会典》时，皇帝都任命过议律官主持其事。

三、皇帝通过内阁行使立法权

明太祖废除宰相制度后，立法、行政、司法等各种大权高度集于皇帝一身。权力高度集中的结果，虽然有利于皇帝“乾坤独揽”，但是日理万机，却使皇帝不堪其劳。缺少亲近辅臣的商量，皇帝也难于处理各种重大事务。朱元璋遂仿宋制设置殿阁大学士，由殿阁大学士备顾问之用。明成祖时，大学士入直文渊阁参预机务，取得了辅佐皇帝决策的权力。明代内阁之制由此形成。《明会典》记载了内阁制度的形成：“成祖即位，特简解缙、黄淮入直文渊阁，胡广、杨荣、杨士奇、金幼孜、胡俨同入直，预机务，谓之内阁。内阁之名及参预机务自此始。”[②] 内阁参预机务的一项重要内容，就是辅佐皇帝行使立法权。内阁下属有诰敕房和制敕房。诰敕房掌书办“立官诰敕，及番译敕书，并四夷来文揭帖，兵部纪功，勘合底簿等项”。制敕房掌书办“制敕、诏旨、诰命、册表、宝文、玉牒、讲章、碑额及题奏

① 上述修律材料均见《明史 · 刑法志》。

② 《明会典》卷 29《职官一》。

揭帖等项，一应机密文书，各王府敕符底簿”[①]。掌管制敕与诰敕一应文书，是内阁辅佐皇帝行使立法权的一个重要方面。更为重要的是，内阁享有票拟之权，即草拟谕旨之权。在明代，臣下的奏疏经御览后即发交文渊阁，由文渊阁大学士拟定皇帝的批答意见，再用小票墨书贴于奏疏之上进呈皇帝审定。明中后期，内阁票拟已形成一整套制度。内阁草拟诏敕“先得领受旨意，再根据具体的活动而确定敕制；草敕之后，定夺权掌握在皇帝手中，皇帝按照自己的意思修改敕的内容；然后，发内阁依此写黄，完成敕书制作的最后一道工序”[②]。

四、皇帝通过六部行使立法权

明代废除宰相制度后，六部的地位和权力均高于前代。六部尚书直接隶属于皇帝，既按照皇帝的意旨处理国家的各种政务，又随时奉皇帝之命制定各种法律规章。洪武年间，刑部尚书就数次直接承受明太祖之命修订《大明律》。明中后期，刑部尚书又多次奉旨意修订《问刑条例》。户部依旨意颁布《教民榜文》，更是皇帝通过六部行使立法权的典型事例。

五、皇帝利用宦官行使立法权

明中后期，皇帝疏于政务，却又想强化对臣下的控制，越来越重视对宦官的利用。司礼监秉笔太监代替皇帝行使朱批之权，遂成为明朝皇帝行使立法权的一种重要方式。据刘若愚的《酌中志》记载：“凡每日奏文，自御笔亲批数本外，皆众太监分批，遵照阁中票束字样，用朱笔楷书批之。”[③]

① 《明会典》卷321《翰林院》。

② 谭天星:《明代内阁政治》，中国社会科学出版社1996年版，第50页。

③ （明）刘若愚:《酌中志》卷16。

宦官代行批红权，是明中后期发布中央政令的突出特点。黄宗羲认为：“入阁办事者，职在批答，犹开府之书记也。其事既轻，而批答之意又必自内授之而后拟之，……吾以为有宰相之实者，今之宫奴也。”[①]《明史》作者也认为：“然内阁之票拟，不得不决于内监之批红，而相权转归之寺人。于是朝廷之纪纲，贤士大夫之进退，悉颠倒其乎。”[②]

六、地方官员的立法权

明代地方官员在处理地方事务中，如在朝廷现行法律之外有新的重要的立法建议，须将建议写明上奏朝廷，听候朝廷定夺。但地方官员在处理基层社会的一般纠纷事务中，也会制定发布一些具有法律效力的文告或禁约。这些文告或禁约的制定和发布，是地方官员行使立法权的一种表现。王守仁创制“十字牌法”，就是明代地方官员行使立法权的典型。

第五节　立法编纂技术的运用

一、法典式立法与编纂式立法相配合

《大明律》是明代法典式立法的典范作品。《大明律》具有系统性、稳定性、概括性、普遍性和权威性等基本法典的特征。在明代各种法律形式之中，《大明律》的体系最为严密。《名例律》冠于法典之首，处于总纲的地位。吏律、户律、礼律、兵律、刑律、工律具体体现了《名例律》的原则，构成一个与六部所辖事务相对应的法律体系。《大明律》制定后，其

① 《明夷待访录·置相》。

② 《明史》卷72《职官志》。

体系和内容不能轻易更改，具有高度的稳定性。《大明律》包含了明朝法律最重要的内容和原则，在全国各地具有普遍的适用性，又有最高的权威性。其他法律形式，或被有选择地吸收入《大明律》之中，或附于《大明律》律文之后。在《大明律》不能很好地适应社会事务的发展变化时，则制定各种条例，并将重要的条例整理编纂为《问刑条例》。同时，将诸种法律形式的重要内容编纂为《明会典》，从而以编纂式立法弥补了法典式立法的不足。编纂式立法既丰富了法律的内容，扩展了法律的体系，又增加了法律适用的灵活性。

二、制定法与案例法相配合

《大明律》《大明令》《问刑条例》等制定法构成了明朝法律体系的主干。这些制定法虽有系统性、稳定性、概括性、普遍性等优点，但在形象性、通俗性和灵活性方面不如典型案例。为了使臣民百姓更好地遵守法律，减少犯罪，朝廷整理公布了一系列典型案例。在四编《大诰》中，就有典型案例二百余个。典型案例的整理公布，形成了与制定法相配合的案例法。明朝的案例法经过皇帝的审核和批准，具有法律的效力。这与唐宋时期士大夫编写的未经皇帝批准公布的案例汇编是不同的。唐宋时期士大夫编写的案例汇编，主要帮助人们学习法律，了解法律之用，或供司法官员判案时作参考之用。明朝的案例法，则以《大诰》的形式表现出来，经过皇帝的审核批准，成为明朝法律体系的一个重要的组成部分。

三、原则性立法与解释性立法相配合

明朝的基本法典《大明律》只规定了明代法律的主要内容和原则。《大明律》的内容简明，许多规定只是一种原则性的立法。为弥补《大明律》的不足，明朝的立法者用律文后加小注的解释方法，丰富明律的内容，使原则性立法趋于具体化。明朝律文后的小注比唐朝律文后的疏议，不仅数量减少了很多，而且省去了引经注解的论理解释部分和说明条文沿革的历史解释部分。这样，《大明律》的律文及其小注都满足不了明代社会发展变化的需要。为适应社会变化的需要，明朝的立法者在《大明律》之外新定了许多条例，并把部分条例附于《大明律》之后，形成律为正文，例为附注的立法模式。以例注律立法模式的建立，是明朝立法者的重要贡献。在明代之前，已有引经注律、引令注律等立法模式。引经注律增添了古代法律的论理色彩，并丰富了法典条文的精神内涵。引令注律促进了法典内容的具体化，增强了法典的应变能力。以例注律则在增强法典的适应性和实用性方面，都起到了重要的作用。所以，明朝以例注律的解释性立法模式的建立，是明朝立法技术的重要发展。

四、惩治性立法与训戒式立法相配合

在明代法律体系中，《大明律》《大明令》《问刑条例》等制定法，条文中一般都列有刑罚制裁方面的内容。这种带有刑罚制裁手段的立法，我们可以称之为：惩治性立法。与惩治性立法相对应的是没有带刑罚制裁手段的训戒式立法。四编《大诰》和《教民榜文》中就有许多训戒式立法的内容。在《大诰》初编中，“君臣同游”“官亲起藁”“胡元制治”“荐举首领官”“谕官之任”等条目都是训戒式立法的典型。此以“谕官之任”条目为例，可见一斑。该条目云：“朕命诸司官前往任所，每常数数开谕，导引为政，勿陷身家。其谕之辞曰：‘汝知不才者乎？今所在有司，坐视患民，酷害无端，政由吏为。吏变为奸，交头接耳，议受赃私，密谋科敛。愚奸既成，帖下乡村，声征遍邑，民人嗟怨。此果交头接耳，密谋征敛，机轴之深乎！民人既怨，何谋之良哉！汝不见事觉之后，受刑在禁。议罪已明，身居工役之场，赃在数千里外，妻子收存者有之，眷属无之者有之，多在异姓收藏，临期欲以为用，安得而至耶。是致家破身亡，赃为他人所有，比若是而无益。守俸如井泉，井虽不满，日汲不竭渊泉焉。贿赂之财何益之有哉！汝往任事，勿蹈前非’。”[①] 在《御制大诰续编》“申明五常”的条目中，朱元璋云：“今再《诰》一出，臣民之家，务要父子有亲；率土之民，要知君臣之义，务要夫妇有别；邻里亲戚，必然长幼有序，朋友有信。众尊有德，不拘年之壮幼，不序长幼之分，此古人之大礼也。此《诰》也，朕本非能，不过申明先王之旧章，而民从之，家和户宁，吉哉！倘有不如朕言者，父子不亲，罔知君臣之义，夫妇无别，卑凌尊，朋友失信，乡里高年并年壮豪杰者，会议而戒训之。凡此三而至五，加至七次，不循教者，高年英豪壮者拿赴有司，如律治之。有司不受状者，具在律条。慎之哉，而民从之。”[②]《教民榜文》中也有一些训戒式立法条目，如第 25 条云：“乡里人民，贫富不等，婚姻、死丧、吉凶等事，谁家无之？今后本里人户，凡遇此等，互相周给。且如某家子弟婚姻，某家贫窘，一时难办，一里人户，每户或出钞一贯，人户一百，便是百贯；每户五贯，便是五百贯。如此资助，岂不成就？日后某家婚姻，亦依此法轮流周给。又如某家，或父或母死丧在地，各家或出钞若干，或出米若干资助，本家或棺椁，或僧道修设善缘等事，皆可了济。日后某家倘有此事，亦如前法，互相周给，虽是贫家些小钱米，亦可措办。如此，则众轻易举，行之日久，乡里自然亲爱。”

惩治性立法体现了明代立法中重刑的特点。训戒式立法则体现了礼的精神和明太祖重视教化的特点。

五、中央立法与地方立法相配合

在明代，朝廷制定了律、令、诰、例等重要的法律形式，地方官员制定发布了多种具有法律效力的文告或禁约。朝廷立法建构了明朝法律体系

① 《御制大诰》“谕官之任第五”。

② 《御制大诰续编》“申明五常第一”。

的主体部分，地方立法则补充和丰富了朝廷的立法，成为法律体系的从属部分。上下配合，构成了明代的法律之网。

第六节　明朝立法在中国古代立法史上的地位

中国古代成文法产生于先秦时期，在汉代已经完成了法典化的进程，至唐代，在立法思想、立法体系、立法解释、立法技术等方面，都达到了前所未有的高峰。从法律体系和法律精神方面来说，唐朝的成文法已是中国古代成文法成熟的标志。但唐朝的成文法还不是中国古代成文法集大成的标志。中国古代成文法集大成的作品，是到古代社会的晚期（明清时期）才完成的。《大明律》《大清律例》《明会典》《大清会典》的出现，才是中国古代成文法集大成的标志。

明朝的立法是中国古代成文法从成熟时期走向集大成时期的重要活动。明朝的立法者在立法思想方面虽然没有多少创意，但是他们的立法思想是清楚明确的，涉及的内容是非常广泛的。立法继承性的思想，立法稳定性的思想、立法因时制宜的思想以及立法重礼方面的思想，不仅是明朝立法活动的指导思想，而且为清朝立法提供了承前启后的指导思想。明朝立法者在立法体系方面，在基本法典的制作方面，既效法盛唐时期立法的典范，又有反映时代特点的追求和变更。依律定例，以例辅律的立法体制，以六部为纲，以礼刑诸图为卷首的法典编纂方式，是既有继承又有创新的突出标志。明朝立法者采用的诸种立法模式，特别是法典式立法与编纂式立法相配合的模式、制定法与案例法相配合的模式、原则性立法与解释性立法相配合的模式，为中国古代成文法集大成作品的出现，积累了立法技术和经验，并提供了典范作品。清朝立法者正是在明朝立法模式和立法成果的基础之上，才最后完成了中国古代成文法集大成的工作。

第二章　行政法律

第一节　行政法律的渊源

明朝行政法的渊源主要有行政单行法和行政条例。

明朝的法律汇编《大明会典》中收集了大量的行政法。

明朝在其存续的近三百年间，一共有过三本会典，即正德本、嘉靖本和万历本，它们在体例上前后相继，内容方面则互有损益。

明太祖在洪武二十六年（1393 年）编定《诸司职掌》，其后，到英宗复辟之时，鉴于“岁月既积，簿籍愈繁，分曹列署，或不能遍观尽识，下至遐方僻壤，闾阎草野之民，盖有由之而不知者”[①]，因而命内阁儒臣纂集条格，以续职掌之后，但没有完成。孝宗继位以后，继续这一事业，编为一百八十卷，但未及颁布即龙驭上宾。武宗登基之后第四年，复命内阁重加参校，补正遗阙，最后于正德四年（1509 年）十二月完成，计一百八十卷。正德六年（1511 年）四月特敕司礼监命工刊印，俾天下遵守。一典之成，历经三代，可谓不易。

到嘉靖朝，发现正德本有许多不尽如人意的地方。首先是“记载失真，文辞抵牾者比比有之”；其次是自弘治十五年（1502 年）纂修之后，

① 《明会典》，武宗《御制明会典序》。

近六十年过去了，其间“典礼之因革，事例之增损，又复烦多”[1]，于是世宗乃命官纂修，要求在“体例一遵旧典，不必立异更张”的原则指导下，“正其差伪，补其脱漏”。因此，嘉靖会典与正德会典相比改动当不会很大。会典草稿于嘉靖二十九年（1550 年）完成，可惜最后未及刊布。

万历会典的编纂始于万历四年（1576 年）。而在此以前，万历二年（1574 年）四月，纂修的动议就已经由礼科给事中林景旸提出。当时朝廷感觉到，因为年代更替，法令改易，造成了“吏不知所守，民不知所从”的局面，会典的纂修已势在必行，只是考虑到世宗和穆宗的实录刚刚完成，正披阅校正，如再纂修会典，难免顾此失彼，因而礼部的答复是，待实录进呈之日将会典专一纂修。[2] 到万历四年六月，内阁首辅张居正以神宗的名义正式下诏，令择日开馆，分局纂修，其本人充纂修《大明会典》总裁。万历八年（1580 年）九月，《大明会典》草稿由各副总裁完成，张居正看后很不满意，因他们只是将嘉靖二十九年续修旧稿誊写一遍，再加上一些近年事例了事。至于体例的不当，记载的缺遗，则未能讨论讲究。有鉴于此，张居正提出“事必专任，乃可责成；力不他分，乃能就绪”，命吏部左侍郎余有丁、詹事府詹事许国文专属此事。[3] 万历十年（1582 年），张居正去世，申时行继任内阁首辅，又力主此事，到万历十五年（1587 年）始大功告成。

万历会典基本上继承了前两部会典的体例，即以部门职掌作标准加以分类，在《诸司职掌》所作规定的基础上增加相应事例。但这次的改动之处也不在少数，举其要者有四：

1. 前朝会典一律以《诸司职掌》为主，每项都先列《诸司职掌》中的内容，然后再附以相关的事例。这一次考虑到《诸司职掌》定于洪武

---

① 《明会典》，世宗《皇帝敕谕内阁（嘉靖八年四月）》。

② 《明神宗实录》卷 24。

③ 《明神宗实录》卷 104。

二十六年（1393 年），而洪武事例有在二十六年之前颁行的，先前的做法虽然突出了《诸司职掌》，但难免有先后失序之感，因而此次改为在每一项规定上采取编年的做法，凡《诸司职掌》中的规定，俱称洪武二十六年（1393 年）定，在此以前的列于前，以后的列于后。

2. 前朝会典依据《诸司职掌》将户部分为民、度、金、仓四科，将刑部分为宪、比、司门、都官四科，但二部早已定为十三清吏司，这样无异于旧瓶装新酒。此次则以现行体制为准，各载十三司职掌于前，叙列事例于后，不分四科。

3.《大明律》律文和问刑条例原来是分载的，即将《大明律》律文分载于刑部四科之下，条例笼统地放在"问拟刑名"之下，显得割裂参差。现在则改为在每条律文之下附以相关事例。

4. 会典事例，从前以编年为主，此次先依调整对象的性质进行分类，再在每类之下按编年方法加以编排。[①]

总体来看，此次编纂的会典与前两部会典相比，内容既更加周详，体例也更完善。可以肯定它是几部会典中最好的一部。

《大明会典》以外，《大明律》与《明大诰》也包含有大量的行政法规范，因而也可以看作是明代行政法渊源之一。其突出表现在《大明律》的"职制"与"公式"两篇中。据《职制》"滥设官吏"条："凡内外各衙门官，有额定员数而多余添设者，当该官吏一人杖一百，每三人加一等，罪止杖一百，徒三年。若吏典、知印、承差、祗侯、禁子、弓兵人等额外滥充者，杖一百，迁徙。容留一人，正官笞二十，首领官笞三十，吏笞四十，每三人加一等。并罪止杖一百，罪坐所由。其罢闲官吏在外干预官事，结揽写发文案，把持官府，蠹政害民者，并杖八十……"这些显然是关于机构编制及一般行政事务的施行方面的规定，却用了笞、杖、徒、迁徙等刑罚手段来调整。又如《公式》篇中"官文书稽程"条。用现代行政法理论的眼

① 《明会典·重修凡例》。

光来看，官文书稽程属于典型的行政程序问题，但该条也规定了笞、杖等刑罚，从而将其纳入了刑法调整的范围。《明大诰》的情形也是这样，像“寰中士夫不为君用”一科，是以酷刑重典调整行政关系的典型。因此，从一个方面讲，《大明律》及《大明律诰》是有明一代的刑法大典；从另一个方面来讲，它又可以说是融刑事、诉讼、民事、经济、婚姻，当然也包括行政等法律规范为一体的综合性法典。它用刑罚手段调整行政法关系，正如它用刑罚手段调整民事、经济、婚姻法律关系一样，我们现在研究明代的诉讼、经济、民事等方面的法律规范必须以《大明律》作为重要依据，在研究明代的行政法规范时同样不能忽视这一重要的法律渊源。

明代的单行行政法大多产生于洪武时期，举其要者有《诸司职掌》《皇明祖训》《大明集礼》《洪武礼制》《礼仪定式》《稽古定制》《教民榜文》《军法定律》《宪纲》等，这些都是《大明会典》纂修的依据。特别是洪武二十六年（1393 年）所颁《诸司职掌》较为具体地规定了明代国家机关的建制、职掌，为《大明会典》的原模。但正因为如此，《大明会典》修成以后，它们的作用自然地被取代了。

明代行政法律渊源中的例及例的汇编，在明代行政法体系中占据极为重要的位置。

明代的行政例大体可以分为以下两个层次：

第一个层次，是以皇帝名义发布的例。或基于皇帝个人的认识直接发布，或先由臣下建议然后被皇帝认可，均属此类。“事例出朝廷所降，则书曰‘诏’、曰‘敕’，臣下所奏则书曰‘奏准’、曰‘议准’、曰‘议定’，或书曰‘令’。”①

第二个层次，是中央各部所发的例。吏、户、礼、兵、刑、工各部或根据皇帝的旨意，或根据下级官吏的报告，或出于各部首长的裁量而发布。

一般而言，以皇帝的名义发布的例与中央各部的例相比，前者具有最

① 《明会典 · 弘治间凡例》。

高的法律效力，具有原则性和指导意义；后者是对前者的贯彻和补充，具有灵活性，处于附属的地位。双方相互依赖，构成一个有机的整体。

所谓“律者万世之常法，例者一时之旨意”[①]，律既不容变通，例便纷然而起，经年日久，数量繁多，内容不免彼此矛盾，因而有纂修的必要。《大明会典》的纂修，基本的出发点即在于使累朝旧例整齐划一。《大明会典》以外，明朝所作的努力主要有：

1.《宗藩要例》

宗藩问题是明代社会的一大症结。特别是明中期以后，随着时间的推移，宗藩生齿日繁，问题愈益突出。为了解决这一问题，明王朝颁布的法令层出不穷，世宗嘉靖年间编成《宗藩条例》一书，到万历初又有了重修的必要。[②]万历七年（1579 年）十二月，礼部题：“先该大学士张居正等题称宗藩未妥事件，乞敕本部将条例再加斟酌，并累朝见行事例系关宗藩者悉行裒集，分类编录，仍会多官议拟，题请著为宪令，开送纂入会典。已经奉旨钦依，待具有次第，题请会官集议，臣等礼部会同宗人府、六部、都察院各堂上官，通政司、大理寺各掌印官及该科官、驸马都尉许从诚等将大学士张居正等所题《宗藩条例》未妥一十二事、并推广未尽事宜及见行事例条例所未备者，通行款开，详加酌议，惟求情法适中，科条画一，足以昭示久远，为经常不易之规，谨逐一开列前件具奏上，恭候圣明裁定。臣等礼部并将旧行条例删去烦文，止存节要，会为一书进呈御览，刊刻成帙，颁布各王府永永遵承。以后一应请乞，但有不遵定例，妄援渎扰者，所奏事情，径自立案不行，仍听本部及该科参奏。”神宗下令：“依拟刊布，纂入会典。”[③]

万历十年（1582 年）三月，《宗藩要例》一书修成。礼部采集累朝事例，

① 《明太祖实录》卷 49。

② 《明神宗实录》卷 64。

③ 《明神宗实录》卷 94。

删繁撮要，分为四十一条，附奏格册式于各条之后，“乞令吏馆纂入会典，颁示各藩。上览而嘉之，命令名云”[①]。

《宗藩要例》虽被纂入会典，成为其中的一个部分，但它本身也作为单行法具有法律效力。

2.《皇明条法事类纂》

孝宗时御史戴金奉命编纂而成。武宗御制序说：“盖我孝宗皇帝尝命儒臣戴金敕编纂述《皇明条法事类纂》，辑累朝之诏令，定一代章程，鸿纲纤目，灿然具备……”[②]嘉靖朝又重修《明条法事类纂》，穆宗所作的序文说：“……逮我世宗皇帝入承，时历四纪，而因革损益，代有异同，乃复下诏重修，续自成化弘治壬戌迄巳酉……条法为五十卷，其义一以职掌为主，类以颁降群书，附以历年事例。”[③]五十卷中包括五刑类一卷，名例类五卷，吏部类五卷，户部类九卷，礼部类二卷，兵部类九卷，刑部类十七卷。其中吏部类有贡举非其人、赴任违限、无故不朝参等条目，全部有关官吏的责任或权利，为典型的官吏法的规范。其他如五刑、名例、礼部等类的规范中大部分也与行政直接关联。

3.《问刑条例》

以性质而论，《问刑条例》当然属于刑事方面的条例汇编，但它也包含有行政方面的法律规范，其中一部分是以刑罚手段来调整行政关系的，如“贡举非其人条例”“举用有过官例条例”“事应奏不奏条例”，可以说，在“吏律”这一类多数条例都属此种。另一部分则纯属行政方面的法律规范，如“擅离职役条例”所辑：“监生不分在监、在历，私逃回籍者，三个月以上，发回原学肄业；半年以上，问革为民。”[④]无论从调整的关系还是从

① 《明神宗实录》卷122。

② 《皇明条法事类纂》。

③ 《皇明条法事类纂》。

④ 《大明律》附《问刑条例》。

调整的手段来看，都是纯行政的了。

第二节　皇室立法

一、皇帝在行政法上的地位

明代的皇帝同其他朝代的皇帝一样具有双重身份：从皇室的立场来看，他是家长，从国家的立场来看，他又是元首。其权威的构成也包含多种因素：在政治上，他对天下臣民生杀予夺，拥有最高的统治权；在思想上，他被奉为上天的代言人，无异于天下最大的教主。可以说，明代的一切典章制度、法律准则、伦理道德、礼仪规范归根结底都是为了维护皇帝的这种特殊地位和专制统治而服务的，那么，明代的行政法作为法律的一个部门究竟在其中起到了哪些作用呢？

首先，明代行政法包含有大量的礼仪规范。这套系统而严密的礼仪规范使皇帝处于至尊的地位。

明代朝廷或皇室凡有重大活动均须举行盛大的典礼仪式：遇正旦、冬至等节日有百官朝贺仪，百官上朝有常朝仪和午朝仪，皇帝登极有登极仪，皇太子和亲王册立有册立仪，皇帝冠、婚、丧、祭有冠礼、婚礼、丧礼、祭礼，等等。这些礼仪规范的原则只有一个，即“君尊臣卑”；其目的也只有一个，即确立“君尊臣卑”的等级社会秩序。

其次，明代行政法确认皇帝的种种行政权力，皇帝对皇室内外的行政事务拥有最后的处断权。这些行政权力包括：

1. 授予荣誉

明代臣民的荣誉有旌表、授爵、封赠等项。

（1）旌表。对于谨守封建礼教的人，通过立牌坊、挂匾额等方式加以表扬，这是历代封建统治者所惯用的手法。明洪武二十六年（1393 年）定：

"礼部据各处申来孝子顺孙、义失节妇，理当旌表之人，直隶府、州咨都察院，差委监察御史复核；各布政司所属，从按察司复核，著落府、州、县同里甲、亲邻保勘相同，然后明白奏闻，即行移本处旌表门闾，以励风俗。"① 以后天顺、隆庆等朝又先后颁诏，对旌表的对象进一步加以明确。天顺六年（1462 年）诏："民间同居共爨五世以上，乡党称其孝友者，有司取勘以闻，即为旌表。"② 隆庆六年（1572 年）奏准："孀妇寿至百岁者，照例旌表为贞寿之门。"③

明代旌表的范围只限于"布衣编民、委巷妇女"，至于有官职及科目出身、已受诰敕封为命妇者不在旌表之列。节妇为三十以前夫亡守志至五十以后仍不改节者。凡已被旌表的孝子节妇，各地衙门应于所在旌善亭内附写行孝守节缘由。④

（2）授爵。明初因袭前代制度，列爵五等，即公、侯、伯、子、男，后革除子、男二爵，存公、侯、伯三等。授爵的对象，一是有大功于国家或有战功的文武官员；二是孔子后裔；三是外戚，即皇后、皇太后的父母兄弟。此外凡尚大长公主、长公主、公主，都称作驸马都尉，位次于侯。这些爵位由皇帝亲授，其他任何人不得染指。⑤

凡被封为公、侯、伯者皆得推恩三代，其封赠，各从本爵。如公之父、祖父、曾祖父，各封某国公；公之母、祖母、曾祖母，各封某国夫人；其本人妻子，亦封某国夫人。侯、伯与此相类。受封官身死，其子孙袭封，以嫡长子承袭为原则。无论是推恩，还是袭封，虽有法律明文规定的准则可以遵循，但仍须具奏皇帝批准，始能成为事实。⑥

---

①《明会典》卷 79。

②《明会典》卷 79。

③《明会典》卷 79。

④《明会典》卷 79。

⑤《明会典》卷 6。

⑥《明会典》卷 6《文官封赠》。

（3）封赠。明代文武职官考满照例据各官品秩的高低及考满情况授与相应的荣誉称号。封典有授诰与授敕之别，推恩有及三代、二代、一代和止于本身之差。文官一品至五品皆授以诰命，六品至九品皆授以敕命。妇人从夫等级，一品封赠及于三代，二品三品及于二代，四品以下至七品及于父母妻室，八品九品封止其身。洪武二十六年（1393 年）定：正从一品曾祖母、祖母、母各封赠夫人（后称一品夫人），正从二品祖母、母、妻各封赠夫人，正从三品祖母、母、妻各封赠淑人，正从四品母、妻各封赠恭人，正从五品母、妻各封赠宜人，正从六品母、妻各封赠安人，正从七品母、妻各封赠孺人。[①]文官本身封赠自荣禄大夫至登仕佐郎共九等十八级，有初授、升授、加授三种，以历考为差。

武官给授诰敕，一品至五品称诰命，六品以下称敕命，从光禄大夫至忠武校尉共六品十二级，同文官一样亦有初授、升授、加授之别。其应封赠之父祖按照官员本人所授官职对品封赠，应封赠之母妻，正从一品曾祖母、祖母、母、妻各封赠夫人，正从二品祖母、母、妻各封赠夫人，正从三品祖母、母、妻各封赠淑人，正从四品母、妻各封赠恭人，正从五品母、妻各封赠宜人，正从六品母、妻各封赠安人。[②]

文武官员的封赠虽然是依例而行，照章办事，但仍需具奏皇帝批准。文官封赠要“具本奏闻。吏科给事中置立文簿，附写各该封赠爵次，钦用敕符御宝”[③]；武官给授诰敕也要“奏闻”，由皇帝“照品定夺”[④]。

2. 给赐实物

皇帝有权给予一切有显贵身份的人以种种赏赐。

（1）给赐在京官员人等。凡皇帝登基，必赐在京文武群臣军民人等银

① 《明会典》卷 6《文官封赠》。
② 《明会典》卷 122《诰敕》。
③ 《明会典》卷 6《文官封赠》。
④ 《明会典》卷 122《诰敕》。

绢布钞；凡修实录，必赐监修官、总裁官、纂修官、催纂兼誊写官、催纂官、誊写监生等银、钞、彩币等物；凡经筵初开，必赐知经筵、同知经筵、并侍班官等银或彩币。至于文武大臣考满，日讲官以省亲、省墓等项给假，总兵、镇守、提督、巡抚等官辞朝，均有一定的给赐。此外，凡遇正旦、元宵、冬至等节令，在京文武官吏均受赏赐，边将有功者亦论功行赏。[①]

（2）给赐各王府。每遇皇帝登基、皇子诞生、东宫册立，均赐给亲王一定数量的银、纻丝、纱、罗、钞等。[②]

（3）给赐少数民族首领。或出于皇帝的特恩，或出于少数民族首领的求讨，或出于礼部的酌请，皇帝给予少数民族首领金银钞锭疋帛之类。按规定，凡给赐其物，或于奉天门，或于奉天殿丹陛，或于华盖殿用条顿放，引受赐人朝北站立，置物于前，待受赐人叩头毕，方授之以物。[③]

（4）给赐土官。湖广、广西、四川、云南、贵州腹里土官及云南徼外土官进到方物，例不给价，而予一定的赏赐。[④]

3. 财政处分

皇帝对于全国的土地、山泽、矿藏、水利乃至臣民的私产都有自由处分的权力，因而其财政权可以说是无所不及。举其大者有：

（1）制定田制。如洪武元年（1368 年）正月，太祖对中书省的大臣说："兵革之余，郡县版籍多亡，田赋之制不能无增损。今遣周铸等往浙西核实田亩，定其赋税，元令妄有增扰。"[⑤] 又如洪武二十年（1387 年），太祖"命国子生武淳等分行州县，随粮定区，区设粮长四人，量度田亩方圆，次以字号，悉书主名及田之丈尺，编类为册，状如鱼鳞，号曰'鱼鳞图册'"[⑥]。

① 《明会典》卷 110《在京官员人等》。
② 《明会典》卷 110《王府》。
③ 《明会典》卷 111《外夷上》。
④ 《明会典》卷 113《土官》。
⑤ 《明会要》卷 53《食货一》。
⑥ 《明史》卷 77《食货志》。

（2）减免或加派租税。减免如太祖即皇帝位后，七月，“免吴江、广德、太平、宁国、滁、和被灾田租”，八月，又“除书籍田器税，民间逋赋免征”。[①] 再如嘉靖二年（1523 年）六月，世宗“以灾伤免嘉靖元年天下税粮之半”[②]。加派如明末征收的辽饷、练饷、剿饷等。

（3）营建宫室。皇帝对国家财政收支的全部有支配的权力，其在自身的用途上，主要是营建宫室。如永乐四年（1406 年）闰七月始营建北京宫殿，为此，成祖分遣大臣宋礼等诣川、湖各省采木，命泰宁侯陈珪等董治瓴甋。又征天下工匠，选在京诸卫及河南、山东等处军民赴北京供役。又如武宗正德九年（1514 年）正月，乾清宫发生火灾。十二月，工部奏“营建宫室，庀材鸠工，计值白金百万两，请均赋于民，岁征十之二。恐征输不及，暂于内帑借其半以给用”，但武宗“终不欲假借内帑，乃于一岁中请征之。于是催科旁午，海内骚然矣”。[③]

4. 军事指挥

明王朝总结了历史上因藩镇拥兵坐大而导致王朝灭亡的教训，在制定兵制时想方设法防止军权旁落。正如《明史·兵志》所云：“明以武功定天下，革元旧制，自京师达于郡县，皆立卫所，外统之都司，内统于五军都督府，而上十二卫为天子亲军者不与焉。征伐则命将充总兵官，调卫所军领之；既旋，则将上所佩印，官军各回卫所。”这样将负责日常管理训练的军政和指挥作战的军令分开，有意造成将不知兵、兵不知将的局面，防止任何人拥兵自重，甚至割据叛乱。

《明律》还设有“擅调官军”专条，对擅自调发军队者给予刑事处罚：“凡将帅部领军马守御城池及屯驻边镇，若所管地方遇有报到草贼生发，即时差人体探缓急声息，须先申报本管上司，转达朝廷奏闻，给降御宝圣

① 《明史》卷 2《太祖本纪》。
② 《明史》卷 17《世宗本纪》。
③ 《明会要》卷 72《方域二》。

旨，调遣官军征讨。若无警急，不先申上司；虽已申上司，不待回报，辄于所属擅调军马，及所属擅发与者，各杖一百，罢职，发边卫充军。”[①] 这样将军队的调发权完全控制在皇帝的手中。

5. 任命文武官员

明代行政法极力保护皇帝对百官的任用权，其具体规定，我们将在官吏法部分作较详细的探讨。明代的刑法还规定对侵犯皇帝任免官员权力的行为进行刑事处分。据《明律 · 职制》：“凡除授官员，须从朝廷选用，若大臣专擅选用者斩。若大臣亲戚，非奉特旨，不许除授官职，违者罪亦如之。”

二、皇位继承制度及皇位继承人

明代的成文行政法并没有明确规定皇位继承的原则和皇位继承的顺序，明代的皇位继承主要受传统和习惯的制约。

依照传统，明代的皇位继承采嫡长子继承和兄终弟及的原则。皇后所生长子为法定的太子，皇后无子则以诸子中年最长者为太子，继承皇位。太子尚未继位而死亡，即以太子之子为皇太孙，继为皇帝。皇帝无子，才以其近支子弟继承大位。史载：太祖的长子懿文太子早逝，洪武三十一年（1398 年），翰林学士刘三吾说：“皇孙世嫡，富于春秋，正位储极，四海系心，皇上无过忧。”太祖说：“善。”于是懿文太子之子允炆被立为皇太孙。[②]《纲鉴易知录》又载，太祖立太孙以后，复想改立燕王，刘三吾说：“若然置秦晋二王何地？”因为燕王为第四子，秦晋二王为其兄，即使按兄终弟及之意，也轮不到燕王，因此太祖只得作罢。其遗诏说：“皇太孙允炆，

① 《明律 · 军政》。

② 《明史纪事本末》卷 15。

明仁孝友，天下归心，宜登大位。中外文武臣僚同心辅佐，以福吾民。”[①]于是朱允炆嗣位，是为惠帝，又称建文帝。后来燕王起兵，以武力夺得天下，取建文帝而代之，因次子高煦从战功绩居多而对立太子事颇为踌躇。解缙说：“立嫡以长。”黄淮也说：“长嫡承统，万世正法。”[②]这样促使成祖于永乐三年（1405 年）册立嫡长子高炽为太子。他对群臣说：“居守功高于扈从，储贰分定于嫡长。且元子仁贤，又为太祖所立，真社稷主，汝等勿复言。”[③]

皇位兄终弟及的例子，如武宗无子，以堂弟世宗继位。正德十六年（1521 年）遗诏说：“皇考孝宗敬皇帝亲弟兴献王长子厚，聪明仁孝，德器夙成，伦当立。遵奉祖训兄终弟及之文，告于宗庙，请慈寿皇太后与内外文武群臣合谋同辞，即日遣官迎取来京，嗣皇帝位。”[④]后熹宗无子，也由其胞弟由俭继位，即崇祯皇帝。

太子为皇帝的法定继承人，但皇帝在位，太子对国事不能过问。太祖洪武元年（1368 年），御史中丞刘基、翰林院学士陶安等人上言，拟仿元制任太子为中书令，太祖未予采纳，他认为太子首要的任务是“尊礼师傅，讲习经传，博通古今，识达机宜”，而不是实际地处理国事。[⑤]不过在皇帝出巡的情况下，又多以太子监国。明太祖说：“盖军旅未息，脱若有事于外，必留太子监国。”[⑥]成祖入登大位以后，常常巡幸北京，甚至率师出塞，此时必以太子监国。据《明史》记载：“成祖初巡北京，命定太子留守事宜，（礼部尚书吕）震请常事听太子处分，章奏分贮南京六科，回銮日通奏，报可。”[⑦]永

① 《明史纪事本末》卷 15。
② 《明史纪事本末》卷 26。
③ 《明史纪事本末》卷 27。
④ 《明史纪事本末》卷 50。
⑤ 《明通鉴》卷 1。
⑥ 《明史纪事本末》卷 14。
⑦ 《明史》卷 151《吕震传》。

乐八年（1410年），更以皇长孙留守北京，命户部尚书夏原吉辅佐。

太子监国时所享有的权限以条例确定。永乐七年（1409年）成祖将驾幸北京，定“东宫监国”条例。永乐十二年（1414年）、十三年（1415年）又分别就某些特殊事项奏定补充条例。嘉靖十八年（1539年），世宗南巡时亦颁条例，令太子监国。此外，永乐八年（1410年）还定有“皇太孙监国”条例。[①]

总体来看，太子监国时的权力包括：

1. 军事权：凡在京文武衙门遇有内外军机及王府切要事务，悉奏请太子处分。但是对于各处有启报声息，需调拨边军剿捕，则须遣人驰赴行在所（皇帝临时所在）奏闻。

2. 祭祀权：凡遇享太庙、祭社稷等重大祭祀活动，由皇帝敕令皇太子摄祭，但皇帝仍遣官行礼。

3. 宴赏权：对于一般的赏赐，有例循例，无例由太子临时斟酌给赏。但少数民族代表来朝贡，则需皇太子命礼部遣人送行在所。

4. 任命权：凡内外大小文武官员的铨选由吏部和兵部奏请皇帝定夺，但有些因考满而遭黜罚以及复职或改用等项常选官，只需循例具启铨注即可。

5. 司法权：凡内外文武大小官员犯罪，由司法机关奏启，同意之后，即可审断。但皇亲犯罪，太子无权审理——若小事令其在家听候，由太子具由奏请皇帝处断；若犯重罪如谋反、大逆等，则即时拘执，等皇帝回京以后再奏请处分。对于普通人民犯罪，也分为两种情况：凡法司问拟罪应处死者，奏请待报；其余的太子才有权决放。

从上述规定可以看出，明代太子监国并不是代行皇帝的一切权力，在很大程度上只是起一种监察的作用。皇帝不信任大臣，所以留太子监督，但皇帝对太子也并不能完全信任，所以在授权的时候有种种的保留。一千多年前韩非子用“上失其一，臣以为百”这样的警句所揭示的君臣之间尔

① 《明会典》卷54《东宫监国》。

虞我诈的情形在专制君主的父子之间也不能有任何例外。

三、有关皇后及外戚的特别立法

皇后不仅为宫中妃嫔之首，而且“母仪天下”，因而在皇族和国家中均享有崇高的地位。明代行政法对皇后的产生及其法律地位均有明确的规定。

皇后，或者出于皇帝登基以后的婚娶；或者是太子入绍大统以后，原太子妃升格；或者原皇后薨死或被废黜，皇帝重新选定；也有母以子贵的，即皇帝原配无出，而妃嫔生子被立为太子，母即被封为皇后，原皇后自动退出。

皇帝娶后，先遣官祭告天地宗庙，然后任命使者代行六礼。“六礼”为中国古代的六道结婚程序，其名目见于《礼记·昏义》，具体内容载于《仪礼·婚礼》。古代六礼为：纳采、问名、纳吉、纳征、请期、亲迎。明代皇帝的婚姻基本上照此办理，只是亲迎一项改为“发册奉迎”，即任命使臣持节奉册宝行奉迎礼，待皇后由奉天门入内庭，皇帝始降阶相迎。皇帝的婚姻通常也须奉“父母之命”。其纳采问名的“制词”为：“朕承天序，钦绍鸿图。经国之道，正家为本。夫妇之伦，乾坤之义，实以相崇祀之敬，协奉养之成，所资维重。祗遵圣祖母太皇太后、圣母皇太后命，遣使持节，以礼采择。”① 如皇帝年幼，则婚事一切由母后和大臣操办。

凡由妃升格为皇后，须举行册封仪。册封仪分遣使册立、受册受贺、百官称贺上表笺、谒庙等几个步骤，② 极盛大而铺张。

明太祖极力限制后妃、外戚干预政事，曾数次定立法度，严加防范。洪武元年（1368 年）命翰林纂修《女诫》，使子孙知所持守，他说：“后妃

① 《明会典》卷 67《婚礼》。

② 《明会典》卷 46《皇后册立仪》。

虽母仪天下，然不可以预政事。至于嫔嫱，不过备职事，侍巾栉，若宠之太过，则上下失序。观历代宫阃，政由内出，鲜有不为祸乱者。内嬖惑人，甚于鸩毒，惟贤明之主能察之于未然，其他未有不为所惑者。卿等纂修女诫及贤妃之事可为法者，使后世子孙知所持守。"[①] 洪武三年（1370 年），"严宫阃之政，著为令，俾世守之。上以元末宫嫔女谒，私通外臣；或番僧入宫，摄持受戒，而大臣命妇亦往来禁掖，淫渎亵乱，遂深戒前代之失，著为典。皇后只得治宫中嫔妇事，宫门之外不得与焉。宫费奏自尚宫，内使监覆之，始支部，违者死。私书发外者罪如之。宫人疾，言其状征药。群臣命妇节庆朔望朝见入宫，无故不得入。人君无见外命妇礼。天子、亲王后妃宫嫔，慎选良家子女，进者勿受"[②]。洪武五年（1372 年），又"命工部造红牌，镌戒谕后妃之辞，悬于宫中"[③]。

通观有明一代，明初的这些规定基本上都贯彻了始终。各代皇后，除成祖之后为魏国公徐达长女外，其他出身皆非显贵之家，而成祖当时为燕王，该女嫁作燕王妃，在正常情况下原无做皇后的希望，因而应算作例外。至于参与政事方面，皇后与外戚的确都谨守法度，无越轨的行为。宪宗成化时，"万贵妃重（商）辂名，出父像属为赞，遗金帛甚厚。辂力辞，使者告以妃意，辂曰：'非上命不敢承也。'"[④] 万历二十九年（1601 年），皇长子的储位未定，冠婚也逾期，外戚郑国泰请先冠婚，后册立，礼部尚书朱国祚说："本朝外戚不得与政事，册立大典非国泰所宜言。"[⑤] 外戚对政事连发言的机会都被排除了。《明史》曾说："明太祖立国法严，史臣称后妃居宫中，不预一发之政；外戚循理谨度，无敢恃宠以病民，汉唐以来所不及。"[⑥]

① 《明史纪事本末》卷 14。
② 《明史纪事本末》卷 14。
③ 《明史纪事本末》卷 14。
④ 《明史》卷 176《商辂传》。
⑤ 《明史》卷 240《朱国祚传》。
⑥ 《明史》卷 300《外戚传》。

四、有关宦官的立法及宦官对法制的破坏

明朝外戚干政的倾向得到了成功的压制，但宦官对封建法制的破坏却较前代为烈。

明太祖在建立明朝之初对宦官防范极严，禁止其干预政事。洪武二年（1369 年），“命吏部定内侍诸司官制。上曰：‘……古时此辈所治，止酒浆、醯醢、司服、守祧。今朕亦不过以备使令，可斟酌其宜，毋令过多。’又顾侍臣曰：‘求善良于中涓，百无一二。用为耳目，即耳目蔽；用为腹心，即腹心痛。驭之之道，但当使之畏法，不可使之有功。有功则骄恣，畏法则检束，自不为非也’”[①]。洪武四年（1371 年）太祖命吏部定内监等官品秩，结果自监正令五品以至从七品不等。他对侍臣说：“……吾防之极严，犯法者必斥去，履霜坚冰之意。”[②] 十年（1377 年），有内侍久侍内庭，从容言及政事，即被斥遣还乡，且终生不齿。太祖对群臣解释说：“阉寺之人，在左右久。其小忠小信足以固结君心，及其久也，假威窃权，势遂至于不可抑。朕立法，寺人不许预政事，今决去之，所以惩将来也。”[③] 明初禁宦官干政的立法有：洪武十七年（1384 年）秋七月，“敕内官勿预外事，凡诸司勿与内监文移往来”[④]；“又于内庭尝镌铁牌，置宫门口，曰：‘内臣不得预外事，预者斩’”[⑤]，以及宦者“不许读书识字，不得兼外臣文武衔”[⑥]。

然而曾几何时，明太祖定下的规矩即被他自己一手打破。洪武八年（1375 年），他遣中官赵成携带罗绮绫绢等物前往河州与少数民族部落互市，

① 《明史纪事本末》卷 14《开国规模》。
② 《明史纪事本末》卷 14《开国规模》。
③ 《明史纪事本末》卷 14《开国规模》。
④ 《明史纪事本末》卷 14《开国规模》，也见《明通鉴》卷 6。
⑤ 《明史纪事本末》卷 14《开国规模》，也见《明通鉴》卷 6。
⑥ 《明史》卷 304《宦官志》。

首开中官出使之先河。[①]从此以后便一发不可收拾。历史就像是一位爱开玩笑的老人，有明一代，宦祸相循，其惨烈程度超过了历史上任何一朝。明代宦官干政主要表现在以下几个方面：

1. 批答章奏

在明朝批答票拟为皇帝处决政事、发布命令的主要方式，但自宣德以后，有些皇帝不负责任，“除亲笔批数本，皆秉笔内官遵照阁中票拟字样，用朱笔批行”。[②]这样，“内阁之拟票，不得不决于内监之批红，而相权转归于寺人。朝廷纪纲，贤士大夫之进退，悉颠倒于其手”。[③]像武宗时的刘瑾、熹宗时的魏忠贤都主要是靠批答章奏而专权乱政的。

2. 任用官吏

宦官得势时，所有文武大臣包括内阁的首辅和六部的首长，他们都可以任意进退。如宪完时宦官梁芳取中旨授官至千人，名为传奉官，“有白衣躐至太常卿者”[④]。武宗时刘瑾有过之而无不及。当刘瑾败露后被鞠讯时，刑部尚书刘璟犹噤不敢言，“瑾大言曰：‘满朝公卿皆出我门，谁敢问我者？’”[⑤]其威权之重由此可见。熹宗时魏忠贤从内阁、六部到四方总督、巡抚遍置私人，更是气焰熏天了。[⑥]

3. 指挥军队

宦官通过将兵、监军乃至直接担任军事指挥官而干预军事。永乐二年（1404 年），“始命内臣出镇及监军管军”[⑦]。三年（1405 年），命郑和率兵二万下南洋，为将兵之始。八年（1410 年）命王安监督军马，为监军之始。

---

① 《明通鉴》卷 5。

② 《明通鉴》卷 9。

③ 《明史》卷 72《职官志》。

④ 《明史》卷 304《梁芳传》。

⑤ 《明史纪事本末》卷 43。

⑥ 《明史》卷 305《魏忠贤传》。

⑦ （明）王世贞:《弇山堂别集》卷 90《中官考一》。

此后习为故常，景帝景泰三年（1452 年）京营兵制发生变化，于谦创立团营，分为十营，“太监阮让、都督杨浚提督四营，太监陈瑄、卢永，都督郭震、冯宗各提督三营。俱听（于）谦、（石）亨及太监刘永诚、（曹）吉祥节制”[①]。这样京军中不仅有宦官的监军，而且有宦官的提督，不仅有提督，而且有宦官的总节制。京军既如此，边疆或内地的守备、镇守等职用宦官担任就不足为奇了。仁宗时太监王安即为甘肃镇守太监，又“命内官监太监郑和领下番官军守备南京”[②]。英宗“土木之变”以后，对宦官“各边防守之寄，益周于前。如各方面有险要者，俱设镇守太监、总兵官、巡抚都御史各一员”[③]，人们称之为三堂。

4. 实施审判

在英宗正统年间，宦官经常以皇帝代表的身份参加中央司法机关审录罪囚的活动，到宪宗成化十七年（1481 年），专命司礼太监一员会同三法司堂上官于大理寺录囚，谓之大审，自此形成定例，每五年举行一次。[④]在审录的时候，司礼太监的地位超越于中央司法机关之上：“凡大审录，赍敕张黄盖于大理寺，为三尺坛，中坐，三法司左右坐，郎中以下捧牍立，唯诺趋走惟谨，三法司视成案，有所出入轻重，俱视中官意，不敢忤也。”[⑤]

至于宦官提督的东厂、西厂等特务组织更是横行无忌，他们可以不经任何法律手续，不问是非曲直，即可将人处以死刑。如宪宗时汪直所领西厂胆敢擅逮三品以上京官，对于大同、宣府等重镇的守备，一天之内擒拿数人，甚至南京的留守大臣也敢直接收捕。[⑥]因以捕妖言图官赏，其旗校“多

① 《弇山堂别集》卷 90《中官考一》。

② 《弇山堂别集》卷 90《中官考一》。

③ （明）陆容:《菽园杂记摘抄》3。

④ 《明史》卷 94《刑法志》。

⑤ 《明史》卷 95《刑法志》。

⑥ 《明史纪事本末》卷 37。

以赝书诱愚民而后捕之，冤死相属，廷臣莫敢言”[①]。至于武宗时刘瑾所领内行厂，熹宗时魏忠贤所领东厂，其酷烈程度又远出于其上了。

总之，有明一代宦官干政涉及国家政权的各个方面，而以行政权最重。诚如《明夷待访录》所言：“阉宦之祸，历汉、唐、宋而相寻无已，然未有若有明之为烈也。汉、唐、宋有干预朝政之阉宦，无奉行阉宦之朝政。今夫宰相、六部，朝政所自出也，而本章之批答，先有口传，后有票拟，天下之财富，先内库而后太仓，天下之刑狱，先东厂而后司法，其他无不皆然。则是宰相、六部为阉宦奉行之员而已。”究其根本，乃在于明代绝对君主集权专制制度。因为自古以来宦官的干政无不由皇帝促成。明太祖曾说：“汉唐之祸，虽宦官之罪，亦人主宠爱之使然。”他又说：“前代人君，多纵宦寺与外臣交通，觇视动静，夤缘为奸，假窃威权以乱国家，后虽知而去之，势不得行，反受其祸，延及善类，汉唐之事深可鉴也！”但是明代罢丞相，废中书省，一方面在政府减弱了与宦官相抗衡的力量，另一方面在皇帝就势有必至地去亲信和任用宦官——因为政府在某种意义上可以作为皇帝的对立面而存在，宦官则永远是皇帝的家臣、奴仆，是他的代表乃至他的一个部分。因此，“汉、唐、宋之阉宦，乘人主之昏，而后可以得志。有明则格局已定，牵换相维，以毅宗之哲王，始而疑之，终不能舍之，卒之临死而不能与廷臣一见”。可见宦官为祸之烈，实在是明代君主专制集权制度“登峰造极”带来的必然恶果。

五、宗藩的法律地位

朱元璋认为，宋、元败亡的原因之一是王室孤立，因此，在明王朝建立以后，他执意要分封诸子。史载：“明太祖定天下之三年，惩宋、元孤立，

① 《明通鉴》卷33。

失古封建意，于是择名城大都，豫王诸子，待其壮而遣就藩服。”[①]但事实很快证明，这种分封制对皇位的稳固也不是绝对有利的，它很容易引起亲王争夺皇位的内战。于是明成祖时，将其改造成为诸王“列爵而不临民，分土而不任事”的制度，宗藩在法律上的地位由此得以最终确立。

明代宗室的封爵典制定于洪武初期，具载《皇明祖训》《诸司职掌》等书。至嘉靖末年，编定《宗藩条例》，万历十年（1582年）又将其删定划一，钦定名为《宗藩要例》，规定十分详细。

宗室爵分男女，男爵为王二等、将军三等、中尉三等，计八等；女爵为公主、郡主、县主、郡君、乡君，计五等。皇帝诸子，除嫡长子为太子外，其余封亲王；亲王嫡长子年及十岁，立为王世子，承袭亲王，其余嫡子和庶子封郡王；郡王嫡长子袭封郡王，其余次嫡庶子俱授镇国将军；镇国将军之子授辅国将军，辅国将军之子授奉国将军；奉国将军之子授镇国中尉；镇国中尉之子授辅国中尉，辅国中尉以下俱授奉国中尉。女爵依次是：皇帝诸女，封公主；亲王女，封郡主；郡王女，封县主；镇国将军女，封郡君；辅国将军女，封县君；奉国将军女，封乡君；中尉之女，俱称宗女。

封爵不止于己身，而延及配偶及父母。如亲王选婚，封亲王妃，世子之妻封世子妃；郡王之妻封郡王妃，世孙之妻封世孙夫人，长子妻封长子夫人，长孙妻封长孙夫人等。延及父母指追封的情形。凡追封亲王，嘉靖八年（1529年）令：孙袭祖爵者，得追封其父母；曾孙袭曾祖爵者，得追封其祖父母；旁支袭爵者，得追封其本生祖父母、父母。

爵位的承袭以嫡长继承为原则，有嫡立嫡，无嫡立长。如果是亲王薨而嗣绝者，许亲弟亲侄晋封为亲王，在没有亲弟亲侄的情况下，以次推及伦序相应者进封。如果是郡王绝嗣则不得进封。凡违背嫡长继承原则，以嫡夺庶者，轻则降为庶人，重则流窜远方。

凡是宗室成员，无论王与中尉，均在下述方面享有特殊权利：

① 《明史稿》卷108《诸王传》。

1. 服舍

宗室贵族作为特权阶级，其衣服、器用、房舍均有一定之规，朝廷著于典宪，其他人不得仿制或僭用。三者之中以房舍即“府第”之制尤为严格。如亲王府制，洪武四年（1371年）定为“城高二丈九尺，正殿基高六尺九寸，正门、前后殿、四门城楼饰以青绿点金，廊房饰以青黛……凡为宫殿室屋八百间有奇”，从装饰材料到建构规模，从殿堂方位到房舍命名均有严格规定，不得篡改。

如非宗室贵族，而用宗室服舍，即属违背礼教的行为，应受刑事处罚。《大明律 · 仪制》“服舍违制”条规定：“凡官民房舍车服器物之类，各有等第，若违式僭用，有官者杖一百，罢职不叙；无官者，笞五十，罪坐家长，工匠并笞五十。”此条非特就违背宗室服舍而发，但违背宗室服舍显然是包括在其中的。

2. 刑法上的特别保护

首先，一定范围内的宗亲触犯刑律不受普通司法程序的约束。《大明律 · 名例》“八议条”首列议亲，规定皇家袒免以上亲属均属应议之列，他们犯罪，须“实封奏闻取旨，不许擅自勾问。若奉旨推问者，开具所犯及应议之状，先奏请议，议定奏闻，取自上裁”。不仅如此，凡皇亲国戚之外祖父母、伯叔父母、姑、兄弟、姊妹、女婿等人犯罪，在有司追问以后，也要议拟奏闻，由皇帝决断。

其次，对于皇帝宗亲的人身安全保护《大明律》作了特别规定：“凡皇家袒免亲而殴之者，杖六十，徒一年。伤者，杖八十，徒两年。折伤以上，重者加凡斗二等。缌麻以上各递加一等。笃疾者绞，死者斩。”

最后，宗室有过犯，其刑罚也大不同于普通人民。按规定，轻者只治其党与，重者本人禁锢于高墙或闲宅内，子孙降为庶人，“虽有大罪，亦不加刑”①。

① 《明会典》卷57《过犯》。

3. 钦赐命名及指婚

宗室子女的名字由皇帝赐予。凡宗室新生子女，须即时向朝廷报告，作为请名请封的基础。弘治十年令：凡宗王府宗支，但有新生子女，即向本支郡王报告，由郡王转启亲王，待亲王审实后，年终统一上奏，由长史造二本文册，一本送宗人府比对，一本送礼部查考。以后正德和万历年间又分别重申此意，并将新生子女具启日期加以限定，要求"初生子女三日后即行具本奏报"。万历十年（1582 年）议准的条例还就与之有关的审核、保结等事项作了规定。

宗室子女到一定年龄须向朝廷请求婚配，朝廷授与相应的封号并给予相当的婚资。根据《祖训》，亲王妃及宫人等必须选择良家子女，以礼聘娶，勿受大臣进送。以后请婚制度渐为完密，所谓"择婚有令，选婚有期，擅婚有禁，妾媵有限，至于滥妾花生等弊有罚"①。

4. 宗藩禄米

洪武五年（1372 年）明太祖分封诸子，定各王宗人禄米，每岁亲王五万石，靖江王二万石，郡王六千石。郡王诸子年十五，每人赐田六十顷，为永业。② 二十八年（1395 年）闰九月，太祖对户部尚书郁新说："朕今子孙众多，天下官吏军士日增，俸给弥广。其斟酌古制，量减各王岁支，以足军国之用。"于是定议亲王减为一万石，并郡王公主以下皆议减有差，著为令。③ 以后令米钞兼支，有各半者，有本多于折者，各不相同。随着时间的自然移转，宗室人口也日益繁衍，但民赋有限，势不能供，加之冒滥滋多，奸弊百出，在国家背上一沉重的包袱，在个人因难得应得之数乃有饥寒交迫的危险。嘉靖四十四年（1565 年）制定宗藩条例，规定：郡王、将军，七分折钞；中尉，六分折钞；郡、县主和郡、县、乡君及仪宾八分

① 《明会典》卷 57《婚姻》。

② 《昭代典则》，转引自《明会要》卷 43。

③ 《昭代典则》，转引自《明会要》卷 43。

折钞。[1] 到万历十年（1582 年），复颁“宗藩要例”，将标准重新确定为：

亲王	一万石	郡王	二千石
镇国将军	一千石	辅国将军	八百石
奉国将军	六百石	镇国中尉	四百石
辅国中尉	三百石	奉国中尉	二百石
公主及驸马	二千石		
郡主及仪宾	八百石		
郡君及仪宾	四百石		
县主及仪宾	六百石		
县君及仪宾	三百石		
乡君及仪宾	二百石		

明代尚书为正二品的高级官员，岁禄米仅为七百三十二石，比辅国将军还低，而师保等位极人臣者也只一千零四十四石，比郡王要低，可见就法律上的地位而言，宗室是高于政府的，这是“家天下”的国家观的重要反映。

与宗室待遇直接有关的还有“庄田”，它更能反映宗室优越的地位。明初，“太祖赐勋臣公侯、丞相以下庄田多者百顷，亲王庄田千顷”，后“勋臣庄田，多倚威扞禁。帝召诸臣戒谕之。其后公侯复岁禄，归赐田入官”，而亲王庄田如旧。武宗时，“诸王、外戚求请及夺民田者无算”，神宗时，“赉予过侈，求无不获，潞王、寿阳公主恩最渥，而福王分封，括河南、山东、湖广田为王庄至四万顷，群臣力争，乃减其半”，至熹宗时，“桂、惠、瑞三王及遂平、宁德二公主庄田，动以万计”。[2] 虽然庄田并非永业——隆庆

① 《明史》卷 82《食货志》。

② 《明史》卷 77《食货志》。

二年（1568年）即题准，自封爵之日为始，传派五世，亲服已尽者止留庄田百顷，或枝派已绝并爵级已革者尽行追夺还官；其收入也并非全归王府——成化六年（1470年）题准：各王府及功臣之家钦赐田土佃户，照原定则例，将该纳子粒，每亩征银三分，送赴本管州县上纳，令各该人员关领，不许自行收受，[①] 但从总体上看庄田“侵夺民业，与国相终”。[②]

宗室享有特权，同时也须承担一定的义务。因为宗室虽然是贵族阶级，对普通人民而言居于优越的地位，但他们无论如何是不能超越于皇帝的，相反他们必须为皇权的巩固竭尽心力。具体而言，他们必须履行下列义务：

1. 之国

明太祖时所定：“皇嫡子正储位，众子封王爵，必十五岁选婚，出居京邸，至长始之国。”[③] 后来亲王只要有了封地，即须出京。万历时，福王迟延之国，群臣屡加谏诤，甚至内阁封还上谕，迫使神宗令福王之国。

2. 来朝

洪武六年定：亲王来朝，每年一次，但不许一时同至，必须是一王朝毕，返还王国，然后其他王才许来京。其入朝顺序是自长至幼，先嫡后庶。[④] 太祖死时留下遗诏：“诸王临国中，无得至京。”[⑤] 后各王入朝，非奉诏不准行。弘治时，太皇太后召崇王来朝，辅臣徐溥等与尚书倪岳谏阻，“帝为请乃已”[⑥]。天顺元年（1457年）襄王瞻墡入朝，也是英宗手敕召来。

3. 奏事

宗室非有机密重情，不得直接上奏皇帝，郡王以下，必须先报告亲王，由亲王转奏。至于袭爵、请名、请封等事项，则由长史等官先报告亲王，

① 《明会典》卷17《给赐》。
② 《明史》卷77《食货志》。
③ 《明会典》卷56《之国》。
④ 《明会典》卷56《朝见》。
⑤ 《明史》卷3《太祖本纪》。
⑥ 《明史》卷181《徐溥传》。

由亲王转奏。如果不听禁令而越关奏扰者，“罚无赦”。嘉靖十一年（1532年）例规定：“郡王、将军、中尉、郡县乡君夫人等，但有越关陈奏，情轻者革去爵秩，情重者发送高墙”。[①]

4. 庆祝

凡遇皇帝生日、正日、冬至等重大节日，亲郡王、将军等须行告祝天地礼。开国之初，亲王偶有入朝庆贺者，后因有出城之禁，只能在府中遥祝。此外还须进贺表笺，进贡礼物。[②]

5. 任事

明朝建国初期，分封诸王在政治和军事各方面均担负重大责任。《明史纪事本末》卷十五载：“初，太祖建都金陵，去边塞六七千里。元裔时出没塞下，捕杀吏卒，以故命并边诸王得专制国中，拥三护卫重兵。遣将征诸路兵，必关白诸王乃发。”到明太祖弥留之际，为防止形成尾大不掉之势，特遗诏：“王国所在，文武吏士听朝廷节制，惟护卫官军听王。”[③]然而燕王朱棣仍然凭借护卫军的力量登上皇帝宝座。朱棣即帝位后，为防止历史重演，便极力解除诸王的兵权，他去世时洪武时期掌握兵权的亲王近一半已被削去护卫。到宣德年间，所封诸王的护卫绝大部分被迫交出，不仅如此，对诸王的节制也逐日加强，“出城省墓，请而后许，二王不得相见”，从此，诸王“分封而不赐土，列爵而不临民，食禄而不治事”[④]，既不能任官，也不能干政，只是衣租食禄而已，一直到万历时“更定宗藩事例，始听无爵者得自便”[⑤]，情形才稍有改变。

① 《明会典》卷56《奏事》。
② 《明会典》卷56《庆祝》。
③ 《明史》卷3《太祖本纪》。
④ 《明史》卷120《诸王五》。
⑤ 《明史》卷20《神宗本纪》。

第三节　中央行政管理体制

一、内阁制度

明朝中央政治体制最大的特点，是废除了在中国历史上沿袭一千多年的宰相制度，逐步形成了独具一格的内阁制度。

明朝开国之初，承袭元代制度设中书省，置左、右相国，均为正一品。当时以李善长为右相国，徐达为左相国。洪武元年（1368 年）又改为左、右丞相。另外设平章政事，左、右丞相，参知政事等官，作为丞相的辅佐，下辖左、右司，参议府，六部等机构。[①]

中书省在国家机关体系中处于至关重要的地位，洪武二年（1369 年）二月，明太祖手敕中书省臣，说："中书，法度之本，百司之所禀承，凡朝廷命令政教，皆由斯出。"[②] 然而，在明太祖的内心深处对中书省之设一直心存忌惮，所谓"胡元之世，政专中书，凡事必先关报，然后奏闻……寻至大乱，甚可为戒"[③]，因此他在建立中书省以后不久，便又处心积虑地对其加以限制、打击。在洪武十年（1377 年）六月，下令："天下臣民凡言事，得实封直达朕前。"[④] 七月，又设通政司，凡内外各种章奏一律由通政司直接交皇帝处理。明太祖在设置通政司的诏谕中指出："壅蔽于言者，祸乱之萌，专恣于事者，权奸之渐。故必有喉舌之司，以通上下之情，以达天下之政。"[⑤] 这就实际上剥夺了丞相查阅章奏的权力。到洪武十三年（1380 年），

① 《明史》卷 72《职官志》。
② 《明太祖实录》卷 38。
③ 《明太祖实录》卷 177。
④ 《明太祖实录》卷 113。
⑤ 《明太祖实录》卷 113。

丞相胡惟庸谋反伏诛，明太祖“诏罢中书省，升六部官秩，仿古六卿之制。改大都督府为中、左、右、前、后五军都督府”①，这样以中书省的分权实现了皇帝的极端专权。洪武二十八年（1395 年）明太祖意犹未尽，他告诫臣下：“朕罢丞相，设府、部、都察院分理庶政，事权归于朝廷。嗣君不许复立丞相，臣下敢以请者，置重典。”②在他所作的《皇明祖训》第一章里甚至作了更为明确的规定：“以后子孙做皇帝时，并不许立相。臣下敢有奏请设立者，文武群臣，即时劾奏，将犯人凌迟，全家处死。”这样彻底宣判了丞相制度的死刑。

但是，在明太祖废除丞相以后，皇权的扩张达到登峰造极程度的同时，需其亲自处理的国家政事也急剧增多，他很快意识到“人主以一身统御天下，不可无辅臣”③，于是于洪武十五年（1382 年）十一月，“仿宋制置华盖殿、武英殿、文渊阁、东阁诸大学士”，以辅导太子和“侍左右，备顾问”④，明代历史上独具一格的内阁制度开始萌芽。

大学士初设，品秩仅正五品，又“不得平章军国事”⑤，因而为纯粹的秘书性质的机关。即使到永乐年间，大学士被“谕以委任心腹至意，专典机密”⑥，但因“入阁者皆编、检、讲读之官，不置官属，不得专制诸司，诸司奏事，亦不得相关白”⑦，大学士也远不能与宰相相提并论。但是仁、宣以后，内阁制度渐趋成熟。仁宗初即位，即以杨士奇、杨荣皆东宫旧臣，升杨士奇为礼部侍郎兼华盖殿大学士，杨荣为太常卿兼谨身殿大学士，金

① 《明史纪事本末》卷 13。

② 《明史》卷 3《太祖本纪》。

③ 《明太祖实录》卷 113。

④ 《明史》卷 72《职官志》。

⑤ 《明史》卷 72《职官志》。

⑥ 《历代职官表》卷 4。

⑦ 《明史》卷 72《职官志》。

幼孜为户部侍郎兼文渊阁大学士如故，黄淮为通政使兼武英殿大学士。[①]内阁诸殿阁基本齐备。同时宣宗继统以后，杨荣等以侍郎官兼任大学士，后又都迁任尚书，杨士奇甚至加官至少保，“位至三公”，大学士地位超出尚书之上。[②]特别是自宣德而始，内阁取得了票拟的权力，中外章奏皆委大学士签办，因循日久，内阁的行政权力日益为习惯法所认可。到嘉靖以后，内阁“朝位班次，俱列六部之上”[③]；内阁首辅便赫然成了“真宰相”。

（一）内阁的组织

内阁的主体组织为四殿二阁。洪武十五年（1382年）初设殿阁大学士时有华盖、武英、文华三殿及文渊、东阁二阁。十八年（1385年）定官制，三殿二阁各设大学士，俱正五品，为纯粹的翰林院官。永乐时始有内阁之名，“以其授餐大内，常侍天子于殿阁之下”而被称为“内阁”[④]。当时殿阁不分，统称为文渊阁，内阁即指文渊阁。初入阁预机务者，谓之入阁办事，并无大学士衔，后渐加至学士、大学士。仁宗即位，不仅恢复原殿阁名称，更增设谨身殿，四殿二阁始具规模。[⑤]据《翰林记》，仁宗曾定殿阁序次：“永乐二二年九月丁酉，仁宗昭皇帝增设谨身殿大学士，命太子少傅杨荣兼之。其序次为华盖殿、谨身殿、文华殿、武英殿、文渊阁、东阁，凡六大学士，至今因之，而文华殿则不常设。”[⑥]到世宗嘉靖四十一年（1562年）改华盖为中极，谨身为建极，阁衔也随之改变。[⑦]但其规制一仍其旧。

---

① 《御批通鉴辑览》卷102。

② 《殿阁词林记》卷9。

③ 《明史》卷72《职官志》。

④ 《明史》卷72《职官志》。又据《历代职官表》卷4云：“至成祖始简儒臣直文渊阁，令其参与机务，于是有内阁之名。”《翰林记》卷1说：“永乐初，皆复旧制，即十八年所定也。寻命编修等官于文渊阁参预机务，谓之内阁。”

⑤ 《明会典》卷221《翰林院》。

⑥ 《翰林记》第2卷，第1页。

⑦ 《明史》卷72《职官志》。

上述四殿二阁，并非同时俱设。有时有些殿阁根本不设大学士，如仁宗洪熙元年（1425 年）三月权谨以光禄丞授文华殿大学士致仕后，文华殿即不复置大学士；有时有些殿阁设大学士不止一人，如洪熙元年至宣德初，黄淮及金幼孜同为武英殿大学士；崇祯在位十一年中，大学士十二人，文渊阁及东阁各半。

各殿阁以外，内阁所属还有诰敕房与制敕房。

永乐初年，命内阁典机务，并嘱之以诏册、制敕之事。宣德间，内阁置诰敕、制敕两房——“宣德初，始选能书者处于阁之西小房，谓之西制敕房。而诸学士掌诰敕者居阁东，具稿付中书缮进，谓之东诰敕房。”①

除了上述实体性的机构，大学士之间尚有首辅、次辅与群辅之分。

在内阁制度创建之初，同时入阁预机务者在职责方面没有明确的分工，地位上也没有太大的差别，到英宗天顺年间，李贤入阁柄政，开创首辅专权先例，以后遂相沿不改，“李文达贤，以吏侍领吏部尚书，而彭文宪时、商文毅辂、万安，相继领吏部尚书，自后遂为首辅故事”②。首辅卓然独立以后，其他阁臣则自然为次辅或群辅。首辅独掌票拟大权，成为政治的中心，“大事皆首辅主持，次揆以下，不敢与较”，如世宗时夏言为首辅，严嵩至不敢与分席，及严嵩为首辅，次辅徐阶又如嵩之事言，“凡可以结欢求免者，无不为也”。至张居正当国，“次辅吕调阳，恂恂如属吏，居正以母丧，三日不出阁，吏封章奏就第票拟，调阳坐阁，俟票进乃出。及居正奔丧，大事必驰驿江陵听其处分”③。首辅俨然成为一代宰相。

（二）内阁的权力

内阁的职权，大学士刘健形容其为“承德弼违，献可替否，辅佐朝廷，

① 《明史》卷 74《职官志》。

② （清）孙承泽：《春明梦余录》卷 23，中国古籍出版社 1992 年版。

③ （清）赵翼：《廿二史劄记》卷 33，世界书局 1936 年版，第 483 页。

裁决政务”[①]，按照《明史·职官志》的说法是“平允庶政”。总之，内阁作为皇帝的辅佐机关，即所谓“代天子立言”，它所享有的权力是非常广泛的。举其大者有：

1. 主持科举考试。在两京乡试及会试时，其考试官由内阁于一定范围内具名，奏请皇帝批准。会试考官由内阁从大学士、学士中选择，一般由大学士充任。乡试考官则由内阁从翰林院春坊、司经局及讲读、修撰等官内择取一人充任。如果是武举会试，其考试官由兵部奏行内阁，于翰林院学士、讲读、修撰及坊局官内选择一人或数人充任，并报皇帝批准。遇殿试，其读卷官由内阁于大学士、学士等官内具名，与礼部一道奏请皇帝批准，一般由大学士充任。[②]

2. 督促政务的施行。凡五府、六部及都察院等衙门，均须以文簿开写日常事务，完成一件，注销一件，按月送内阁稽考，然后送司礼监交收。

3. 与议国家大政事。据《明史·职官志》：凡国家有大典礼、大政事，先由九卿、科道官会议已定，再由内阁“按典制，相机宜，裁量其可否，斟酌入告”。内阁实际上对国家大的营建工程、国家的岁入岁出，文武大臣的任免及边备等事项均有相当的权力。《明史·张居正传》记载：“时帝渐备六宫，太仓银钱多所宣进。居正乃因户部进御览数目陈之，谓每岁入额不敌所出，请帝置座隅时省览，量入为出，罢节浮费。疏上，留中。帝复令工部铸钱给用，居正以利不胜费，止之。言官请停苏、松织造，不听，居正为面请。复请停修武英殿工，及裁外戚迁官恩数，帝多曲从之。”

此外，内阁的职责还有“车驾郊祀、巡幸则扈从。御经筵，则知经筵或同知经筵事。东宫出阁讲读，则领其事、叙其官而授之职业。冠婚则充

① 《论票拟疏》,《明经世文编》卷 52。

② 《明会典》卷 221《翰林院》。

宾赞及纳征等使。修实录、史、志诸书，则充总裁官”[①]。

（三）内阁行使职权的方式

对于上述权力，内阁一般通过两种方式加以行使，其一称“献替可否”，另一称“票拟批答”。

所谓“献替可否”指阁臣或就皇帝的咨询，或自己主动向皇帝发表自己的看法，供皇帝作出决定时参考。其直接的途径是皇帝亲临内阁，“召宰辅，访论治道”[②]，或阁臣遇有“紧急密切事情”面奏皇帝；间接的途径是由太监到内阁传谕圣意与阁臣计议，前者在仁、宣两朝为主要途径，后者在宪宗以后衍变成最重要的方式。

阁臣对皇帝的做法可以提出不同的意见，即使是对皇帝未加征询的事件。如《明史》所载《彭时传》《徐溥传》中的“不敢奉诏”“封还执奏”，《刘健传》《杨廷和传》中的“不奉命”，《梁储传》《石瑶传》中的“不敢阿意曲从”“不敢阿谀以误君上”等。特别是万历初年张居正为首辅时有较为突出的表现：

> 内官监掌印太监张诚请给敕提调陵工，辅臣张居正言：“管工太监敕已发行。掌印官例原不领敕，且无一事两敕之理。”封还诚本，事遂寝。[③]
>
> 内承运库太监崔敏请买金两珠石，疏下内阁。张居正言：“前项珠宝六月间已奉令停止。今忽有此举，则前日之诏令不信。今户部钱粮十分缺乏，各边求讨月无虚日，实难支持，乞暂停此举，少甦民力”。因封还敏疏，遂报罢。[④]

---

① 《明史》卷72《职官志》。

② （明）高仪:《议亲政事疏》,《明经世文编》卷311。

③ 《明神宗实录》卷3。

④ 《明神宗实录》卷7。

如果说内阁大臣可以就立法、司法、财政、军事各个方面提出自己的建议，内阁仍不失为秘书或顾问性质的机关，那么此种执奏封驳的权力当充分显示出内阁首辅所具有的宰相的性质。

阁臣履行职权的另一重要方式票拟，是指内外诸司上达皇帝的章奏，经御览后，先发交内阁，由大学士检阅内容，附以意见，并拟具办法，用小纸条墨书贴于疏面，再进呈皇帝，供其批答时参考。票拟所涉及的公文种类繁多，据《明史·职官志》记载："下之达上曰题、曰奏、曰表、曰讲章、曰书状、曰文册、曰揭帖、曰制对、曰露布、曰译，皆审署申覆而修画焉，平允乃行之。"

内阁大学士掌票拟始于宣德，到正统成为制度。宣德时，"始令内阁杨士奇辈……于中外奏章，许用小票墨书，贴各疏面以进，谓之条旨"①，后英宗九岁登极，军国大事悉秉太皇太后懿旨，而太皇太后为避后宫干政嫌疑，"悉令送内阁，俟杨士奇等议决，然后行"②，当时内外章奏均由三杨共同票拟，实际又等于共同"批答"，所以有"政在三杨"之说。到后来政治实际发展的结果，票拟权只属内阁首辅，造成首辅专权的情势。

内阁票拟的效力当然归根结底取决于皇帝个人的作风，但在一般情况下，皇帝会同意内阁的票拟。如果不同意，内阁可申请再拟，或固执己见，直到皇帝改变初衷或自己被贬离阁。

票拟为内阁履行职权、实施政务最经常的方式，它又具有如此大的效力，因而被视为内阁具有宰相性质最明显的标志。崇祯时，给事中冯元标说："夫中外之责，孰大于票拟，有汉、唐宰相之名，而更代天言；有国初顾问之荣，而兼隆位号。地亲势峻，言听志行，柄用专且重者，犹可谢天下责哉！"③

① 《历代职官表》卷4。

② 《明通鉴》卷21。

③ 《明史》卷257《冯元标传》。

二、五军都督府

在明代的政治生活中，从所起的历史作用来看，内阁自然居于各部门之首；而从所处的法律地位来看，五军都督府无疑要名列前茅。自洪武十三年（1380 年）中书省被废除以后，正一品的衙门就剩下五军都督府一枝独秀。虽然随着时间的推移，五军都督府对国家政治的影响日趋低落，但其法律上的地位却终明之世不曾改变。

五军都督府即中军、左军、右军、前军、后军五都督府，有时简称“五府”。元朝无五军都督府之设，有大都督府属枢密院。枢密院与中书省并立，一掌军事，一主政务，如皇帝的左膀右臂。明太祖为吴王时，在继承元代中书省制度的同时也继承了它的枢密院制。史载“初，太祖下集庆，即置行枢密院，自领之”，又置诸翼统军元帅府。然不久即罢枢密院，改置大都督府，以其侄儿朱文正为大都督，节制中外诸军事，下设司马、参军、经历、都事等官。随即又增设左右都督、同知、副使、佥事、照磨各一人，并设断事官。定制：大都督从一品，略低于当时中书省的左右相国。吴元年（1367 年）更定官制，罢大都督不设，以左右都督为长官，秩正一品。都督府遂与中书省并驾齐驱，其属设参议、经历、断事官、都事、照磨。洪武九年（1376 年）罢副都督，改参议为判官。十三年（1380 年），胡惟庸党案发，太祖在借机废除中书省、提高六部官秩的同时，也将都督府一分为五，试图在军事方面也通过分权来达到集权的目的。当时即确定，五军都督府分领在京各卫所及在外各都司、卫所，以中军都督府断事官为五军断事官。十五年（1382 年）置五军十卫参军府，设左右参军。十七年（1384 年）五军各设左右断事二人，提控案牍一人。二十三年（1390 年）将五军断事官的品秩由从五品提高至正五品，总治五军刑狱。二十九年（1396 年）置五军照磨所，专掌文牍。惠帝建文中，革断事官。成祖永乐元年（1403 年）设北京留守行后军都督府，置左右都督、都督同知、都督佥事，无定员；另有经历、都事各一人。后又分五府，称“行在五军都督府”。十八年（1420年）迁都北京，除“行在”字样，设于应天者加“南京”字样。洪熙元年（1425年）复称“行在”，仍设行后府。宣德元年（1426年）又革行后府，正统六年（1441年）复除“行在”字样。[①]总体来看，五军都督府是在继承元朝枢密院制的基础上建立起来的，但它的确又有了较大的发展。它贯穿了明太祖以政府分权实现皇帝集权的精神。其基本规模确立于洪武十三年（1380年），以后便再也没有实质性的变化。

五军都督府中以中军都督府权限范围为最广。中军都督府除统领部分卫、所外，其专有权限为：（1）掌从驾仪卫，“凡郊庙、社稷、祭祀、耕耤田、幸太学及万寿圣节、正旦、冬至、大婚礼等项，本府先期奏行五军十卫于各营拨军围宿”，“凡驾诣郊坛，例用公侯、驸马、伯等官一人守承天、正阳等门，俱本府奏请钦定”。（2）掌京城警卫，“凡京城九门原降守门子、丑字号铜令牌十八面，锁钥二十把，并于本府收贮，每日晚，各门官军赍令牌赴府兑领门钥，往放门。次日，赍锁钥赴府交纳，仍领出原兑令牌。其锁掌印官亲封，随发领回”。此外，京城夜巡勘合也归该府管理，守门守城官军有逃亡病故也由该府查明更补。（3）审查官舍比试，“凡在京在外卫所官舍比试，兵部开送本府审实，行移各府并锦衣卫及兵科委官，至期奏请内官于教场内公同比试，中否，仍送兵部施行”；“凡在京卫所总小旗及在外卫所系京操者，例该拚枪，俱送本府审实。会各府、锦衣卫、兵科各委官，至期奏请内官于本府前监并，开具胜负送兵部施行”。此外，武举开科，由兵部预行本府知会光禄寺办宴。（4）应付脚力。“准兵部职方司手本，内称钦差各衙门官员出京公干，本府行所属和阳等四卫，轮流摘发军夫起关应付”。（5）填发本部所属都司勘合。“凡本府行所属都司勘合，遵照题‘奉钦依’，编置字号，类填发行，年终类缴”。[②]此外，自永乐十八年（1420年）成祖定都北京，始命该府掌府事官“守备南京，通行

---

① 《明史》卷76《职官志》。《续文献通考》卷57《职官志》与之记载相同。

② 以上据《明会典》卷227《中军都督府》。

节制南京卫所"[①]。

左军都督府除统领部分卫、所外，其专门职掌有二：其一，是对于辽东都司所属卫所会试举人、岁贡生员、援例监生，起文赴府，由其转送兵部。其二，是按规定填发本府行所属都司勘合。[②]

右军都督府除统领部分卫、所外，其专门职掌至为简单，就是按规定填发本府行所属都司勘合。[③]

前军都督府除统领部分卫、所外，其专门职掌是填发本府行所属都司勘合及对于兵部开送少数民族投降官兵，负责差官伴送至两广总督作适当安置。[④]

后军都督府除统领部分卫、所外，其专门职掌有：（1）掌京城警卫，"凡京城内外十六门，俱本府委官守把。每门指挥二员、千百户四员，移文中府查点"。（2）掌关津把守，"凡居庸等关口，本府每季奏差舍人二名，轮流守把，按季更替"，"凡军民人等过山海、居庸等关公文，俱于本府挂号验放"。（3）监督官军拨用，"凡大同等处总兵官，遇秋深草木枯槁，行令副参守备，选率官军出境烧荒，以便瞭望。仍将拨过官军姓名……造册送府，转送兵部"。（4）填发本府行所属都司勘合。[⑤]

除了上述专门职掌外，五军都督府还与政府其他部门共同履行以下几方面的权责：

1. 关于武职袭替。凡在京在外武职袭替优给，由都司卫所呈送主管府，该府引奏过送兵部奏请定夺。再咨呈该府填写堪合，类行各该都司卫所，到任支俸。后引奏俱改属兵部，止老疾舍人例外。文凭按季送府查验。

2. 关于武官任命。"凡吏部除授都司卫所首领官及断事、司狱等官，

① 《明会典》卷 227《五府通行事例》。
② 《明会典》卷 227《左军都督府》。
③ 《明会典》卷 227《右军都督府》。
④ 《明会典》卷 227《前军都督府》。
⑤ 《明会典》卷 227《后军都督府》。

送该府行都司卫所到任。其考满经历，申该府，送部黜陟”，“凡各营提督、坐营官及各边总兵官有缺，兵部会五府推举”。

3. 关于武职诰敕。由都司卫所保勘，“呈该府、行兵部送内府查黄类奏”。

4. 关于军情通报。“凡各边驰奏声息，鸿胪寺引奏，兵部定拟，职方司行五府转行各边。……所属都司卫所一应军机重务，具奏送兵部定拟，转行该府，类行所属施行”。

5. 关于军士俸粮。“凡在京所属卫所官军俸粮，每月造册申该府；在外京操军士月粮，该营提督官送该府，行户部定仓支给”。

6. 关于军费开支。“凡五府所属都司卫所，每年终将岁支岁用并采打秋青马草文册解府，转送户部”。

7. 关于工程。“凡所属都司卫所按季成造军器并屯种牛只，各造册送该府行工部。其都司卫所有城垣颓坏……当改造者，奏下工部，行五府类行所属修造”。

8. 关于军士犯罪。“凡法司行提各卫人犯，该府类行所属提解”，另外，法司问拟充军囚犯，由该府差官押发所属卫所，取收管回照。①

关于五军都督府的权力，《春明梦余录》曾说：“宋制，军旅属于枢密院，与中书省并谓之两府。明以兵部掌兵政，而统军旅、专征伐则归之五军都督府，兵部有出兵之令而无统兵之权，五军有统兵之权而无出兵之令。至将属于五府，而兵又总于京营，合之则呼吸相通，分之则犬牙相制。”② 以此观之，似乎明代兵部与五军都督府一掌军令，一掌军政，彼此权势两分。但事实上五府的权能日渐削弱，远不能与兵部抗衡。

首先，从我们前面所列举的五府职掌来看，几乎没有一项是它可以单独行使的。有关军事的，它必须与兵部分掌；有关钱粮的，它必须与户部

① 以上据《明会典》卷227《五府通行事例》。

② 引自《续文献通考》卷57《职官志》。

分掌；有关工程的，它必须与工部分掌；有关刑名的，它必须与刑部分掌；有关人事的，它还必须与吏部分掌。并且在行使这些权力的时候，五府常常处于次要的地位。

其次，法律严禁五府在平时指挥卫所官军，“凡五府不许令各卫首领官听事，各卫千百户所，亦不许差人诣府听候，致使首领官吏生事支吾，有妨公务”[①]，这样五府统兵之权也受到了极大的限制。

最后，有些地位特殊的军队，五府根本无权管领。明初，皇帝的亲军十二卫由皇帝委派的亲信提督，固不容其染指；景帝时，于谦为兵部尚书，创立团营，由兵部尚书或都御史一人为提督，五府无缘插足，于是与兵部相比更相形见绌。

五军都督府尽管其地位日趋下降，但品秩一仍其旧，始终是正一品，这是明代法律与实际生活脱节在官制上的重要表现。

三、六部

明代继承了唐宋以来的传统，以吏、户、礼、兵、刑、工六部作为基本的政务机关。[②]明朝开创之初，设中书省，置左右丞相等官，以钱谷、礼仪、刑名、营造四部为其基本组成部分，而有关军事和官吏之权则直接操诸明太祖之手。洪武元年（1368 年），始置吏、户、礼、兵、刑、工六部，秩正三品，设尚书、侍郎等官，仍隶于中书省。六部为中书省的主体部分，当中书省奏定六部官制、任命各部尚书之后，太祖对吏部尚书滕毅等大臣说：“国家之事，总之者中书，分理者六部，至为要职，务竭心经理，或有乖谬，则遗患于天下，不可不慎！”[③]到洪武十三年（1380 年）革中书

① 《明会典》卷 227《五府通行事例》。

② 《明史》卷 113《成祖徐后传》：“帝曰：‘六卿理政务，翰林职论思。’”

③ 《明太祖实录》卷 30。

省，罢丞相职，六部升为正二品衙门。自此中书之政分于六部，“彼此颉颃，不敢相压，事皆朝廷总之”，六部的法律地位遂得以最后确定。以后建文中曾改六部尚书为正一品，设左、右侍中为正二品，位居侍郎上。成祖即位后，悉复其旧制。永乐元年（1403 年），因升北平为北京，总置行部，分设六部等官于其下，各冠以“行在”字样。十八年（1420 年）定都北京，除行在字样，而原先在南京的衙门，则冠以“南京”二字。仁宗洪熙元年（1425 年）曾复称“行在”，又置各部官属于南京，去“南京”二字，而以在北京的官属加“行在”字样，仍置行部。英宗正统六年（1441 年）将置于北京者去“行在”字样，置于南京者仍加“南京”字样。此后北京、南京各衙门官署并置，成为定制。① 终明之世，虽然官职制度的细节因世移时易屡有变更，而实际政治的发展特别是内阁的崛起使得六部的权力时有增减，但其基本体制却一仍其旧。

1. 吏部冠于各部之首。吏部尚书职掌“天下官吏选授、封勋、考课之政令，以甄别人才，赞天子治”②。

吏部所属初有总部、司勋、考功三子部，洪武十三年（1380 年）增加司封，二十二年（1389 年）改总部为选部，二十九年（1396 年）定为文选、验封、稽勋、考功四司，皆称清吏司。各设郎中、员外郎、主事等官。文选清吏司“掌天下官吏班秩品命。凡铨综选授之典、注拟黜陟之法，各参伍而分理之”③。简言之是协助尚书确定官员品秩之高低以及处理官员升迁、改调之事务。验封清吏司“掌百官之封爵诰敕，与夫置吏、训官、给符考成之事，咸综理之”④。其大者有功臣封爵、文官封赠、土官承袭及荫叙、诰敕等事项。稽勋清吏司“掌邦国官人之勋级及名籍、丧制、归宁之事，

① 《明会典》卷 2《官制一》。参《明史》卷 72《职官志》。

② 《明史》卷 72《职官志》。

③ 《明会典》卷 2《文选清吏司》。

④ 《明会典》卷 6《验封清吏司》。

皆核实然后定拟"[①]。旧制文武官员授勋俱由此司，后武勋改隶兵部武选司，文官授勋仍由其管理。考功清吏司"掌文职官吏之考课及内外官之考察。凡旌别访举及诸事故皆得稽之"[②]。按官吏事故依《诸司职掌》所列有极刑、老疾、纪录、行止等项。

在六部之间，吏部与他部虽同为正二品衙门，法律上地位平等。然"吏部尚书，表率百僚，进退庶官，铨衡重地，其礼数殊异，无与并者"，班秩列于其他五部尚书之上，所谓"盖古冢宰之职，视五部为特重"。[③]

2. 户部所掌为"天下户口、田赋之政令"[④]。具体说来为："稽版籍、岁会、赋役实征之数以下所司。十年攒黄册，差其户上下畸零之等，以周知其登耗。凡田土之侵占、投献、诡寄、影射有禁，人户之隐漏、逃亡、朋充、花分有禁，继嗣、婚姻不如令有禁。皆综核而纠正之……以垦荒业贫民，以占籍附流民，以限田裁异端之民，以图帐抑兼并之民，以树艺课农官，以刍地给马牧，以召佃尽地利，以销豁清赔累，以拨给广恩泽，以给除差优复，以钞锭节赏赉，以读法训吏民，以权量和市籴，以时估平物价，以积贮之政恤民困，以山泽、陂池、关市、坑冶之政佐邦国、赡军输，以支兑、改兑之规利漕运，以蠲减、振贷、均籴、捕蝗之令悯灾荒，以输转、屯种、籴买、召纳之法实边储，以禄廪之制驭贵贱。"[⑤]

明太祖于洪武元年（1368 年）置户部，其属有五科：一科、二科、三科、四科、总科。十三年（1380 年）改为四属部：总部、度支部、金部、仓部。二十二年（1389 年）改总部为民部。二十三年（1390 年）又分四部为浙江、江西、湖广、福建、山东、山西、河南、陕西、四川、广东、广西、北平十二子部。二十九年（1396 年）改十二部为十二清吏司。建文中，改为四

① 《明会典》卷 10《稽勋清吏司》。
② 《明会典》卷 12《考功清吏司》。
③ 《明史》卷 72《职官志》。
④ 《明会典》卷 14《户部一》。
⑤ 《明史》卷 72《职官志》。

司。成祖即位后复其旧。永乐元年（1403 年）改北平司为北京司。十八年（1420 年）革北京司，设云南、贵州、交阯三清吏司。宣德十年（1435 年）革交阯司，定为十三司，此后相沿不改。①

十三司各掌其分省之事，兼领所分两京、直隶贡赋，及诸司、卫所禄俸，边镇粮饷，并各仓场盐课、钞关。主管官为郎中、员外郎、主事。下设民科、度支、金科、仓科四属。民科主所属省府州县地理、人物、图志、古今沿革、山川险易、土地肥瘠宽狭、户口物产多寡登耗之数；度支主会计夏税、秋粮、存留、起运及赏赉、禄秩之经费；金科主市舶、鱼盐、茶钞税课及赃罚之收折；仓科主漕运、军储出纳料粮。②

3. 礼部所掌为“天下礼乐、祭祀、封建、朝贡、宴享、贡举之政令”。③

明太祖于洪武元年（1368 年）正式设置礼部。六年（1373 年）设尚书二人，侍郎二人，分四属部：总部、祠部、膳部、主客部。十三年（1380 年）升部秩，设尚书、侍郎各一人，不久又增置侍郎一人。二十二年（1389 年）改总部为仪部。二十九年（1396 年）改仪部、祠部、膳部分别为仪制、祠祭、精膳，主客仍旧，俱称清吏司，各设郎中、员外郎、主事等官。④

仪制清吏司分掌“礼仪、宗封、学校、科贡，举其仪度而辨其名数”⑤。具体说来，遇天子即位，天子冠、大婚，册立皇太子等事，该司举诸仪注条上；如果有经筵、日讲、耕耤、视学、策士以及皇太子出阁、监国，亲王读书、之藩诸如此类的活动，该司颁仪式于诸司。至于传制、诰，开读诏、敕、表笺及上下百官往来文移，皆授以程式；每岁请封宗室王、郡王、将军等，各以其亲疏分为等第；对于宗室、驸马都尉、内命妇、少数民族

① 《明史》卷 72《职官志》。参《明会典》卷 14《户部》。

② 《明史》卷 72《职官志》。

③ 《明会典》卷 43《礼部一》。

④ 《明史》卷 72《职官志》。

⑤ 《明会典》卷 43《仪制清吏司》。

首领的诰命，该司会同吏部上请。诸司印信，由该司领其制度。[①]

祠祭清吏司分掌“郊庙、群祀之典及丧礼、历日方伎之事”[②]。具体为分辨祭祀等第以便敬供，管理坛场、祠庙、陵寝而不时省阅，预备牺牲之物以作供奉，遇丧葬之事依贵贱而定其程则，督促天文官颁历象于天下，于天文、地理、医药、卜筮、师巫、音乐、僧道人等一并籍领。[③]

主客清吏司分掌“诸蕃朝贡、接待给赐之事。简其译伴，明其禁令。凡百官恩赉，各省土贡亦隶焉”[④]。所谓“诸蕃朝贡接待给赐之事”主要指少数民族部落遣使来朝，由该司辨其贡道远近、贡使多寡、贡物丰约情况，以确定迎送、宴劳、庐帐、食料的等次和赏赉的差别。遇各部落请求嗣封，该司遣使颁册其国；诸部落有保塞之功，则授予敕印封其爵位。各国使者往来，验其诰敕或勘籍。[⑤]

精膳清吏司分掌“宴享、牲豆、酒膳之事。会其品数，程其出纳”[⑥]。每次皇帝遇正旦、冬至等节、经筵、日讲等事照例赐百官礼食，该司视其品秩之高低，分为上中下三等。至于邻国来使，土官朝贡，亲王之藩，王、公、将军来朝均有宴享，也由本司办理。[⑦]

从前所谓“礼”者，仅指鬼神祠祀而已，因而礼部的权限较为窄狭。自明代为始，“合典乐典教，内而宗藩，外而诸蕃；上自天官，下逮医师、膳夫、伶人之属靡不兼综”，权限大为扩展。六部之间，虽然其权力不仅次于吏、户二部，也次于兵部，但礼部尚书“登公孤任辅导者，盖冠于诸

① 《明史》卷72《职官志》。
② 《明会典》卷81《祠祭清吏司》。
③ 《明史》卷72《职官志》。
④ 《明会典》卷105《主客清吏司》。
⑤ 《明史》卷72《职官志》。
⑥ 《明会典》卷114《精膳清吏司》。
⑦ 《明史》卷72《职官志》。

部焉”[①]。

4. 兵部所掌为“天下武卫官军选授、简练、镇戍、厩牧、邮传、舆皂之政令”。[②]

兵部始设于洪武元年（1368年）。六年（1373年）置总部、驾部、职方于其下，为三子部。十三年（1380年）升部秩后，增置库部，乃为四属部。二十二年（1389年）改总部为司马部。二十九年（1396年）改四部为武选、职方、车驾、武库四清吏司，各设郎中、员外郎、主事等官，又增设协理京营戎政一人，由尚书或侍郎或右都御史兼任。[③]

武选清吏司分掌“武官升调、袭替、优给、诰敕、功赏之事”[④]。所谓“以贴黄征图状，以初绩征诰敕，以效功课将领，以比试练卒徒，以优养恩故绝，以褒恤励死战，以寄禄驭恩倖，以杀降、失陷、避敌、激叛之法肃军机，以典刑、败伦、行劫、退阵之科断世禄”[⑤]。

职方清吏司职掌“天下地图及城隍、镇戍、营操、武举、巡逻、关津之政”[⑥]。所谓“以堡塞障边徼，以烽火传声息，以关津诘奸细，以缉捕弭盗贼，以快壮简乡民，以勾解、抽选、并豁、疏放、存恤之法整军伍”[⑦]。

车驾清吏司分掌“卤簿、仪仗、禁卫及驿传、厩牧之事”[⑧]。掌卤簿即遇郊祀、幸太学、耕耤田等大典礼和正旦、冬至、圣节等大朝会，该司会同锦衣卫依制陈设卤簿大驾于法定地点。平常早朝则设丹陛驾。掌仪仗即遇皇太子、亲王出入，将合用仪仗依制陈导。掌禁卫即统领朝廷侍卫将军

---

① 《明史》卷72《职官志》。
② 《明会典》卷118《兵部一》。
③ 《明史》卷72《职官志》。
④ 《明会典》卷118《武选清吏司》。
⑤ 《明史》卷72《职官志》。
⑥ 《明会典》卷124《职方清吏司》。
⑦ 《明史》卷72《职官志》。
⑧ 《明会典》卷140《车驾清吏司》。

等项人员，一是根据朝会不同情况用全直或更番直，二是不分昼夜巡警皇城。掌驿传即掌管符验关券，决定给驿与否。掌厩牧即统理专管马政的太仆寺和苑马寺。[①]

武库清吏司分掌“军政、武学及戎器、仪仗，辨其出入之数，并诸杂行冗务”。[②]所谓“杂行冗务”包括供应诸司官署柴薪、确定直衙皂隶官品等。

此外，协理京营戎政主管京营操练之事，屡设屡罢，无有定制。

5. 刑部掌“天下刑名及徒隶、勾复、关禁之政令”[③]。

明建立之初，即置刑名一部，隶于中书省，至洪武元年（1368 年）正式设置刑部，仍隶中书省。六年（1373 年）设总部、比部、都官部、司门部为其子部。八年（1375 年）以部事浩繁，增设四科。十三年（1380 年）中书省被罢，部秩升级，仍分为四属部。二十二年（1389 年）改总部为宪部。二十三年（1390 年）分四部为浙江、北平等十二部。二十九年（1396 年）改为十二清吏司。永乐元年（1403 年）以北平为北京。十八年（1420 年）革北京司，增置云南、贵州、交阯三司。宣德十年（1435 年）革交阯司，遂定为十三清吏司。[④]总体来看，其建置历史和设官状况与户部相似。

十三司各设郎中、员外郎、主事等官，“令各清理所隶布政司刑名，仍量其繁简，带管直隶府、州并在京衙门。凡遇刑名，各照部分送问发落”[⑤]。

6. 工部设尚书、左右侍郎，“掌天下百工营作、山泽采捕、窑冶、屯种、榷税、河渠、织造之政令”[⑥]。

太祖于吴元年（1367 年）设将作司。洪武元年（1368 年）设工部及

① 《明史》卷 72《职官志》。
② 《明会典》卷 154《武库清吏司》。
③ 《明会卷》卷 159《刑部一》。
④ 《明史》卷 72《职官志》。
⑤ 《明会典》卷 159《刑部一》。
⑥ 《明会典》卷 181《工部一》。

其官属，以将作司隶其下。六年（1373 年）设总部、虞部、水部、屯田部为四子部，又设营造提举司隶将作司下。八年（1375 年）增立四科。十八年（1385 年）罢将作司。十三年（1380 年）定官制，四子部中以屯田部为屯部。二十二年（1389 年）改总部为营部。二十九年（1396 年）改四子部为营缮、虞衡、都水、屯田四清吏司。①

营缮清吏司分掌“宫府器仗、城垣、坛庙经营兴造之事”②。凡宫府所用卤簿、仪仗、乐器由该司移交内府或其他主管部门，而该司不时检视；如有宫殿、陵寝、城郭、坛场、祠庙、仓库、廨宇、营房、王府邸第需营建或修缮，由该司备办工料，计划工程。

虞衡清吏司分掌“天下山泽采捕、陶冶之事”③。采捕有三种，野味以供宾客和祭祀，皮张、翎毛以供军器和军装。凡军器军装之造办，由该司与兵部共同监督。陶器和铸器，由该司供给物料、审其模范，然后交付有司完成。铸钱更由该司严格控制。

都水清吏司分掌“川渎、陂池、桥道、舟车、织造、衡量之事”④。包括兴修水利，葺治道路、关津、桥梁，备造御用及转漕所用舟车，检查和监督织造，校勘和颁布度量权衡等。

屯田清吏司分掌“屯种、坟墓、抽分、柴炭之事”⑤。所谓“屯种”即于军马守镇之处设屯田以益军储，“坟墓”即据宗室、勋戚、文武官员的等第定其高下，“抽分”即视商贾货物多寡抽取额税，“柴炭”即采办运纳皇宫和各衙门所用柴炭。

上述情况表明：吏、户、礼、兵、刑、工各部内所属机构，或因主管的事务而设，如吏部、礼部、兵部、工部各所设四清吏司；或因分管的地

① 《明史》卷 72《职官志》。
② 《明会典》卷 181《营缮清吏司》。
③ 《明会典》卷 191《虞衡清吏司》。
④ 《明会典》卷 196《都水清吏司》。
⑤ 《明会典》卷 202《屯田清吏司》。

域而设，如户部和刑部各所设十三清吏司，这种从实际需要出发，不拘泥于某个定式的因势制宜的建制方式的确表现了某种进步的倾向，它既有利于各部门之间权责划分的明确，又有助于各部门之间均衡负担，因而便于国家政务的施行。这种技术上的进步是明初统治者反复摸索实践的结果，也是历史经验长期积淀的产物。

同时，我们也应当看到，这种技术上的改进并不意味着六部权限范围的扩大；明太祖废除中书省，将六部品秩提高到正二品，使其直属于皇帝，也并不说明六部权限的扩展。所谓“六卿分理庶政”，不是六部分割了中书省的权办，而是皇帝代行了宰相的权力。六部体制的确立，是明代封建专制主义“登峰造极”的重要标志。

第四节　地方行政管理体制

一、三司与督抚制度

明代承宣布政使司、提刑按察使司、都指挥使司三司并立，共同构成省级地方政权。

承宣布政使司为一省主管行政的机关。

明朝初期，直接袭用元朝旧制，“初，太祖下集庆，自领江南行中书省。戊戌，置中书分省于婺州。后每略定地方，即置行省”[①]。全国统一后，设有浙江、江西、福建、北平、广西、四川、山东、广东、河南、陕西、湖广、山西十二行省。各行省设平章政事，左、右丞，参知政事等官。洪武九年（1376 年），朱元璋下诏废除了行省制度，一律改为承宣布政使司，罢行省平章政事和左、右丞等官，改参知政事为布政使，品秩为正二品。洪武

① 《明史》卷 75《职官志》。

十五年（1382 年）增置云南布政司。永乐元年（1403 年）以北平布政司为北京。五年（1407 年）增置交阯布政司。十一年（1413 年）增置贵州布政司。宣德三年（1428 年）罢交阯布政司，定为十三布政司。再加上南京应天府和北京顺天府，共十五省级行政区划。

各布政司所属有经历司，“典出纳文移”；照磨所，“典磨勘卷宗”；理问所，“典刑名。凡囚出入，谨籍其数，以听于有司。凡囚必审轻重，别其寝处；病与馁，必报司疗而饲之。狱之曲直疑，允上言，下理问，则得辩而请焉。日严扃钥，察械系”，实际上就是管理监狱；库，“典库藏”；局，“典营缮”。①

布政司主管一省行政。“布政使掌一省之政，参政、参议为之贰。朝廷有德泽禁令，承而播之，以先有司。三年率府、州、县掌印及首领官朝觐于京师，陈其属吏之赃否，而听去留焉。十年造户版以登民数田数。岁贡学生，府、州、县、卫有差。三岁乡试贡士。宗室、官军、师生以时班禄俸、廪粮。祀典神祇，谨其时祀。水旱、疾疫、灾伤，请免田租，赈贷之。孝弟行义贞烈，请表扬之；鳏寡孤独有养。凡贡邦国之用，曰贡、曰赋。贡有二，曰常贡，曰暂贡；赋有二，曰本色，曰折色；凡役二，曰力役，曰雇役。皆视其土地丰瘠、人民多寡而会计之。府、州、县必均乃已。凡出纳钱谷，必平；凡制用，必节；凡僚属、文武官，岁察其赃否而上下其考，以报于抚按，以达于吏部、兵部、都察院。凡诸政务，议定而请于抚按。有总督、提督亦如之。曰清军、曰分守、曰督粮、曰边备、曰抚民，各专事焉。官不备则兼领之。凡万寿圣节，一人朝贺于京师。大婚、大丧、立东宫亦如之。天子即位，则左布政使来见”②。

此外，布政司还设有派出机构，即各地分守道。永乐年间，成祖每令方面官巡视民瘼，后来形成制度，由各布政司右参政、左参议分守各属府、

① 《续文献通考》卷 98。

② 《续文献通考》卷 98。参《明史》卷 75《职官志》。

州、县，成为分守道。全国计五十九道。其他有督粮道、督册道，属于按事分设，各布政司均有。①

按察使司为一省掌管监察和司法的机构。早在吴元年（1367年）太祖即于各地置各道按察司，设按察使，秩正三品；副使，正四品；佥事，正五品。洪武十三年（1380年）改使秩为正四品。不久即罢除，次年又恢复。二十二年（1389年）再定按察使为正三品。三十年（1397年）置云南按察司，当时全国计十三道按察司。建文时改为十三道肃政按察司。成祖时复旧。永乐五年（1407年）置交阯按察司，又增设各按察司佥事。十二年（1414年）置贵州按察司。宣德五年（1430年）革交阯按察司。以后各按察司内佥事等官或置或罢，不可胜纪，而全国按察司的格局及按察使的品秩始终未变。②

按察司各置按察使一人。副使及佥事因事添设，无定员。所属机构有经历司，设经历一人，知事一人，经历“典出纳文移，知事佐之”③；照磨所，设照磨一人，检校一人，照磨“典磨勘卷宗，俭校佐之”；司狱司，设司狱一人，守护监狱。

按察司既为一省主管监察和司法的机构，又对一省的军事行政有参与的权力：“按察司职掌一省刑名按劾之事。纠察官邪，擒治贪酷，禁诘强暴，平谳刑狱，雪理冤枉，以振扬风纪。副使、佥事为之贰。凡僚属、文武臣，岁察赃否，而上下其考，以告抚按，以达于吏、兵二部、都察院。凡省大事，暨都、布二司参议焉；凡朝觐、庆贺、吊祭之礼，视布政司。”④

由于一省的疆域过于辽阔，而省以下府、州、县各级地方政权中又没

① 《明史》卷75《职官志》。
② 《明史》卷75《职官志》。
③ 《续文献通考》卷99。
④ 《续文献通考》卷99。

有相应的独立的监察和司法的机构，这就很难保证恢恢法网中疏而不漏。有鉴于此，明朝统治者于各按察司之下，又分设出许多派出机构。洪武十四年（1381 年）太祖唯恐守令贪鄙不法，定设各道按察分司，以王存忠等五百三十一人为试佥事巡按州县，并发布上谕，称“治吏之弊，莫甚于贪墨，而庸鄙者次之。今天下府、州、县官，于斯二者往往有之。是以弊政日滋，民受其害，故命尔等按治。其地凡官民贤否，军民利病，皆得廉问纠举”。到洪武二十二年（1389 年）改按察分司为分巡道，总计四十一道。另外还有按事分设的提督学道、清军道、驿传道等，每省均设。各道事务由按察司副使、佥事分管，或驻省城，或驻地方。

都指挥使司为各省主管军事行政的机关。

明朝建立之初于各省设翼元帅府，后改为行都督府。省城所设有的称都卫或镇抚司。洪武八年（1375 年）改都卫及行都督府为都指挥使司。二十年（1387 年）置大宁都指挥使司，次年改为北平行都指挥使司，永乐元年（1403 年）又复为大宁都指挥使司，将其移诸保定。五年（1407 年）置交阯都指挥使司，宣德二年（1427 年）与交阯布政司、按察使司同时废弃。最后定都指挥使司十六：浙江、江西、福建、广东、广西、湖广、河南、山东、山西、陕西、四川、贵州、云南、大宁、万全、辽东。行都指挥使司五：四川、陕西、湖广、福建、山西。此外有中都、兴都留守二司。[①]

都指挥使司为正二品衙门，设都指挥使一人，都指挥同知二人，都指挥佥事四人。所属机构有经历司和司狱司，经历司设经历一人，都事一人，断事一人，副断事一人，吏目一人，经历“典文移出纳，都事为之贰。断事理刑狱，副断事为之贰，吏目佐之”[②]。司狱司设司狱一人，看守监狱。

行都指挥使司，设官与之相同。

都指挥使司“掌一方之军政，各率其卫所以隶于五府而听于兵部。凡

① 《续文献通考》卷 99。参《明史》卷 75《职官志》。

② 《续文献通考》卷 99。

都司并流官，或得世官，岁抚、按察其贤否，五岁考选军政而废置之。都指挥使及同知、佥事，常以一人统司事，曰掌印；一人练兵，一人屯田，曰佥书。巡捕、军器、漕运、京操、备御诸杂务，并选充之，否则曰带俸。凡备倭守备行都指挥事者，不得建牙、升公座”[①]。

明初置布政使司、按察使司和都指挥使司，三者鼎足而立。“当是时，都指挥使与布、按并称三司，为封疆大吏”[②]，以品秩而言，都指挥使甚至高于布政使一级、按察使一品，所以“凡朝廷吉凶表笺，序衔布、按二司上”[③]。但自宣德以后，因承平日久，人心重文轻武，加以军职冒滥，其地位渐趋低下。相反，布政司虽职专行政，然受传统习惯的影响，始终为省府的象征。布政使司俗称藩司，按察使司俗称臬司。明叶向高曾论藩司，说：“藩伯在国初号称行省，权任与六曹埒，其后乃压于台使者不得行其意。然而藩臬，诸大夫奉以为督，郡邑诸守令视以为仪，地重位尊，为一方所瞻注。故其职事，虽若仅只于钱谷薄书，而其精神丰采常足以默摄吏民，而纲纪其治”，“今之藩司，古之方伯连帅，以旬宣屏翰为职。至胜国行省之设，与内之中书絜重。明兴犹秩视六卿，其后虽压于两台，事权稍杀。然而藩臬，诸大夫奉之则家督也，郡国有司视之则众父也”。[④]于此可见布政使司地位之重。

“三司”制度的实行，使得在一省之内没有了可以全面负责的机构。这样遇到紧急的情况，如边塞地区北方鞑靼部落南下袭扰，或是需要修建大规模的工程，如腹里对黄河等水道的疏浚，这个时候就难免出现两种情形：一是三司之间互相推诿，以致坐误时机；一是因权力所限，导致威信不孚而指挥不灵。为了克服此种弊端，明朝中央政府便派遣都察院的都御

① 《明史》卷 76《职官志》。
② 《明史》卷 90《兵二》。
③ 《明史》卷 76《职官志》。
④ 《古今图书集成》卷 598。

史、御史或其他官员到地方任总督或巡抚，赋予他们在一定范围内便宜行事的权力。《续文献通考》卷五四载："考之纪志，总督之名自正统四年王骥征麓川始。后以军兴，因地增设。巡抚之名，始于洪武遣太子巡抚陕西。永乐十九年遣官巡行天下。盖大灾重事，即遣行巡视，谓之巡抚，事迄而止，无定员也。宣德时，以关中、江南等处，地大而要，命官更代巡抚，自是遍置。其后遂以都察院堂上官为之。"开始时总督和巡抚只设于少数地区，且为临时性的机构。

随着时间的推移，总督职权日益扩大，所辖地区逐渐加广。嘉靖三十三年（1554 年），"以南京兵部尚书张经总督浙、福、南畿军务。……敕令节制天下之半，便宜行事，开府置幕，自辟参佐"[①]，至崇祯朝更是遍置督抚。崇祯七年（1634 年）"设河南、山、陕、川、湖广五省总督，以延绥巡抚陈奇瑜兼兵部巡抚为之"，八年，以"卢象升总理直隶、河南、山东、湖广、四川军务"[②]。十年（1637 年）陈奇瑜以"兵部右侍郎兼右佥都御史，总督陕西、山西、河南、湖广、四川军务，专办流贼"[③]，又拜熊文灿"兵部尚书兼右副都御史，代王家祯总理南畿、河南、山西、陕西、湖广、四川军务"[④]，十四年（1641 年）加丁启睿为兵部尚书，改称督师，"代（杨）嗣昌尽督陕西、湖广、河南、四川、山西及江南北诸军，仍兼总督陕西三边军务"[⑤]。

明代的总督、巡抚虽然普遍设置，且一般而言拥有较大的权力，然就具体的督抚而言，其官职时设时罢，其权限或增或减，并没有形成稳定的制度，在成文法上也找不到可靠的依据，因而并不能算作一级政府，其所辖也不可作为正式的行政区划。

---

① 《明史纪事本末》卷 55。

② 《明史》卷 23《庄烈帝本纪》。

③ 《明史》卷 260《陈奇瑜传》。

④ 《明史》卷 260《熊文灿传》。

⑤ 《明史》卷 260《丁启睿传》。

二、府、县组织机构与职掌

明朝省级以下地方行政管理机关分为两级，第一级是府。明朝初期，改元之诸路为府。洪武六年（1373 年）分天下府为三等，以纳粮多少为差。每年纳粮二十万石以上为上府，知府品秩为从三品；二十万石以下十万石以上为中府，知府为正四品；十万石以下为下府，知府为从四品。后知府品秩一律改为正四品。自宣德三年（1428 年）罢交阯布政司以后，全国计一百五十九府。

府设知府一人，为主官；另有同知、通判、推官为之辅佐，通常各设一人。同知、推官有因事添设至二人，通判有因事添设至五人的。[①]

府的直属机构有：经历司，典出纳文移；照磨所，典磨勘卷宗；司狱司，典监狱。[②]所属衙门有儒学、巡检司、驿、税课司、仓、织染杂造局、医学、阴阳学、僧纲司与道纪司等。[③]

知府掌管一府之政，举其要者有三个方面：

第一，教化。所谓“宾兴科贡、提调学校、修明祀典之事咸掌之”，这些显然直接与教育和风化有关，而“每三岁，察属吏之贤否，上下其考，以达于省，上吏部”[④]，虽职关考察，也未尝不有“淳风化俗”之意。

第二，政令。包括传达皇帝诏令和上级命令，也包括制定本府政令：“凡诏敕、例令、勘札至，谨受之，下所属奉行。所属之政，皆受约束于府，剂量轻重而令之。大者白于抚、按，布、按，议允乃行”[⑤]。

第三，指挥。一府之政，有大有小，知府不能事必躬亲，必须委派下属办理：“凡籍帐、军匠、驿递、马牧、盗贼、仓库、河渠、沟防、道路之

① 《明史》卷 75《职官志》。
② 《续文献通考》卷 99。
③ 《明史》卷 75《职官志》。
④ 《明史》卷 75《职官志》。
⑤ 《明史》卷 75《职官志》。

事，虽有专官，皆总领而稽核之。”[①]

县为明代最基层的地方政权。设知县一人，掌一县之政，另有县丞、主簿为其辅佐。直属有典史一人。[②]

县所辖衙门有儒学、巡检司、驿、税课局、医学、阴阳学、僧会司、道会司等。[③]

关于知县的职掌，王圻《续文献通考》有较为详细的记载。

第一，关于学校。“岁贡学生，听试于提学宪臣；三岁贡士，听选于乡试”。

第二，关于风化和公益。“凡养老、祀神、表善、赈饥、恤穷、通货之事时省而敦行之。”

第三，关于赋役。“民之赋役视丁产为差。赋岁二征，役岁一征。赋有粟赋、金赋、布帛及诸货物之赋，役有力役、雇役、借债不时之役，皆视其天时休咎、地利丰耗、人力贫富，必调剂而均节之。若岁大歉，请于府、于省、于抚按藩臬而时蠲焉。无幸富强而苦贫弱。”

第四，关于狱讼。“凡词讼必询其情理，考诸例而决之。有不服，听陈于上，为雪理焉”。

第五，关于治安。“勾勘民间细事，总甲逻察。市里弓兵民壮，执防捕之役”。

以上事务，并非由知县一人操作，而是县丞、主簿、巡捕“分职任事，而领于县”。

除了府、县以外，还有州的名目。州有两种，一种叫直隶州，直属布政司管辖，长官为知州，其地位略低于府，但品秩与府无异，可辖有少量的县；另一种叫属州，隶属于府，品秩与县相同。计天下州凡二百三十有四。

---

① 《明史》卷 75《职官志》。

② 《明史》卷 75《职官志》。

③ 《明史》卷 75《职官志》。

府、州、县是全国通设的地方政府，另外还有特设的地方政府，这是指南京应天府、北京顺天府及设于少数民族聚居地区的土官。

南京应天府和北京顺天府为中央直隶府。府官“职专亲民之事，惟以京府事重，故品秩体貌视在外诸府特异”①。

明朝土官的设置多因袭元代旧制。据王圻《续文献通考》卷九十六载：“太祖洪武元年六月，湖广安定等处宣抚使向思明等遣其溪洞长官硬彻津等以元所授宣抚敕及印章来上，请改授官。命仍置安定等处宣抚司，设宣抚使二，以思明及其弟思胜为之。”这大概是明设土官之始。到洪武七年，“西南诸蛮夷朝贡，多因元官授之，稍与约束，定征徭差发之法。渐为宣慰司者十一，为招讨司者一，为宣抚司者十，为安抚司者十九，为长官司者百七十有三”②。

三、里甲制度

据《明会典》记载，洪武十四年（1381 年）明太祖下诏，令“天下府、州、县编赋役黄册。以一百一十户为里，推丁粮多者十人为长，余百户为十甲。甲凡十人。岁役里长一人，管摄一里之事。城中曰坊，近城曰厢，乡都曰里。凡十年一周，先后则各以丁粮多寡为次，每里编为一册，册首总为一图。鳏寡孤独不任役者，则带管于百一十户之外而列于图后，名曰畸零。册成，一本进户部，布政司及府、州、县各存一本”③。据此可知，明代乡村组织是每一百一十户为一里，每十户为一甲。里有里长，甲有甲首。里长由一里中丁粮较多的十户户主担任，十年内以丁粮多少为序轮流充当，每人任期一年，十年一周。余下一百户分为十甲，每甲十户，也以

① 《明会典》卷 216《应天府》。
② 《明史》卷 76《职官志》。
③ 《明会典》卷 20《黄册》。《明太祖实录》卷 135。

丁粮多少为序，每户轮流担任一年甲首。城区和近郊区则有坊和厢的组织，坊长、厢长相当于乡之里长。

里甲虽因编排赋役黄册而设定，其职责范围却远不限于赋役，“凡一里之中，一年之内，所有追征钱粮，勾摄公事，与夫祭祀鬼神，接应宾旅，官府有所征求，民间有所争斗，皆在见役者所司”①。具体说来包括：

1. 编造赋役黄册。这是里甲当然的职责。明代的赋役黄册是明政府派发徭役、征收田赋的根据，每隔十年须重新编排一次，这是一项意义重大而又十分艰巨的工程。编排之年，“有司先将一户定式誊刻印版，给与坊长、厢长、里长并各甲首。令人户自将本户人丁事产依式开写，付该管甲首。其甲首将本户并十户造到文册，送各该坊、厢、里长。各将甲首所造文册攒造一处，送赴本县”，在此过程中里长与甲首不得弄虚作假，否则要处以刑罚。洪武二十四年（1391年）定，“所在有司官吏、里甲，敢有团局造册、科敛害民，或将各处写到如式无差文册故行改抹、刁蹬不收者，许老人指实，连册绑缚害民吏典，赴京具奏。犯人处斩”②。《大明役·户役》对脱漏户口、逃避差役而“里长失于取勘者”，也规定了一定的处罚。

2. 催征赋役。里甲除编造黄册为封建国家征发赋役提供依据外，还直接参与征发之事，“诸凡差役，一总其数于里甲而谓之征输焉”③。如有民户逃避差役的事情发生，里长要负一定的责任。据《大明律·户律·户役》“逃避差役”条：“凡民户逃往邻境州县躲避差役者，杖一百，发还原籍当差。其亲管里长、提调官吏故纵及邻境人户隐蔽在己者，各与同罪。若里长知而不逐遣……杖六十。”对于欺隐田粮、脱漏版籍者，《大明律·户律·户役》“欺隐田粮”条规定里长知而不举要与犯人同罪。里长对田赋的征收和徭役的征发所负的责任乃是相当严苛的。

---

① 《大学衍义补》卷20。
② 《明会典》卷20《黄册》。
③ （明）海瑞：《海刚峰集》卷上《里长参评》。

3. 督促生产。田土耕种的数量与质量直接影响到封建国家的赋税收入，为了保证税源，《大明律》规定里长负有督促检查生产的责任："凡里长部内已入籍纳粮当差，田地无故荒芜及应课种桑麻之类而不种者，俱以十分为率，一分笞二十，每一分加一等，追征合纳税粮还官。"[①]

4. 处理争讼。里长和老人在一里之内有排难解纷的责任，甚至对于一些轻微的刑事案件或小的民事案件有初审的权力。洪武二十七年（1394年）四月，太祖"命民间高年老人理其乡之词讼。先是州郡小民多因小忿辄兴狱讼，越诉于京，及逮问多不实。上于是严越诉之禁，命有司择民间耆民公正可任事者，俾听其乡诉讼。若户婚、田宅、斗殴者，则会里胥决之。事涉重者，始白于官"[②]。虽然此种司法的权力在宣德以后即被废止，但里长和乡老对里内之纷争有仲裁的权力则是无疑的。

5. 办理公益事务。如各地有孝行节义为乡里所推重者，须由里、老等人将其善迹奏闻朝廷，请求旌表。[③]

第五节　职官法

一、文官仕途

《明史 · 选举制》记载："明制，科目为盛，卿相皆由此出。学校，则储才以应科目者也。其径由学校通籍者，亦科目之亚也。外此则杂流矣。然进士、举贡、杂流三途并用，虽有畸重，无偏废也。"由此可知，在明代，要想做官，或者参加科举考试成进士，或者入学校为监生，或者通过其他

---

① 《大明律 · 户律》"荒芜田地"条。

② 《明太祖实录》卷232。

③ 《明会典》卷79《旌表》。

的法定方式，这便是普通百姓入仕的三种途径。

（一）科举

明代科举考试分为乡试、会试、殿试三级。乡试中试者为举人，举人取得参加会试的资格，其及格者经殿试复试为进士，进士可以直接担任官职；会试下第的举人也可以为官，但多数被送入国子监为监生，是以举贡归为仕途之一种，而进士又专为一途。

洪武十七年（1384年）三月，太祖命礼部颁行《科举成式》[①]，对科举考试的程序、内容以及应试的资格、主考的官员、考场的规则等项均有详细规定。这是有明一代科举方面最为重要的法规，以后虽历朝皇帝都发布过有关诏令，但不过是小修小补而已。

关于考试的内容与程序，《科举成式》规定："凡三年大比，子、午、卯、酉年乡试，辰、戌、丑、未年会试"，"乡试，八月初九日第一场，试《四书》义三道，每道二百字以上；经义四道，每道三百字以上。未能者许各减一道。《四书》义主朱子《集注》；经义：《诗》主朱子《集传》，《易》主程、朱《传义》，《书》主蔡氏《传》及古《注疏》，《春秋》主左氏、公羊、谷梁、胡氏、张洽《传》，《礼记》主古《注疏》。十二日试论一道，三百字以上；判语五条，诏、诰、章、表、内科一道。十五日第三场，试经史策五道，未能者许减其二，俱三百字以上。次年礼部会试，以三月初九日、十二日、十五日为三场。所考文字与乡试同。乡试，直隶府、州、县则于应天府，在外府、州、县，则于各布政司"，"其会试中式者，三月，赴殿试"。

关于应试资格，《科举成式》规定："其举人则国子学生及府、州、县学生员之学成者、儒士之未入仕者、官之未入流者，皆由有司保举性资敦厚、文行可称者应之。其学校训导专教生徒，及罢闲官吏、倡优之家与居父母丧者，并不许入试。"此规定在以后基本相沿，只是对学校训导一项

① 《明太祖实录》卷160。

在英宗、孝宗时曾略加放宽。英宗天顺八年（1464 年），令“教官由举人署职、任满该升、年四十以下，愿会试者听”，成化二十二年（1486 年）又奏准，“举人授教官有功绩者许会试”，这样为教官开了一线生机。孝宗弘治十二年（1499 年）又将这一线生机稍加扩大，令署职教官在任满该升时，恰遇会试将近，“不拘年岁，亦许会试”[①]。

关于考试官，《科场成式》规定：在内由应天府、在外由各布政司“皆访经明公正之士，公出币帛，先期敦聘”，并对应聘的主考官、同考官、监试官各自的人数及来源作了具体要求。此一规定在以后渐有变更，嘉靖六年（1527 年）令：“两京乡试，除主考照例奏请简命，礼部仍会吏部，于两京六科部属等官内访举。每经一员，随考官入院，各总校本房。其余仍用教官，各布政司预呈礼部，亦会举京官或进士，每处两员主考。”[②]变动的基本趋向显然是要把乡试的考试权一步一步收归中央。

关于考场规则，《科举成式》规定：“举人试卷自备。每场单卷、正卷各用纸十二幅，首书三代姓名及其籍贯、年甲、所习经书，在内赴应天府、在外赴布政司印卷，会试、殿试赴礼部印卷。试之日，黎明，举人入场，每人用军一人守之。禁讲问代冒。至晚纳卷，未毕者，给烛三支。文字回避御名、庙讳及不许自叙门第。弥封者编号作三合字，誊录者用朱，考试官用墨，以防欺伪。”

进士最终产生于殿试。殿试由皇帝亲自主持，皇帝分别其等第，并给予出身：“第一甲第一名，从六品；第二、第三名，正七品，赐进士及第。第二甲，正七品，赐进士出身；第三甲，正八品，赐同进士出身。”[③]第一甲第一名称状元，第二名称榜眼，第三名称探花，这是“制所定也”，而士

① 《明会典》卷 77《科举》。

② 《明会典》卷 77《科举》。

③ 《明会典》卷 77《科举》。

大夫之间又以乡试第一为解元，会试第一为会元，二、三甲第一为传胪。[①]

进士出身即被授与官职。其授官情况，据《明史·选举志》载："状元授修撰，榜眼、探花授编修，二、三甲考选庶吉士者，皆为翰林官。其他或授给事、御史、主事、中书、行人、评事、太常、国子博士，或授府推官、知州、知县等官。"其中应特别注意者为庶吉士之选，"其入选者，谓之馆选。以翰、詹官高资深者一人课之，谓之教习。三年学成，优者留翰林为编修、检讨，次者出为给事、御史，谓之散馆。与常调官待选者，体格殊异"，因此，"庶吉士始进之时，已群目为储相"。[②]

考中进士得官，为明代平民入仕诸途中最主要一种。进士出身称甲科，举人出身称乙科，明末清初大儒顾炎武说："有明一代最重进士，凡京朝官清要之职，举人皆不得与。即同一外选也，繁要之缺，必待甲科，而乙科仅得遥远简小之缺。其升调之法，亦各不同，甲科为县令者，抚按之卓荐，部院之行取，必首及焉，不数年即得御史、部曹等职。而乙科沉沦外僚，但就常调而已，积习相沿，牢不可破。"[③]《明史》也说：自天顺二年（1458年）李贤奏定翰林纂修专选进士以后，即造成"非进士不入翰林，非翰林不入内阁，南、北礼部尚书、侍郎及吏部右侍郎非翰林不任"的局面，"通计明一代宰辅一百七十余人，由翰林者十九"。[④]

（二）学校

明代"科举必由学校，而学校起家可不由科举"[⑤]。学校有两种，一为国学，一为府、州、县学。入府、州、县学者谓之生员，生员为国学的主要来源。生员不得为官。国学即国子监，入国学者通称为监生。监生可以

① 《明史》卷70《选举志》。
② 《明史》卷70《选举志》。
③ （明）顾炎武:《日知录》卷15。
④ 《明史》卷70《选举志》。
⑤ 《明史》卷69《选举志》。

为官。监生大体可以分为以下几种：

1. 贡监。原为府、州、县学生员而升入国子监者为贡监。再进一步又可分为：

（1）岁贡。“贡生入监，初由生员选择，即命各学岁贡一人，故谓之岁贡”[①]。这是府、州、县学生员循序而进升入国子监者。

（2）选贡。这是于岁贡之外，不定期地从府、州、县学生员中选取入国子监者。

（3）恩贡。国家有大庆典，或者新皇帝登基加冕时，特下诏书，从府、州、县学生员中选入国子监者。

（4）纳贡。府、州、县学生员纳马或纳粟入国子监者。如“景泰间，令生员纳马纳粟入监”[②]。

2. 举监。这是会试下第举人，入国子监继续深造者。

3. 荫监。这是因父祖为官而被荫叙入国子监者，细分为两种：

（1）官生。据《明史 · 选举志》：“明初因前代任子之制，文官一品至七品，皆得荫一子以世其禄。”到后来荫子范围渐受限制，天顺以后，限于三品以上京官。

（2）恩生。不限父祖官品，而出自皇帝特别恩典得入国子监者。

4. 例监。非府、州、县学生员而纳粟纳马入国子监者。据《明史 · 选举志》：“例监始于景泰元年，以边事孔棘，令天下纳粟纳马者入监读书，限千人止。行四年而罢”，后来“或遇岁荒，或因边警，或大兴工作，率援往例行之，讫不能止”。

监生可以入仕，但并不等于必然入仕。监生要入仕而又不参加科举考试还须经过以下三个步骤：

第一步，取得资格。监生必须完成学业以获得出身。国子监分为六堂，

① 《明史》卷69《选举志》。

② 《明会典》卷220《国子监》。

即正义、崇志、广业、修道、诚心、率性。洪武十六年（1383年）定："凡生员通四书，未通经者，居正义、崇志、广业堂，一年半之上，文理条畅者，许升修道、诚心堂。坐堂一年半之上，经史兼通，文理俱优者，升率性堂"，"凡生员升率性堂，方许积分。积分之法：孟月，试本经义一道；仲月，试论一道，诏、诰、表、章内科一道；季月，试经、史、策一道，判语两条。每试文理俱优，与一分；理优、文劣者，半分；文理纰缪者，无分。岁内积至八分者，为及格，与出身。不及格者，乃坐堂肄业"。此制度在宣德十年（1435年）和嘉靖十年（1531年）又两次得到重申。①

第二步，历事。即分配到指定的衙门实习。洪武年间，太祖令监生分拨在京各衙门历练事务，三个月后考核引奏，勤谨者，送吏部附选。遇有缺官，挨次取用。平常者再历，才能不及者送监读书，奸懒者发充吏。以后宣德、正统、景泰年间，不断对此规定加以补充，最后形成定制：凡监生于吏、户、礼、兵、刑、工各部及都察院、大理寺、通政司、行人司、五军都督府历事，称为正历，满三个月上选；于上述各衙门写本及随御史出巡，称为杂历，一年满日上选；各项办事如清黄、写诰、续黄、清军等，初皆三年，谓之长差，后减为一年上选；于承运库、司礼监、尚宝司、六科历事，初作短差，后准写本例也改为一年满日上选；随御史刷卷、工部清匠，俱以事完日上选。此外有礼部写民情条例及光禄寺刷卷、修斋、参表、计计和兵部查马册等项，俱为短差，半年满日回监。②

第三步，受选。监生历事以后，尚需经吏部铨选；有时，皇帝指定考官拣选，如宣德二年（1427年）奏准："两京国子监生及各衙门历事者，六部、都察院、通政司、大理寺、翰林院堂上官及六科给事中公同监官拣选。凡年五十以上及残疾鄙陋、不堪教养任用者，皆罢为民。仍令锦衣卫

① 《明会典》卷220《国子监》。

② 《明会典》卷220《国子监》。

一员巡视。”[①] 在学校一途，经过漫长而艰难的跋涉，而终至功亏一篑的监生是不在少数的。

经吏部铨选以后，监生得以担任的官职因出身不同而有区别。一般而论，“外官推官、知县及学官，由举人、贡生选。京官五府、六部首领官，通政司、太常、光禄寺、詹事府属官，由官荫生选”，至于州、县佐贰，都、布、按三司首领官，凡监生皆可入选。[②] 监生入仕情形在明代历史发展的不同阶段也各不相同。据王圻《续文献通考》载：“国初太学生，皆贡自郡邑，选乡学之秀彦者充之，其后乃有各省乡试举人。时进士之科未盛，内而台谏，外而藩臬，率以授诸太学生之成材者。自制科既重，太学生成材者，与天下贤士、尽入搜罗。于是内外重要之司，皆归进士。而举贡所称监生者，则有遗贤铨入高等，不过授以省、府幕僚，郡佐、州正。而台谏、藩臬必待其历官有誉而后得之。然亦千百什一耳。张居正当国，尝力主三途并用之议，仅一行焉，而辄不能继。岂太学生之英，能尽录于甲科也？”[③]

（三）杂流

由学校和科举入仕，被称为正途，由其他门路入仕则被称为杂流。杂流主要有荐举、荫叙、吏员特迁、捐纳四种。

1. 荐举

平民百姓因被荐而可得为官。特别是在明朝初期，科举未备，人才缺乏，平民百姓通过荐举一途而得任官职者不可胜数。吴元年（1367 年）三月，太祖敕谕中书省：“今土宇日广，文武百官，卓犖奇伟之才，世岂无之。或隐于山林，或藏于士伍，非在上者开导引拔之，无以自见。自今有能上书陈言、敷宣治道、武略出众者，参军及都督府具以名闻。或不能文章而

① 《明会典》卷 220《国子监》。

② 《明会典》卷 220《国子监》。

③ 《续文献通考》卷 55《学校考》。

识见可取，许诣阙而陈其事。郡县官年五十以上者，虽练达政事，而精力既衰，宜令有司选民间俊秀年二十五以上、资性明敏、有学识才干者辟赴中书，与年老者参用之。十年以后，老者休致，而少者已熟于事。如此则人才不乏，而官使得人。其下有司，宣布此意。”① 自此以后每年州县均荐举贤才或武勇谋略、通晓天文之士，而间及兼通书律者。

洪武三年（1370 年）开科取士，荐举与科举并行。至洪武六年（1373 年），罢科举，太祖特意下诏，再命有司察举贤才。其诏书说：“贤才，国之宝也。古圣劳于求贤，若高宗之于傅说，文王之于吕尚，彼二君者，岂其智不足哉？顾皇皇于版築、鼓刀之徒者，盖贤才不备不足以为治。鸿鹄之能远举者，为其有羽翼也；蛟龙之能腾跃者，为其有鳞鬣也；人君之能致治者，为其有贤人之辅也。山林之士，德行文艺可称者，有司采举，礼送京师，朕将任用之，以图至治。”于是定制，专用辟荐。其目有聪明正直、贤良方正、孝弟力田、儒士、孝廉、秀才、人才、耆民等项；“皆征召至京，不次擢用”②。以后明太祖及其嗣君又多次下诏重申或完善荐举之法。

2. 荫叙

荫叙在前代又称任子，指父兄为官有功勋或死事，得任其子侄为官。据《明会典》：“国初因前代任子之制，文官一品至七品皆得荫一子以世其禄。后乃渐为限制，在京三品以上满考著绩，方得请荫，谓之官生；出自特恩者，不限官品，谓之恩生。或即与职事，或送监读书。”③ 入监读书者，即为监生；而直接被授与职事者，则从此步入仕途。

3. 吏员特迁

明代吏员的设置，据《明会典》记载：“国初令有司设司吏，许各得贴书二名。其后定设掾史、令史、书吏、司吏、典吏，后又设提控、都吏、

① 《明太祖实录》卷 14。

② 《明通鉴》卷 5，参《明史》卷 71《选举志》。

③ 《明会典》卷 6《荫叙》。

人吏、胥吏、狱典、攒典，各以政事繁简为额”，其宗人府设提控、典吏，五军都督府设提控、掾史、典吏，六部及都察院、通政使司、大理寺等各设都吏、令史、典吏、承发、司吏、攒典，各府有司吏、典吏、承发、狱典，各州有司吏、承发。①

吏员入仕主要是通过考满获得出身。在外衙门吏员，须先经考满，起送到京，参拨各对品衙门内使用，然后再考满，始能获得出身。洪武三十一年（1398 年）定，吏员出身，或在京两考，在外一考；或在京一考，在外两考，皆以九年为满，给予出身。后定以在外两考，在京一考为满。②

吏员考满以后，根据所在衙门及所属吏目给予相应的出身。高者如一品衙门提控、二品衙门都吏，可给予从七品出身；低者如五品衙门司吏、典吏、书吏，可给予正九品出身；最低者如六品至九品并杂职衙门吏典等给予杂职出身。③

吏员获得出身，仅表明有了担任官职的资格，能否实际地取得官职或取得何种官职，尚须经吏部铨选。吏部分别其等第，或依资格叙用，或降级使用，或发回为民。

4. 捐纳

无官者向国家捐献物料或金钱，从而得到实职或虚衔。捐纳在明以前曾行于历朝，称为赀选，在明则首开先例于景帝景泰元年（1450 年）正月，当时以大同、宣府马草不敷，景帝下令：“听选官及承差有能输草千五百束、办事官输二千束即予选用；应降者加输千五百束，复其原职。当该吏输千五百束、办事吏输二千束，给予冠带，以次选用；应重历者，加输五百束亦给以冠带。”④这是对于为吏者加速入仕、罢职者复还原职之类所作的

① 《明会典》卷 7《吏员》。

② 《明会典》卷 8《吏员参拨》。

③ 《明会典》卷 8《吏员参拨》。

④ 《续文献通考》卷 43《选举十》。

规定。到八月，又以山西之代州粮缺，“募民能自出己资赴临清官仓运米三百石者，给以冠带”[①]，又开平民捐纳入仕之先河。二年（1451 年）正月，令军民输纳者世袭武职，更是为捐纳入仕推波助澜。尔后在宪宗、孝宗、世宗等朝或行或罢，一直到明亡为止。

二、政府对官员的任用形式及回避制度

明朝任用官员的形式依主管机关的不同可分为特简、推升、吏部铨选以及保举四种。

（一）特简

这是指皇帝亲自选任官员。特简时，选用何人，任为何职，完全出于皇帝个人的意志。在明初，由于铨选之法尚不完备，而国家新立，急需大批官员，皇帝经常采用特简的方式。在明朝政治走上正轨以后，皇帝一般不再简任官员，任官的权力被授与法定的铨选机关，如吏部或大臣的合议组织。但是皇帝的权力仍然被保留着，随时都可以行使。有时皇帝行使特简权超乎法令情理之外，大臣百般反对，也无济于事。

（二）推升

推升是皇帝与大臣共同任命官员的一种形式。“旧制：升必考满。若员缺当补，不待考满者，曰推升。类推上一人，单推上二人。三品以上九卿及佥都、祭酒廷推上二人。阁臣、吏兵工部尚书会大九卿、五品以上官及科道廷推上二人，或再上三四人，皆请自上裁。”[②]

推升时，因被推对象不同，参与的官员也不相同。

---

① 《续文献通考》卷 43《选举十》。

② 《明会典》卷 5《推升》。

1. 凡尚书、侍郎、都御史、通政使、大理卿缺，皆令六部、都察院、通政司、大理寺三品以上官廷推。

2. 凡总督陕西三边、宣大都御史缺，会五府、大九卿堂上官及科道廷推；蓟辽、两广总督缺，亦令大九卿堂上官及科道廷推，不会五府。万历五年（1577 年）题准：三边、宣大总督亦照蓟辽例，不会五府。

3. 凡巡抚都御史缺，旧例：在内地者会户部，在边方者会兵部推举。嘉靖十四年（1535 年）改为照九卿例会推。

4. 凡两京国子监祭酒缺，旧例由吏部题推，嘉靖十四年（1535 年）改为照巡抚都御史例会推。

5. 凡詹事府、翰林院掌印官缺，俱从内阁推补；南京翰林院掌印官缺，吏部具奏，行翰林院，从内阁推补。

6. 凡通政司缺通政、参议，鸿胪寺缺寺丞，由吏部直接请用。科道官缺，如都给事中缺，由吏部于左、右给事中内；左、右给事中缺，由吏部于给事中内具奏升用。①

（三）吏部铨选

所谓“任官之事，文归吏部，武归兵部，而吏部职掌尤重”，吏部除主持会推或单独向皇帝题请外，对于法令明文规定的必须会推的大臣以外的官员有直接任免的权力，“在外府、州、县正、佐，在内大小九卿之属员，皆常选官，选授迁除，一切由吏部”②。吏部铨选依官缺的不同主要分为以下几种：

1. 大选。本朝授官，“初授者曰听选，升任者曰升迁”，“听选及考定升降者，双月大选，其序定于单月”③。由此可知大选为正常情况下有规律

① 《明会典》卷 5《推升》。
② 《明史》卷 71《选举志》。
③ 《明史》卷 71《选举志》。

的选授。据《明会典》："凡监生入选，分北监、南监，正行、杂行，每两月一次考试选用。"① 是以大选主要是对监生的选用。其中杂行指例监，正行指举贡等监。大选对例监的规定颇为严苛，如嘉靖元年（1522 年）奏准："纳粟、纳马等项监生，照弘治元年例，临选考试，分作三等，上中二等与科贡一体选用，下者填注衙门职衔，冠带闲住。"九年（1530 年）又题准："凡取选，酌量人数多寡，年分久近，大约以百名为率，科贡六分，援例四分。"②

2. 急选。据《明史·选举志》："改授、改降、丁忧、候补者，单月急选。"是以知急选是在出现意外情况有了急缺时所作的临时性选授。洪武二十六年（1393 年）对急选所作的规定为："内外官员考满、侍亲、致仕、丁忧、残疾、极刑，考功司勋来付，案呈本部，立案作缺，类写缺本，赴内府铨注。"③

3. 远方选。即对边远地区官缺所作的特别选授。宪宗成化五年（1469 年）奏准："云、贵广西三省及广东雷、廉、高、琼四府，四川马湖府，陕西、山西行都司，辽东都司各所辖，宁夏、岷州二卫缺官，将在部听选挨次未到监生，愿就远方者，考选除补。"④ 嘉靖七年（1526 年）奏准："吏员行取挨选未及，愿告云、贵等远方巡检、长官司吏目、仓副使者，考验除授。"⑤ 嘉靖年间，监生告选远方，时遭限制，时受鼓励，矛盾不一，而终于在四十五年（1566 年）题准："远选、边选，永为停止。"⑥

4. 岁贡就教选。即对岁贡生员中愿就教职者的选授。洪武二十六年（1393 年），令以监生年三十以上、能文章者授教谕等官。训导有缺，以举

① 《明会典》卷 5《选官》。
② 《明会典》卷 5《选官》。
③ 《明会典》卷 5《选官》。
④ 《明会典》卷 5《选官》。
⑤ 《明会典》卷 5《选官》。
⑥ 《明会典》卷 5《选官》。

人及考中监生并通经儒士选用。此后，景泰、正德年间均有诏令或稍予补充，或着意强调。[①]

5. 拣选。即常选之外所作的补选，每隔三年举行一次。宪宗成化二年（1466年）题准："每朝觐年后，府佐、州县正官员缺，将科贡监生挨次未及者，拣选除补；或远方知县多缺，将地方相应科贡监生选补"；嘉靖七年（1528年），将受拣范围扩至举人，但要求听选三年以上；万历十二年（1584年），又对纳粟监生的拣选作了较为具体的规定。[②]

6. 举人乞恩选。万历五年（1577年）令："乞恩就教举人，廷试名次在前者，授学正教谕；在后者，授训导。如缺不敷，陆续候补，不许回籍。"[③]这是偶一行之的选授。

吏部选官的方法，"其初用拈阄法，至万历间变为掣签。二十九年，文选员外郎倪斯蕙条上'铨政十八事'，其一曰'议掣签'。尚书李戴拟行报可，孙丕扬踵而行之。后虽有讥其失者，终明世不复更也"[④]。

（四）保举

保举指对于吏部铨选范围内的官员，不由吏部铨选，由大臣推举，皇帝任命，"所以佐铨法之不及，而分吏部之权"[⑤]。

保举始自洪武十七年（1384年）太祖命天下朝觐官举廉能属吏，到仁宗即位，又特申保举之令，命"京官五品以上及给事、御史，外官布、按两司正佐及府、州、县正官各举所知。惟见任府、州、县正佐官及曾犯赃罪者不许荐举，其他官及屈在下僚或军民中有廉洁公正、才堪抚字者，悉

① 《明会典》卷5《选官》。
② 《明会典》卷5《选官》。
③ 《明会典》卷5《选官》。
④ 《明史》卷71《选举志》。
⑤ 《明史》卷71《选举志》。

以名闻……既而定制，凡布按二司、知府有缺，令三品以上京官保举”①，举保之官对被举之人负连带责任。

仁宗以后，保举之制屡次得到重申。正德八年（1513年）奏准：“在京在外堪任知府者，许两京文职三品以上各举所知，后照所举旌劳连坐。”隆庆元年（1567年）议准：“两京九卿并各科道广询博访，有才略过人，忠诚任事者，或堪各边督抚，或堪各边兵备有司，或堪任清理屯盐，无分见任去任，各另疏荐。日后所举之人，果有成绩，并举主一体升赏。如偾事殃民，即将举主重加惩罚。”②

无论采取何种形式任用官员，在正常情况下均须遵守一定的规则。这些规则概括起来大体有回避制度、久任法、升迁特例等，其中回避制度意义尤为重要。明朝所实行的官员任用回避制度包括：

1. 地域回避

地方长官不得由本地人担任，这在中国古代是由来已久的事，但明代尤其是明初的回避制度恐怕比以往任何时候都更严格。史载：“太祖洪武十三年（1380年）正月，始定南北更调用人之法。凡北平、山西、陕西、河南、四川人，于浙江、江西、湖广、直隶用之；浙江、江西、湖广、直隶人，于北平、山东、山西、陕西、河南、四川用之。考核不称职及以事降谪者，不分南北，悉于广东、广西、福建、汀漳、江西、龙南、安远、湖广、郴州之地选用。”③此时应该回避的官员及于一切有官品的地方官而不限于正官，对于边远省份的正常选用也无特殊优待。这种更调之法因过于严苛，执行起来容易产生弊端，以后渐有所改变。“其后官制渐定，自学官外，不得官本省，亦不限南北也”④，不仅如此，正德以后对广西、云

---

① 《明史》卷71《选举志》。

② 《明会典》卷5《保举》。

③ 《明通鉴》卷71。

④ 《明史》卷71《选举志》。

南等边远省份的回避规定作了进一步的放松。正德七年（1512年）奏准："广西除方面知府外，其余大小职事，许本省别府州县人员相兼选用。"[①]嘉靖七年（1528年）又奏准："四川边远地方东川等处首领属官，许以别府人相兼选用。"次年且将此规定推广至湖广等地宣慰、宣抚、安抚各司。[②]

2. 以亲回避

据洪武元年（1368年）令，明代因亲属关系而产生的回避有两种情况：其一，父兄伯叔任两京堂上官，其弟男子侄有任科道者；其二，内外主管衙门及所属衙门中官吏有系父子、兄弟、叔侄关系者。另外，弘治十三年（1500年）奏准：京官与王府结亲者，俱改调外任；若王府官，与王结亲而又与王同城居住者，不论军职民职，俱改调。[③]

以亲回避的原则是以卑就尊，而尊卑之序以官职的高低为准。万历五年（1372年）题准："从卑回避，以官职论。今后除巡按御史从方面官回避外，其余内外官员，俱从官职卑者回避。"[④]

3. 部门回避

洪武二十六年（1393年）奏准：凡户部官不得用浙江、江西、苏松人。[⑤]此项回避可以看作地域回避的变种。

三、官吏的考核

明朝的官吏考核制度是比较发达的，主要有考满、考察、稽查三种形式，它们构成了一个完整的、严密的考核体系。

---

① 《明会典》卷5《选官》。
② 《明会典》卷5《选官》。
③ 《明会典》卷5《改调》。
④ 《明会典》卷5《改调》。
⑤ 《明会典》卷5《选官》。

（一）考满

考满是“论一身所历之俸”，即通过考查官员在一定任期内完成本职工作的情况，决定是否给予加级、进俸或升职的制度。

官员考满的程序依任官的类别和职务的高低而有不同——京官与外官不同，高级官员与中下级官员又有不同。

京官的考满大致分为两种情形。据《明会典》：“凡在京堂上、正佐官考满三年、六年，俱不停俸，在任给由，不考核，不拘员数，引至御前，奏请复职。”① 因此六部及都察院、大理寺等机关的首长，其考满由皇帝直接掌握，不需考评，程序较为随意。

至于六部五品以下的官员以及太常寺、光禄寺、通政司、大理寺等衙门的属官，其考满较为严格，他们“历任三年，听于本衙门正官察其行能，验其勤惰，从公考核明白，开写称职、平常、不称职词语，送监察御史考核”，再由吏部覆考。此外在京军职文官，俱从监察御史考核，各以九年通考。至于左右春坊、司经局、科道官及尚宝司中书舍人，他们的考满，则直接由吏部考核，而不需移咨都察院。②

在外布政、按察二司官员的考满，洪武二十六年（1393 年）定：“各处布政司、按察司首领官、属官，从本衙门正官考核。按察司首领官从监察御史考核。布政司四品以上，按察司五品以上，俱系正官佐贰官，三年考满，给由进牌。别无考核衙门，从都察院考核，本部覆考，具奏黜罚，取自上裁。”③ 布按二司正佐官的考核与京官中六部五品以下的官员基本相同。

布按二司以下各府、州、县官，其考满程序较为复杂：“三年考满，先行呈部，移付选部作缺铨注，司勋开黄，仍令给由。其见任官将本官

① 《明会典》卷 12《考核一》。
② 《明会典》卷 12《考核一》。
③ 《明会典》卷 12《考核一》。

内行过事迹，保勘覆实明白，出给纸牌，攒造事迹功业文册、纪功文簿，称臣签名，交付本官，亲赍给由。如县官给由到州，州官当面察其言行、办事勤惰，从实考核，并开写称职不称职词语。州官给由到府，府官给由到布政司，考核如之。以上俱从按察司官覆考。仍将考核、覆考词语，呈部考核。”①

此外，教官的考满颇具特别之处。洪武二十六年定，“各处府、州、县学训导与教官，一体历俸，九年考满给由。其训导给由到部出题考试，将所试文字送翰林院批考”，以确定其通《经》情况。②可知参与覆考的不是都察院而是翰林院。

考满的期限，据《明会典》记载：“国家考课之法，内外官满三年为一考，六年再考，九年通考黜陟。”③《明史》也说：“考满之法，三年给由，曰初考；六年再考，九年通考。”④因此，官吏考满期限为九年，其中分三个阶段，每一阶段三年，经三次考核才算完成。

官员考满的标准除时限的严格要求外，其他并不统一。不光是任职性质不同的官员，其标准各异；就是性质相同的官员处于不同的环境中，其标准也不一致。六部及都察院等机关的首长，无须进行考核，固无标准可言；其他官员的考核，如府州县官，洪武元年（1368 年）以其任内“户口增、田野辟”为上，而到宣德五年（1430 年）则规定：“天下官员三、六年考满者，所欠税粮，立限追征；九年考满，任内钱粮完足，方许给由。”又如教官的考满，明初以“九年之内科举取中生员名数为则”，再参考其通《经》情况定拟升降，此一原则在有明一代确实成为定制，但考取的名数在各个不同时期却又屡有变更。总体来看，考核的标准是以各官员的具体职掌为

---

① 《明会典》卷 12《考核一》。
② 《明会典》卷 12《考核一》。
③ 《明会典》卷 12《考核一》。
④ 《明史》卷 71《选举志》。

基础，又结合考满时的历史条件临时加以拟定的。

内外官考满以后，须将考评与职责的繁简及纪录情况综合起来考查，然后决定黜陟。其考评为九年考满的总评，“九年之内，二考称职，一考平常，从称职；二考称职、一考不称职，或二考平常、一考称职，或称职、平常、不称职各一考者，俱从平常；二考平常，一考不称职，从不称职”[①]。其繁简则例为：“在外，府以田粮十五万石以上，州七万石以上，县三万石以上；或亲临王府、都司、布政司、按察司并有军马守御、路当驿道边方、冲要供给去处，俱为事繁。府、州、县田粮在十五万石、七万石、三万石之下，偏静去处俱为事简。在京衙门，俱从繁例。”[②]其纪录分无过、有过、有罪等。三者结合定其升降：（1）繁而称职无过，升二等；有过，升一等；有纪录徒、流罪，一次本等用，二次降一等，三次降二等，四次降三等，五次以上杂职内用。（2）繁而平常无过，升一等；有过，本等用；有纪录徒、流罪，一次降一等，二次降二等；三次降三等，四次以上杂职内用。（3）简而称职与繁而平常同。（4）简而平常无过，本等用，有私笞公过，降一等；有纪录徒、流罪，一次降二等，二次杂职内用，三次以上黜降。（5）初考不称职，繁处降二等，简处降三等，若有纪录徒、流罪者，俱于杂职内用。此外，“果有殊功异能、超迈等伦者，取自上裁”[③]。

两京堂上官的考满程序既有显著的不同，其考满的法律后果也当然有极大的差别，虽说是“九年任满，黜陟取自上裁”，但通常是照例予以奖赏：“凡一品二品官考满，赐羊酒钞锭。尚书、都御史六年考满，加太子少保；九年，加太子太保。吏部尚书，有三年即加太子少保、六年加太子太保者。内阁三、六、九年考满，应升官秩，取自上裁。其一品九年考满，或赐宴，

① 《明会典》卷12《考核一》。

② 《明会典》卷12《考核一》。

③ 《明会典》卷12《考核一》。

或赐敕奖励；及诰命、荫子等项，俱出特恩。或奉旨查例，议拟奏请。”①

（二）考察

考察指于特定的时间就官员的德行和能力进行考查，以决定其去留。显然，考察与考满虽然基本目标都在于督察百官、整肃吏治，但两者的重心和方法各不相同，因此《明史》称它们相辅而行。

考察依被考察对象的不同而分为外察与京察两种。

外察又称朝觐考察，是指对京师以外官员的考察。明朝建立之初，外官每年均须朝觐天子，洪武十一年（1378年），太祖命吏部甄别朝觐的官员，结果“察其言行功能第为三等，称职而无过者为上，赐坐而宴；有过而称职者为中，宴而不坐；有过而不称职者为下，不预宴，序立于门，宴者出，然后退”②。此为朝觐考察之始。到洪武十九年（1386年），始定以辰、戌、丑、未年为朝觐之期；洪武二十六年（1393年）又补充进若干规定，外察制度遂基本确立。

外察之初，先由各布政司、按察司、盐运司、府、州、县及土官各衙门正官带领首领官吏各一员，按照《到任须知》所规定的内容依式对款，填造文册，然后连同原领敕谕及诸司职掌内事迹文簿，具本于当年十二月二十五日亲自赍送京师奏缴，作为考核的凭证。接着由吏部会同都察院详加考察，分其等弟。此时处于下等者认为有欠公允，许其申诉；而科道等官认为吏部考察失当，也可指名纠劾。最后由吏部官将众官引至皇帝面前，由皇帝定其去留。

为了保证考察结果的公正性，从弘治八年（1495年）起即由各处巡抚官在朝觐之年，具所属不职官员揭帖，密报吏部，由吏部自己掌握。到嘉靖十六年（1537年），又以“考察全据考语，未免失当”为由，命吏部、

① 《明会典》卷12《考核一》。
② 《明会典》卷13《朝觐考察》。

都察院“先事秉公查访，旌别黜陟”[①]。因此，考察制度演变的结果，是在朝觐考察开始以前，在吏部和都察院这一方具体的工作早就展开了。

外察的内容。据《明史》记载：“考察，通天下内外官计之，其目有八：曰贪、曰酷、曰浮躁、曰不及、曰老、曰病、曰罢、曰不谨。”又说：“至三岁，抚按通核其事状，造册具报，丽以八法。”[②]因此考察的内容就是查验官员是否具有上述八种情状。然而从历朝考察的具体情况而言，似又不限于此。如天顺四年（1460年），令“朝觐官贤能卓异者，赐宴及衣如例”；万历二年（1574年），令“吏部、都察院将来朝官员有廉能超众者，查实具奏，引至御前，面加奖赏，仍赐宴于礼部。其贪酷异常者，著锦衣卫拿送法司问罪”[③]。由此看来，考察的内容仍包括贤否两个方面，只不过是以“否”为主罢了。于此可见考察与考满的融通与互补。

考察降黜等第，在宣德以前屡经变更，后始确定为四等，一直相沿不改：年老有疾者致仕，罢软无为、素行不谨者冠带闲住，贪酷并在逃者为民，才力不及者斟酌对品改调。[④]

外察又称大计，所谓“计处者，不复叙用，定为永制”，于此可见其法律后果的严重性。[⑤]

京察指对京官的考察。弘治十七年（1504年）奏准，每六年举行一次，自此形成定例。

京察与外察在内容、目的等方面基本一致，所不同者在于：第一，京察在形式上将被察对象分为两类，各自采取不同的方式——在京各衙门堂上官即四品以上京官，曾经科道纠劾及年老不堪任事、才德不称职者，各自陈致仕，取自上裁；对于五品以下官员，则由吏部主持一体考察。第二，

① 《明会典》卷13《朝觐考察》。

② 《明史》卷71《选举志》。

③ 《明会典》卷13《朝觐考察》。

④ 《明会典》卷13《朝觐考察》。

⑤ 《明会典》卷13《朝觐考察》。

在法律后果上，凡京察得出“才力不及”的结论，一律降一级调外任，这一点较外察明显要严厉一些。特别是在“大臣自陈，去留已定”之后，而“居官有遗行者”，许给事、御史纠劾，谓之拾遗，“拾遗所攻击，无获免者”。

此外，京察有时并不在规定的年度里举行，谓之“闰察”。武宗时，宦官刘瑾当权期间，吏部尚书张彩为谄媚刘瑾而请求不时考察京官，创下恶例，后来为少数内阁大臣援用，成为他们排除异己、打击政敌的工具。到万历十三年（1585年），吏部尚书杨巍疏称：“六年京察，祖制也，若执政有所驱除，非时一举，谓之闰察，群情不服，请永停闰察。”[①] 闰察始被罢而不用。

（三）稽查

稽查是根据上传下达的章奏或来往文簿对百官实行的定期检查、监督制度。

据《明会典》载：“凡六科每日收到各衙门题奏本状、奉有圣旨者，各具奏目送司礼监交收。又置文簿，陆续编号，开具本状，俱送监交收”，“凡各衙门题奏过本状，俱附写文簿。后五日，各衙门具发落日期，赴科注销，过期延缓者参奏”，“凡在外司、府衙门每年将完销过两京六部行移勘合，填写底簿，送各科收贮，以备查考”。[②] 这是明初对稽查章奏所作的规定，到后来“岁久因循，视为故事”。[③]

嘉、隆年间，纪纲陵替，吏治因循，“朝廷诏旨，多废格不行，抄到各部，概从停搁；或已题‘奉钦依’，一切视为故纸，禁之不止，令之不从”[④]。为了整肃纪纲，张居正于万历元年（1573年）请求在明初规定的基础上实行考成法，其疏曰：“六部、都察院遇各章奏，或题‘奉明旨’，或

---

① 转引自朱东润：《张居正大传》，陕西师范大学出版社2009年版，第282页。

② 《明会典》卷213《六科》。

③ 《张文忠公全集》奏疏三《请稽查章奏随事考成以修实政疏》。

④ 《张文忠公全集》奏疏三《请稽查章奏随事考成以修实政疏》。

复‘奉钦依’，转行各该衙门，俱先酌量道里远近、事情缓急，立定程期，置立文簿存照，每月终注销。除通行章奏不必查考者，照常开具手本外，其有转行复勘、提问议处、催督查核等项，另造文册二本，各注紧关略节及原立程限，一本送科注销，一本送内阁查考。该科照册内前件，逐一附簿候查，下月陆续完销。通行注簿，每于上下半年缴本。类查簿内事件，有无违限未销。如有停搁稽迟，即开列具题候旨，下各衙门诘问，责令对状。次年春夏季终缴本，仍通查上年未完。如有规避重情，指实参奏。秋冬二季，亦照此行。又明年仍复挨查，必俟完销乃已。若各抚按官奏行事理，有稽迟延搁者，该部举之；各部院注销文册，有容隐欺蔽者，科臣举之；六科缴本具奏，有容隐欺蔽者，臣等举之。”疏上后，神宗旋即“诏依行”。[1]这是历史上著名的考成法。

考成法的要点是，要求各衙门置备三本账簿，每本均记载发文、收文和章程，并对所要完成的事情订立完成的期限，其中一本留作底册；一本送各科备注，实行一件，注销一件；一本送内阁查考。考成法与考满、考察制度的不同点在于，前者是随事考成，即直接针对所要完成的事情考其成效，后者则是综合各种因素对官员能力或德行进行评定；前者是经常性的检查、监督，所谓“月有考，岁有稽”[2]，后者则是定期的考核；而且就主持的部门而言，两者也不一致，前者由内阁大臣主持，后者则归于吏部。

从上面的分析不难看出，考满、考察与稽查三者各有所偏重，考满着意于官员的任职期限及其间的政绩，考察注重官员的品德及其表现，稽查的重点则在于每件具体事情的完成与否；但三者显然又是互相贯通的：对任何一个官员来说，如果他在任期、德行、处事三个方面都无可挑剔，那么他肯定是一个不可多得的好官；而对于整个国家来说，如果真正能够在这三个方面实施有效的监督，那么庞大的官僚机器完全可以顺畅地永无休

① 《张文忠公全集》奏疏三《请稽查章奏随事考成以修实政疏》。

② 《张文忠公全集》奏疏三《请稽查章奏随事考成以修实政疏》。

止地运转下去。但是，明中叶以后考满制度已流于形式，考察制度已蜕变为党争的工具，稽查制度则被废而不用，这套严密的考核制度终因跟不上形势的发展而与实际严重脱离，最后无可奈何地衰败、没落了。

四、官吏的品俸与致仕

官吏作为凌驾于普通百姓之上的特殊阶层享有十分广泛的权利，如侍养、丁忧、给假、节假以及刑罚上的特别保护等。其中俸禄与致仕这两项，可以说是官吏最基本的权利。

明代百官的俸禄，“自洪武初，定丞相、御史大夫以下岁禄数，刻石官署，取给于江南官田。十三年，重定内外文武官岁给禄米、俸钞之制”[①]，到二十五年（1392 年）再次更定，始成为定制。

明代官员分九品十八级，据《明会典》其年俸依次为：

正一品	一千零四十四石	从一品	八百八十八石
正二品	七百三十二石	从二品	五百七十六石
正三品	四百二十石	从三品	三百一十二石
正四品	二百八十八石	从四品	二百五十二石
正五品	一百九十二石	从五品	一百六十八石
正六品	一百二十石	从六品	九十六石
正七品	九十石	从七品	八十四石
正八品	七十八石	从八品	七十二石
正九品	六十六石	从九品	六十石

俸禄的支放，在洪武初全给米，间以钱钞兼给，钱一千，钞一贯，

① 《明史》卷 82《食货志》。

抵米一石。成祖即位后，令文武官俸米钞兼支，官高者支米十之四五，官卑者支米十之七八，唯九品全支米；其折钞者，米一石给钞十贯。之后经仁、宣、英三朝，到宪宗时形成完整的俸禄支放体系："官员俸给凡二：曰本色，曰折色。其本色有三，曰月米，曰折绢米，曰折银米。月米，不问官大小，皆一石；折绢，绢一疋当银六两；折银，六钱五分当米一石。其折色有二，曰本色钞，曰绢布折钞。本色十贯折米一石，后增至二十贯；绢布折钞，绢每疋折米二十石，布一疋折米十石……文武官俸，正一品者，本色仅十之三，递增至从九品，本色乃十之七。武职府卫官，惟本色米折银例，每石二钱五分，与文臣异，余并同。其三大营副将、参、游、佐员每月米五石，巡捕营提督、参将亦如之。巡捕中军、把总官，月支口粮九斗，旗牌官半之。"①

对于明代官俸状况，《二十二史札记》中有"明代官俸最薄"一节，《明史》又有"自古官俸之薄，未有若此者"的说法，因此后世对明代俸禄制度颇多非议，并视之为明代官场贪污腐化的重要原因。永乐十六年（1418年），双流县知县孔友谅上言六事，其一说："国朝制禄之典，视前代为薄。今京官及方面官稍增俸禄，其余大小官自折钞外，月不过米二石，不足食数人，仰事俯育与道路往来费，安所取资？贫者放利私行，廉者终窭莫诉，请敕户部勘实天下粮储，以岁之余，量增官俸。"②结果未能见从。英宗正统六年（1441年）二月，御史陈泰奏："今在外诸司文臣，去家远任，妻子随行，禄厚者月给米不过三石，薄者一石、二石，又多折钞。九载之间，仰视俯育之资、道路往来之费、新故问遗之需、满罢闲居之用，其禄不赡，则不免其所失守，而陷于罪者多矣。乞敕廷臣会议，量为增益，俾足养廉。"如是而仍有贪污，惩之无赦，但"事下行在户部，格以定制不行"③。

① 《明史》卷82《食货志》。

② 《明史》卷164《孔友谅传》。

③ 《日知录》卷12《俸禄》。

明代官员的致仕大体分为以下三种情况：

1. 因年老而致仕

此种致仕规定在明初曾几次变动。洪武元年（1368 年）令：“凡内外大小官员年七十者，听令致仕。其有特旨选用者，不拘此例。”[①] 十三年（1380 年）令：“文武官六十以上者，皆听致仕。”[②] 二十六年（1393 年）又定：“凡官员年七十以上，若果精神昏倦，许令亲身赴京面奏。如准吏部查照相同，方许去官离职。”[③] 自此以后，官员致仕的年龄基本确定为七十岁。如永乐十九年（1421 年）诏：“文武官七十以上不能治事者，许明白具奏，放回致仕。”[④]

2. 因病致仕

宣德十年（1435 年）诏：“文武官年未及七十，老疾不能任事者，皆令冠带致仕。”[⑤] 这里虽“老疾”并称，其实指的仅是疾病，因“老”专指身体的衰老而非年龄。到弘治四年（1491 年），其规定就极为明确了：“告老疾官员，年五十五岁以上者，冠带致仕；未及五十五岁者，冠带闲住。”[⑥]

3. 自愿告退

弘治四年（1491 年）奏准：“自愿告退官员，不分年岁，俱令致仕。”[⑦]

明代官员致仕以后在下述方面享有一定的待遇：

1. 品秩

官员致仕以后，其原有品秩或保持不变，或予增加。洪武十二年（1379 年）令：“凡内外文武官年老致仕，三品以上仍旧，四品以下者各升一等，

① 《明会典》卷 13《致仕》。
② 《明会典》卷 13《致仕》。
③ 《明会典》卷 13《致仕》。
④ 《明会典》卷 13《致仕》。
⑤ 《明会典》卷 13《致仕》。
⑥ 《明会典》卷 13《致仕》。
⑦ 《明会典》卷 13《致仕》。

给与诰敕。其历事未及三年，及为事降用或工役屯种取到者，依本等职事致仕，不给诰敕。”[①] 以后成化、弘治、嘉靖等朝的规定于官品无所看重，而特别加意于考满的情况，如成化四年（1468 年）诏：“听选官员九年考满该升用者，年力衰迈，不能任事，照该升品级，给与散官致仕。”弘治十一年（1498 年）题准：“两京五品以下官乞致仕者，本部查其曾经三、六年考满称职，拟升相应职衔具奏，令其致仕；不称者，仍照原职致仕。”[②]

官员在致仕以后保有相应官品，其意义主要在于政治上的荣誉。洪武十二年（1379 年）定：“致仕官居乡……异姓无官者相见，不答礼；庶民则以官礼谒见。”[③] 官员虽致仕，而其社会地位仍被保留着。

2. 俸给

官员在任职期间，品秩与俸给是严格对应的；官员在致仕以后，品秩与俸给则两相分离。洪武十二年（1379 年）八月，太祖下诏：“凡致仕官，复其家终身无所与。”[④] 可知从法律上言，官员致仕以后即不再享有任何俸给。永乐十九年（1421 年）诏：致仕者“若无子嗣，孤独不能自存者，有司月给米二石，终其身”，成化二十二年（1486 年）诏：“在京文职以礼致仕者，五品以上、年及七十，进散官一阶。其中廉贫不能自存、众所共知者，有司岁给米四石。”[⑤] 这些规定进一步证明：明代官员致仕后是不享有俸禄的，所谓月米二石、四石不过是给予部分官员的救济。

3. 特恩

据《明会典》，明建立以后，“大臣致仕，或给驿还乡，或命有司岁拨人夫，月给食米有差。其尤宠异者，或赐敕，或加赐白金文绮，或又官

---

① 《明会典》卷 13《致仕》。

② 《明会典》卷 13《致仕》。

③ 《明通鉴》卷 6。

④ 《明通鉴》卷 6。

⑤ 《明会典》卷 13《致仕》。

其子孙，皆特恩云”[①]。个别官员，甚至能享有更为优厚的待遇，如李善长“以疾致仕，赐临濠地若干顷，置守塚户百五十，给佃户千五百家，仪仗七十二家”[②]。所谓特恩者，即出于皇帝个人的决定而给予的特殊待遇之人。

五、官吏的职责

明朝法律规定官员在履行职务时须遵守下述准则，否则要受到行政乃至刑事的处罚。

（一）赴任不得违限

《大明律 · 职制》中规定：“凡已除官员，在京者以除授日为始，在外者以领照日为始，各依已定程限赴任。若无故过限者，一日笞一十，每日加一等，罪止杖八十，并附过还职。”在明朝初期，一方面因太祖、成祖均严于治吏，吏治整肃，另一方面当时用人不拘资格，入仕之人多奋发向上，所以官吏违限事例不为多见，其处罚也就较轻。到弘治特别是嘉、隆以后，违限事例日渐增多，以至“福建地方多事，守令或缺一、二年不补，各边皆然”，吏科给事中刘不息一次就查得绍兴府通判陈九仪、金华府知府黄焯等一百九十人违限。[③]于是封建统治者不得不采取新的对策，以求通过加重处罚犯法者的方式煞住此风。万历七年（1579 年）四月，吏科都给事中陈三谟疏更违限事例：“凡两司方面、行太仆苑马运司、府、州、县正官违限一月以上者问罪，三月以上别用，半年以上罢职；其余庶官及两京各官一月以上问罪，半年以上降调，八个月以上罢职。仍令应参官员住俸管事，提问完日方准关支。两京大九卿及督抚官并以咨到交待之日为始，

① 《明会典》卷 13《致仕》。

② 《明史》卷 127《李善长传》。

③ 《明神宗实录》卷 29。

俱要作速趋任，仍其实奏。”结果“报部复，从之”。[①]

（二）不得擅离职守

《大明律·职制》“擅离职役”条规定：“凡官吏无故擅离职役者，笞四十；若避乱因而在逃者，杖一百，罢职役不叙，所避事重者，从重论。其在官应值不值、应宿不宿，各笞二十。若主守仓库、务场、狱囚、杂物之类，应值不值、应宿不宿各笞四十。”

（三）不可无故缺勤

官员在内有朝参，在外有公座，无故缺勤者，要给予刑罚。《大明律·职制》“无故不朝参公座”条规定：“凡大小官员无故在内不朝参，在外不公座署事，及官吏给假限满，无故不还职役者，一日笞一十，每三日加一等。各罪止杖八十，并附过还职。”

（四）出使必按时复命

《大明律·职制》“出使不复命”条规定：“凡奉制敕出使不复命，干预他事者杖一百。各衙门出使不复命，干预他事者，常事杖七十，重情重事杖一百。若越理犯分侵人职掌行事者，笞五十。若回还后三日不缴纳圣旨者，杖六十，每三日加一等，罪止杖一百；不缴纳符验者，笞四十，每三日加一等，罪止杖八十。”

（五）必须按时履行职责

首先，不得延滞官文书：“凡官文书稽程者，一日吏典笞一十，三日加一等，罪止笞四十；首领官各减一等。若各衙门遇到所属申禀公事，随即详议可否，明白定夺回报。若当该官吏不与果决，含糊行移、互相推诿以致耽误

---

① 《明神宗实录》卷86。

公事者，杖八十。其所属将可行事件不行区处，作疑申禀者，罪亦如之。其所行公事已果决行移，或有未绝，或不完者，自依官文书稽程论。”①

其次，不得拖延钱粮刑名等事：“凡磨勘出各衙门未完文卷，曾经监察御史、提刑按刑司照刷驳问，迟错经隔一季之后，钱粮不行追征足备者，提调官吏以未足之数十分为率，一分笞五十，每一分加一等，罪止杖一百。刑名造作等事可完而不完、应改正而不改正者，笞四十，每一月加一等，罪止杖八十。”②

（六）不得渎职和专擅

明代法律规定严惩渎职的行为。如《大明律 · 诉讼》“告状不受理”条规定：“凡告谋反、叛逆，官司不即受理掩捕者，杖一百，徒三年。以致聚众作乱、攻陷城池及劫掠人民者，斩。若告恶逆，不受理者，杖一百。告杀人及强盗，不受理者，杖八十。斗殴、婚姻、田宅等事不受理者，各减犯人罪二等，并罪止杖八十，受财者计赃以枉法从重论。”

明代法律又严防大臣专擅，这一点是明封建皇权无限扩张的一个重要表现。《大明律 · 职制》“大臣专擅选官”条规定：“凡除授官员须从朝廷选用，若大臣专擅选用者，斩。”其他专擅行为如事应请旨而不请旨、应上奏而不上奏之类，明律也规定了极为严厉的刑事处分。

（七）廉洁

保持自身的廉洁，为官吏重要的义务，如不能履行，则要受到法律较为严厉的制裁。如《大明律 · 受赃》“官吏受财”条规定：“凡官吏受财者，计赃科断；无禄人，各减一等。官追夺除名，吏罢役，俱不叙”；“事后受财”条规定：“凡有事，先不许财，事过之后而受财，事若枉断者，准枉法论；

① 《大明律 · 公式》“官文书稽程”条。

② 《大明律 · 公式》“磨勘卷宗”条。

事不枉断者，准不枉法论”。又如《贼盗》篇“监守自盗仓库钱粮”条规定：“凡监守自盗仓库钱粮等物，不分首从，并赃论罪”，并于右小膊上刺“盗官”二字。所谓“并赃论罪”指“如十人节次共盗官钱四十贯，虽各分四贯入己，通算作一处，其十人各得四十贯，罪皆斩”。试比较《唐律》规定的“诸监临主守自盗及盗所监临财物者，加凡盗二等，三十疋绞”，显然，《大明律》规定的惩罚比《唐律》规定的要重得多，由此可知明代对官之廉洁方面的要求是超乎以往的。

（八）公正

据《大明律·杂犯》“嘱托公事”条：“凡官吏诸色人等，曲法嘱托公事者，笞五十。但嘱即坐。当该官吏听从者，与同罪。不从者，不坐。若事已施行者，杖一百；所枉罪重者，官吏以故出入人罪论。”官吏须履行公正的义务，其突出表现在征调赋役方面：“凡有司科征税粮及杂泛差役，各验籍内户口田粮，定立等第科差。若放富差贫、挪移作弊者，许被害贫民赴拘该上司，自下而上陈告，当该官吏各杖一百。若上司不为受理者，杖八十；受财者，计赃以枉法从重论。”①

（九）保密

官员对于自身职掌范围内的情报有保守秘密的责任，此属职务上的义务；而对于非有关自身职掌的重要消息也不能漏泄于人，这就属于身份上的义务了。《大明律·公式》“漏泄军情大事”条规定：“凡闻知朝廷及总兵、将军调兵符讨袭外番及收捕反逆贼徒机密大事，而辄漏泄于敌人者，斩。若边将报到军情重事而漏泄者，杖一百，徒二年”，“若私开公官司文书印封看视者，杖六十；事干军情重事者，以漏泄论”，“若近侍官员漏泄机密重事于人者，斩；常事杖一百”。

① 《大明律·户役》“赋役不均”条。

（十）遵守禁令

凡是朝廷颁布的法律，人人均有遵守的义务，这一点官员与百姓并无实质的区别。这里所强调的是那些专门对官员所作的而又与其职务无直接关系的限制性规定。举其重要者有：

1. 凡有司官吏不得于现住处所置买田宅，违者笞五十，解任，田宅入官。①

2. 凡府、州、县亲民官不得于任内娶部民妇女为妻妾，违者，杖八十。监临官也不得娶被监临人妻妾及女为妻妾，违者，杖一百。②

3. 监临官吏不得于所部内举放钱债、典当财物，违者杖八十。③

4. 凡上司官及使客经过，若监临御史、按察司官出巡按治，而所在各衙门官吏出郭迎送者，杖九十。其密令迎送不举问者，罪亦如之。④

5. 官吏不得宿娼，违者杖六十。⑤

第六节 监察立法

一、监察法规

明朝的监察机关大体由两个层次构成，其上层为中央监察机关，包括都察院和六科；其下层为地方监察机关，即各提刑按察使司。提刑按察使司既为一省之主管监察和司法的机关，又是省级地方政府的重要组成部分，其组织与权限在地方行政管理体制部分已作考查，这里且将研究的重点放

① 《大明律·田宅》。

② 《大明律·婚姻》。

③ 《大明律·钱债》。

④ 《大明律·仪制》。

⑤ 《大明律·犯奸》。

到都察院与六科的监察上。

通观有明一代，朝廷始终注重都察院与六科监察方面的立法，《诸司职掌》与《大明会典》都设有专章规定都察院及六科的职责、权限及活动原则等，有关的诏令、条例更是纷然而下，其中意义尤为重要者为单行的监察法规。

明代最为重要的监察法规当推《宪纲》及《宪纲条例》。洪武四年（1371年）正月，“御史台进拟《宪纲》四十条，上览之亲加删定，诏刊行颁给”，这大概是有明一代最早的单行监察法规。当时太祖非常感慨地说：“元时任官但贵本族，轻中国之士，南人至不得入风宪，岂是公道！朕之用人，惟才是使，无问南北，风宪作朕耳目，任得其人，则自无壅蔽之患。”[①] 由此看来，《宪纲》的主要内容当是有关御史选用方面的一些规定。英宗正统四年（1439年），制定《宪纲条例》，“及正统中所定《宪纲条例》甚备，各以类分列”，嘉靖六年（1527年）又有《宪纲七条》对之加以补充。这年九月，“张璁以署都察院，复请考察诸御史，黜监出等十二人，寻奏行《宪纲七条》”[②]。这年十月，胡世宁为左都御史，条上《宪纲》十余条。执政请禁私谒，世宁曰“臣官以察为名，人非接其貌，听其言，无由悉其才行”，结果“帝以为然，遂弗禁”。[③] 据此可知，胡世宁所奏行的《宪纲》条例大概是有关御史履行职责时应遵循的一些行为准则。《宪纲》及其条例的有关内容在万历年间纂修会典时曾被广为搜罗，会典颁行以后，两者仍并行不悖。

二、御史监察

明代御史监察机构为都察院，其基本构架和规模确立于明太祖洪武末

① 《明太祖实录》卷60。

② 《明会要》卷33《职官志》。

③ 《明史》卷199《胡世宁传》。

期；在此以前，机构名称、御史品秩、内部结构等屡经变化。

吴元年（1367 年），明太祖建立御史台，这是明代最早的监察机关。当时设左、右御史大夫，秩为从一品，其下有御史中丞、侍御史、治书侍御史、殿中侍御史、察院监察御史和经历、都事、照磨、管勾等。以汤和为左御史大夫，邓愈为右御史大夫，刘基、张溢为御史中丞。太祖谕之曰："国家立三大府，中书总政事，都督掌军旅，御史掌纠察。朝廷纪纲尽系于此，而台察之任尤清要。卿等当正己以率下，忠勤以事上，毋委靡因循以纵奸，毋假公济私以害物。"① 此时的监察制度对元代监察制度有很明显的继承关系。

洪武十年（1377 年），明太祖对监察机构稍加改革，"汰侍御史及治中、殿中侍御史"②。

洪武十三年（1380 年）五月，御史大夫安然致仕，命韩国公李善长总理台事。这年正月，发生胡惟庸党案，太祖诛胡惟庸、罢中书省，累及御史台。史载：太祖"恶台省专权，欲并罢之。未几，诏设御史左、右丞各一人，秩正二品；左、右侍御史各一人，正四品"，不久"罢御史台不设"——所谓罢御史台，并非裁撤整个监察机关，而是罢其统领之御史大夫，至于左、右御史中丞、分巡监察御史依然如故。③

洪武十五年（1382 年）十月，重新设置都察院，设监察都御史八人，秩正七品。分监察御史为浙江、河南、山东、北平、山西、陕西、湖广、福建、江西、广东、广西、四川十二道，各道置御史或五人，或三四人，秩正九品。每道铸印二，一畀御史久次者掌之，一藏内府。有事受印以出，事毕纳还。印文为"绳愆纠缪"。因都御史品秩较低，所以秀才李

① 《明史》卷 73《职官志》。参《明通鉴前编》卷 4。
② 《明史》卷 73《职官志》。
③ 《明通鉴》卷 7。

原明、詹徽等被直接授任。[①]

作为职掌风纪的衙门，其品秩如此之低，这在历史上恐怕难以找到第二个相同的例子，而在实际生活中，也难以发挥应有的作用，于是洪武十七年（1384年）正月，明太祖又重新更定都察院的官制，“乃设左、右都御史各一人，正三品；左、右副都御史各一人，正四品；左、右佥都御史各二人，正五品。未几，又升都御史正二品，副都御史三品，佥都御史四品，其十二道监察御史亦升为正七品。自此台卿与部权并重，七卿之名遂为一代定制”[②]。

定形以后的都察院，设左、右都御史为最高长官，左、右副都御史及左、右佥都御史为之辅佐。下辖有直属机构和内外御史。

都察院直属机构有经历司，设经历一人，都事一人，“典出入文移，叙差御史”[③]；司务厅，设司务，初设四人，后革二人，剩二人，“典参谒受事”；照磨所，设照磨一人，检校一人，“典磨勘卷宗”；司狱司，设司狱一人，典监狱。

在内十三道监察御史即浙江道、江西道、福建道、四川道、陕西道、云南道、河南道、广西道、广东道、山西道、山东道、湖广道、贵州道。其中浙江、江西、河南、山东各十人，福建、广东、广西、四川、贵州各七人，陕西、湖广、山西各八人，云南十一人。共计一百一十人。[④]十三道监察御史“各理本布政司及带管内府监局、在京各衙门，直隶府州卫所刑名等事”[⑤]。

在外御史指总督、巡抚之类。明朝在各地方设巡抚、总督、提督，或总督兼巡抚、提督兼巡抚及经略、总理、赞理、巡视、抚治等官，他们均

---

① 《明通鉴》卷7。

② 《明通鉴》卷8。

③ 《续文献通考》卷89。

④ 《明史》卷73《职官志》。

⑤ 《明会典》卷209《各道分隶》。

加都御史或副、佥都御史衔，因而列名于都察院之下。

督抚加御史衔，表明其有监察之职，但后来这些官职逐渐固定下来，虽不成其为一级政府，但俨然是地方军政长官，监察官的性质相应地退化，在职责、权限及履行职权的方式等方面已不能与职掌监察的御史相提并论了。

明代的监察御史实施监察的方式，主要有弹劾、照刷文卷、奏请点差、当班轮值四种。

（一）弹劾

洪武二十六年（1393 年）所定《诸司职掌》规定，监察御史必须就文武官员的下列行为提出弹劾：

1. 凡文武大臣果系奸邪小人，构党为非，擅作威福，紊乱朝政，致令德泽不宣，灾异迭现，但有见闻，不避权贵，具奏弹劾。

2. 凡百官有才不胜任，猥琐阘茸，善政无闻，肆贪坏法者，随即纠劾。

3. 凡在外有司扰害善良，贪赃坏法，致令田野荒芜，民人受害，体访得实，具奏提问。

4. 凡学术不正之徒，上书陈言变乱成宪，希求进用；或才德无可称述而挺身自拔者，随即纠劾，以戒奔竞。

洪武以后，正德、嘉靖等朝又曾陆续颁布诏令对之加以补充。如正德元年（1506 年），令：“凡不公不法之事，奉有明旨令科道官记著者，务要及时纠举，不许隐匿遗漏。”①

（二）照刷文卷

照刷文卷指都察院内所设照刷吏、户、礼、兵、刑、工六房，通过审查各衙门文卷而实施的监察。这也可以称作书面监察。

照刷文卷的方式，《明会典》说得十分明白：都察院对各衙门文卷“如

---

① 《明会典》卷 209《纠劾官邪》。

刷出卷内事无违枉，俱已完结，则批以照过；若事已施行，别无违枉，未可完结，则批以通照；若事已行，可完而不完，则批以稽迟；若事已行已完，虽有违枉，而无规避，则批以失错；若事当行不行，当举不举，有所规避，如钱粮不明，人赃不明之类，则批以埋没。各卷内有文案不立，月日颠倒，又在乎推究得实，随其情而拟其罪”①。

监察御史照刷文卷遇有狱讼淹滞、刑名违错、钱粮埋没、赋役不均等项依律究问。迟者举行，错者改正，合追理者即与追理，务要明白立案，催督结绝。不能尽职者，监察御史从都察院、按察分司从总司体查，奏闻究治。②

（三）奏请点差

奏请点差指都察院遇有需要御史分巡、追问、审理等事，奏请皇帝分派御史出差。其差有大、中、小之分。大差有巡按、提举、巡京营等③，中差有清军、印马、屯田、巡盐等，小差有巡视皇城四门、刍房、巡青等，此外还有杂差。

（四）当班轮值

当班轮值包括以下几项：

1. 朝会纠仪。每遇朔望日皇极殿朝参，于丹墀、皇极门外各设侍班御史二员，每日常朝，于丹墀、午门外各设侍班御史二员。其他如颁诏、册立东宫等均设侍班御史。若是大朝会，还有专门的纠仪御史，由其共同负责纠举失仪官员。据《明会典》，“凡大朝会行礼，若有失仪，听纠仪御史

① 《明会典》卷210《照刷文卷》。

② 《明会典》卷210《照刷文卷》。

③ 《明会典》将照刷文卷列为大差之首，但实际发展的结果是，照刷后来由固定机构定期举行，已失去“差”的本意。

举劾。常朝，大小衙门官员奏事，理有未当及失仪者，听侍班御史并给事中劾奏，依律罚俸”，“凡朝会行礼，敢有搀越班次、之语喧哗有失礼仪及不具服者，随即纠问”①。

2. 祭祀监礼。在祭祀郊、庙、社稷、神祇、诸陵、历代帝王、先师孔子时，均设监祀御史，“凡大小祭祀敢有临事不恭，牲币不洁，亵渎神明，有乖典礼，失于举行及刑馀、疾病之人陪祭执事者，随即纠劾”②。

3. 追问公事。明朝承宋旧制，设登闻鼓以伸理冤抑，通达幽滞。登闻鼓初置于午门外，由监察御史一名监守，“凡民间词讼皆须自下而上，或府州县省官及按察司官不为伸理，及有冤抑、机密重情，许击登闻鼓，监察御史随即引奏”③。后来登闻鼓移于长安右门外，由六科给事中与锦衣卫官各一员轮值，监察御史只负责追问：凡军民人等赴京陈告一应不公、冤枉等事，“钦差监察御史出巡追问，照出合问流品官员，就便请旨拿问”④。

4. 考核百官。遇外官朝觐或方面官考满，由都御史会同吏部考评，定贤否黜陟。“凡在外布政司、按察司并盐运司、苑马寺、行太仆寺，在内顺天府五品以下堂上官考满赴部，俱从本院考核”，“凡在外司、府、州、县等衙门官每三年朝觐，吏部会同本院考察。在京五品以下官，六年一次，吏部会本院并各该衙门掌印官及堂上官考察”。对于普通官员考满，则由河南道负责考核。⑤

5. 监督审判。洪武二十六年（1393 年）定，凡通过击登闻鼓或投状通政司而发下之原告人，连同告状到院，责令供状明白，保管听候，然后提取被告。经审讯应处笞杖以下者，只需备具牒文，佥押完毕以后连囚带文同入公堂，备说所犯情节、罪名，审无异词，然后入递，将囚犯押送大理

① 《明会典》卷 211《监纠礼仪》。
② 《明会典》卷 211《监纠礼仪》。
③ 《明会典》卷 178《伸冤》。
④ 《明会典》卷 211《追问公事》。
⑤ 《明会典》卷 209《考核百官》。

寺审录，候平允回报。若罪名不当，驳回再问。仍将所驳招罪参详明白，再拟改正；或有翻异，则监收听候，调其他衙门再行审问。其应处绞、斩死罪者，仍令司狱司转送重囚监牢固枷收，听候大理寺依时覆奏回报，具手本会同刑部等官公同取决。待一切处理完毕，仍须通具结绝缘由，呈堂照验。①

另外，都御史或监察御史还通过参与审录罪囚而监督审判。如弘治九年（1496年）令："每年天气炎热之时，本院与刑部、大理寺奉敕审录见监罪囚。"这是对京师罪囚的审录，对京师以外的罪囚，则经常差遣监察御史出巡，如洪武十四年（1381年），"差监察御史分按各道罪囚，凡罪重者，悉送京师"，永乐元年（1403年），令"各布政司死罪重囚，至百人以上者，差御史审决"②。

三、六科监察

明朝建立之初，设给事中，秩正五品。后数更其秩。至洪武六年（1373年）三月，"定设给事中十二人，秩正七品。看详诸司奏本及日录旨意等事。分为吏、户、礼、兵、刑、工六科，每科二人。凡省府及诸司奏事，给事中各随所掌于殿廷左右执笔记录，具批旨意可否于奏本之后，仍于文簿内注写'本日给事中某'钦记相同，以防壅遏欺蔽之弊。如有特旨，皆纂录付外施行。铸给事中印一，推年长者一人掌之。置钦录簿三，中书省一，文职官录之；大都督府一，武职官录之；御史台一，监察御史录之。……若系边报及钱粮机密重事，不待朝会，合奏闻者于给事中处报知引奏。省、府、台各置铜匮，凡所录旨意文簿收贮于内，以凭稽考"③。显然，六

---

① 《明会典》卷211《审录罪囚》。

② 《明会典》卷211《审录罪囚》。

③ 《明太祖实录》卷80。

科初设只不过是最平常的负责记录和收发文案的秘书机构，所以洪武十年（1377 年），曾使其隶入承敕监，十二年（1379 年）又改隶通政司。

洪武十三年（1380 年），明太祖置谏院，设左、右司谏各一人，秩正七品，左、右正言各二人。十五年（1382 年）又置谏议大夫。这些表明：自此而始，明太祖方认识到有设专门言谏机构的必要。可惜的是这些官职才设不久即遭罢除。言谏的责任历史地落到了给事中的肩上。洪武二十二年（1389 年），改给事中为源士，因以六科“为政事本源”。虽然随后又复为给事中，但六科的性质已在此作了充分的展示。洪武二十四年（1391 年）再次更定六科给事中品秩。每科设给事中一人，正八品；左、右给事中二人，从八品；给事中四至十人不等，俱正九品。建文中，改都给事中为正七品，给事中为从七品，不置左、右给事中而增设拾遗、补阙。永乐间革拾遗、补阙，仍设左、右给事中，秩为从七品。英宗正统六年（1441 年），更铸六科印。以后六科体制、职责、品秩一直相沿不改。①

定形以后的六科每科均设有都给事中一人，掌本科印；左、右给事中各一人。另有给事中，吏科四人，户科八人，礼科六人；兵科十人，刑科八人，工科四人。

（一）六科各科专门职掌

吏、户、礼、兵、刑、工六科各科的首要任务是就与之对应的部务进行监督。

1. 吏科的首要职责是就官吏的任命、考核等事项实施监督。

（1）监督吏部引选。“由掌科官一员，与本部尚书、侍郎同赴御前请旨选用，并看用选官印子，填发榜文”。

（2）签发外官文凭。“凡吏部选除在外衙门官员，该领赴任文凭，俱先赴本科画字定限。考满官复任同”。

---

① 据《明史》卷 74《职官志》，参《明会典》卷 213《六科》。

（3）监督官吏考核。“凡天下诸司文职官员考满到京，各具给由奏本、文册送科稽考，其有违限差错等项，俱参出施行”，“凡天下诸司官吏，三年朝覲到京，奏缴须知文册到科，查出钱粮等项数目差错，经该官吏参奏究治”，“凡外官三年考察、京官六年考察，自陈之后，本科官同各科具奏拾遗”。

（4）监督官员任命。“凡各衙门大小官员，不由吏部铨选推举，径自朦胧奏请乞恩、传旨升除等项，本科参出施行”。

2. 户科的主要职责是监督国家钱粮的收入与支出及盘查仓库等。

（1）监督钱粮收支。“凡有司征收秋粮，南京户部照例刊印勘合，给付粮长，将本区合征税粮依期送纳，各该仓库填写实收数目，奏缴其勘合，仍送本省注销”，“凡光禄寺该收钱粮，每季本科差官一员监收”，这是监督收入的例子。监督支出，如：“各边钱粮，巡抚、都御史、郎中等官造到文册，户部查明，造表册八本，每年八月中题知，堂上官并该司郎中送科批押收候。各处报到收放数目，赴科添注注销。迟错故违等项，本科纠举。”

（2）盘查仓库。“凡甲字等库官遇考满等项，本科官一员引奏，将收过钱粮等物，委官盘查”。

（3）监督俸禄及赏赐的发放。“凡户部关给京官折俸绢布等物文册到科，及各已开具关给数目送科挂号磨算，差者参奏”，“凡遇节日等项赏赐各衙门官吏、监生人等钞锭，本科于午门里照数给散”。

3. 礼科的主要职掌为监督奏本封进、大臣封赠等项。

（1）监督奏本封进。“凡每日各衙门御前面奏并封进奏本等项事理，俱先具印信奏目送本科类写，送司礼监进呈”。

（2）监督御史出巡及特使出国。“凡御史出巡印信及镇抚等官关防，俱从本科画字，出给字号关缴”，“凡差官出使外国，令选差仪度修伟官员，不许一概混差。或所用非人，本科纠举”。

（3）监督大臣封赠。弘治四年（1491 年），令：“凡大臣曾经纠劾、削夺，公论不与者，本科记著，不许滥请赠谥。”正德二年（1507 年）题准：

“凡祭葬、赠谥、荫子，三品以上未经三年考满，未及关诰命，违例陈请者，本科纠奏。”

（4）监督礼部填发勘合。“凡礼部填发各王府名封、婚礼等项勘合及行两直隶、十三布政司各项勘合，每季终，精膳司将发过日期开造文册，送科备照，候销缴稽查”。

4. 兵科的主要职掌为监督武官的任命、考选、功次等项。

（1）监督武官的任命。“凡拣选大汉将军，本科掌印官会选”，“凡拣选守卫及操练官军，本科差官一员会选”，其引选、画凭之制与吏科相同。

（2）监督武官的考选。每五年一次考选军政官员，其应考选者照例自陈，然后由兵部加以考察，完日本科会同各科咨访，其有不职者，连名具题参劾。

（3）稽考武官功次、贤否。凡各边镇、巡等官编造获功、阵亡官军及出境烧荒里数等文册，送该科收查；对于武职贤否，也由兵部开造揭帖，一本奏达皇帝，一本留科查考。

（4）监视武职帖黄、诰敕造写。“凡兵部造完武职帖黄及续附帖黄并中书舍人写完武职诰敕，尚宝司官用宝，本科官一员监视。其诰敕有应追夺者，亦同尚宝司官烧毁”。

5. 刑科的主要职掌为通过复奏死刑及上报罪囚数目对审判实施监督。

（1）死刑复奏。“凡法司具奏斩、绞罪囚决不待时并秋后处决者，本科仍三复奏，得旨然后施行。其枭首重犯在狱病故，刑部奏请押赴市曹处决者，本科并三复奏请旨”。

（2）上报罪囚。“凡法司送到原报并续收实在囚人数目揭帖，每月三次，本科早朝奏进”，“凡每年正月初，刑部、都察院开具上年南北囚数揭帖进科，于二月二十一日转送兵科，次早面进”，“凡岁终，法司问拟过轻重罪囚，开数送本科类奏”。

6. 工科的主要职掌为监督工部工程的营建及工科的使用。

（1）阅视有关局库。“凡工部军器局制造军器，本科查官一员阅视”，此外每季与他科稽考宝源局工料、钱粮，每年终与御史巡视节慎库。

（2）估价工部工料。凡工部各项料，每年上下半年，本科差官一员同巡视科道、四司掌印官会估时价一次，造册奏报。

（3）查对各省解纳钱粮。“凡各直省司府解纳钱粮完欠分数，工部开载考成簿内，每日赴科注销一次；本科查对分数不及者，每上下半年会同各科题参”。

（二）六科共同职掌

六科作为监察机关，有相当一部分权力可以共同行使，具体说来有：

第一，复奏封驳权。所谓“凡制敕宣行、大事复奏，小事署而颁之。有失，封还执奏。凡内外章疏下，分类抄出，参署付部，驳正其违误”①。《明会典》即规定：“凡内官内使传旨，各该衙门补本覆奏，再得旨然后施行。”②另外，《明史·骆问礼》也说：“诏旨必由六科，诸司始得奉行。脱有未当，许封还执奏”，“如六科不封驳，诸司失检察者，许御史纠弹”。因此凡诏旨到科，六科必须详审，“其有不便，给事中驳正到部，谓之科参”，当时“六部之官，无敢抗‘科参’而自行者”③，由此见六科封驳权之重。

第二，纠劾权。朝廷百官有违法行为，给事中均有权上书弹劾，“凡两京大臣方面等官有不职者，俱得劾奏，或大班面劾。及诸人有不公不法等事，俱得劾奏”。正德元年（1506年）题准：“若系重事，特旨令科道官记著者，即时纠举，不得隐漏。”④

第三，与议权。对于大臣会议，各科掌科官有参与的权利。“凡礼仪、边务等事及军民人等陈言有关大体者，掌科官奉旨同文武大臣会议。弘治

① 《明史》卷74《职官志》。

② 《明会典》卷213《六科》。

③ 《日知录》卷9《封驳》。

④ 《明会典》卷213《六科》。

元年题准，假以陈言希进、市恩报怨及纷更旧法者参驳究治”；“凡内阁及吏、兵工部尚书，在外总督、总兵奉旨会推，掌科官皆预”；“凡三法司奉旨于午门前鞫问罪囚，掌科官亦预”。[①]

第四，稽核权。“凡内外一应章奏，该部院题复，行各抚按官，俱立限奏报。仍具考成簿二扇，每月赴科倒换，并开已未完手本注销。每上下半年，各科将过限未完事件，并抚按职名先行该部查明，类送应题科分，查核欠数多寡，具本题参”[②]。这样六科通过稽查章奏无时无刻不在监察政务的实行。

此外，各科官在其他方面还享有广泛的权限，如乡试充考试官，会试充同考官，殿试充受卷官，册封宗室及告谕外国充副使或正使，皇帝上陵或大阅演武为扈从，皇帝大祀天地为陪侍等。

四、科道官的选用及其权责

在明代，十三道监察御史和六科给事中常并称为“科道官”，因同样职掌监察，两者的选用及权责原则上并无二致；所不同者只是御史的监察在性质上更为典型，在范围上更加宽泛，因而我们把御史作为研究的主要对象。

（一）御史的选用

御史作为皇帝监察百官的耳目，对其选用自然较普通官员更为慎重；同时，因监察机关和御史的地位与以往相比有进一步的提高，对监察机关首长及御史的选用也就相应地产生了更高的要求。洪武元年（1368 年）太祖下诏：“御史台监察御史、提刑按察司，耳目之寄，肃清百司。今后慎选贤良方正之人，以副朕意。合行事宜，仰中书省、御史台集议举行。”[③]此

---

① 《明会典》卷 213《六科》。

② 《明会典》卷 213《六科》。

③ 《明会典》卷 209《急缺选用》。

时国家新立，人材缺乏，因而“贤良方正”的标准比较抽象。到成祖永乐以后，限制渐为具体而严苛。

1. 资格的限制

永乐七年（1409年）成祖召见御史张循理等二十八人，问其出身，其中大部分为进士或监生，只有洪秉等四人由吏，成祖以御史“宜用有学识通达治体者”为由黜由吏出身者为序班，并下诏“自今毋复用吏”。此例对有明一代任用官员产生了极为深刻的影响，造成了过分拘于资格、偏重甲科的情势，自然因其产生于御史的任用，其影响最直接和至为深远者也在御史方面，一直到明亡，不光吏员出身者不再有做御史的资格，就是其他非进士出身人员也受到了极大的限制。于登在《明代监察制度概述》[①]一文中根据《明史》列传部分及《皇明泳化类编人物类》详列御史二百零九人资格，其由进士出身者一百八十人，非进士者只二十九人。可见资格的限制到了何种程度。

2. 资历的限制

资历的限制始于宣宗。宣德十年（1435年）谕都察院：“朝廷设风宪，所以重耳目之寄，严纪纲之任。近年以来，未尽得人，妄逞威福，是非倒置。令吏部：今后，初仕者不许铨除风宪。凡监察御史有缺，令都察院堂上官及各道官保举，务要开具实行，移咨吏部，审查不谬，然后奏除……”[②]然此谕不久，宣宗溘逝，资历限制的正式实行推移到了英宗一朝。正统四年（1439年），令：“凡都察院各道监察御史并首领官、按察司官并首领官，自今务得公明廉重、老成历练之人，奏请除授。不许以新进初仕及知印、承差、吏典出身人员充用。”又令：“御史缺，从吏部于进士、监生、教官、儒士出身曾历一任者，选送都察院理刑半年，考试除授。”[③]此两令固然再次强调了

① 《明史论丛》4《明代政治》，学生书局1968年印行。

② 《春明梦余录》卷48《都察院》，转引自《明会要》卷33《职官志》。

③ 《明会典》卷209《急缺选用》。

入选御史人员的出身，但更重要的意义则在于它们开创了资历限制的先例。

3. 年龄的限制

景泰六年（1455 年）奏准："进士年三十以上者，方许赴吏部考选授御史职。"成化十年（1474 年），令："御史缺，选进士年三十以上者，问刑半年，考试除授。"①

对于年龄的限制专为进士出身者所设，而此限制也只有对进士出身者才有意义，因为他途出身者即使积年累月有了除授御史的资格，一般也早已过了"而立"之年了。

4. 才行的限制

以上种种限制，其目的只有一个，即保证御史这一类特别的官员真正选用到德才兼备的人材。但是资格也好，资历也罢，都只能是一种可能性的保证，具备了资格和资历，并不能肯定就具备了才能和德行。弘治元年（1488 年）左都御史马文升所奏即说明了此种关系，他说："御史为朝廷耳目之官，洪武、永乐、宣德年间，不分进士、知县、教官皆得除授，但选之甚精，而授之不苟。至正统年间，朝廷颁降《宪纲》，新进士初仕，不许除授御史。至正统八年（1443 年），进士复得除之。成化六年（1470 年），仍遵《宪纲》，凡遇御史有缺，止于进士出身知县并行人内行取。中间多有不分贤否，但资格相应，皆得授任者，所以未尽得人。"②

为了保证选取到真正的有才有德之士为御史，明代采取的最重要的办法是实行严格的考选制度。宣德三年（1428 年），令："都察院选进士、监生、教官堪任御史者，于各道历政三个月，考其贤否，第为三等，上、中二等授御史，下等送回吏部。"③ 后来实行资历限制，即将被考选对象限制在具备资历的范围之内。前引正统四年（1439 年）的令里即规定：资历具

① 《明会典》卷 209《急缺选用》。

② 《明臣奏议》，转引自《明会要》卷 33《职官志》。

③ 《明会典》卷 209《急缺选用》。

备者方“选送都察院，理刑半年，考试除授”。景泰以后又有试职的规定，试职满日，再经考试合格，方得除授。如景泰六年（1455 年）奏准：“进士年三十以上并历事听选监生原系举人者及考满在部教官该升者，通取赴部考选试职，一年满日仍从本院堂上官考察实授。不堪用者，送回吏部别用。”[①] 宪宗成化二十年（1484 年）奏准：“试监察御史一年已满，刑名未熟，再试半年，仍前考试实授。”弘治六年（1493 年）奏准：“御史员缺，不必限定几年一次行取，但缺至八员以上，会同吏部考选，照原职分送理刑，或理刑半年，或试职一年，本院仍考其堪任者除授。”[②]

明代对御史选任所作的法律规定概括地说来，是从具备一定资格和资历的人中选取部分，试职以后再加考选除授。

六科给事中的选任与御史基本相同，如果说有区别的话，那就是“给事皆实补，御史必试职一年始实授”[③]，但这也并不绝对，通常情况下，有关条例总是科道并提的。

（二）御史的特别权利

御史除享有普通官员所享有的权利如领取俸禄、事故请假、休致等，还享有其他同级官员不能享有的特权，主要有：

1. 考满黜罚，由皇帝亲自决定

洪武二十六年（1393 年）定：“凡科道官考满，监察御史从都御史考核……监察御史系耳目风纪之司，任满黜陟，取自上裁。”[④]

2. 执行公务，不受任何官员干扰

正统四年（1439 年）定：“凡都察院并监察御史、按察司，纲纪所

---

① 《明会典》卷 209《急缺选用》。

② 《明会典》卷 209《急缺选用》。

③ 《明史》卷 71《选举志》。

④ 《明会典》卷 12《考核一》。

系，其任非轻。行事之际，一应诸衙门官员人等，不许挟私沮坏，违者杖八十。若有干碍合问人数，敢无故占悋不发者，与犯人同罪。”①

3. 受命出巡，享受特别待遇

首先，出巡时序列三司之上。监察御史虽仅有正七品的官衔，但出巡时代表朝廷，因而地位处于都、布、按三司长官这些二、三品大员之上。如宣德间，御史胡智针对御史只能乘驴的旧制上言：“御史任纪纲之职，若巡方则序于三司之上。或同三司出理公务，三司乘马，御史独乘驴，颇失观瞻。自今请乘驿马。”② 宣宗首肯，并著为令。又如嘉靖十二年（1533 年），王相疏言：“都御史列衔内台，奉敕巡抚一方，非在外守土之臣可比。地方事情可以共议，而名分体统则不可越。今后，巡抚都御史当正坐，居前班；巡按御史，不论副都、佥事，其坐旁坐，其班后列，以正体统。”③ 这里讨论的是巡抚与巡按的关系，但它说明三司长官这些“守土之臣”的地位是当然居处其下的。据《明会典》载，英宗正统四年（1439 年）所定《宪体》中有这样的规定：监察御史“初到按临之处，其都司、布政司、按察司及卫所、府、州、县官相见之后，各回衙门办事，每日不许俟候作揖及早晚听事。遇有事务许唤首领官吏抄案，或佐贰官一员前来发落，不许辄唤正官。或有合令正佐官计议事务，及正佐官自来禀白者不在此例”④。这说明早在明朝前期出巡御史就和三司长官之间形成了一种近似主仆的关系。

其次，出巡时在随从、驿马等方面给予特殊照顾。正统四年所定《宪纲》中规定：“凡监察御史、巡按许带书吏一名，照刷文卷许带人吏二名。若应用监生临期奏请。按察司官分巡许带吏典二名、承差一名，皆须官吏、监生、承差同行，不许相离。御史及按察司官陆路给驿马，水路应付站

① 《明会典》卷 209《风宪总例》。
② 《明会要》卷 33《职官五》。
③ 《明会要》卷 34《职官六》。
④ 《明会典》卷 210《出巡事宜》。

船……经过去处，量拨弓兵防送。”[①]

4. 刑法上特别保护

《大明律·斗殴》“殴制使及本管长官”与“骂制使及本管长官”两条对奉皇帝之命出使的人员（大部为出巡御史）的人身及名誉规定了特别的保护，凡官吏殴击者与部民殴击本管长官同，凡官吏骂詈者与部民骂詈本管长官同，均比凡人斗殴、骂詈加重处罚。

（三）御史的特殊责任

御史负有特别的责任，举其大者有：

1. 严禁嘱托公事

英宗正统四年颁布的《宪纲》规定：“凡都察院官及监察御史、按察司官吏人等，不许于各衙门嘱托公事，违者比常人加三等。有赃者从重论。”

2. 犯赃罪加重处罚

御史作为监察官，其首要职责是纠举贪官污吏，而“必先自治，乃可治人”[②]，御史自身必须廉洁奉公。据此《大明律》受赃篇专列“风宪官吏犯赃”一条，规定：“凡风宪官吏受财，及于所按治去处求索借贷人财物，若卖买多取价利及受馈送之类，各加其余官吏罪二等。”

3. 必须举善纠恶

永乐九年（1411 年）成祖谕都察院：“朝廷置风宪为耳目，纠察百僚，纲维庶政。比来有司奸弊，生民疾苦，岂无无言？而因循玩愒，略无建白。尔其申明宪章，在内令监察御史，在外令按察司官，各举其职，庶副朕之委任。不能举职者，有罚。”[③]

英宗正统四年还对出巡的监察御史、按察司官作了特别的规定：“凡监

---

① 《明会典》卷 210《出巡事宜》。

② 仁宗上谕，见《明会要》卷 34《职官六》。

③ 《皇明世法录》，引自《明会要》卷 33《职官五》。

察御史、按察司官巡历去处，所闻有司等官守法奉公、廉能昭著，随即举闻；若奸贪废事、蠹政害民者，即便拿问。其应请旨者，具实奏闻。若知善不举，见恶不拿，杖一百，发烟瘴地面安置。有赃从重论。”①

4. 不得风闻奏事

御史纠劾，必须有真凭实据。明太祖时，有御史上言陶安隐微之过，太祖问其何由知之，御史答“闻之于道路”，太祖严加斥责：“御史但取道路之言以毁誉人，以此为尽职乎？”立命中书省臣罢其职务。②到英宗正统四年明文规定：“凡风宪任纪纲之重，为耳目之司，内外大小衙门官员但有不公不法等事，在内从监察御史，在外从按察司纠举。其纠举之事，须要明著年月，指陈实迹，明白具奏。若系机密重事，实封御前开拆，不许虚文泛言。若挟私搜求细事及纠言不实者抵罪。”③

5. 出巡须遵守回避原则

洪武二十六年（1393 年）定：凡监察御史及按察司官分巡按治州郡，“其分巡地面果系原籍，及按临之人设有仇嫌，并宜回避，毋得沽恩报仇，朦胧举问”④。

6. 回道考察

御史出巡，事完回京，必须由都察院堂上官考其称职与否。如宪宗成化七年（1471 年）奏准：“巡按公差御史回京，本院堂上官依旧例查勘考察，保结称职者，具奏照旧管事。若有不称，奏请罢黜。”⑤

上面所述御史的权利与责任，有些是科官同样具有的，有些则为御史所独有，其根据倒不是别的，而是两者履行职务时的需要不同。

① 《明会典》卷 209《风宪总例》。
② 《明史》卷 136《陶安传》。
③ 《明会典》卷 209《纠劾官邪》。
④ 《明会典》卷 210《出巡事宜》。
⑤ 《明会典》卷 211《回道考察》。

第三章　民事法律

明代沿袭各代传统，民事行为规范仍以法律法规、习惯、礼教为准则。

就法律而言，包括律、令、诰、例以及地方官告示等形式，是民法的重要渊源。

《大明律》是有明一代的基本法，它虽仍是“民刑不分、诸法合体”的综合性法典，但有关民事的规定较前代更为详尽。它以名例律为首，下分吏律、户律、礼律、兵律、刑律、工律，共七篇。其中户律与民事问题关系最大，包括户役、田宅、婚姻、仓库、课程、钱债、市廛七门，无不涉及民事，且各自独立成篇，这与唐律载钱债、买卖等于杂律，将其视为“拾遗补阙”的杂事，是重大的变化。刑律中的杂犯门，不少条文涉及侵权行为。

明初颁发了按六部分篇的《大明令》一百四十五条，没有规定具体的科罪刑名，其意图在于“教之于先”[①]，其中户令多为民事法规，它在民间并非意义不大，迄至嘉靖年间，《问刑条例》中犹有“依大明令分给财产”的规定，足证《大明令》在明代中后期仍不失其法律效力。[②] 明初的《大诰》是作为《大明律》的补充而颁布的，其重点在于打击贪官污吏、害民豪强，尽管规定“户户有此一本”，但民事内容不多。明中叶以后，制颁的条例成了辅律而行的法律法规，《问刑条例》中的《户律》多为民事法律规范。

---

① 《皇明诏令》卷1《律令敕》。

② 怀效锋点校:《大明律》点校说明，辽沈书社1990年版，第4页。

明初朱元璋发布的《教民榜文》以及各级地方官发布的告示中亦有很多内容具有民事法规性质。明末官僚祁彪佳还把明代地方官的指示、告示、禁令编集成《公牍》，尽管未予刊行，但地方官约是得到朝廷认可的，[①] 因此，其中有关内容对明代民事法律的研究具有重要意义。另外，家法族规也是调整家族组织内部民事关系的主要规范之一。

习惯、习俗是明代另一重要的民法渊源。明代的契式、婚书式、阄书式等民事文书的格式往往为民间民事惯例所规范。如明徐三省《世事通考 · 外卷 · 文约类》就有关于借贷契约格式、卖田契格式、卖屋契格式、伙资经商合约格式、嫁妇婚书格式、田禾禁约格式的记载。[②] 甚至有的地方官在民事判决中直接引用当地俗例断案。[③]

礼作为民法渊源由来已久，《礼记 · 曲礼上》就有"分争辩讼，非礼不决"的记载，礼对民事行为的规范作用主要表现在：一方面，礼对婚姻、继承等民事法律关系起着重要的实际调整作用；另一方面，礼被演化为理，所谓"礼者，理也"，被赋予"公平合理"的意蕴，用以调节不太重要的民事纠纷，在明代的民事判牍中往往可以看到"依理剖断"或"断之以理"的记载，这表明礼仍是明代民法的重要规范。

由上可见，明代民事法律的存在是历史事实，并且还将由此看到明代民事法律的丰富内容以及所表现出来的新特点。

① 《嘉靖新例 · 户例》记载："万历六年三月户部题，奉圣旨：各处民情事体相沿不同，惟在地方官约已守法，百姓自然安生乐业。"另据《明史 · 食货二 · 赋役》记载：给事中徐俊民请定均粮、限田之制时，户部议定："疆土民俗各异，令所司熟计其便。"

② 张传玺编：《中国历代契约会编考释》（下），北京大学出版社 1995 年版。

③ 如祁彪佳撰《莆阳谳牍》"一件侥杀事方汪告林汉臣等"载："审得生员方汪之子聘林汉臣之女，据林汉臣及臣之叔宗藩称，正受聘金六两，方汪之子死，莆例原无尽还原聘之事，但方生贫而子未葬，汉臣女在，尚有他聘，除县断一两外，再断聘金三两，所以恤贫生，亦酌于情法之平也。俱免科。"在该例中，按当地俗例，县一审，断还聘金一两，经府二审，再断还三两，但仍未断还原聘金六两。

第一节　民事主体与民事客体

一、民事主体

在我国古代礼法中，不像古代罗马法那样有自然人与法人的划分，但有个人与组织的区别。明代也是如此。

（一）组织

有明一代作为民事主体的组织主要有宗室、宗族、户、国家以及铺、牙行、合伙等工商业组织。

1. 宗室

明代宗室，一方面占有大量庄田，独立地经营土地；另一方面拥有相当数量的店肆、场房，从事商业活动。因而成为独立的民事主体。

就宗室庄田而言，其普遍设立有一个过程。明初，明太祖为了巩固自己的统治，实行分封制，把二十四个儿子和一个孙子，分藩在腹里和边境。但当时，明太祖除赐给燕王宛平黄垡庄熟田作王庄外，其他亲王都只赐予牧马草地、废壤、河滩、山场、湖陂淤田。洪熙、宣德以后，各宗室通过钦赐、奏讨、纳献等方式将大量土地据为己有，庄田逐渐增多。如四川蜀王府的庄田自灌县至彭山县，占据了成都平原的大部分沃壤。楚王府的庄田遍布湖广，远至陕西平凉府固原州。宗室庄田的存在与经营导致了租佃等民事法律关系的建立。

至于宗室经商，明初是禁止的。如洪武时期，秦府养羊 15 万只，剪下羊毛运往河南、安徽、应天等地货卖，太祖亲责其罪，以儆其后。[①] 又

① 御制《纪非录》，转引自赵毅：《明代宗室的商业活动及社会影响》，载《中国史研究》1989 年第 1 期。

如驸马都尉欧阳伦，派家人到陕西贩卖私茶，被明太祖赐死。[①]明中叶，随着商品关系的发展，刺激着宗室的消费欲念，尽管法禁未开，但宗室的商业活动日趋频繁，至明后期，宗室“与民交易”已“习以为常”，禁止宗室经商的法令已成具文。[②]

据所见材料来考察，明代中后期，宗室商业活动的主要形式有开设店肆和经营手工业。其时，宗室开设店肆已成常事。《明史》称，宗室“每于关津都会大张市肆，网罗商税”[③]。据记载，陕西庆藩占有房店铺面三千三百一十一间。[④]湖广荣王正德年间乞请店肆铺面一千五十八间。[⑤]明末吕坤在记载宗室开设店肆的情况时写道：“宗室士大夫之家，闲房虽数十处，开店招商。院子虽数百，家僦居佃地。”[⑥]宗室除开设店肆外，还经营具有商品生产性质的手工业，即占有炭场、窑厂、煤洞、烧锅、油房、酒肆、磨坊等。如福王有马店、炭厂、竹厂等作坊。[⑦]又如肃王在临洮府占有水磨三十四轮、船磨三只、煤洞六眼、玻璃磁窑八座，又在河西四道有水磨十一处，油房一处。[⑧]

值得指出的是，宗室开设店肆、经营手工作坊、“与民交易”而形成的民事法律关系是不平等的。就其反映商品货币关系的范围来说，有可能成为一种至少在形式上平等的关系，官司也标榜公道以立声名，但在等级制的束缚下，宗室倚仗皇权的庇护，渔夺工商，生事害民，在民事法律关系中享有种种特权，甚至具有超经济强制的特色。如宗室设立盐店，限制排斥盐商的

① 李洵:《明史食货志校注》，中华书局 1982 年版，第 194 页。
② 赵毅:《明代宗室的商业活动及社会影响》，载《中国史研究》1989 年第 1 期。
③ 《明史》卷 181《李东阳传》。
④ 王毓铨:《明代的王府庄田》，载《历史论丛》1964 年第一辑。
⑤ 《明武宗实录》卷 48。
⑥ （明）吕坤:《去伪斋集》卷 1。
⑦ （明）谈迁:《国榷》卷 82。
⑧ 王毓铨:《明代的王府庄田》，载《历史论丛》1964 年第一辑。

正常贸易活动。或公然“禁非已肆（盐店）不得鬻”[1]，或骚扰百姓，派人支盐时“越界启衅”，擅“拿河民船以载”[2]。又如周王府“造酒分给民家，重取其息。又夺人第宅以张酒肆”。[3] 宗室的民事特权可窥见一斑。

2. 宗族

宗族为同姓同宗同祀一个祖先的血缘团体。发展到明代，不仅其组织相当严密，在一些大族内设族长、房长、户长和各种管事，等级分明，各有特权，而且还立族规家法，调整宗族组织内部的民事关系。宗族往往通过多种方式建立和扩展族产，独立财产的拥有是宗族成为独立民事主体的基础。宗族不仅同自己的成员，也同其他宗族发生民事关系。就宗族内部而言，族产具有族内公益福利性质，但在族产的扩展和经营中就可能与其成员发生民事关系。如宗祠利用买卖典当等手段兼并族人私产。据明天启七年吴姓友恭堂的《查账契录》记载，出卖田地塘屋给友恭堂的卖契约计五十三件，其中吴姓族人出卖私产的卖契就有四十七件。[4] 又如，在经营族产中，当将田地出佃给族人耕种时，宗族与其成员就形成了一种租佃关系；当宗祠利用贮匣银贷放给族人时，又形成了借贷关系，[5] 等等。宗族为购置坟地、修建宗祠以及从事其他经济活动，就有可能与外部发生民事关系。因此，宗族是一种特殊的民事主体。

3. 户

在中国古代，户不仅是血缘单位，而且还是基本的生产单位、消费单位和赋役单位，在法律上占有重要地位。在宗法制度下，户主以“一家之主”的名义代表一户对外进行各种民事活动，因此，户是中国古代社会最基本的民事主体。明代也是如此。

---

① 《明史》卷 120《福王常洵传》。

② 《明神宗实录》卷 530。

③ 《明孝宗实录》卷 120。

④ 《天启七年吴友恭堂查账契录》，原件藏中国社科院历史所。

⑤ 《天启七年吴友恭堂查账契录》中就有将贮匣银当与族人生利、二分起息的例证。

明初，朱元璋十分重视户口版籍。洪武二年下令："凡军、民、医、匠、阴阳诸色户，许各以原报抄籍为定，不许妄行变乱，违者治罪，仍从原籍。"[①]《大明律》修订时，根据该令在《户律》中专列"人户以籍为定"条，规定："凡军、民、驿、灶、医、卜、工、乐诸色人户，并以籍为定。"尽管明朝统治者与以往封建统治者一样，重视户籍的本意在于赋役的征派和社会的安定，但户籍在民事法律上具有重要意义，户籍的确定不仅使有籍者的民事权利获得司法上的支持，而且还涉及附籍成丁年龄、婚姻、收养、所有权等重要民事问题。我们从明代户籍的具体制度中将进一步清晰地认识到这一点。

明代户籍制度初为"户帖"制度，洪武十四年（1381 年）后推行黄册制度，并沿用至明终。

洪武三年（1370 年），明政府开始推行"户帖"制度。据中国第一历史档案馆藏《明洪武四年户帖》记载：

户部洪武三年十一月二十六日钦奉圣旨：说与户部官知道，如今天下太平了也，止是户口不明白俚，教中书辖置天下户口的勘合文簿户帖。你每户部家出榜去，教那有司官将他所管的应有百姓，都教入官，附名字，写着他家人口多少。写得真，着与那百姓一个户帖，上用半印勘合，都取勘来了。我这大军如今不出征了，都教去各州县下着，绕地里去点户比勘合。比着的便是好百姓，比不着的便拿来做军。比到其间有司官吏隐瞒了的，将那有司官吏处斩。百姓每自躲避了的，依律要了罪过，拿来做军。钦此。除钦遵外，今给半印□□□□帖□本户收执者。[②]

一户谢允宪，系徽州府祈门县十西都住民，承祖述户，见当民差，计家贰口：

① 《明会典》卷 19《户部六》。

② 该档案内容《明太祖实录》卷 58 亦有记载。

男子一口

成丁一口

本身年二十一岁

不成丁

妇女一口

妻阿李年一十六岁

事产　田八分五厘四毫

草屋一间　孳畜黄牛一头

□□□□　谢允宪

洪武四年　　　　月　日

另据李诩所著《戒庵漫笔》记载，洪武三年（1370 年）颁布的户帖格式为：

一户　府　州　县　乡　都　保　附　籍　户计家　口

男子	口	成丁 不成丁	妇女	口	大 小	畜产	基地 瓦草屋[1]

洪武十四年（1381 年）开始推行黄册制度。[2] 据记载："有司将定式给坊、厢、里长，令人户诸丁口、田塘、山地、畜产，悉各以其实自占，上之州、县。州、县官吏查比先年册诸丁口，登下其死生；其事产、田塘、山地贸易者，一开除，一新收，过割其税粮。其排年坊，里长消乏者，于百十户内遴丁粮近上者补之。有事故户绝者附畸零。"[3]

① （明）李诩:《戒庵漫笔》卷 1。

② 《明太祖实录》卷 135。

③ （清）傅维麟:《明书》卷 68。

可见，黄册除与户帖相同登载各户丁口、事产外，并规定重造时，[①]将先年各户人口的生死增减，财产的买卖和产权的转移等登录在册，以反映其消长变动，过割税粮。这表明黄册制度立法的宗旨在于："以户为主，田各归其户……而赋役之法从焉。"[②]在此，需要说明的是，与黄册并行的还有鱼鳞图册专记田土的形状、四至等详情。于是，以"鱼鳞册为经，土地之讼质焉"[③]。因此，我们可以说，明代户籍详录丁口、事产的民事意义在于：明晰户——作为民事主体参与民事活动时所拥有的财产权，便于民事纠纷的解决。[④]

值得注意的是，户是被划分为等级的，各等级的民事权利、义务也有所不同。户在南北朝时期已开始分等，唐代一依资产多少，武德时定为三等，贞观时改为九等。宋代主户分为五等，明代继承了古代的户等制度，将户分为上、中、下三等。史称："开军、民、灶、匠诸籍，……所分上中下三等人户。"[⑤]分等的主要目的是征赋派役，但也有重要的民事意义。"凡田土、资本、市宅、牲畜多者俱定为上等。"[⑥]上等户在政治、经济上处于优等地位，在民事关系中享有下等户不可能得到的权利。如利用下等户因生活所迫转卖田地时而"减价买田"，或放高利贷，并通过高利贷来兼并土地，又利用土地所有权设定租佃关系，役使剥削下户。上下户之间的人身权利也有所不同。因此，下户不能充分享有民事主体的权利。

还要指出的是，明代按职业将户籍分为军、民、灶（盐户）、匠、医、阴阳等诸色人户。并且朱元璋在《大诰》中一直强调：诸色人要各安其业，

---

① 《明会典》卷20《户部七》,《赋役》记载："凡各处有司十年一造黄册。"

② 《明书》卷67。

③ 《明史》卷82《食货志》。

④ 直至明末，黄册仍不失其民事意义。明末地方官祁彪佳在《莆阳谳牍》中就有凭黄册审断土山纠纷的案例。如"本府一件盗献卷坟事杖罪朱尧注等"即是。

⑤ 《明太祖实录》卷170。

⑥ （明）顾炎武:《天下郡国利病书》原13册《河南》。

其业在四民之外，则为不法之徒。由于诸色人户的职业不同，因此，作为民事主体所从事的民事活动亦有所不同，所建立的民事法律关系也就有所区别。譬如，农户以经营土地为主，他们之间设定的民事法律关系多为土地的买卖、典当、租佃等契约关系。其他各职业户诸如茶户、渔户、矿户、匠户、织户、船户、盐户、商户、军户等所从事的民事活动与其职业密切相关。

4. 国家

国家作为中国古代社会的特殊民事主体，已有研究者开始关注。①明代封建国家因拥有官田和其他财产而以民事主体的身份参与民事活动。其民事主体的身份是以各级官府为代表而体现的。各级官府在法律允许的场合，代表国家同个人或非国家组织发生租佃、借贷、买卖、侵权赔偿等民事关系。如“官田”作为封建国有土地，由官府实际控制并享有收益、处分权，官府经营“官田”的方式往往是把它租给农民耕种，征收“子粒”或“子粒银”，因而产生租佃关系；官府在垦荒屯田或荒年农忙以耕牛、种子、农具等生产资料借与百姓，待收获时以粮草偿还，或灾年官府以粮、银赈救灾民，待荒灾过后偿还，因而发生借贷关系；官营手工业剩余产品的出售，或官府买办官物而与民产生买卖关系；②官物受损害，或私物受官府人员损害而发生侵权赔偿关系。

值得指出的是，为了保证民事关系的相对平等和保护国有财产不受损

① 李志敏:《中国古代民法》，法律出版社1988年版，第23页。

② 《明世宗实录》卷25载：“给事中汪应轸等请革京城辅户，言：‘古者徙豪杰以实京师，我朝亦有富户，皆重根本。至于和买之法，则自宋南渡始，殊非善政。今和买不给直（值），独累京城以戕根本，其不善尤甚焉。臣以为革之便，如不可革，则宜照例给价，务在两平。’事下户部，覆言：‘累朝旧规及会典所载，和买必多其直（值），正德以来，始取物于市而令领价于官，使民损赀失业，困极生怨。今辅户卒未可革，请令户、工二部，凡办物纳料皆当先给以价。’从之。”另《大明令》“和顾和买”规定：“如果官司缺用之物，依照时值，财物两平收买。”从上可见官府与民买卖关系之一斑。

失，法律限制有司官吏利用职权以私人的身份与民发生民事关系。按《大明律》规定，在官不得求索借贷、借用人财物。[①] 官吏不得私役部民夫匠，否则除追究刑事责任外，还要每名每日追给雇工钱六十文。[②] 官吏不得于任所置买田宅。[③] 监临主守不得私借钱粮、官物与人。[④] 监临主守不得将系官车船、店舍、碾磨之类租赁与人，否则除承担刑事责任外，还要追雇赁钱入官。[⑤] 甚至禁止官吏娶部民妇女为妻妾，否则强迫离婚。[⑥] 可见，官吏在法律授权的场合代表国家行使民事权利、履行民事义务的行为则具法律效力，如利用职权以私人身份与民进行民事活动则不受法律保护，甚至还为法律所制裁。

5. 铺

明代之铺大略可分为两大类：一是贩卖、加工百货的店铺；一是经营典当业务的典铺。关于典铺的具体情况我们将在以后有关内容中专门论述。

店铺的情况较为复杂，大致又可分为两类：一是皇店及宗室、官僚店铺；一是各地乡镇都会的私人店铺。

皇店，即皇帝私人开设的店铺。它最早出现于正德年间。其开设经营情况以正德、嘉靖、万历三朝为典型。如正德十三年（1518 年），武宗到大同，夺都指挥关山、指挥杨俊两宅，置店二所，改为酒肆。[⑦] 武宗还亲自过问经营情况，他“尝游宝和店，……身衣估人衣，首戴瓜拉，自宝和至宝延凡六店，历与贸易持簿算，喧询不相下”[⑧]。嘉靖、万历朝京城就有

---

① 《大明律 · 刑律 · 受赃 · 在官求索借贷人财物》。

② 《大明律 · 户律 · 户役》。

③ 《大明律 · 户律 · 田宅》。

④ 《大明律 · 户律 · 仓库》。

⑤ 《大明律 · 户律 · 田宅》。

⑥ 《大明律 · 户律 · 婚姻》。

⑦ （明）吕毖:《明朝小史》卷 11《武宗纪》。

⑧ （清）毛奇龄:《明武宗外纪》。

皇店六处，经营取利，成为皇帝的体己钱。皇店“经营各处客商贩来杂货”，[①]举凡有貂皮、狐皮、平机布、粒布、棉花、定油河油、芝麻、草油、烧酒、荆油、南丝、榆皮、北约、串布、江米、夏布、瓜子、腌肉、绍兴茶、松萝茶、杂皮、大曲、面曲、京城自造细曲、四直河油、四直大曲、玉、猪、羊等。这些商品数量巨大，有的商品不仅能满足京城的消费，还可以行销外地。皇店在经营管理中必然与民、商发生各种民事关系。

宗室设店情况在前已有叙述。至于官僚开铺经商，明初还十分少见，大约在正德、嘉靖前后成为时尚。“至正德间，诸公竞营产谋利。”[②]此前则“仕之空囊而归者，闾里相慰劳，啧啧高之。反之，则不相过。嘉、隆以后，仕之归也，不问人品，第问怀金多寡为重轻。相与姗笑为痴牧者，必其清白无长物也。”[③]有明一代，法令是禁止宗室、官僚经商的，但由于皇帝都开肆取利，不能律己，官僚汲汲取利、以资财论高低也就是自然的事了，此所谓“上有所好，下必甚之”。官僚经商谋利，必然开店设肆，雇人经营，与民买卖。可见官僚店肆也是一种民事主体。

值得指出的是，皇店及宗室、官僚店肆作为民事主体，享有其他民事主体不能享有的民事权利。它们凭借政权，掠夺客商，违法经营，甚至欺行霸市。致使“诸商裹足”[④]或“惊散”[⑤]或“困于市”。[⑥]导致了民事法律关系的不平等。这既反映了明中叶以后法制败坏的一个侧面，也是法制破坏的一个重要原因。因此，当一个社会官商现象公然的时候，其政治腐败、法制破坏也就不可避免了。

明代的私人店铺遍布全国，经营范围广，并据经营商品种类而划分为

---

① 《酌中志》卷16。
② （明）何良俊：《四友斋丛说》卷34《正俗》。
③ 万历《新会县志》卷2《风俗》。
④ （明）叶向高：《苍霞草》卷7《两淮巡盐御史应公善政碑》。
⑤ 《明史》卷181《李东阳传》。
⑥ 《明神宗实录》卷528。

各种铺行，极具分工的性质。根据正德《江宁县志》记载，铺行有“段子、表绫、丝绵、木绢、零布、绒线、改机、腰机、包头、手帕、纻、丝、罗、纱、绉纱、打线、荷包、油灰、枕顶、故衣、重纸、抄纸、零纸、纸扇、扇面、扇骨、表背、经书、画、冥衣、纸马、翠花、染纸、卖铁、铁锅、倒金、金箔、金线、打银、笔、倾银、卖铜、打铜、铜钱、碎铜、底皮、船板、打锅、酒坊、磨坊、柴炭、墨、铁锁、琉璃、打刀、香蜡、杂物、油坊、桐油、果子、停塌、油烛、生漆、靴、匠药、生药、皮熟、颜料、卖纱、厨子、锁金、活猪、活羊、鸡鹅、干鱼、盐、染坊、木匠、瓦匠、鲜鱼、草席、卖木、卖竹、斜木、木桶、包索、盒桓、毡、桌器、冠带、头巾、纲巾、僧帽、裁缝、茶食、打绦、天平、豆米、料砖、麻、伞、铜锭铰、纸金银锭”等一百多种。其中既有贩卖百货的商铺，也有加工制作的店铺，经营范围涉及日常生活的各个方面，由此可以推断，店铺与店铺以及店铺与民发生民事关系的多样性。

关于私人店铺还要说明的是，它的经营管理有一定的组织形式，一般而言，除老板外，还有管理者和雇佣的经营者。大的店铺更是如此，如苏州阊门有孙春阳南货铺，闻名天下。史称：“其为铺也，如其州县署，有六房，曰：南北货房、海货房、腌腊房、蜜饯房、蜡烛房。售者由柜上给钱，取一票，自往各房发货，而总管者掌其纲，一日一小结，一年一大结。”①可见，类似这样的大店铺，不仅组织管理比较严密，设有总管，可以推断，另还有管理者多人，而且经营方式也比较科学，收款与发货已经分开。因此，店铺是一种具有组织性质的民事主体。

6. 牙行

牙行，即代客商买卖货物而收取佣金的居间人行会。明代沿袭了唐宋以来设定买卖中介人的传统，于各处府州县城市乡村镇集诸色贸易货物去处设立牙行，并且更加规范化、法律化。根据明律的规定，只有依法设立

① （清）钱泳：《履园丛话》卷 24。

的牙行才具民事法律主体的资格，并且要依法进行民事活动，否则，不仅取消资格，还要承担法律责任。《大明律》明确规定："凡城市乡村诸色牙行及船埠头，并选有抵业人户充应。官给印信文簿，附写客商船户住贯、姓名、路引字号，物货数目，每月赴官查照。私充者，杖六十，所得牙钱入官。官牙埠头容隐者，笞五十，革去。"① 牙行如评估物价不平，或把持行市，或强邀截客货物，均被视为违法犯罪行为。《大明律》规定："凡诸色行人评估物价，或贵或贱，令价不平者，计所增减之价，坐赃论。入已者，准窃盗论，免刺。"② "凡买卖诸物，两不和同，而把持行市，专取其利，及贩鬻之徒，通同牙行，共为奸计，卖物以贱为贵，买物以贱为贵者，杖八十。若见人有所买卖，在傍高下比价，以相惑乱而取利者，笞四十。若已得利物，计赃重者，准窃盗论，免刺。"③ 朱元璋在《御制大诰三编》中就曾禁止"私牙骗民"。至嘉靖又定新例规定："各处客商辐辏去处，若牙行及无籍之徒，用强邀截客货物者，不论有无诓赊货物，问罪，俱枷号一个月。如有诓赊货物，仍监追完足，发落。若监追年久，无从赔还，累死客商，属军卫者，发边卫；属有司者，发附近。俱充军。"④ 可见，明代牙行是由官府依法批准设定的，且须依法行事。

值得指出的是，明代对牙行的管理始终如一，明末官僚祁彪佳于天启年间任福建兴化府推官时还依律例审理了一起设立牙行的纠纷。兹录该案如下：

一件劫辱臣民事

审得牙家之设，原以通商也。如马峰地方乡间之卖棉花者，俱挑负聚于此，有牙家焉，先饮食之又安顿其货，后代其发卖，乃每担抽取些须，

---

① 《大明律·户律·市廛·私充牙行埠头》。

② 《大明律·户律·市廛·市司评物价》。

③ 《大明律·户律·市廛·把持行市》。

④ 《问刑条例·户律·市廛·把持行市条例》。

贩货者皆甘心乐输，是之谓便民，便民乃以通商也。今则不然，有市棍倚藉乡宦名色，结连本地之无赖者创立牙行，于是有不归牙者，必强勒之，挑负者既无饮食、安顿、发卖之利，而抽取必取盈焉，是之谓病民，病民乃以妨商也。周殿翼欲设立牙行，而林凤争之，遂致有此讼。夫设者非也，争者益非也。今周、林俱悔过退牙，而假捏彭官之告白亦已收回，自是城社消而商者景出于途，居者得安于肆矣。究皆歇家鲁盛云唆搬两家之斗，从中居为利薮，罪可胜道哉！合杖之。自此著为马峰一方，凡开铺作牙，俱令地方人自为，盖地方小民生于斯，长于斯，既于人情物价相谙熟而无所倚藉，决不敢横为。即有不顺人情，不依物价者，他小民亦敢告理，而官府得以三尺绳之。若再有他方市棍倚藉名色，假捏告白，擅立牙行者，许地方人明白陈告，将本人送官究治如律，仍枷号，本方决不轻贷，先此立案，仍出示晓谕，至于充饷之名，皆系诡捏，并除之。[①]

从中我们不仅可以了解牙行设立的宗旨、程序及条件，还可看到违反有关牙行法律的制裁后果。

7. 合伙

合伙，是指两人以上，按照协议各自提供资金、实物和技术等，共同经营、共享利益、共担风险的组织体。明代合伙经营已较普遍，有合伙经商、合伙设肆开坊[②]、合伙经营山林、合伙租佃田壤等各种合伙形式。史载："平阳、泽、潞豪商大贾甲天下，非数十万不称富，其居室之法善也。其人以行止相高，其合伙而商者，名曰伙计。一人出本，众伙共而商之，虽不誓而无私藏。……且富者蓄藏不于家，而尽散之于伙计。"[③]这是一种一人出本、众伙以技能劳力入伙的合伙组织体。

① （明）祁彪佳：《莆阳谳牍》（不分卷）。

② 明代张肯堂《䜩辞》卷1《马化龙》中就录有"合伙开当"的状词。

③ （明）王士性：《广志绎》卷3。

明代正式的合伙组织一般都通过订立合伙协议而成立。从目前所发现的明代契约文书来看，其种类有伙山契约、伙佃契约、伙资经商等，其内容一般都要订明合伙人出资方式（本银或山林土地或房屋或技能劳力）、获利分配（经商盈利或成林砍伐或谷物收成）、合伙责任等事项。如伙资经商合约格式为：

立合约人某某等，窃见财从伴生，事在人为。是以两人商议，合本求财。当凭中见某各出本银若干作本，同心竭力，营谋生意。所获利钱，每年面算明白，量分家用，仍留资本以为渊源不竭之计。至于私己用度，各人自备，不许扯动此银，并乱账目。故特歃血定盟，务宜一团和气，苦乐均受。慎毋执拘争忿，不得积私肥己。如犯此议者，神人共殛。今恐无凭，立此合约一样二纸，为后照用。[①]

从该格式中可以看到其重要约定有：共同出资、共同经营、获利每年结算、盈利留存、合伙财产与私财分开、苦乐均受、共担风险、共享利益。从这些约定推断，合伙是以合伙组织的财产对外承担责任的，具有民事主体的资格。

（二）个人

在封建家长制度下，每个成员的财产都被视为整个家庭财产的一部分，[②]没有个人的绝对财产所有权，因此，“家”或“户”是古代基本的和主要的民事主体，个人作为民事主体通常是以“一家之主”的身份出现的。至明代，家庭财产关系虽然有所松懈，但以户为单位的主体结构仍然如故。

① 张传玺：《中国历代契约会编考释》（下），北京大学出版社1996年版，第1115页。

② 古代家庭通常包括二至三代人口，因此，古人有“三世共财”之说。参见瞿同祖：《中国法律与中国社会》，中华书局1981年版，第3页。

我们仍将个人作为民事主体进行研究，其意义在于更清楚地认识明代民事主体的特点，诸如民事主体的等级性，民事权利能力的差异性[①]，民事行为能力的差别性等。

依所享权利的大小，民事主体的社会分层大致可划分为地主、自耕农、商人、手工业者、佃农、雇工、奴婢等。

1. 地主

地主又可划分为两类：一类为缙绅地主，包括贵族、官僚以及绅士等，他们享有特权；[②]一类是非身份性地主，他们在政治上并无特权，但土地的占有便意味着特权的赋予。因为“地产和它的主人一起个人化着。它有主人的阶位，和主人一起是男爵的或伯爵的。它有着他的诸特权，他的审判权，他的政治关系，等等。土地显得像它的主人的非有机的身体，所以在成语所谓‘没有土地没有领主’，这句话中表明主人权力和土地所有制的联系”[③]。所以，明代地主采取各种方式兼并土地，明中叶后尤甚。土地兼并的过程就是地主利用特权、扩展特权的过程。缙绅地主尤其如此，他们增殖产业常常无视经济原则而凭恃权力，或强占侵夺，或接受投献，或“减价买田”，[④]由此而形成的所谓“土地买卖”关系，根本无平等可言。一般乡族地主也利用族权、神权等手段剥削同族或非同族的劳动者，榨取他们的剩余劳动而逐渐扩大土地。不论缙绅地主还是非身份性地主，一旦他们手中占有大量土地的时候则凭借资源优势，榨取封建地租，与耕种者产生残酷的租佃关系。随着土地交易的发展，经营获利的扩大，他们又追逐“市井之利”，参与工商业活动，成为独立的商品经营者。可见，明代地主的民事活动涉及农工商等领域，从而成为积极的、

① 现代民法认为，民事主体之间是平等的，民事权利也是平等的。

② 缙绅地主一般都享有法定的优免赋役的特权，这使他们在民事关系中处于优势地位。

③ ［德］马克思：《经济学哲学手稿》，人民出版社1956年版，第46页。

④ （明）霍韬：《渭厓文集》卷7《家书》23。

享有特权的民事主体。

2. 自耕农

自耕农在民事法律关系中占有重要地位。这是由小农经济是封建社会的基础所决定的。明初，起于布衣的朱元璋，基于对故元地主欺凌小民、武断乡曲的切身体会，采取了抑制豪强、鼓励垦荒的政策。他一方面下令禁止兼并之徒“侵夺人田地、房屋”，① 并告诫他们“当循分守法”，不可凌弱吞贫；② 一方面下令“许民垦为己业”，并免徭役三年。这就使自耕农的数量大大增加。自耕农拥有自己的土地，享有占有、使用、收益、处分的全部权利，他们既可将土地租佃给他人耕种，又可将其典当、出卖。并有可能通过置买扩大土地的数量。农闲之余，还进行一些手工副业的生产和交换。③ 可见他们进行民事活动的范围比较广泛。但小农经济是脆弱的。对此，明代最高统治者也有深刻体会：“四民之中，莫劳于农，观其终岁劳动，少得休息。时和岁丰，数口之家犹可足食，不幸水旱，年谷不登，则举家饥困。”④ 尤其是明中叶以后，随着土地兼并的加剧和政治的日益腐败，广大自耕农承担的赋税、徭役不断加重，加上天灾人祸的困扰，使他们参加流通领域的民事法律关系的范围不能不受到限制。

3. 商人

商人是明代商品流通领域内的主要民事主体，还间或参与其他领域的民事活动。中国古代由于采取重农抑商的政策，商人的权利受到不少限制。但自宋明以后，这种情况大为改观。以明代而言，为政者并不压制商人。明太祖曾敕户部曰：“古先哲王之时，其民有四，曰士、农、工、商，皆专

① 《明太祖实录》卷 74。

② 《明太祖实录》卷 49。

③ 明中叶以后，田赋和力役折银征收，广大自耕农必须出卖更多的手工产品和农副产品以换取银两，甚至典、卖田宅以完赋税。

④ 《明太祖实录》卷 250。

其业，……朕有天下务俾……商贾以通有无。”[①] 因此商人的地位有所提高。再加上受“良贾近市利数倍，次倍之，最下无能者，逐什一之利”[②] 的驱使，人们竞习为商，商人群体日益扩大，“贾人几遍天下”[③]。明中叶以后，不仅一般地主“缩资而趋末”[④]，而且官僚士人“竞营产谋利”[⑤]。地主、官僚、士人也加入到商人行业。他们的加入又进一步提高了商人的地位，出现了“工商亦为本业”的社会思潮，甚至“右贾而左儒”[⑥]。商人随着地位的提高，自主经营除限制流通以外的各种商品，积极参与民商事活动。值得指出的是，商人内部也是有等级的。既有大商巨贾、缙绅官贾，也有一般小商人。前者资金雄厚，并往往与政权结合在一起，享有各种经营特权。如政府专卖的盐、茶、铁、矾等多由他们取引贩鬻四方，获利丰厚。这些商人还往往经营借贷业务，并通过高利贷方式侵蚀农民，用不等价的欺骗手段，以低价田抵折高利贷，从而最后掠夺农民的土地而去。他们还以“恒产”保富，将部分资金投入田产，从而又参与到土地买卖、租佃等民事活动中。至于后者，一般小商人中尽管也有因善于经营而殷富的，但大部分从事小买卖，只能维持生计，甚至还有因经营不善或因官府、豪民强取减价而“损赀失业”[⑦] 的。因而他们参与民事活动不能不受到某些限制。

4. 手工业者

手工业者，是指具有一技之长并拥有一定资产的工匠。明代把手工业者编入匠籍，但工匠已不像在元代那样长年累月服务于官府。明代工匠基本上分成住坐和轮班两种。但不论轮班还是住坐匠，在服役时间之外，都

① 《明太祖实录》卷177。
② （明）张瀚：《松窗梦语》卷4《商贾记》。
③ 《松窗梦语》卷4《商贾记》。
④ 《明世宗实录》卷545。
⑤ 《四友斋丛说》卷34《正俗》。
⑥ （明）汪道昆：《太函集》卷54。
⑦ 《明世宗实录》卷25。

可以“自由趁作”。这期间制作出的产品通常进入流通领域，手工业者作为商品的所有者而成为民事主体。除轮班、住坐工匠以外，民间工匠也为数不少。明中叶以后，随着手工业市镇的兴起和城镇居民脱离农业从事工商业，手工业者数量迅速扩大。如王江泾镇，居民七千家，“多织绸，收丝缟之利”①，濮院镇居民“以机为田，以梭为耒”②。其中还有以小本起家殷富而成为大作坊主的。如无锡“有某氏者，以弹棉花起家，久遂殷富”③。又如“潘氏起机户织手，至名守谦者始大富，至百万”④。其他还有“以竹与漆与铜与窑名起家”⑤者，各地以手工诸业起家者实例甚多。他们殷富成为作坊主以后，往往都雇佣几十或几百工人，因而参与民事活动的范围要比小手工业者大得多。

但需要指出的是，明政府对民营手工业实行种种限制和野蛮掠夺。如制瓷业中的“官搭民烧”制度，即嘉靖以后，在景德镇将一部分原由官窑生产的瓷器，搭民窑烧造，给价很低，烧不成要按价赔造，许多民窑因而破产。又如丝织业中的领织制度，即政府以钱粮银两或预先买好的丝料分发给机户，机户织毕交官取酬，但钱粮往往“每发后期，且多扣克”⑥。仅举两例已足以表明官府与手工业者之间形成的民事关系往往显失公平。

5. 佃农

佃农，是指无田而为人佃作的农业生产者。按明代法律规定：“佃客佃种田地之人也。”⑦佃农的主要来源不外是逃户流民、赋重无以为生及家无恒产者。佃农依其与佃主的关系可分为自由佃农和佃仆两种，前者人身较

① 万历《秀水县志》卷1《市镇》。

② （清）金淮等：《濮川所闻记》卷4。

③ 《无锡县志》卷25《杂织》。

④ （明）沈德符：《万历野获编》卷27。

⑤ （明）张岱：《陶庵梦忆》卷5《诸工》。

⑥ 江苏省博物馆编：《江苏省明清以来碑刻资料选集》，三联出版社1959年版，第2页。

⑦ 《大明律集解附例》卷5《兵律·邮递》。

自由，后者与佃主存在人身依附关系，不仅对佃主承担一定的劳役，并且子孙相承，如徽州胡氏于成化二十三年（1487 年）沦为洪姓地主的佃仆后，双方关系维持长达约二百年之久。[①] 但不论是自由佃农还是佃仆，他们参与的民事关系主要在租佃领域。佃农与佃主之间形成的民事关系往往是不平等的。如佃农缺食向佃主称贷时，“轻则加三，重则加五。谷花始收，当场扣取、勤劳一年，依然冻馁”[②]。

尽管如此，与前代相比，佃农对地主的人身依附关系有所削弱，法律地位有所提高。洪武五年（1372 年）颁布了“佃见田主，不论齿序，并如少事长之礼；若在亲属，不拘田主，则以亲属之礼行之”[③] 的命令。用宗法家长制的少长关系冲淡良贱的隶属关系，这与元代佃农对佃主“侍奉如承官府”有所不同。自由佃农与佃主的租佃关系依契约而定，一般而言，今年佃种，“明年可以弃而不种”[④]。即使是佃仆，地主也不能超越契约的规定无限制地役使。[⑤] 这表明佃农具有普遍的缔约权。至明中后期，“永佃制”出现，佃农获取了更多的自主权。万历二十五年（1597 年）定例规定，地主役使佃农抬轿为不合法：“若富豪之人役使佃客抬轿，虽势有相关，而分非所宜，故罪亦如役民之人者，杖六十。其所役民人佃客，每名一日追给工钱六十文。”[⑥] 这条规定反映了佃农身份具有独立性。

6. 雇工

雇工，是指无恒产而不得不出卖劳动力为生的人。《大明律 · 刑律 · 斗殴》之“奴婢殴家长”条称雇工为“雇工人”，《问刑条例》则进一步明确规定：“凡倩工作之人，立有文券，议有年限者，以雇工人论。止是短雇日

---

① 刘和惠：《明代徽州胡氏佃仆文约》，载《安徽史学》1984 年第 2 期。
② （明）吕坤：《实政录》卷 2。
③ 《明太祖实录》卷 73。
④ （明）张萱：《西园闻见录》卷 40《蠲帐前》。
⑤ 刘和惠：《明代徽州胡氏佃仆文约》，载《安徽史学》1984 年第 2 期。
⑥ 《大明律集解附例》卷 5《兵律 · 邮驿》。

月，受值不多者，依凡人论。”[①]明代雇工已具有了法定的主体地位。法律只是现实社会关系的反映，明代雇工尤其是中叶以后已是普遍现象，如江南某些地区，“一里或二十名，或二十五名。”[②]按其所受雇行业大致可分为农业雇工和手工业雇工两种。他们或“计岁受值”，或“计月受值”，或“计日受值”。尽管雇主与雇工之间还有“主仆名分”，但雇工一般都较自由，不称心于此，则另觅于彼，辗转求生于四方。他们参与民事活动的方式主要是通过契约与雇主建立雇佣关系。

7. 奴婢

奴婢首先被视为客体，为主人占有、奴役、买卖、赠予。但他们既是劳动者，又有家室，法律就不能不在一定范围视其为主体。

与元代相比，明代的奴婢的数量大为减少，大部分奴婢恢复了人身自由，提高了社会地位。洪武五年（1372 年）明太祖颁布诏令：以往因战乱“而为人奴隶者，即日放还”[③]。他还下令由朝廷代为赎还因饥荒而典卖的男女。同时《大明律》禁止“庶民之家，存养奴婢”，否则，“杖一百，即放从良。”[④]禁止把收留“迷失子女”或“在逃子女”“卖为奴婢”。[⑤]

明代奴婢不仅数量有减少，而且享有一定的民事权利，如婚姻权、代理权（即代主从事工商业经营）等。与唐律而言，奴婢不再视同如物。

从以上大致的社会分层来看，各等级之间的民事权利、义务是有差别的。上一等级依法所应得、可为者，下一等级不一定能享受；相反，下一等级所不应为、不应得、必须为者，上一等级不一定要承担。这表明依等级而划分的个人的民事权利能力存在差异性，因为民事权利能力无非是指

① 《问刑条例·刑律·斗殴·奴婢殴家长新题例》。

② （明）薛尚质：《常熟水论》。转引自傅衣凌：《明代江南市民经济试探》，上海人民出版社 1957 年版。

③ 《明太祖实录》卷 73。

④ 《大明律·户律一·户役·立嫡子违法》。

⑤ 《大明律·户律一·户役·收留迷失子女》。

民事主体享有民事权利和承担民事义务的一种可能性。这种差异性的存在，还可从法定的各阶层的生活方式中得到进一步说明。中国古代各等级的生活方式是有法律规定的，并且各等级不得进行与自身生活方式不相符的民事活动。明代也是如此。作为有明一代基本法的《大明律》专列“服舍违式”条，该法条规定：“凡官民房舍军服器物之类，各有等第。”不得违式僭用，否则要承担严重的法律制裁后果。[①] 明中叶以后颁布的《问刑条例》重申了该法条的精神，并且作了更具体的规定，强调“军民僧道人等，服饰器用，俱有旧制”，不能僭用。[②] 至于房舍服饰器用的定制，著名法制史学家瞿同祖先生在《中国法律与中国社会》一书中，广引《大明律例》、《明史》、《明会典》以及其他政书等史籍从房舍、衣饰、舆马等诸方面进行了深入的考察，指出了各阶级生活方式的差别性。[③] 我们认为，民事主体所进行的民事活动与其生活方式有着密切的联系，因而民事主体享有民事权利、承担民事义务的可能性也就与生活方式联系在一起了，超出了法定生活方式的民事活动也必然为法律所禁止。因此，生活方式的等级性决定了民事权利能力的差异性。正如瞿同祖先生所说：“官吏与士、农、工、商的生活方式完全不同，工商又与士农不同，此外，奴仆、倡优、皂隶等下贱人又另成一阶层，而且种种差异成为一种不可动摇的制度时，则是政治、社会、法律上都承认他们的不同社会地位、身份，不同的权利。”[④]

个人的民事权利能力的差异性还表现在家族组织内，家族成员之间的权利能力是不平等的。家族中的尊长具有完全的权利能力，而卑幼的权利能力则受到严格的限制。妇女被要求恪守“三从”，没有独立的人格，其权利能力当然得不到保障。偶有妇女行使民事权利的情况，也只有代父或

---

① 《大明律·礼律·仪制·服舍违式》。

② 《问刑条例·礼律·仪制·服舍违式条例》。

③ 详见瞿同祖《中国法律与中国社会》第三章“阶级”之第一节“生活方式”。

④ 瞿同祖:《中国法律与中国社会》，中华书局1981年版，第160页。

代夫行使而已。一方面是尊长与卑幼的权利能力不平等，另一方面是族产的主置人与一般族人的权利能力不平等。一般族人对族产没有借贷或赠予的权利，自己使用也须经族产主置人批准尚可实现。[①]

民事权利能力的差异性必然影响其行为能力。因为个人的民事行为能力是以其民事权利能力为前提的。尽管明代法定16岁至60岁为成丁，认定成丁有能力负担差役，可推见成丁具有完全民事行为能力，此年龄外则为限制行为能力或无行为能力。[②]但实际情况是，个人的民事行为能力不仅受法定年龄、废疾情况的限制，还受民事权利能力的影响。例如，缙绅地主因其在政治、经济上处于优势地位，在民事关系中享有一般平民不可能得到的权利，其民事行为能力也就很少受到限制，如能利用土地所有权设立有利于自身的租佃契约关系，利用经济实力放高利贷获取高额利率等。相反，低等分层的个人的民事行为能力不能不受到各种限制。又如，家族成员由于权利能力不平等，其行为能力也必然存在差别。家长因其是“一家之主”而具有完全行为能力。而一般家族成员即使年龄已达到，其行为能力也要受限制，仍然属于限制行为能力人。

可见，明代的个人民事权利能力和民事行为能力深深地打上了宗法等级制的烙印。因而官级爵位制和五服制在民事法律关系中具有重要意义。深受宗法等级制的影响也是中国古代民法的一个重要特点。尽管如此，我们仍然要看到，正如前面所涉及的，明代的人身依附关系较之前代有所削弱，佃农、雇工、奴婢等社会低层的社会地位、法律地位有所提高，他们

① 刘广安:《论明清的家法族规》，载《中国法学》1988年第1期。

② 《大明律·名例律·老小废疾收赎》规定:“凡年七十以上，十五岁以下及废疾，犯流罪以下，收赎。八十岁以上、十岁以下，及笃疾，犯杀人应死者，议拟奏闻，取自上裁。盗及伤人者，亦收赎。余皆勿论。九十岁以上，七岁以下，虽有死罪，不加刑。其有人教令，坐其教令者，若有赃应偿，受赃者偿之。”由该条内容可推见限制行为能力或无行为能力的大致情形。因为民事行为能力不仅包括个人为合法行为的能力，也包括个人对其违法行为承担责任的能力，取得民事权利的能力和设定民事义务的能力应基本一致。

从事民事活动的自主权相对有所扩大。这也反映了封建社会后期法制发展的趋势和特点。

值得指出的是，民事权利能力和民事行为能力的这种不平等性并非绝对固定的，随着个人社会地位、家庭地位的变迁[①]，土地所有关系的变化而处于动态之中，正因为如此，权利能力和行为能力的不平等性在变化中获得了相对的平等性。

二、民事客体

明代虽无民事客体之概念，但并不能否认明人进行民事活动是为了某项事物的。所谓民事客体无非就是双方在民事活动中所指向的事物。通常情况下，民事主体是为了某项事物彼此才设立一定的权利、义务，从而建立民事法律关系的。而民法正是通过民事法律关系才实现其调整社会关系的职能的。因此，在研究了明代民事主体之后，有必要对其民事客体作一简单交代。

明代民事客体的范围较之前代要广泛得多，这反映了有明一代商品经济发展的情况和民事法律发展的程度。概言之，物是民事活动中最为普遍的对象，劳务是重要的民事客体，此外，还有爵位等反映社会地位的特殊客体。

（一）作为民事客体的物

法律意义上的物，是指民事主体能够实际控制或支配的具有一定经济利益的财产。明代法律对物已有大致区分。

1. 田宅与财物、畜产

田宅与财物、畜产是中国古代民事法律关系于财产的基本区分，也是

① 如通过科举、捐纳而进入官僚阶级，家庭成员取代家长的地位等，都是个人地位升迁的途径。

中国古代民法的重要概念。田宅称为恒产，也称为产、业或产业，其所有权人称为业主、田主、地主、房主等。古代民法所称财、物或财物者，大致是指能够移动而不损害其用途和价值的物品，其所有者称为物主或财主；所称畜产是指马、牛、驴、骡、猪、羊、鸡、犬、鹅、鸭等禽畜，[①]其所有者称畜主。田宅相当于现代民法上的不动产，财物、畜产相当于现代民法上的动产。财物、畜产还有官、私之分。属于私人所有的财物、畜产分别称为私财、私物和私畜产；属于国家所有，则分别称之为官财、官物和官畜产，官物从严保护，并且官物的范围不受任何限制。

明代沿袭了将财产区分为田宅与财物、畜产的传统，并在法律上更加明确了这种区分。《大明律》在《户律》中专列《田宅》门以示与财物、畜产的区别；而在另外的有关法条中多次出现财、物或财物以及畜产的称谓。

田宅，即所谓的不动产，主要是土地和建筑物。根据有关史料来看，土地具体是指田、地、屋基田地、园林、塘、山、场、井等。[②]宅主要包括房屋和碾磨。

财物、畜产，即所谓的动产，种类繁多，它包括钱币、生产工具、生活用品、六畜，甚至妻子、奴婢。正如史籍所称："每集则百货俱陈，四远竞凑，大至骡马、牛羊、奴婢、妻子，小至斗粟尺布，必于其日聚焉，谓之赶集。"[③]

明律将财产区分为田宅与财物、畜产的法律意义在于法律调整的方式方法不同。田宅是生活和生产不可缺少的主要物质条件，尤其是土地，它在明代不仅是私人财产的重要组成部分，而且是国家课税的主要来源，在社会经济和政治生活中具有特殊、重要的地位，因此，以田宅为民事客体

---

① 《大明律·刑律·贼盗·盗马牛畜产》。

② 《宋元明三代徽州土地买卖文契辑要》,《明清徽州社会经济资料丛编》第二辑，中国社会科学出版社 1990 年版。

③ （明）谢肇淛:《五杂组》卷 3。

而建立的民事法律关系须经特别程序才能成立。如其买卖、典押应当税契、过割，“凡民间贸田宅，必操契券请印，乃得收户”[①]。否则追究相应的法律责任。对此《大明律》明确规定：“凡典买田宅不税契者，笞五十，仍追田宅价钱一半入官。不过割者，一亩至五亩，笞四十，每五亩加一等，罪止杖一百，其田入官。”[②]而以动产为客体的民事法律关系的建立相对来说要简单得多。一般都由双方当事人自由决定，甚至还免去书契的订立，如动产的买卖一般不另写书契，只有某些特殊动产诸如奴婢、妻子、马牛的买卖才订立契约。另外，法律在田宅上设立的物权种类多而且效力强，诸如所有权、占有权、永佃权、典权、质权等，而对于动产法律一般只保证“物归其主”。

2. 流通物与限制流通物

有明一代由于商品经济的发展、政府的许可，流通物的范围较之前代要广泛得多，对于一般手工业产品和农副产品诸如丝、绸缎、布、棉、陶瓷、糖、纸、染料、粮食、蔬菜、瓜果、药材、农器、舟车等，法律是允许在民事主体之间自由转让的。

但明代法律也对某些物的流通给予一定的限制甚至禁止占有。根据明律的规定，不得占有物主要有：其一，“古器、钟鼎、符印异常之物”[③]以及玄象器物、天文图谶、应禁之书及历代帝王图像、金玉符玺等物。[④]其二，应禁军器，包括马甲、傍牌、火筒、火炮、旗纛、号带等物。[⑤]以这些物为客体进行民事活动不仅得不到法律的承认，而且还要承担相应的法律责任。

盐、茶、矾等是明律令规定的限制流通物，由国家专管专卖。商人的介入必经特许程序。

① 《明史》卷75《职官志》。
② 《大明律·户律二·田宅·典买田宅》。
③ 《大明律·户律六·钱债·得遗失物》。
④ 《大明律·礼律·仪制·收藏禁书及私习天文》。
⑤ 《大明律·兵律·军政·私藏应禁军器》。

盐为人类生活不可一日或缺的主要调味品，关系民生至为重大，因此，历代政府都将其视为主要课税对象之一。明代对盐进行管制的规定可谓严厉翔实。《大明律·户律·课程》专定“盐法一十二条”“监临势要中盐”“阻坏盐法”，规定客商贩卖官盐必须持有政府颁发的盐引，并且要到指定的盐场支盐，到指定的地区发卖。否则就“犯私盐”罪，不仅对私贩者要进行严厉的处罚，还要追究运输人、管理者以及买食者的法律责任。

茶在明代被称为：“种之则利溥，饮之则神清。上而王公贵人之所尚，下而小夫贱隶之所不可阙，诚民生日用之所资，国家课利之一助。”[①]因此，茶叶亦为明代国内外市场的大宗商品，是国家税收的又一主要来源，茶叶的买卖由国家控制，禁止民间私相流通，商人经营茶叶，须获得政府的许可持有茶引。否则“犯私茶者，同私盐法论罪”[②]。

另外，《大明律》还规定：“凡私煎矾货卖者，同私盐法论罪。”[③]

3. 主物与从物

在明代民事活动的实践中存在有主物与从物的意念。如把附着于土地的草木、果树、农作物等视为从物，一般情况下，从物所有权归属决定于主物所有权归属，从物的所有权应随主物所有权的转移而转移。明末官僚祁彪佳任兴化府推官时就曾依此原则审理了这样一件民事纠纷案：林廷元砍了早年林若益卖给丘尚侯之父土地中的果树，遭丘尚侯殴伤，遂引起官司。经“审得丘尚侯之父买林若益地贰亩，时嘉靖肆拾伍年，契现在也，林廷元之父若贤亦签契焉，其中果树向系丘管”。因此“廷元砍树起衅”，“应杖警，姑以被伤免科”[④]。其实，早在宋代“苗从地判”的原则就确定了。[⑤]但如果因田产流转频繁，农作物涉及第三人的利益，在明代的司法实践中

① （明）徐光启:《农政全书》卷39。

② 《大明律·户律·课程·私茶》。

③ 《大明律·户律·课程·私矾》。

④ 《莆阳谳牍》（不分卷）。

⑤ 《宋刑统·户婚律·占盗侵夺公私田》引田令。

则视具体情况处理。如张肯堂在《晉辞》中是这样处理类似案件的："张化新有地四亩，向年售与王民得价六两有奇，今三月间备价取赎，复转鬻于张九盈矣。"而这时，王民已在地里育有麦苗，麦子成熟时，张化新抢收归己。对此，张肯堂认为："田虽归张，而麦秀渐渐犹是王民故物也。"但因"地瘠岁侵每亩不盈一釜，"只"追出二石还给王民"。[①] 可见，田产所有权转移前已耕种者，苗归种人。

4. 原物与孳息物

明律在调整钱债关系时，有明确的"本"、"利"之分。并且规定本之所有权人有收取法定之利的权利。[②] 本即原物，利则为孳息物。明代律令中所见的孳息物还有：地租（有"子粒""子粒银""佃头银"等多种称谓）、租金（又称"雇赁钱"）、孳畜、瓜果、典息等。与之相对的原物分别为：土地；车船、店舍、碾磨；马牛等母畜；果树、典物等。区分原物与孳息物的法律意义在于决定物的归属问题。在明代的律令中，孳息物的所有权一般都归原物的所有权人或合法占有者。如私借官车船、店舍、碾磨之类物，除承担刑事责任外，还要验日追雇赁钱入官。[③] 又如禁止擅食田园瓜果，[④] 以保护瓜果的所有权属不受侵害。还如法律保护典权人经营典产所取得的收益。

5. 货币与票据

货币作为一般等价物，是民事主体之间进行民事活动的主要支付手段。历代统治者都重视对货币的管理。为了保障商品的流通，改变元末"皆以物货相易"[⑤] 的状况，明太祖即吴王后就下令铸"大中通宝钱"。明朝建立后又铸"洪武通宝钱"。但由于铜钱分量重，价值小，不便于大量的贸易，

① （明）张肯堂：《晉辞》卷 1。

② 《大明律 · 户律 · 钱债 · 违禁取利》。

③ 《大明律 · 户律 · 田宅 · 私借官车船》。

④ 《大明律 · 户律 · 田宅 · 擅食田园瓜果》。

⑤ 《元史》卷 97《食货志》。

明太祖决定发行纸币，印“大明宝钞”，并禁止民间用银。但宝钞的发行不设钞本，发行额没有限制，旧钞、烂钞回收又慢，再加上印制粗劣，易于伪造，致使大明宝钞很快贬值。洪武末年，某些地方商人就已经拒绝用钞了。洪武三十年（1397年）不得不“更申交易金银之禁”[①]。但行政干预在经济规律的作用下奏效不大，迫使明政府于正统时“驰用银之禁”，明中叶后，“朝野率皆用银”[②]，市场上大小买卖皆以银计算。

票据是代表一定货币的具有一定格式的有价证券。票据的有无及发展程度是商品经济和民事法律关系发展程度的一种标志。随着市场的扩大和贸易的繁荣，明代已有票据出现。[③]官发的盐引、茶引因其具有潜在的经济价值而成为有价证券在社会上流通，盐引、茶引的互相转让或称“伙支”或称“卖支”。[④]前引苏州孙春阳南货铺在经营时，“售者由柜上给钱，取一票，自往各房发货。”此“票”即为有价证券之提单。明末又出现了“会票”，即汇票。据称：“这种票据有时是甲地的殷实店铺或权贵开出，注明钱数，盖有特别印记，由持票人到指定的城市和店铺去如数领取。”另一种情况是：“由货币持有者将款交付承办会票的店铺，取得会票，由持票人在指定的城市和店铺去领取。”[⑤]对此，范濂《云间据目抄》中记载有实例：“先是苏克温听选，以父恩善文贞公（指徐阶），故客其门。时有里人马姓者，携资客于京，克温觇知之，往纳交，叙乡情甚密，其人已笃信克温。克温乘间绐之曰：‘闻君将以某日归，而孤身涉数千里，得无患盗乎？我当为君寄资徐氏官肆中，索会票若券者，持归示徐人，徐人必偿如数，是君以空囊而赍实资也。长途可帖然矣。’马姓乃深德克温，即以一百五十金投之，克温佯入徐肆，若为其人谋者，出持赝票示之曰：‘资在是矣’。其

① 《明史》卷81《食货志》。

② 《明史》卷81《食货志》。

③ 据《文献通考》记载，唐代宪宗时已出现名为“子钱”的汇兑票据。

④ 《续文献通考》卷20《征榷三》。

⑤ 韩大成：《明代社会经济初探》，人民出版社1986年版，第271页。

人亟持归，付徐人，徐人以为赝，不与。”[①] 这说明当时确有信用票据的使用，并且假票不能兑现。

还需指出的是，如出现票据纠纷，可以通过司法途径解决。明末张肯堂《畜辞》一书就记载了这样一件纠纷案：

王明德之以快役岳德化讼也。据云，手持假票吓诈银钱，盖不啻多矣，过付之人则有王会好，在讯鞫之日，首呼会好问之：银几何？钱几何？约于何日交于何时？聚于何所？设端穷诘，纤悉必究。会好始则艾吾其词，迫之不获，已始作谩语以对。质之明德数目、日时，无一合者。其云在李佳胤家则两人如出一口也。至问佳胤，云索酒饭，此实有之。至所称银钱累累，则皆呓语耳。夫德化奉批行关不称假票，至取原关阅之，并无明德姓名，德化何因敢索重货，明德又何恐而顿输厚资也。此之诬陷奚，俟燃犀乃能烛照哉。[②]

这大概是一起涉及大宗货物买卖而以会票“输厚资”结账的纠纷案。可见，至少在明末使用会票已不是个别现象了。

（二）劳务

随着商品经济的发展，生产和交换对劳务的需求越来越大，尤其是明中叶以后，农业和手工业等领域雇工现象普遍，甚至形成了劳动力市场。经济比较发达的江南地区更是如此。嘉靖、万历时，江南地区的农业雇工大量出现，史称：“若无产者赴逐雇倩，抑心殚力，计岁受值者曰长工，计时而受值者曰短工，计月而受值者曰忙工。”[③] 这种长工、忙工、短工与佃

---

① （明）范濂：《云间据目抄》卷3《记祥异》。

② 《畜辞》卷1。

③ 嘉靖《吴江县志》卷3《典礼》。

农是有区别的。所谓："田于人曰佃，受值而赋事曰工。"[①]雇工大多为"无产者"，他们以出卖劳动力养家糊口。同一时期江南地区民营手工业中的雇佣劳动也很普遍。蒋以化《西台漫记》中所述事实具有代表性："我吴市民罔籍田业，大户张机为生，小户趁织为活。每晨起，小户百数人，嗷嗷相聚玄庙口，听大户呼织，日取分金为飧飧计，大户一日之机不织则束手。小户一日不就人织则腹枵，两者相资为生久矣。"[②]从中可见，"大户"提供原料、资金，小户则以劳务"趁织为活"。这种关系即是"机户出资，机工出力"。[③]其他诸如榨油业、矿冶业、造纸业、造糖业的情形大致如此，不仅存在大量的雇工，而且一般雇工"得业则生，失业则死"[④]。完全靠出卖劳动力为生。

还有在运输契约的法律关系中，是以揽运人将货物运达指定地点的劳务行为为客体的。这种劳务行为在明代是普遍存在的，陆运、水运皆有。如《大明律·户律·课程·盐法》中所称"挑担、驮载者"即为承运人，他们为客商将货物运达指定地点后可获得约定的"脚钱"。又如，船户或受雇载运民间货物，或雇佣于官府，并以承运所获"水脚钱"维持生计。船运一般都立有合同，载明承运货物、运至地点、运费、交卸、责任等内容。其具体情况将在以后的有关内容中详叙。

甚至还有田主雇人服役，从而形成一种以劳务为客体的民事法律关系。明代役法，验田出夫，"田一顷出丁夫一人，不及顷者以他田足之，名曰均工夫"[⑤]。于是，"田多丁少者，以佃人充夫，而田主出米一石资其用，非佃人而计亩出夫者，亩资米二升五合"[⑥]。在此姑且不究田主雇倩佃人与非

① 嘉靖《江阴县志》卷4《风俗》。
② （明）蒋以化:《西台漫记》卷4。
③ 《明神宗实录》卷361。
④ 《明神宗实录》卷361。
⑤ 《明太祖实录》卷26。
⑥ 《明太祖实录》卷54。

佃人所出资费的不一，但无疑是一种以代为服役的行为为客体的民事关系。

需要说明的是，以劳务行为为客体的民事活动的范围是比较广泛的。除上述情形外，还如存贮保管合同也是以存贮保管人对被存贮保管的货物尽心保管之劳务行为为客体的。

（三）官职爵位

除上述物、劳务外，官职爵位也是一项特殊客体。它首先是继承的主要客体，这将在以后的继承关系中详细讨论。其次，官职爵位还是一项特殊的买卖客体。大约自正统以后，因国库空虚而开始卖官鬻爵。根据官爵的高低规定纳银纳粟的多少，致使“仕途如市”。史称：“近年（成化年间）始有纳粟冠带之制。然止于荣身而已，无有职任也。今幸门一开，趋者如市。恩典内降，始则及于京师技艺之人，今则渐及于无庸吏胥矣。武阶荫叙，始则及于内使有功之家，今则滥及于外方白丁矣。或待选未到，便得授官；或外任杂流，骤迁京职。以至厮养贱夫，市井童稚，皆得夤缘而进。列文阶者，叨职京官，除授有司；戴武弁者，世袭锦衣，虚僭伯爵。名器之滥，一至如此。”[①] 这时还“止于荣身，未有职任”，但至嘉靖时，“入钱多者，且得为大县令”[②]。其时，纳银纳粟补官者很多。如苏州府长洲县，自成化十七年（1481 年）到弘治元年（1488 年）的短短七八年中，纳银纳粟补官者，即达三百人之多。[③] 山东济南府的章丘县，捐资补吏者竟“多至千数”[④]。可见，明代中后期卖官鬻爵的普遍已是毋庸置疑的事实，问题的关键在于如何认识其性质。

---

① 《明宪宗实录》卷 247。

② （明）袁袠:《世纬》卷下《惜爵》。

③ （明）王锜:《寓圃杂记》，转引自韩大成:《明代社会经济初探》，人民出版社 1986 年版，第 198 页。

④ 万历《章丘县志》卷 14《风土志》，转引自韩大成:《明代社会经济初探》，人民出版社 1986 年版，第 198 页。

我们认为明代卖官鬻爵，从职官入选、升迁来看，它是一种政治行为，但如果从其方式和经济内容来看，又是一种政府与买官爵者之间的民事行为。因为当时各级官职都有公开的卖价，“某官银若干，某官银若干，至于升迁也亦然。某缺银若干，某缺银若干，群众相竞则价值转增”。[①]官爵既然明码标价，其出售也就是一种公开的行为了，官爵因而就成了一种公开、自愿的买卖关系的对象。明王朝衰亡的教训告诉我们：当一个社会的官爵也进入买卖市场的时候，其政治和法制的腐败已濒入崩溃的危险境界了。

第二节　物权

中国古代法律中虽无“物权”一词，但物权的实质性内容则散见于法律典籍之中。明代也是如此。如明律不许换易、冒认、侵占他人地权，不许盗耕盗卖他人田土，表明了所有权人对地产的独占性。明律还赋予了所有权人对地产的支配权，包括使用、典卖、继承，等等。因此，明律中虽无物权之名，但有物权之实。所谓物权无非就是民事主体在法定范围内对物的直接支配或管领，并具独占性、排他性的民事权利。

明代经济仍然是以农业为主的自然经济。土地是农业经济的根本，因此，物权的核心和基本形式是土地所有权，“食货”的产生、移转、使用，无不与土地所有权有直接或间接的关系。与此相一致，形成了一个以土地及其附着物（如宅舍、碾磨、山林、作物等）的权利为基本形态的物权体系：首先，所有权是物权的核心和最重要的物权形式。其次，以土地为主要客体，所有权又派生出占有权。再次，法律对田宅所有权重视的是使用、收益，因而对它们设立的物权种类多，诸如永佃权、地基权、地上权、地役

---

① 《邹应龙奏疏》,《明经世文编》卷329。

权、典权等用益物权。最后，法律为保障所有权的转让，又设立了担保物权：质权、担抵权等。后两种情况，因是在他人所有物上设定的物权，故又称为他物权。此外，所有权如属于数人共享，则又形成共有权，如族产等。这一体系是基本上符合明代的实际情况的。

一、所有权

所有权就是指所有人对其财产享有占有、使用、收益和处分的权利。随着私有制的产生和发展，客观上要求以法律的形式对私有财产予以确认，中国古代社会的所有权观念也就因之而生，所谓“物各有主”就是这种观念的反映。至明代，私有财产的规模越来越大，特别是允许土地“人人得以自买自卖”。[①] 更刺激了所有权观念的强化，这就要求法律加强对所有权关系的调整。由于土地是古代社会最重要的生产资料，正如马克思所说，“土地是一切生产和一切存在的源泉”[②]。因此土地所有权是古代所有权制度的核心和基本形式，也是明代法律调整的重点对象。

（一）土地所有权

土地所有权是土地所有制在法律上的表现。关于明代田地之制，《明史 · 食货志》有这样的记载：“明土田之制，凡二等：曰官田，曰民田。初，官田皆宋、元时入官田地。厥后有还官、没官田，断入官田，学田，皇庄，牧马草场，城壖苜蓿地，牲地，园陵坟地，公占隙地，诸王、公主、勋戚、大臣、内监、寺观乞请庄田，百官职田，边臣养廉田、军、民、商屯田，通谓之官田。其余为民田。”对这些材料尽管还要进行具体的分析，但它反映出了明代土地所有制的基本形式：官田和民田。“官田”属于国家所有，

① 《海瑞集》下编。

② 《马克思恩格斯选集》（第 2 卷），人民出版社 1972 年版，第 109 页。

买卖私占则是非法的；“民田”属于官僚、地主和小自耕农所有，允许买卖。土地是否可以买卖是国家土地所有权和私人土地所有权在法律上的根本区别。《学庵类稿·明食货志·田制》已有这种区分：“民自占得买卖之田曰民田。”但“民田”中还有一种特殊的形式，即族产，因其具有共有的性质，又称为“公产”，法律规定一般不许出卖。需要指出的是，明代的土地私有权不再受法律的限制，随着土地买卖的发展，地权流转的频繁，土地所有权关系也在不断地变化，其趋势是土地国有制进一步衰落，土地私有制达到了前所未有的水平，并且越来越集中。

1. 国家土地所有权

国有土地主要指“官田”，所谓“官田”，史称“有受地于官，岁供租税者，谓之官田”①。即由以皇帝为代表的封建政府控制并享有收益、处分权的田地。官田与民田的区别主要有二：其一，是否可以买卖，官田属于国家所有，法律禁止买卖私占，民田则听其“自买自卖”。洪武十一年（1378年），明政府为了征用应天府上元县部分官、民田作司菜局的菜园而明令“官田除租，民田给其值”②，前者撤佃，后者购买，明确区分了官、民田之间的产权界限。其二，官、民田适用的税粮则例不同。明初明确规定，“系官田者照依官田则例起科，系民田者照依民田则例征敛”③；明太祖所定官、民田赋为：“凡官田亩税五升三合五勺，民田减二升。”④两者的区别是明确、严格的。一般而言，官田的税粮则例体现了地租与课税合一的特点，而民田的地租与课税则是分开的。

明代国有土地主要包括宋元以来原额官田，战乱中的抛荒地，战后籍没张士诚等敌对集团的土地，开国后抄没官民罪犯的土地，以及江河湖

① 《明史》卷78《食货志》。

② 《明太祖实录》卷119。

③ 《诸司职掌·户部·民科》，《玄览堂丛书》第45页，转引自张忠民：《明代洪武永乐年间的民屯》，载《中国史研究》1985年第1期。

④ 《明史》卷78《食货志》。

海冲射泥沙淤积而成的新地等。明代政府控制的官田数量远比民田要少。《明史》称：弘治年间，"官田视民田得七分之一"[①]，明代官、民田土的比例在许多官修的地方志中也有记载，如据保定府《雄乘县志》记载，该县官、民地共有十三万多亩，其中官田仅有一千三百四十六亩，民田则有十三万一千四百余亩，官田约为民田的十分之一。明中后期，随着土地兼并的加剧，明初钦赐给勋臣贵戚的大量土地多数已转为这些官宦贵族的私产，屯田也遭到破坏，实际上已开始私有化了。因此，明政府实际控制支配的官田越来越少。

尽管如此，明代国有土地的数量还是相当可观的，并且国家以一定的方式行使着土地所有权。或佃给农民耕种，官府收取田租；或赐与勋臣、公侯、亲王、公主作庄田；或授给军士及拨与民、商作屯田；或作公侯、武臣、百官职田以代俸禄；[②]或作边臣养廉田；或作卫所军的牧马草地；或作御马监种植饲料的城壖苜蓿地；或作府县学田和弓兵、铺兵、祗侯等的职役补给田；或作皇室、宗室园陵坟地；[③]等等。这些方式表明封建国家对官田有自由处分权，其中既有各级官府代表国家直接行使土地所有权的方式，也有将所有权的某些权能授予他人行使的方式。前者如佃给农民耕种收租、用作牧马草地等。后者如将官田赐与勋臣、贵戚为庄田，庄主即获得了占有权和收取地租的收益权，但并不能自由处分；又如授与军士作屯田，军士则获得了永久占有使用的权利，但必须上缴"余粮"，以供军需，并不得转手买卖，也不准出租。可见，无论何种行使方式，都充分体现了以皇帝为代表的封建国家维护其统治的意志和利益。

2. 私人土地所有权

私人所有的土地主要是指"民田"，所谓"民田"，《明史 · 食货志 · 田

---

① 《明史》卷77《食货志》。

② 《明史》卷77《食货志 · 田制》记载，不久公侯、百官"复岁禄，归赐田于官"。

③ 《明史》卷77《食货志》。

制》说，官田之外，“其余为民田”，《学庵类稿·明食货志·田制》则说：“民自占得买卖之田曰民田”。从这些记载中可以看到，在古人眼中，私人所有的土地就是官田以外的私人占有的可以进行买卖支配的土地。因此，私人土地所有权就是指私人享有的对其所有的土地的独占性支配权利。

由于明初推行民屯政策，并明确规定：“开垦成田，永为已业”，国有的荒地、山林也被默许按先占原则获为已有，又允许土地自由买卖，因此，明代土地私有达到空前的程度，七八成以上的土地为私人所占有和支配。在这些私有土地中，多数落入贵族、官僚、地主和商人手中，少量土地为广大的自耕农所有。其具体情况是：

其一，贵族、官僚所有。贵族、官僚集团是由新政权所扶植出来的，并赋予他们种种特权，因此，他们利用、凭借特殊的身份地位，任意占有大量的土地，或接受钦赐、投献，或依靠特权直接掠夺，或恃势压价购买，或以高利贷剥夺，等等。这些手段大多为法律所明文禁止。早在洪武五年（1372 年）六月就作铁榜九条申诫公侯，要求公侯各宜谨守其身，其中强调了公侯不得非法谋占土地，其内容包括：“凡公侯之家，强占官民山场、湖泊、茶园、芦荡及金银场、铁冶者，……凡功臣之家屯田佃户、管庄、干办、火者、奴仆及亲属人等倚势凌民侵夺田产、财物者，……凡公侯之家倚恃权豪，欺压良善，虚钱实契，侵夺人田地、房屋、孳畜者，……凡功臣之家不得受诸人田土及朦胧投献物业。”其后律令又多有重申。[①] 尽管如此，但贵族官僚非法谋占土地据为己有的行为并未因法令严明而停止。其事例屡见诸史籍，如明代官僚霍韬在《渭压文集·家书》中就记述了缙绅倚势“减价买田”的情况。又《皇明条法事类纂》记载：成化十四年，绍兴知府戴琥奏称，有等致仕乡官，“生放钱债，曾有一两而取八、九两者，心尚不足，甚至强准人家子女、田产、牛畜方惬其意”。[②] 甚至有如吴

① 《皇明条法事类纂》卷 13《户部类》有“禁约公侯等官奏讨及强占军民田土例”。

② 《皇明条法事类纂》卷 1《清理冠带禁约应充快手狱囚不许淹禁查考为事官吏》。

县豪绅盛明卿指使帮凶伪立契券，强夺张姓木匠田地数十亩而逼死田主的事例。[①]

其二，一般地主所有。明代庶民地主占有相当规模的土地，且分布甚广，人数也很众多。洪武三十年（1397 年），据户部上报，除云南、两广、四川以外，全国占地七顷以上的地主共有一万四千二百四十一户。[②] 又据正统六至十年（1441—1445 年）共五年间的不完全资料，选取能输纳谷麦千石以上的一般地主，计全国各地共有七百八十六人，其中以湖广、江西、山西诸省为多，都是中国重要粮食产区；次则为河南、南直隶、山东、浙江、广东、四川、陕西诸省。[③] 像这样的庶民大地主在明代为数不少，史称："江南庶姓之家，三万六千亩者恒是也。"[④] 此外，还有大量的中小庶民地主。庶民地主无特权可凭借，他们大多以合法的形式获得土地，或承继祖产，或勤俭力田，积聚钱财购置。后者如史所载：湖南桂阳州的邓氏诸人"皆用力田富。邓文盛者，居上田坊，明万历时，农人也，有七子列宅分地，数十里田舍相望。邓士义，亦州北车江源农人也，明崇祯时，以富称"[⑤]。但也不乏巧取豪夺者。如成化五年，江西临江府新淦县民人谢廷硕状告称："本处有等土豪之民，置有田庄房屋或二十余处，其心犹有不足，一见附近人民有好山园陆地，辄起谋心，将远年钱债展转违例取息。窘迫至极，贫民无从纳还，只得将前项园地并房屋写作卖契。甚至受苦不过，又不甘虚写文契，一夕弃家逃走，产业豪民即行管业。"[⑥]"土豪"即"乡曲豪富无官位，而以威势主断曲直"的人物。可见，庶民地主中也有采取非法手段谋取土地的。

---

① （清）程时用：《风世类编》卷 2。

② 《明太祖实录》卷 252。

③ 傅衣凌：《明清封建土地所有制论纲》，上海人民出版社 1992 年版，第 25 页。

④ （明）黄省曾：《五岳山人集》卷 28。

⑤ （清）王闿运：《桂阳直隶州志》卷 20《货殖传》。

⑥ 《皇明条法事类纂》卷 13《户部类 · 禁约侵占田产例》。

其三，商人所有。在农耕社会，土地是财富的象征，地租是最保险的聚财形式，加之农本商末观念的影响，因此，商人经商致富后，大多将过剩资金投入土地。这是中国古代商人地主产生的一般社会条件。至明代，随着商品生产的发展，地域分工的扩大，促进了手工业原料和粮食的商品化，这又刺激了一部分商人对土地产生兴趣。所以明代商人占有土地，为数不少。他们或招人垦辟，或以钱财购置，或以钱债折抵，利用种种诡智手段谋取田土。如据万历《承天府志》记载："商游工作者，赁田以耕，僦屋以居，岁久渐为土著。而土著小民，恒以赋役繁重，为之称贷，倍息而偿之，质以田宅，久即为其所有。"① 又如据傅衣凌先生引用李维桢《大泌山房集》进行的研究表明："江西商人在湖广地区进行的土地掠夺是很普遍的，他们凭借其雄厚的财力，周陂设堤，捍水为田，占有肥沃的土地，实行多种经营，有鱼有牧，就京山一带言之，这种占田万亩的江西商人地主，为数不少。"②

其四，自耕农所有。明代自耕农占有一定数量的土地，虽然每户占地不多，但队伍庞大，遍布山村乡野。如明初"三吴之野，终岁勤动为上农者，不知乎几万人"③。广大自耕农所占有支配的土地主要来源于继承祖产和开垦荒地。明初，由于战乱而荒芜大批土地，洪武元年（1368 年）太祖下令，各处荒田，农民垦种后归其所有，并免除三年徭役或赋税。洪武五年（1372 年），为了解决因垦荒而造成的产业纠纷，规定田业以现耕为准，"复业人民，见今丁少而旧田多者，不许依前占护，止许尽力耕垦为业"④。原业主若还乡，地方官于旁近荒田如数拨与耕种。这充分维护了先垦者的所有权。

① 万历《承天府志》卷 6《风俗》。

② 傅衣凌:《明清封建土地所有制论纲》，上海人民出版社 1992 年版，第 28 页。

③ （明）吴宽:《匏翁家藏集》卷 36《心耕记》。又所谓"上农"，即勤于耕耘而使亩产较高的农民。嘉靖《常熟县志·食货志》称："大率晦之所入，上农以二石计，中农以石有羸计，下农以石计。"

④ 《明会典》卷 17《户部四》。

此后又多次发布鼓励垦荒、听为永业的诏令。与此同时，还推行民屯政策，主要方式是移民屯垦，把地少人多地区的农民迁移至地多人少的地区垦荒，据史料记载，洪武至永乐年间，组织实施了多次大规模的移民屯垦行动。但民屯的所有制性质如何，学术界有两种截然不同的看法，多数学者认为民屯“谓之官田”，也有学者认为民屯与军屯不同，其性质是地道的民田。我们认为荒芜土地还没有授与民垦之前应归封建国家所有，但按政策授给农民开垦成熟后，允许“永为己业”或“以为常业”。则其所有权性质就发生了变化。民屯田地就属于民田的一部分了。其理由主要有二：一是国家在发布移民屯垦的政令时明确宣布：屯农“以所种田为己业”或“开垦成田，永为己业”，即永远归他们所有。二是民屯田地可由屯农进行典卖处分。可否买卖处分是官田、民田在法律上的根本区分，屯田的典卖行为至少得到了司法实践的许可。如明末官僚祁彪佳任福建兴化府推官时就处理过屯田典兑的案件，兹录为证：

审得李应会以屯田二十八亩兑林东升，东升兑之刘长祖，得价伍拾两，长祖又借郭有德银伍拾两修砌，今田系有德暂收纳粮，以递年子粒偿有德之利，长祖无伍拾两之赏，此田终为郭有，应会子孙求赎，亦理所应者，着以捌拾两赎回可也。[①]

如果民屯田地亦属民田的话，那么明初由于垦荒和民屯，扩大了自耕农土地所有权的范围，但广大自耕农的经济是脆弱的，他们要承担繁重的赋税和徭役，又受天灾人祸的不断侵扰，他们仅有的土地常常被典押、出卖，其所有权因而处于不稳定的状态之中。

以上所列私人土地所有权的四种形式中，各自行使其所有权的方式有所不同。一般而言，前三者因其占有支配土地的数量较大，因此需要把土

① 《莆阳谳牍》(不分卷)。

地租佃给农民或佃户耕种，地主收取地租，其所有权在本质上是一种攫取他人劳动成果的权利。而自耕农可支配的土地有限，靠自己的劳动来行使其所有权，是一种基于自己劳动产生的权利。

3. 共有土地所有权

共有土地所有权主要是族产，但也有乡邻共有山林的情况。

以义庄、祠田、族田、祭田等形式出现的宗族所有土地是族产最主要的组成部分，也是明代土地所有权的一种重要形式。其实最迟于宋代就置有祭田存在，朱子《家礼》中说："初立祠堂，则计见田，每龛取其二十之一以为祭田。亲尽则以为墓田。后凡正位祔者，皆放此。宗子主之，以给祭用。上世初未置田，则合墓下子孙之田，计数而割之，皆立约闻官，不得典卖。"由于族田可"备粮备役备荒年"，带有族内公益福利的性质，因此至明代宗族共有土地不论南北各地都很盛行。如浙江黄岩、于潜、青田等县"族稍大，则置祭田，建宗祠，以为世守"[①]。其他各省情形大致如此，甚至更为发达，如江西、广东等省，全国各地占田数百亩以至数千亩的族田，为数甚多。[②]

明代族田的来源大致有如下几种途径：一是族人众存，二是族人捐赠，三是利用买卖典当等手段兼并私产，[③] 四是政府赐与祭田。

众存族产的来源主要有祖遗、分家存留、绝灭户私产归众以及社田等，如中国社会科学院历史所藏《窦山公家议》中说，窦山公初置族田时"虑户役繁重，应用难量，乃于所存未分田产立文遗嘱，存积以应不给，并所积续买田产，俱永远不许分析"。又如明正德十四年（1519 年）休宁县郑

① 万历《黄岩县志》卷 1《舆地志·风俗》，转引自傅衣凌：《明清封建土地所有制论纲》，上海人民出版社 1992 年版，第 31 页。

② 傅衣凌：《明清封建土地所有制论纲》，上海人民出版社 1992 年版，第 31 页。

③ 关于族产来源的前三种途径，陈柯云先生在《明清徽州族产的发展》一文中的分析值得参考。该文载《安徽大学学报》（哲学社会科学版）1996 年第 2 期。

良曙叔侄《分产合同文约》中约定:“众存祭祀田租”,此外才能阄分。[①]

族人捐赠祭田、学田、义田的情况较为普遍,如正德年间,婺源桃溪潘氏竹山逸叟设墓田二十五亩,“令子孙世守之。岁课其入葺墓道,饬俎豆、清明祭奠如仪。有赢,储以备缓急,毋侵毋售”[②]。又如祁门人胡天禄,曾输田三百亩为义田,以备祭祀及族中婚嫁丧葬贫无依者之资。[③]类似事例屡见诸史籍。宗族内的地主官绅通过捐赠逐渐左右了族内事务,正因为如此,他们也就更热衷于此道。

利用买卖典当等手段兼并私产,也是扩展族田的主要途径之一。其兼并的主要对象是本宗族人,如前引《天启七年吴友恭堂查账契录》中载有出卖田地塘屋给友恭堂的卖契约计五十三件,其中吴姓族人出卖私产的买契就有四十七件。

至于政府赐与祭田,只是具有特殊身份的贵族宗族建立族产的主要形式,不具普遍性。如曲阜孔府庄园就是如此,据记载:“洪武元年(1368年)赐祭田二千大顷,分为五屯、四厂、十八官庄,拨佃户承种,供庙祭及属官廪给,余者为衍圣公俸禄。”[④]

通过种种途径而建置起来的宗族土地,是宗族组织的经济基础,是使宗法关系强化的催化剂。其土地所有权的行使或按族规管理,或由族长左右,或轮流管业,或由族产合约约定,但不管哪种方式,一般都将族田租给族人或其他农户耕种,宗族收取田租。并且不许析分,也严禁盗卖,只进不出,这是宗族土地所有权与私人土地所有权的区别所在。这也是有人为了回赎绝卖土地而将“私业诡称公产”[⑤]的原因所在。

---

① 张传玺:《中国历代契约会编考释》(下),北京大学出版社1996年版,第1101页。

② 《桃溪潘氏本宗谱》卷8《墓田记》,转引自陈柯云:《明清徽州族产的发展》,载《安徽大学学报》(哲学社会科学版)1996年第2期。

③ 《安徽通志》卷1196《义行》,转引自前揭陈柯云文。

④ (清)孔继汾:《阙里文献考》卷26《户田》。

⑤ 《莆阳谳牍》(不分卷)“粮饷道一件欺孤势占事”。

此外，乡邻共有山林也是共有土地所有权的一种存在形式。主要是村社共同约定的禁山，如风水林、水源林以及有特殊用途的山林等。但也还有共同占有、共同经营的山林地。如明宣德七年（1432 年）休宁县谢得亨等分山合同中就有关于共有山的记载：

卅三都谢得亨同吴彦端、李仲接等，共有山一片，坐落九保土名赤岭山，系卑字一千九十七号，计山三亩七分五厘。今为宣德七年砍木下山，各人争论分数。索出契字参看，有吴彦端、李仲接二家契字少明。今凭众议，通山以八分为率，得亨六分，彦端合得一分，仲接兄弟合得一分。自立，一样三本，各收一本为照。日后各家无许争论，子孙只凭此合同，永远管业。今恐无凭，立此合同为照。[①]

该合同经立合同人李仲接、吴彦端、谢得亨等七人以及见证人等画押生效，从中可以看到，该共有山林具有按份共有的性质。这说明明代共有关系中已有共同共有和按份共有的区别。

4. 明中后期土地所有、占有关系的变化

由于明代法律对私有土地不加限制，因此伴随着新王朝的建立，土地兼并也随之而来，至明中后期随着土地兼并的加剧，土地所有、占有关系亦发生了很大变化。

首先是皇帝带头兼并土地，通过建立皇庄的形式，占有大量土地。皇庄之设始于永乐年间，其时占地不多。至成化时，皇庄占地七千五百多亩。[②]弘治二年（1489 年）北京周围的皇庄占地一万二千八百余顷。[③]正德十六

① 张传玺：《中国历代契约会编考释》（下），北京大学出版社 1995 年版，第 1089—1091 页。

② 《续文献通考》卷 6《田赋六》。

③ 《明史》卷 77《食货志》。

年（1521年），皇庄占地已达二十万九百一十九顷二十八亩。[①]在皇帝的带领下，贵族勋戚也不甘落后，他们通过钦赐、奏讨、纳献、夺买和直接掠夺等手段，广置田庄，占据大量土地。各王庄占地动辄上万顷，如弘治末年，就藩湖广安陆的兴王庄田达一万顷。又如万历时，神宗分封福王于河南，先赐田四万顷，后因群臣反对，改赐二万顷，河南不足数，以山东、湖广土地补给。[②]公主也有庄田，且占地为数不少。如“熹宗时，桂、惠、瑞三王及遂平、宁德二公主庄田，动以万计”[③]。外戚、宦官亦仿照皇室贵族占夺土地，外戚如景泰时都督汪泉，庄田有一万六千三百余顷。成化时，宪宗王皇后弟王源，原有地仅二十余顷，但他恃势“吞占民产，乃有一千二百二十顷有奇”[④]。弘治时，孝宗一次赐给张延龄田一万六千七百五顷余，周寿田二千顷。宦官同样“多夺民业为庄田”[⑤]。正德时，谷大用侵占民田至万余顷。熹宗时，宦官头目魏忠贤占据土地多达一百万亩以上。

官僚、缙绅也通过各种手段将大量土地据为己有。英宗时，南京附近权豪“侵凌军民，强夺田亩”，“所占民地，达六万二千三百余顷”[⑥]，正嘉之后，随着内阁权力的扩大，“诸公竞营产谋产”[⑦]，如嘉靖时，首辅严嵩父子富可敌国，“广布良田，遍于江西数郡”[⑧]，其接任者徐阶在苏松占田也达二十四万亩。概言之，明中后期官僚、缙绅占地的基本情况是：江南缙绅豪右之家，言其土地，则“占有百亩田者，居十分之六七，占有千亩田者，居十分之三四，占有万亩田者，居千分之一二或百分之一二”[⑨]。东南沿海

---

① 《续文献通考》卷6《田赋六》。
② 《明史》卷77《食货一·田制》。
③ 《明史》卷77《食货一·田制》。
④ 《明宪宗实录》卷204。
⑤ 《明史》卷208《郑自璧传》。
⑥ 《明英宗实录》卷23、卷45。
⑦ 《四友斋丛说》卷34。
⑧ 《明史》卷210《王宗茂传》。
⑨ 《明史》卷251《钱士升传》。

福州，“郡多士大夫，其士大夫又多田产，民有产者无几耳”[①]。在北方，“畿内八府良田，半属势家”[②]。大同、宣府势豪占夺几十万顷膏腴之地，农民因而失业。[③]此外，其他地主和商人利用经济势力也拥有不少土地。

总之，明中后期，皇帝、宗室广置田庄，占有了大量土地，勋戚巨僚、缙绅豪民、富商大贾亦“求田问舍而无底止”。[④]而土地资源是有限的，一部分人占有土地的增多，就意味着另一部分人占有的减少。并且占有大量土地的贵戚勋巨、缙绅豪右和富商大贾，言其财，“大者千百万，中者百十万，以万计者，不胜枚举”[⑤]。皇帝、宗室则更不用说，因此，对他们来说并不存在因“缺少用度”而变卖土地的情况，所占土地只进不出，其数量越滚越大。相反，广大的小自耕农因繁重的赋税徭役或天灾人祸而青黄不接，不得不纷纷典卖土地，甚至被权贵掠夺而去。这就促成了明中后期土地所有、占有关系变化的趋势：皇室勋戚权贵势豪占有越来越多的土地，广大农民拥有的土地则越来越少，甚至大批农民失去土地而沦为佃户、奴仆或成为流民。正如明末崇祯时杨嗣昌所概括的那样：“近来田地有力之家，非乡绅，则富民，……若夫穷民，本无立锥之地。”[⑥]

（二）房屋所有权

房屋所有权是指房屋所有人独占性地支配其所有的房屋的权利。亦即所有人对其房屋进行占有、使用、收益、处分的权利。

---

① 《明史》卷203《欧阳铎传》。

② 《续文献通考》卷2《田赋二》。

③ 《明宪宗实录》卷156。

④ （明）刘同升:《限田均民议》,《古今图书集成·食货典》卷61。

⑤ 《明史》卷251《钱士升传》。

⑥ （明）杨嗣昌:《杨文弱先生全集》卷32《钦奉上传疏》。

《大明律》中所称“官、民房舍”[①]或“官、民房屋”[②]者，即是对房舍所有权形式的划分。“官舍”就是由国家享有独立性支配权的房舍，它包括皇宫、行宫、王宫、官邸、仓库、店舍、驿舍、捕舍、碾磨等。“民房”就是由私人所有的房屋，主要是指住房、铺面、碾磨、牛栏猪圈等。

国家拥有所有权的房舍主要来源于工部的营造，但也有没收犯罪官僚的邸舍。国家房屋所有权的行使主要由行政法规来调整，除各宫中人员和各级公职人员按规定居住外，大多用于公务，一般都禁止租借。如《大明律》规定：“凡监临主守，将系官车船、店舍、碾磨之类，私自借用，或转借与人，及借之者，各笞五十。验日追雇赁钱入官。若计雇赁钱重者，各坐赃论，加一等。”[③]

私人房屋所有权的取得方式主要有营建、购买和继承等。法律对私人房屋所有权的管理和调整较为复杂。涉及房屋所有权标的物的等级限制、房屋共有关系、两宅相连的相邻关系以及房屋典当、买卖、租赁、保护等重要法律问题。关于房屋的典当、买卖、租赁、保护等法律关系将在以后的有关内容中叙述。

《大明律》明确规定，官民房舍各有等第，不得违式僭用，否则追究法律责任。[④]至于房舍的定制，《大明令》有详细的规定：“房舍并不得施用重栱、重檐，楼房不在重檐之限。职官一品、二品，厅堂七间九架，屋脊许用花样兽吻，梁栋、斗拱、檐桷彩色绘饰，正门三间五架，门彩油及兽面铜环。三品至五品，厅堂五间七架，许用兽吻，梁栋、斗栱、檐桷青碧绘饰，正间三间三架，其门黑油兽面摆锡环。六品至九品，厅屋三间七架，梁栋止用土黄刷饰，正门一间三架，黑门铁环。庶民所居堂舍，不过三间

---

① 《大明律·礼律·仪制·服舍违式》。

② 《大明律·刑律·犯奸·失火及放火故烧人房屋》。

③ 《大明律·户律·田宅·私借官车船》。

④ 《大明律·礼律·仪制·服舍违式》，这里的“官房舍”是指官僚私人所有的房屋，与国家所有的“官舍”性质不同。

五架，不用斗栱彩色雕饰。”[1] 这实际上是对私人房屋所有权的一种限制，只允许私人在法定的式样范围拥有所有权。

私人房屋所有权，有单独的，也有共有的。单独房屋所有权人对其房屋的全部享有占有、使用、收益、处分之权。但中国古代几世同堂共屋是很普遍的现象，明代仍然如此。这就涉及共有的房屋所有权问题，诸如修造、使用、析产等。对此，法律没有明确的规定，但民间习惯上由同住族人共同协议订立合同加以调整。如明弘治六年（1493 年）祁门县江庭杰等重修房屋合同即是：“九保住人江庭杰同弟庭富、庭相、江希胜、希旺、仕进共承有祖房屋壹片，因旧屋住歇年久，兄弟叔侄商议，将屋宇重造。议定住歇住基房屋并余山地对半管业，均做均分，江庭杰、庭富、庭相叁人管业壹半，江希胜同弟希旺合得壹半，江仕进分数在内。造屋亦要照分均出银两，买料、应办物件等项，务要依时先付银两纳众，无得推却。候监造屋宇完成，听从照分抽阄，各自装拆住歇。各不许占强欺弱，不许侵占所有众存基地。今议之后，无许故违。如有此等，甘罚花银伍两入众公用，仍依此文为准。又外见有厅屋三间；后面小屋三间，照依对半管业住歇，各无占己欲有。拆倒横屋旧料门窗、户扇、板壁、柱口方铁瓦等项，并系众存，凑造屋宇，无许各人怀私。如有怀私一块入己者，甘罚白银壹钱入众公用。立此为照。”[2] 可见，从房屋所有权共有人的内部关系上来说，各个共有人或者是各自享有应有部分的权利（按份共有），或者是平等地享有权利（共同共有），一般而言，按份共有主要是指居室、火房等，共同共有部分主要有公用堂屋、过道以及空余基地等。

如两宅相连，就会发生相邻关系，这种关系是指毗邻房屋的所有人或使用人在行使相应的权利时发生的权利义务关系。明代法律注意对相邻关系的调整，明太祖的圣谕六条中就有“和睦乡里”，处理好相邻关系是其

① 《大明令·礼令》。

② 张传玺:《中国历代契约会编考释》(下)，北京大学出版社 1995 年版，第 1073 页。

中的应有之义。因此，在皇帝的倡导下，这种相邻关系中的当事人一般都能自行处理好。但也有因相邻关系处理不好而构词兴讼的。明末官僚祁彪佳任福建省兴化府推官时就本着“全亲邻之好”，相互忍让的原则，调处了一起因飞檐滴水和填堵通道衖门而引起的纠纷案。[①]

（三）动产所有权

古代民法所称“财物”，大致为动产，即为田宅以外的能够移动其位置而不破坏其性质和价值的财产。主要包括钱币、生产品、生活用品、畜产、车船等。所谓动产所有权就是古代民法所称的“物主权”，即所有权人独立性地支配其所有的动产的权利。在所有权的发展史上，动产所有权随私有制的产生而首先出现，其关系也较简单，主要是保证财物的存在和被所有权人占有支配。因此，法律对动产所有权调整的重点是其取得方式。

动产所有权按其所有的主体类型不同亦可区分为国家所有权和私人私有权。所有权性质不同，其客体的范围和取得的方式亦有所不同。就其客体而言，国家动产所有权的客体为官物，其范围不受任何限制。私人所有权的客体为私物，其范围受到一定的限制，如违禁物品不得为私人所有。就其取得方式而言，一为原始取得，包括先占取得、劳动生产取得、收取孳息及添附、拾得遗失物、收用埋藏物、时效取得以及国家税收、没收、断入、收赎等；一为传来取得，如买得、受赠、继承等。传来取得留待以后相关节目中详述，原始取得的具体情况综述如下：

1. 先占取得。先占不仅是明代土地所有权取得的一种重要方式，也是动产所有权取得的重要方式。如明律规定：“若山野柴草木石之类，他人已用工力，砍伐积聚，而擅取者”，准窃盗论。[②] 其立法思想是，无主之物，人得共采，他人已用工力即其人之物矣，擅取即取非其有，犹盗之也。可

① 《莆阳谳牍》（不分卷）“本府一起逆父攻掠事免罪卢聪等”。

② 《大明律 · 刑律 · 贼盗 · 盗田野谷麦》。

见，明律肯定了已用工力先占之物的所有权。

2. 劳动生产取得。这是劳动人民取得所有权的最基本、最重要的合法方式。如农民耕种自己土地所获收成，或租种他人土地交纳地租的剩余。又如手工业者利用原材料制造出具有使用价值的产品。

3. 收取孳息及添附。前者如取得放债及典当财物利息，对此明律规定法定利息为“每月取利并不得过三分。年月虽多，不过一本一利”[①]。后者如“栽坌”，即在他人所有的土地上自栽的树木，可按约定取得部分树木的所有权，一般对半均分。[②]

4. 拾得遗失物。明律规定：“凡得遗失之物，限五日内送官。官物还官，私物召人识认。于内一半给与得物人充赏，一半给还失物人。如三十日内，无人识认者，全给。限外不送官者，官物坐赃论，私物减二等，其物一半入官，一半给主。”[③] 这与唐律“诸得阑遗物，……各还官、主”[④] 的规定不同，法律保护的不完全是遗失人的所有权，而肯定了拾得人依法可获得私有遗失物的部分或全部所有权。官物仍为国家取得所有权。

5. 收用埋藏物。明律规定：“若于官私地内，掘得埋藏之物者，并听收用。若有古器、钟鼎、符印异常之物，限三十日内送官。违者，杖八十，其物入官。”[⑤] 可见，发掘人可获得除违禁物品外埋藏物的全部所有权，无须“与地主中分”。[⑥] 违禁物品入官，为国家所有。

6. 时效取得。《大明令》规定：“如有客商病死，所遗财物，别无家人亲属者，告官为见数，行移招，召其父兄、子弟或已故之人嫡妻识认给还。

---

① 《大明律·户律·钱债·违禁取利》。

② 张传玺:《中国历代契约会编考释》(下)，北京大学出版社 1995 年版，第 810、1046 页。

③ 《大明律·户律·钱债·得遗失物》。

④ 《唐律疏议·杂律》。

⑤ 《大明律·户律·钱债·得遗失物》。

⑥ 《唐律疏议·杂律》规定，“凡人于他人地内得宿藏物者，依令合与地主中分”。

一年后无识认者，入官。”[①] 可见，官府可依法定时效取得无人认领的客死商人之遗物。

7. 国家税收、没收、断入、收赎。均为国家动产所有权取得的重要方式。税收主要包括田赋、丁税、商税、田宅过割税等，是国家财政的主要来源。没收即官府将依法应没官的财物，诸如赃物、违禁之物、罪该抄没之物等没官，归国家所有。断入即将无人继承的户绝财产依法断为国家所有。收赎即依法许可罪徒以财物折抵刑罚，其所纳赎资归于国库，《大明律》专附“纳赎诸例图”，详列收赎的种种具体情况，规定其赎项大抵有纳钞、纳钱、纳银、纳马、纳草、纳粮等，史称因收赎“国家得时籍其入，以佐缓急。而实边、足储、振荒、宫府颁给诸大费，往往取给于赃赎二者”[②]。可见，赎资是国家财产所有权取得的一种不可忽视的重要方式。

（四）所有权的法律保护

所有权的法律保护，是指按照法律规定的条件、方法和程序保障所有权人在法律允许的范围内对其所有的财产行使占有、使用、收益、处分权利的制度。明朝和中国古代其他王朝一样，法律对所有权的保护不限于民法，还有刑法、行政法、经济法等。法律保护的重点是土地所有权。因为小农经济是封建社会的基础。“像工具的所有权是手工业经营自由发展的必要条件一样，土地所有权是这种经营方式充分发展的必要条件。”[③] 同时，法律也注意对其他财产所有权的保护。

明朝法律对所有权的保护，一方面确认产权，另一方面禁止侵犯、冒认。

明初，为了解决因垦荒而造成的产业纠纷，法律确认了垦荒先占者有

① 《大明令 · 户令》。

② 《明史 · 刑法志》。

③ ［德］马克思：《资本论》（第3卷），人民出版社1956年版，第1050页。

全部所有权的制度。明太祖诏令："兵兴以来，所在流徙。所弃田，许诸人开垦业之。即田主归，有司于附近拨给耕种，不听争。惟坟墓、房舍还故主，不听占。"[①]一方面确认了逃弃田按先占原则归开垦者所有，另一方面确认了房舍的故主所有权。

明朝全面确认所有权制度始于洪武十四年（1381 年）黄册制度的推行。如前所述，明代黄册以人户为母，田土为子，备载各地的户主姓名、乡贯、役籍以及户下的人丁事产：田塘、山地、房屋、畜产等。并且规定，财产的买卖和产权的转移等须登录在册，再配以鱼鳞图册，"土地之讼质焉"。[②]

明朝产权登记制度的建立，明晰了财产所有权的归属，为解决财产权争端提供了法律依据。如对财产所有权的归属问题发生争议，当事人可向司法机关提起诉讼，请求依法确认所有权。在实践中，土地所有权属纠纷的解决更是如此。我们可以从明代遗存的判牍中看到这样的情形：

本府（福建兴化府）一件盗献卷坟事，杖罪朱尧注等。

审得朱珪之祖向有山肆拾陆亩，一所土名楼梯古，一所土名村石船，一所土名竹仔山。一买之武尚庆，一买之朱长源，一买之柯文魁，管业葬坟久矣。乃有朱尧注称、村石船贰拾伍亩，原系其祖嘉靖年间买之武时秀者。查万年拾年间，黄册原有武时秀户在安乐里四图内，载山肆亩捌分。而尧注称祖所收割过户时秀之贰拾伍亩，则无可考矣。查尧注之户属安乐里肆图陆冬，朱珪之户属安乐里贰图拾冬，肆拾余亩连毗之山，何以肆图？图迥然不同也。仍查左右山邻，吴国柱、郑光振称向系朱珪管业，并无所谓尧注之山。即乡老如出一口，其为珪之山明矣。况尧注称卖主武光现在，而光并不知所为，时秀者又何知武氏之有山卖尧注耶！究其故，系朱尔珍盗砍珪之柴，惧珪执争，故假此以掩过耳，其实于尧注之山无预也。惟是

① 《农政全书》卷 3《国朝重农考》。

② 《明史·食货志》。

武时秀绝甲李一姐户，实载肆亩八分，现属朱孚简名下赔粮，仍听尧注管业。若黄春元之买朱尧注山，现有拾余两之价，宁可俾之落空，着朱珪赔还黄春元十两可也。尧注混争，朱珪纵告尔珍盗砍，并武元康冒名武光假认，时秀偏袒，左斗杖之。[①]

该判例首先确认了争议土地的所有权，然后确定"盗砍"的性质，才适用其他保护方法。这表明，确认所有权是一种独立的保护方法，是采取其他保护方法的前提和基础。

明朝法律在确认产权的同时，禁止对所有权的侵犯，侵犯所有权被认为是一种严重的违法行为，要承担相应的法律责任。其民事保护方法主要是返还财产和赔偿损失。

对不动产所有权的保护，主要是禁止盗卖田宅、盗耕种官民田以及损坏仓库、烧毁房屋等侵权行为。如明律规定，凡盗卖换易及冒认、侵占他人田宅者；强占官民山场、湖泊、茶园、芦荡及金银铜场、铁冶者；将互争及他人田产妄作已业者。除追究刑事责任外，"田产及盗卖过田价，并递年所得花利，各还官给主"[②]。如盗耕种官民田，既要负刑事责任，还要将"花利归官主"。从中可以看到，法律保障所有人对其所有的财产全面行使占有、使用、收益、处分的权利。即使是"盗耕"，因侵犯了土地的使用权，也要承担严重的法律后果，并将收益的"花利"归还土地所有人。另外，明律规定，如损坏仓库、烧毁房屋，除应承担相应的刑事责任外，还要承担相应的赔偿责任。又"凡夜无故入人家内者，杖八十"[③]。

值得指出的是，明律重视对族产的保护，法律规定："若子孙将公共祖坟山地，朦胧投献王府及内外官豪势要之家，私捏文契典卖者，投献之人，

---

① 《莆阳谳牍》（不分卷）。

② 《大明律 · 户律 · 田宅 · 盗卖田宅》。

③ 《大明律 · 刑律 · 贼盗 · 夜无故入人家》。

问发边卫永远充军，田地给还应得之人。”[①] 族产不仅受到国家法律的保护，还受到宗族族规的严格保护。徽州《窦山公家议》就有“禁止子孙将田地、山场、祠墓等件盗卖家外人”的规定。又如社科院历史所藏《万历四十六程本和等四房立合同》中规定：“其所存祀产，枝下子孙毫不得私于售人。如有此等，众誓于怀德堂，先以家法，随以官法重治之，责令取赎外仍外加罚。”因此，明代人观念中，“公产不可鬻也，”“公产”即族产。对族产的保护，实质就是对宗族势力的保护。

至于动产，法律注重保护其存在，因此法律严禁盗窃和毁损财物。盗窃财物不仅要视情况承担相应的刑事责任，还必须将赃物返还原主。毁坏器物同样要承担刑事责任，并负赔偿之民事责任。

还要说明的是，法律对官私物均加以保护，但一般情况下，对官物从严保护。明律在追究侵犯所有权的法律责任时，往往规定，“系官者，加二等，”因此，薛允升在《唐明律合编》中指出：“明律：官物均重于私，惟杀牛马与官同；诈欺财物，官私亦无别，其余则大不相同矣。”

二、永佃权

永佃权即以交租为代价永远佃种所有权人田地的权利，为用益物权的一种。

永佃权在北宋时已出现。据魏泰《东轩笔录》卷八记载，宋英宗时，官府欲将太祖时没官的汜水县官僚李诚的田庄变卖。李庄佃户在汜水县县尉的劝说下，出钱帮助李诚的子孙买回田庄，从而获得了“常为佃户，不失居业”的永佃权。至明中叶，永佃权逐步得到发展，流行于江浙、江西、安徽、福建等东南省份的某些地区，这已为学术界所公认。但明代的永佃权与前代有所不同，它不仅仅是土地的永久占有、使用和收益，而且出现了一田二主制或一田三主制。据顾炎武《天下郡国利病书》记载：“其受田

① 《问刑条例·盗卖田宅条例》。

之家，后又分为三主。……得田者坐食租税，于粮差概无所与，曰小税主。其得租者，但有租无田，曰大租主（民间卖田契券，大率计田若干田，岁带某户大租谷若干石而已）。民间仿效成习久之。租与税遂分为二，而佃户又以粪土银，私授受其间，而一田三主之名起焉（按佃户出力代耕，如佣雇取值，岂得称为田主哉，缘得田之家，见目前小利，得粪土银若干，名曰佃头银。田入佃手，其狡黠者，逋租负税，莫可谁何！业经转手，佃乃虎踞，故有久佃成业主之谣，皆一田三主之名，阶之为厉）。”[①]

明朝永佃权的一田二主制或一田三主制，实际上是土地的所有权与耕作权的分离。这种分离的结果，形成了田底权和田面权。田底权即所有权，田面权即永佃权，田底又称“田骨”，田面则叫“田皮”，与此相对应，土地所有权人称为“骨主”，永佃权人则称“皮主”，双方以土地为客体形成了比较复杂的永佃权法律关系。

首先，皮主有永久租用土地的权利，骨主不得随意撤佃，也不得随意另行招佃。如万历十三年（1585 年）刊《翰府锦囊》中的“不限年月”的租佃契式，以及万历三十五年（1607 年）刊《家礼简仪》中的“永远耕作”的租佃契式，都约定：地主将田地交与佃户之后，除按约定的数额和方式收租之外，佃户对土地享有“永远耕作”权。直到“佃人不愿耕作”为止。[②]佃人获得的“不限年月”或“永远”耕作土地的权利即为永佃权。永佃权使佃人成为“皮主”，享有永久的田面使用权。

其次，骨主可转让处分田骨，但土地所有权的转移，并不影响永佃权的存在，即所谓“换东不换佃”。现见嘉靖、隆庆、万历之后直至崇祯时期的土地卖契中，也有相当数量的卖田骨契约，从中可以看到骨主对田骨所享有的处分权。卖田骨文契一般都载明原租佃人姓名，计租多少，“卖与某某名下收租管业”或“听买人收租如定”等内容，细加分析，这与一

① 《天下郡国利病书》卷 93《福建》。

② 杨国桢、陈支平:《明史新编》，人民出版社 1993 年版，第 295—296 页。

般土地买卖契约言明的“卖与某某名下永远为业”或“听买人永远自行管业”不同，一般土地买卖契约表明了土地所有权的全部权能的转移，而卖田骨文契则突出买主的收益权，即所谓“收租为业”或“收租如定”。因此，在田骨卖契中言明原租佃人及租额情况也就十分必要了，这实际上保证了永佃权的存在。[①]

再次，永佃权可以继承、典押、出卖、转租，表明皮主可以转让处分田皮，并非不得自行转佃私顶、另典。这是明代永佃权的新发展。史称：“其佃人之田，视同已业，或筑为场圃，或构以屋庐，或作之坟墓，其上皆自专之，业主不得问焉。老则以分之子，贫则以卖于人，而谓之雇。得其财谓之上岸，钱或多于本业初价。”[②]可见，佃人可以行使各种田面权：自由处置、继承、转卖等。我们还可从田面卖契和转佃租约中得到进一步的说明。明中叶，已见有卖田面文契，如明弘治十六年（1503 年）休宁县叶思和等卖田面文契即是，该契记载了这样的内容：“十都柒保住人叶思和同弟思琳、思杰，将承父户下原佃到本图汪子寿户田壹号的田面权，立契卖与同都住人胡澄名下。”[③]这印证了永佃权可继承、转卖的记载。不仅如此，甚至还可转佃、再转佃，永佃权关系因之更趋复杂，崇祯十五年五月的一纸租约就反映了这种关系：

立佃约人李奇付，原佃得李三付田乙备，坐落土名树坑硚头，计田一亩五分，计大小田三丘，计硬租十四秤十四斤，先年得价银一两，佃与同春堂，迭年交小租三秤。崇祯十四年十一月，是身凑价银二两六分佃来耕种，交纳正租并同堂春小租。今因江三孙会银，将田转佃与房东李名下为

① 根据张传玺：《中国历代契约会编考释》（下），“明代买卖契约”，北京大学出版社 1995 年版。

② 正德《江阴县志》卷 7《风俗》。

③ 张传玺：《中国历代契约会编考释》（下），北京大学出版社 1995 年版，第 796—797 页。

业，得受价银并酒食银二两八钱。其银契两相明白（以下略）。

崇祯十五年五月初二日

立佃约人　李奇付

代口代笔　谢元禄[①]

最后，皮主有交租的义务，骨主有收取骨租的权利，皮主如欠地租，骨主可以撤佃，但必须交还佃价。在前引“不限年月”和“永远耕作”两则租佃契式中可以看到，永远耕作权的获得是以按约定租额和方式交纳地租为代价的。兹又引一判例以进一步说明问题。

本府（兴化府）一件制骗事，杖罪李会卿等

审得李会卿有祖遗祭田，向佃之周三孙，及三孙负租转佃之许振一，振一已出佃价与三孙，则此田应属振一佃矣，乃会卿又因振一不驯田主，遂令许孟议耕种，所以振一不甘而讦告也。周三孙既退佃而复兴词应杖之，以为好讼者戒；会卿既受振一之佃，复欲求之，则必还振一之佃价，然后可，乃实令孟议耕之，是一田两佃矣，并杖之。[②]

从该例中可以推见，佃权可用“佃价”向地主买得，佃人如负租，地主可以撤佃，但需偿还“佃价”，田主不得随意退佃，另行招佃，否则将受到法律的制裁。

由上可见，永佃权关系在明朝的发展过程中日渐复杂，地骨、地皮可以分别出租、出典、出卖。永佃权人复可以将地租给他人耕种，因而既有佃者的名称，又有业主的身份。这充分反映了商品经济发展条件下田底权与田面

① 《明清徽州契约》，转引自孔庆明、胡留元、孙季平：《中国民法史》，吉林人民出版社1996年版，第528页。

② 《莆阳谳牍》（不分卷）。

权的分离，这种分离既有利于土地改良，也缓和了封建人身依附关系。

三、地基权

地基权就是以交租为代价，在他人地基上建筑房舍的权利。地基权只限于建造房屋，因此，虽然房屋与地基可以各自成立所有权，但房屋是土地的定着物，地基权必然随房屋所有权的成立而成立，并随房屋所有权的变更、消灭而变更、消灭，并不因土地所有权的转移而消灭。尽管“地基”一词在古代屡见使用，但其法律并没有关于地基权的规定，只向来有“租地造屋，拆屋还基”的民间习惯。地基权关系也主要靠习惯和契约调整。

地基权关系比较简单清楚，兹引弘治十一年（1498年）休宁县汪志广租屋基批，以说明地基权双方的权利和义务：

十一都汪志广，今为住屋狭窄，自情愿立还租批，租到屋东汪异耕、汪文昶兄弟侄、汪文朗兄弟侄、汪廷振、汪文明、汪文皑兄弟侄已地，贴本家正屋廒边量定地基叁间，造屋住歇。面议每年交还租谷贰称，做工准还。如不遂命，听自取讨租谷无词。立此租批贰纸为照。

弘治十一年十一月十五日

立租批人　汪志广

见　　人　吴久付

代书人　王宗武[①]

从中可以看到，房基租用人有义务每年交还约定的租谷，但有权利在对方地基上造屋住歇。房基出租人有让与地基的义务，但有每年收取约定地租的权利。

① 张传玺:《中国历代契约会编考释》(下)，北京大学出版社1995年版，第1031—1032页。

四、典权

典权就是典主占有出典人的不动产并使用收益的权利。中国古代，“典”又带有“质”的某些特点，因此典权具有用益物权和担保物权的二重性。

“典当”一词出现较早,《后汉书 · 刘虞传》载:“虞所赍赏，典当胡夷。”然典当成业，当始于南北朝的佛寺质贷。[①]经隋唐五代宋辽金元的逐渐发展和经验积累，至明朝，典权已正式入律，由国家的基本法进行调整，表明典权进一步制度化、法律化。

首先，典权已从传统的典卖不分的含混状况独立出来。

明朝之前，典卖连称，然而典卖不分，法律就不能有效地调整典权关系。明朝中期，法律在内容上将典、卖明确区别开来,《明律集解 · 户律 · 田宅 · 典卖田宅》说:“以田宅质人，而取其财，曰典。以田宅与人，而易其财，曰卖。典可赎，而卖不可赎也。”这就在性质和制度上区别了典、卖的不同。从性质上的不同而言，典仅是作价抵押，而卖则系等价交换。从制度上的差别来看，典可为取赎，而卖则不可回赎。

典、卖的区分，在法律上有重大意义。典、卖既然在性质和制度上都存在差异，因此，用以指导司法实践，则要求典、卖各副名实，不能混淆，错卖为典。贯彻“卖不可赎”原则，有利于减少因典卖不分，卖者亦要求回赎的纠纷，以促进典权制度的健康发展。因此，成化五年十月，经刑部奏准，田地已经实卖过割者，照原立卖契管业，不许再赎，告词立案不行。[②]

其次，典权入律，进一步制度化、法律化。

唐宋时期，典制规定于令例之中，明代，典制不仅在令例中有规定，而且首次将典、卖田宅条纳入正式律文。提高了典权在法律中的地位。《大

---

① 曲彦斌:《典当史》，上海文艺出版社 1995 年版，第 25—30 页。

② 《皇明条法事类纂》卷 12《户部类》。

明律》规定："凡典、卖田宅不税契者，笞五十。仍追田宅价钱一半入官。不过割者，一亩至五亩，笞四十，每五亩加一等，罪止杖一百。其田入官。若将已典、卖与人田宅，朦胧重复典、卖者，以所得价钱计赃，准窃盗论，免刺，追价还主。田宅从原典、买主为业。若重复典、买之人，及牙保知情者，与犯人同罪。追价入官。不知者，不坐。其所典田宅、园林、碾磨等物，年限已满，业主备价取赎，若典主托故不肯放赎者，笞四十，限外递年所得花利追征给主，依价取赎。其年限虽满，业主无力取赎者，不拘此律。"① 该法条对典权的设立、典权的基本制度作出了规定。明确了典权关系双方的权利和义务。兹就该条规定并结合有关契约、判牍等资料对明代典权制度综述如下：

其一，典权的设立。

由于典当与买卖都能使田宅等不动产的占有权、使用权发生转移，因此，典权的设立程序与田宅的买卖程序基本相同，体现在立法技术上，则将这两种程序合二为一加以集中规定，并不能因程序上的合二为一而得出明代仍然是典卖不分的结论，从上引明律"典、买田宅"条关于典权回赎制度的规定来看，典、卖在制度上的区分一目了然。

根据律文的规定，典权的设立必经立契、验税、过割等几个阶段。关于立契，明人陈继儒在《尺牍双鱼》中载有《当田契》和《当屋契》格式，原则性地约定了双方的权利和义务。在实践中，立契还强调立典契人及中见人的署押。验税和过割是法律强求必经的程序，如不税契，除承担刑罚外，"仍追田宅价钱一半入官"。如不过割，同样除承担刑罚外，"其田入官"。此外，有学者认为，明沿用元制，立契之前，须"先行经官给据"，②

① 《大明律·户律·田宅·典买田宅》。

② 张传玺：《中国历代契约会编考释》（下），北京大学出版社1995年版，第722页。引《元典章·户部·田宅·典卖》注"推收"："今后典、卖田宅，先行经官给据，然后立契。依例投税，随时推收。"

因此，典权的设立要经申请官据、立契、验税、过割等手续。

其二，典权关系的权利和义务。

典权关系从形式上看，它是出业人用田宅作为抵押，以换取受业人所支付的价银，而建立的一种互利关系。在这种关系中，一方为出典人，又称业主、原主；一方为典权人，又称现业主、典主。典权人支付的价银称为典价。关于典价如何确定，明代习惯上由立约双方议定，一般为卖价的一半，如明末官僚祁彪佳任苏松巡按时复审的一起房屋典、卖纠纷案所查明的事实就是这样："审得：周吾以房屋一所初典之邵塘、范成，得银五十两，后绝卖得银五十两，原契现在可据也。"① 立契时，一般还同时约定："银不起利，田不起租"或"银无利息，房无租税"。② 可见，出典人有让与典物的义务，收取典价的权利，典权人有占有典物的权利，并承担支付典价的义务。

典权人还有权使用、出租、转典典产，并就典产取得收益，这种收益就是所支付典价的利息，律文称之为"花利"。如遇出典人无力回赎时可加价后取得典物的所有权，即有先买权。相应地，典权人有义务保管典产，修整房屋类典产，③ 并不得托故不肯放赎。

出典人除有权获得典价外，还保留对出典物的回赎权、找绝权。相应地，出典人有不得重复典、卖，不得强赎，限满回赎交还典价的义务。

其三，典权的消灭。

回赎是典权消灭的主要方式，即出典人在限满后向典权人支付原典价而取赎典物。上引律文中规定："其所典田宅、园林、碾磨等物，年限已满，业主备价取赎，若典主托故不肯放赎者，笞四十，限外递年所得花利追征

---

① （明）祁彪佳：《按吴亲审檄稿》（不分卷）。

② 明代陈继儒《尺牍双鱼》载《当田契》《当屋契》。

③ 祁彪佳《莆阳谳牍》"一件抗断事"载："审得：江波原典吴家房一所，典时破坏，典后稍加修整，波转典之卢生廷礦。"表明典权人有处理典产的权利，同时有修缮义务。

给主，依价取赎。其年限虽满，业主无力取赎者，不拘此律。”可见，法律保护出典人的回赎权。但在取赎问题上，除律文已有处理规定的典权人阻拦刁难之情况外，还有其他问题的存在。如有对原典价的争议，则可请求官府按当地惯例判决。[①]如有典产房屋的修整问题，在实践中则按“修整在房房去而修整之费随房而去”的原则处理。[②]

法律保护出典人的回赎权，但律文对“年限虽满，业主无力取赎”的情况，如何处理，没有明确规定。习惯上，出典人可通过找贴，将典产找绝给典权人，如典权人不买典产，也可转卖给他人，收回典价。但惯例的权威和效力有限，容易引起典当田地的纷争，因此，弘治十六年（1503年）十月，“刑部等衙门会议开题；查有见行事例，近年以来，各处问刑衙门不察条例本意，但因告争典当田地，不问原约期限，不计利息多寡，一概断□□坐，于律相悖。合无申明前例，通行内外衙门：凡有军民告争典当田地，务照所约年限，听其业主备价取赎。其无力取赎者，算其花利，果足一本一利，此外听其再种二年，不许一概朦胧归断”[③]。嘉靖二十九年（1550年）重修《问刑条例》规定：“典当田地器物等项，不许违律起利，若限满备价赎取，或计所收花利已够一本一利者，交还原主。损坏者陪（赔）还。其田地无力赎取，听便再种二年交还。”[④]按该例规定，时效亦可使典权消灭。

可见，典权消灭的主要方式是回赎，此外，找绝、别卖以及时效等也是典权消灭的重要方式。

---

① 祁彪佳：《莆阳谳牍》“一件霸占事”载：戴生士琦有房五间，典林生正学之父，原约五年听赎，限满取赎时，士琦称原典价五十两，正学则称原价一百金，且各有契可据。判决认为，当地无一间房而二十两典价之理，听五十两取赎，外加五两以全亲邻之好。

② 《莆阳谳牍》（不分卷）“一件抗断事”。

③ 《大明律直引所附问刑条例·典卖田宅》。

④ 《明代律例汇编》卷5《户律二·田宅》。

最后，值得指出的是，明代不仅土地所有权，而且如前目所述永佃权也成为典权关系的客体，这从另一个侧面表明了明代典权制度发展的程度。中国古代的典当出售，从表面上看，多是因出业人在为应急用，并存取赎之心的情况下发生的，但其背后则受中国古代小农经济和宗法制度的深刻影响。只要宗法性的小农经济没有改变，典当制度就会存在和发展。但明代典权制度的发展也反映了商品经济发展的时代特征。在商品经济的冲击下，弃农经商现象日益增多，一些自耕农也开始与土地脱离，但不忍心变卖祖业，同时又需筹集经商资金。于是对某些人来说，出典无疑是两全其美的办法。明代确存在身怀典银，外游经商的大量现象。如江西南昌一带“人挟子母钱，入虔入粤，逐什一之利，趾相错也”[①]。根据《大明律·户律·钱债》“违禁取利”条推定，“子母钱”包括私债本利和典价及其花利。在此，“子母钱”特指贷款和典银。

五、抵押权、质权

抵押权、质权同属担保物权。在古代民法中往往把“押”与“质”混用，但仔细剖析，两者的性质是有区别的，在具体场合是什么性质，应具体分析。

（一）抵押权

明代称抵押为“抵借”，为了便于分析抵押权的法律特征，兹先引一判例如下：

滑人尹自训，其族兄为尹自讲，有地十七亩，节年抵借尹自训银共十七两三钱，已经议绝此地。而先是自讲又曾典与生员王成机，至今尚有

① （明）郭子章：《郭青螺遗书》卷12，《山溪白溪石塘三桥碑记》。转引自杨国桢、陈支平：《明史新编》，人民出版社1993年版，第322页。

三季未满，以故屡兴讼端，先后两断，量给价钱数千文以偿自训，而地则归之成机，非不曲尽也。然自讲惟赤贫无赖，故一地两主，以致纷争，今又安得青蚨数千为自训偿乎！然自训朝夕便望得地，势又不能断。令成机种满三季之后，此地永归自训，而自讲概不得与，虽望岁之久，不啻河清，然犹愈于虚受阿堵之名，而迄不得其实也。[①]

该例从其性质来看，是一起涉及抵押权关系和典权关系的民事纠纷案。从中可推见抵押权所具有的一般法律特征。

1. 抵押权，是指债务人向债权人提供一定的不动产作为担保债务履行的抵押物，债务人不履行债务时，债权人得依约定以抵押物抵偿或者以变卖抵押物的价款优先得到偿还的权利。该例中，债务人尹自讲以地十七亩作为抵押物，借尹自训银十七两三钱，后因不能偿还债务，故“议绝此地”抵偿。

2. 抵押权人一般不占有抵押物，因而对抵押物也无使用权。从判例中抵押人尹自讲将土地“又曾典与生员王成机”来看，土地并没有转移抵押权人尹自训，尹自训正是因为没有实际占有和使用抵押物，而债又没有得到偿还，才“屡兴讼端”。抵押权的这一点与典权相区别，在典权关系中，典权人占有典物，并有使用典产，就典产取得收益的权利。

3. 抵押权是就抵押物优先受偿的权利。在该例中，同时存在两种物权，即抵押权和典权。在诉讼过程中，曾判决“量给价钱数千文以偿自训，而地则归之成机”。这种判决的理由推定是，抵押权是一种担保物权，从属于债权，其目的在于保证债务人履行偿还义务，故如果债务得到清偿后，抵押权即因主债权的消灭而消灭。但抵押人（债务人）尹自讲无力履行判决，没有数千文以偿抵押权人（债权人）尹自训。最终判决的结果是：“令成机种满三季之后，此地永归自训。”即以抵押物抵偿债务。典权如何得

① 《呰辞》卷 11。

到保护，案例中没有关于偿还典价的记载。大概是明中叶后定例“典当田地器物等项，不许违律起利，若限满备价取赎，或计所收花利已够一本一利者，交还原主”的规定[①]，在司法实践中的反映。但不管怎样，该案例中，债权人尹自训因设立了抵押权而得到了优先偿还。

4. 抵押权的标的物，一般为不动产，如土地、房屋等，这与质权以动产为标的物不同。明代，永佃权、地基权、典权等也可以抵押，但在抵押这些物权时，尽管仍不移转这些物权所代表的实业，但应将有关契证交给抵押权人，这种抵押称为“契押”。

我们从以上所引判例中了解到了明代抵押权的某些法律特征，表明确有抵押权存在。但抵押权因不转移担保物，抵押人还可对抵押物设定其他物权，因此，相形之下，远不比转移占有的担保物权，如典、质等发达。还要指出的是，不能把抵押与抵当混为一谈，抵押与抵当是不同的，抵当必须转移抵当物，抵当也不同于典，典价不起息，以典物的收益充当利息，即出典人不须另付利息，而抵当人则须支付利息。但明代将“质”与“押”混用的情况是存在的。如张肯堂在《䈬辞》中就曾有这样的记载：“吴宪章负宋璞债银七两，以地为质，日久未偿，璞曾讼县，如数断追。”[②]根据抵押权所具有的法律特征来判断，这里的“质”明显具有抵押的性质。

（二）质权

质权就是质权人占有债务人移交的动产，并就该动产优先受偿的权利。这一概念是基本上符合明代质权制度的实际情况的。明代由于典权制度比较发达，一般不以不动产设立质权。同时，质权是以出质人将质物移转给质权人占有而设立的。因此，尽管质权与抵押权同属担保物权，但两者的区别也是明显的：质权的标的物是动产，抵押权的标的物则是不动产；质

① 《明代律例汇编》卷5《户律二 · 田宅》。

② 《䈬辞》卷6。

权的设立须转移标的物的占有，而抵押权则不必。

由于质权人占有质物，使债务人获得了更多的信用，因此，质权较不转移财产占有的抵押权发达。有关质、当的记载，文献中累见迭出。就其形式而言，明代仍有“人质”与“物质”之分。

1. 人质。人质就是债务人以人作质，向债权人担保偿还债务。

中国古代法律向来禁止以良人作质。秦律已明确规定，债权人与债务人之间不准以人质作押。《法律答问》说：“‘百姓有债，勿敢擅强质，擅强质及和受质者，皆赀二甲。’廷行事，强质人者论，予者不论；和受质者，予者□论。”[①] 唐宋时仍禁止“以债负质当人口。”[②] 明代法律继承了这一传统，《大明律》明确禁止以私债准折人妻妾子女，[③] 尽管用人折债与人质在性质上有差别，但其结果与人质几乎相同，据此可以推见，明代仍然禁止以人质债。因此，成化二十二年定例，禁止“诓借钱米，及将妻男图赖”。[④] 这一禁约，实质就是不准以“妻男”作质赖债不还，否定人质的法律效力。

尽管如此，明代仍不乏以人折债和以人质债的实例。譬如，成化二十二年七月，松江府上海县老人陆绪告称：“窃见本处人民，节遭年荒，日食不给，丧葬无力，或因军灶匠役，或徭役各色鲜头不已，举借大户家钱债。至于还期，……受苦不过，或将许人男女并妻小、房屋、器物准与，……存在无力还纳，许人男女被告无还。”[⑤] 我们把“将许人男女并妻小准与”理解为债务人到期不能偿还债务时，则以人作质续借，如再“无力还纳”，以人质抵偿债务，“许人男女”无还，沦为质权人（债权人）的奴婢。根据该讼告词，人质是在债务不能按时偿还的情况下设立的，在债务的延续期间，质权关系存在。此外，还有“当人”的情况存在。如万历

① 《睡虎地秦墓竹简》，文物出版社1978年版，第214页。

② 《庆元条法事类》卷80《杂门杂敕》。

③ 《大明律·户律六·钱债·违禁取利》。

④ 《皇明条法事类纂》卷20《户部类·禁约违禁取利准折财产及借债不还及行图赖例》。

⑤ 《皇明条法事类纂》卷20《户部类·禁约违禁取利准折财产及借债不还及行图赖例》。

十四年（1586年）祁门县人胡喜孙，为娶长媳缺少财礼，而将三男胡社禄当为人质，借到房东洪寿公祀文银乙两柒钱正。其银照例每月加利二分算，约至来年八月间，将本利一并送还。①

2. 物质。物质就是以物作质，向债权人担保债务的清偿。

物质的标的物为动产，大凡有畜产、首饰、衣服、器物等，违禁物除外。明代物质的实例较多，如张肯堂《畨辞》中记载："澶渊人王养粹者，贷杜洪子杜文高钱一千五百文耳，业取其驴为质。"② 又如，万历五年（1577年）祁门县毕伴当，以黑牯牛一头为质，借到洪六房纹银壹两正，其银每月加利二分五厘算，约至年秋间本利一色送还。③ 可见，由于畜产是古代农业经济条件下的重要动产，因此，以六畜作质借贷，一般数额较大。其他动产为质的实例还如明末徽州"在籍之人，强半贫无卓锥，往往有揭其蔽衣残褥，暂质升合之米"。④

以畜产之外的动产如珠宝首饰、衣物器具等作质借贷，其质权人往往是当铺或质库。其质权关系的设立，往往是当借款人生活急需时，以实物去当铺或质库中质钱，由当铺或质库占有质物后，估值借给银钱，并发给"质券"或当票，开明当铺或质库字号地址，所收物品名称、件数，所质借钱数、赎取期限、利息以及票号等。如逾期不赎，质权人取得质物的所有权，或将质物出售抵债。出质人清偿债务，按期照赎，质权人返还质物，质权消灭。其具体情况被描述为："其受当也，首饰衣物直一金者，止当五钱。当十月不赎，则即取当物毁卖，是以十月而收合倍之息矣。""其书质券也，虽重锦例书破旧，虽赤金例书低淡。即于书券之时，预伏将来毁卖，以杜其人告官之端。"⑤ 这虽是江西抚州的情况，但典当业中，这种把质物

① 张传玺:《中国历代契约会编考释》(下)，北京大学出版社1995年版，第1025页。
② 《畨辞》卷5。
③ 张传玺:《中国历代契约会编考释》(下)，北京大学出版社1995年版，第1024页。
④ (清)林云铭:《挹奎楼选稿》卷1《劝当议》。
⑤ (明)艾南英:《天佣子全集》卷6《三上蔡太尊论战守事宜书》。

以贵作贱，以高作低的现象是普遍存在的。其他的盘剥手段也五花八门。

但质权人有保管质物的义务，如质物在质当期间损坏或灭失，视情况赔偿。成化时，法律明确规定：“典当首饰、衣服、器物，起三分取赎，损坏者，量还本利取赎。”[①] 至嘉靖时，法律更进一步规定，典当器物等项，“损坏者赔还”。[②] 其立法宗旨在于保护出质人的利益。

第三节　债

有明一代，债的概念已突破了传统的“责谓假贷人财物未偿者也”[③] 的观念，而向民法债之普遍含义的方向发展。《大明律》新创《钱债》篇，细究其内容，我们发现在明代立法者的观念中，债已含有借贷之债、侵权之债和不当得利之债的意义。这在中国古代民事立法史上无疑是一大进步。借贷财物一般是通过契约的形式而实现的，因此，借贷之债亦即契约之债。契约制度在明朝得到了进一步发展和完善，而成为债的主要发生根据。

一、契约之债概述

（一）契约的定义、形式与成立要件

契约即是双方当事人之间设立、变更、担保和终止民事关系的协议。当事人通过订立契约设立的以债权、债务为内容的民事关系，称为契约之债。当事人之间也可以通过契约变更债和消灭债。如祁彪佳《莆阳谳牍》就记载有通过合同变更债之标的物数量的例证：“审得戴生士熺初借林士述

---

① 《皇明条法事类纂》卷20《户部类·禁约违禁取利准折财产及借债不还及行图赖例》。

② 《明代律例汇编》卷5《户律二·田宅》。

③ 《汉书·淮阳宪王钦传》：“博言负责数百万。”师古注：“责谓假贷人财物未偿者也。”

银拾两，未还，后又借贰拾两，内算利拾两，遂估合肆拾两，写作一契。”[①] 买卖、典卖田宅契约中的“找价”和“加叹”，以及由典当转为绝卖，更是契约变更之债的常见形式。

证明、取信、守法是古代契约的应有之义，《荀子·君道》：“合符节、别契券者，所以为信也。”因此，在契约的形式上突出它的防伪功能，尽管唐宋以后，契约的发展更重视其实质内容，但迄至明代，仍很注意在契式上区别伪券。明天顺七年（1463年），谢士元任建昌知府，“民怀券讼田宅，士元叱白：‘伪也！券今式而所讼乃二十年事。’民惊服，讼为衰止”[②]。

明朝法律对于契约形式并无具体的规定，但民间民事习惯所确认的契约形式已相当规范，并且当事人一般都按各种契式订立契约。仅从张传玺先生《中国历代契约会编考释》所选编的明代契约格式来看，就有卖田、卖屋、卖男、当田、当屋、租田、借贷、典雇、包工、雇船、赁屋、租店、伙资经商等十几种规范的契约格式。

从明朝遗留的各种契约原件及契约格式来分析，明代的契约形式主要有单契和合同契两种。两者在形式上的区别在于：单契是一方出给另一方收执，验证时不发生合券问题的契约，如私人借贷关系中，借钱人向债权人出具的“欠票”即是单契；合同契即律之所称“和同”，一般一契两纸，并予押缝处书有“㕣”或“今立㕣贰本各收壹本日后为照”等字样，双方各执一契，验证时必须合券。两者的共同之处是均为契约，单契虽是单方出给，仍以双方协议为基础。

由于单契是基于双方互相信任，一方出具给另一方的凭证，是契约发展演化过程中而出现的简化形式，它在立契、转移权利手续上比较简便，故至明代，单契成为契约的主要形式，所见明代的大量契约原件多数为单契即是例证。单契也可采用官印契式。《大明令·户令》：“凡买卖田宅、头

① 《莆阳谳牍》（不分卷）。
② 《明史》卷172《张瓒传附谢士元传》。

四，务赴投税，除正课外，每契本一纸，纳工本铜钱四十文，余外不许多取。”崇祯时，户部有“酌采契纸之议”：

户部题为酌采契纸之议，以防漏税事。崇祯八年十一月十二日题前事，奉圣旨，税契改用契纸，既编立号籍，及按季造册报部等项事宜，俱依议严饬实行。如有势豪挠阻，郡邑侵欺等情，该抚按即指参重治，徇隐一体追论。钦此钦遵。备行到州、县。内明按：

大明律一款，凡典买田宅不税契者，笞五十，追田宅价钱一半入官。今奉前因，相应刊印契纸，编定上、中、下号簿，呈送巡按史印钤，给发州、县。责成现年坊长、里长，凡遇典买房产、田、地、山、滩、荡、埄等项，无论乡绅士庶，该坊里长一人，将所领契纸转给受业人户，使出业人将价值数目，眼同填注，随同受业人赴州、县照例纳税，每两三分，即将价目税数填写原颁院印号簿，仍用州、县印钤，盖以便稽查。

一、颁式后，有用白头文约，不用部颁契纸者，不论被人告发及推收编审时验出，即以隐漏科罪，照律追半价入官。坊长中见等役，一并连坐。

一、私用州、县印钤，而非巡按号印者，官吏以侵欺论罪。

一、吏胥勒掯，不即印发，不即收银者，依律重治。

一、税银每两三分之外，如有加耗重者，官吏以赃论。

一、契纸用清水绵料，以便久长。每张纳纸价银三厘，多索者重治。

一、领有契纸，纳过税银者，不许卖主告增价值。

一、部文未到以前，无契纸者，但查已经纳过税银，给有契尾，即免其重税，不得指称漏隐苛索，违者重治。①

如果说崇祯八年之前，是否采用官印契纸还可由当事人选择的话，那

① 中国社会科学院历史所藏契号007368。转引自《明清徽州社会经济资料丛编》第二辑，第559页。

么自此以后，则强制采用官印契纸。其主要目的在于保证契税的征收，但也有明确双方权利义务，提高法律效力，防止争讼之效用。

契约的订立一般都遵照约定俗成的格式或用官颁格眼契纸。更重要的是，契约的成立还须签署画押。从所见明代契约原件的书写格式来看，单契与合同契的签署方法有所不同。

单契只要求立契人一方及其负有连带责任的第三人签名画押，如父亡母在，根据子女不得有私财的原则，还须有母亲同时署押。立契人一般是出卖人、借钱人或佃户等，由于契约有保证、担保之意义，因此，他们在契约上的签名画押，并作出种种保证，旨在保证对方的权利得以实现。尽管订立契约是由“三面（双方当事人及中保人）议定”而使各方的意思表示一致的结果，但从契约签押的要求来看，反映了双方当事人的地位并非平等。附署的第三人有里邻亲属，[①] 有中保人，但主要是中人、保人。中人又称“中见人”“说合中人”“凭中人”“居间人”“见人”等，中人多为买卖、典卖契约中的附署人，他们在契约成立过程中往往起介绍引见、说合交易、议定价金、见证契约成立的作用。保人又称“中证代保人”“代保人”等，他们主要是借贷、租佃、雇佣契约中的附署人，他们除具中人的作用外，还起保证契约履行的作用。由于中保人在契约成立过程中起有不可替代的作用并承担有相应的责任，因此，他们可按契约价金的2%—3%的比例收取费用，称为“中资”或“说合钱”等。[②]

在合同契中，常见有契约双方同署画押的情况，一方称立合同人或立约人，另一方称同立合同人或同约人。合同契所反映的双方当事人的权利和义务也比较平等。其附署情况与单契没有多大差异，但有时不见第三人附署，盖因合同契为一契两支，可合券为验，无需再有第三人为证。

---

① 《教民榜文》：“乡里人民……不得已要将父祖所置田地产业变卖者，许其明立文契，从便出卖。里邻亲属合该画字，不许把持刁蹬，措索财物酒食。”

② 叶孝信：《中国民法史》，上海人民出版社 1993 年版，第 535 页。

（二）契约的效力与责任

依法成立的契约，即具法律约束力，双方必须履行。契约的法律效力具体表现在如下几个方面：

第一，契约当事人之间产生民事权利和民事义务。民间民事习惯信仰“民约如律令”，这表明，当事人的债权和债务尽管是自行约定的，但只要其约定不违反法律的规定和要求，就可得到法律的认可和支持，明朝开国始祖都有“许其明立文契”的教导，[①] 法律对契约行为的保护不容置疑。因此，契约之约定同样是法律上的权利和义务。

第二，契约具有法律强制约束力。由于契约一经依法成立，即受法律保护，因此，任何一方不得随意变更或解除契约，也不得拒绝履行契约约定的义务，如“违契不偿”，不履行契约义务，不仅应承担相应的民事责任，而且还将受到刑事制裁。

第二，契约是处理民事纠纷的主要依据。由于契约是据以确定当事人权利、义务和责任的法定依据，因此，早在西周就已明确规定：“凡以财狱讼者，正之以傅别、约剂。”[②] 在明代的司法实践中，“夫交易止凭契券”的原则常被采用，[③] 甚至有不出示契约则无法结案的情况，明朝判牍文献中有实例可证。成化二年针对田产纷争的增多而定例：“今后军民田地，除典当者许令收赎，其余明卖买，卖买有人亲书画字，契约可验者，即照契约断给。”[④]

需要指出的是，并不是所有的契约都具有法律效力，明代法律对无效契约的情况有比较翔实的规定，我们称这种法定无效的契约为违法契约。无效契约自然没有法律强制约束力，也不能作为处理当事人双方纠纷的依

① 《教民榜文》。

② 《周礼·秋官·士师》。

③ 《詧辞》卷6。

④ 《皇明条法事类纂》卷13《户部类》。

据。明代法律所规定的无效契约主要包括以下几种情况：

第一，私捏文契、虚钱实契无效。《问刑条例》："军民人等，将争竞不明并卖过及民间起科，僧道将寺观各田地，若子孙将公共祖坟山地，朦胧投献王府及内外官豪势要之家，私捏文契典卖者，问发边卫永远充军，田地给还应得之人及各寺观，坟山地归同宗亲属，各管业。"又《大明律·户律·田宅》"盗卖田宅"条："凡盗卖换易及冒认，若虚钱实契典买及侵占他人田宅者"，除追究刑事责任外，"田产及盗卖过田价，并递年所得花利，各还官给主"。

第二，有强索、欺诈之行为的契约无效。如《大明律·名例律》"给没赃物"条："若取与不和，用强生事，逼取求索之赃，并还主"，这类情况包括："恐吓、诈欺、强买卖、有余利、科敛及需索之类。"以强索、欺诈等手段进行的买卖活动，法律不予承认，以欺诈手段而订立的其他契约如借贷契约亦同样无效。如以虚田为质，买嘱中人认虚佃，点虚租而骗借钱物者，不仅要强制追还所借钱物，而且还要追究有关违法者的刑事责任。①

第三，主体不合法的契约无效。如商人未经官府许可，不得买卖盐、茶等限制流通物。又如法律对官吏进行的民事活动有限制性的规定，《大明律·刑律·受赃》"在官求索借贷人财物"条："凡监临官吏挟势及豪强之人求索借贷所部内财物者，并计赃，准不枉法论，强者，准枉法论，财物给主。若将自己物货散与部民，及低价买物，多取价利者，并计余利，准不枉法论，强者，准枉法论，物货价钱，并入官给主。……若私借用所部内马、牛、驼、骡、驴及车船、碾磨、店舍之类，各验日计雇赁钱，亦坐赃论，追钱给主。"成化二年颁例"禁革官员和买货物及令子侄买卖"②，把限制性主体的范围扩大到官员的子女及其亲属。

① 《莆阳谳牍》（不分卷）"一件诓骗事"。

② 《皇明条法事类纂》卷20《户部类》。

第四，标的物不合法的契约无效。各种赃物、违禁物不能成为契约的标的物，限制流通物在未经特许时亦不能成为契约的标的物。如《大明律·兵律·军政》“私卖战马”条：私卖战马，除承担刑事责任外，马匹价银并入官。又如《大明律·工律·营造》“织造违禁龙凤文缎匹”条：“凡民间织造违禁龙凤文纻丝纱罗货卖者，杖一百，缎匹入官。”

契约的效力与契约的责任密切关联，不仅如前引法条所示，违法契约要承担法律责任，而且依法成立的有效契约为法律所保护，对双方当事人具有约束力，当事人如不履行，则须承担相应的法律责任。诸如强制履行、牵制债务人财物、以工折酬、罚金、名誉责任和人身责任等，此外，民间在追偿债务时还有使用私监拷打、准折人妻妾子女等非法责任形式的情况。

其一，强制履行契约。其方式主要是债权人在债务人不履行契约约定义务时，告请官府判令债务人履行给付之义务。所谓“府州县官……循势要所嘱，督追私债”[①]就属于这种情况。在明代判牍中，最为常见的情况有判令返还借款、给付货款和赊购欠资、交纳租金等。由官府强制履行契约，往往与人身责任连同使用，明律规定：“其负欠私债，违约不还者”，首先对债务人实施笞杖刑，之后才“并追本利给主。”[②]另外，强制履行契约的方式也可在契约中约定，譬如有些租佃契约中的“如不遂命，听自取讨租谷无词”，这实际赋予了田主强行逼租的权利。在借贷关系中，债务人无力偿还时，甚至还有债主将债务人“捉回在家私监拷打”的非法逼债方式。[③]

其二，牵制债务人的财物。《大明律·户律·钱债》“违禁取利”条：“若豪势之人，不告官司，以私债强夺去人孳畜产业者，杖八十。若估价过本

① 《明英宗实录》卷127。

② 《大明律·户律·钱债·违禁取利》。

③ 《皇明条法事类纂》卷20《户部类》。

利者，计多余之物，坐赃论，依数追还。”细究该条规定，法律只禁止不告官司而牵制财物，反推之，则言“凡是牵制，必告官司”，牵制债务人的财物只能与私债本利相当，超过即为非法。此外，也可基于两愿，协定以其他财物抵偿。

其三，以工折酬。如吴江县的忙工，就是先向地主“借米谷食用”，农忙时再以工偿债。[①] 又如，弘治十一年（1498年）汪志广所立租屋基契中约定：“每年交还租谷贰称，做工准还。”即以为房东做工折还租谷。[②]

其四，违约交罚金。所见明代买卖契约中常有“违约甘罚银若干”的约定。其具体情况有三：一是“如先悔者，甘罚银若干与不悔人用，仍依此文为准”。二是“如先悔者，甘罚银若干入众公用，仍依此文为准”。三是“如先悔者，甘罚银若干入官公用”。后两种情况有时笼统称为“甘罚银若干公用”。至于为何要约定“如违约，甘罚银若干公用”，“入众”也好，“入官”也罢，盖因缔约双方希望借助公众或官府的力量来保证契约的履行。在明代判牍中如祁彪佳的《莆阳谳牍》也多见有“罚谷若干石”的判词。想必违约受罚在明代的契约行为中已成习惯。

另外，在有关文献资料中，还见有债务人以自己的名誉来担保契约履行的责任形式。如（明）徐三省《世事通考·外卷·文约类》载“伙资经商合约格式”中有：“如违此议者，神人犯其殛。”意即违约者将为神人所杀，为世人所不齿。[③] 又如契约文书中的所谓“甘当背义情罪”，[④] 亦是一种名誉责任形式。

① 弘治《吴江县志》卷5《风俗》。

② 张传玺：《中国历代契约会编考释》（下），北京大学出版社1995年版，第1032页。

③ 转引自张传玺：《中国历代契约会编考释》（下），北京大学出版社1995年版，第1115—1116页。

④ 张传玺：《中国历代契约会编考释》（下），北京大学出版社1995年版，第1053页。

二、主要契约种类

（一）借贷契约

尽管明朝债的含义已有所扩大，但仍以金钱借贷之债为主，法律也设专条对借贷关系进行调整，足见借贷在明朝债法中的地位。

有明一代，法定的借贷形式主要有央中借贷和典当物品借贷两种，即所谓“私放钱债及典当财物”。

央中借贷，即借款人通过中人说合担保向他人求借。这种形式的借贷必须写立契约。其格式与内容如下原件所示：

立借银约人张瑚，系安宁州民，□新化州吏。为因缺用，情愿凭中立约，借到本州民赵□□名下松纹银壹两伍钱，每月共行利巴伍索。其银限至本年三月终一并归还。如若缺少分纹，将约赴官理取。今恐人信难凭，立此借约存照。（押）

实计借纹银壹两伍钱，每月共巴伍索，将号票一张作当。

万历伍年贰月伍日立

借□约人　张瑚（押）

中证代保人　戴　（押）[①]

可见，契约上要写明借贷双方姓名、籍贯，借款原因、数量、日期和利率，并附保证条款，最后借款人和中人签名画押。

典当物品借贷，即借款人以实物向当主（债主）质钱。其方法是借钱人将当物交给当主占有，当主借给银钱并按约定收取利息，写立当契或开

① 张传玺：《中国历代契约会编考释》（下），北京大学出版社 1995 年版，第 1065 页。另，该书第 1066 页还收有《万历十年安宁州孙惟忠借海贝巴文约》，其格式及内容与所引借契基本相同。

具当票，载明回赎期限。逾期不赎，当主有权毁卖所当物品。借钱人按期回赎，清偿债务后，当主返还当物。这是一种以物换钱的借贷关系。

借贷契约当事人的权利和义务，多表现为借用人的义务和出借人的权利。

借用人的义务主要有：

一是按约定归还借贷物，借贷物为银钱的，应归还银钱，无银钱归还而以价值相当的实物折抵的，要取得出借人的同意。借贷物是实物的如谷米等，应归还与原物的数量、质量相同的实物。为了保证债务人履行归还义务，明代法律确认了借贷担保制度，如抵押权、质权制度，以及中保制度。抵押权、质权已于前述。中保制度即借钱人以他人的信誉作保来保证债务的清偿。中保在央中借贷关系中普遍采用。如张肯堂《誊辞》就有实例："蒲民陈茂才习为计然之策，曾贷崔宦本银六百五十七两以营奇赢，而刘思智为之保。"[①] 中保人的主要作用是保证债务人履行契约义务，当借款到期时，要帮助债主催讨债务。当借款人逃跑或确实无力偿还时，还要负责还债。如成化时，苏州府常熟县梅里周泾包眉村，有个名叫徐悌的人，"为所亲周熙假人白金六两，熙无还，债主逼悌偿"[②]。

二是按约定利率支付利息。关于借贷利率，明律规定："凡私放钱债及典当财物，每月取利，并不得过三分。年月虽多，不过一本一利。违者，笞四十。以余利计赃重，坐赃论，罪止杖一百。……并追余利给主。"[③] 即法定利息率为年息不得过36%。明律所定利息率在正统之前基本得到了实行，但正统之后，尽管屡屡申令不得"违禁取利"，但有关高利贷的记载于文献中屡见迭出。据研究："正统之后，年息率最低为60%，最高竟达

---

① 《誊辞》卷9。

② （明）沈周：《石田杂记》，转引自韩大成：《明代社会经济初探》，人民出版社1986年版，第128页。

③ 《大明律·户律六·钱债·违禁取利》。

600%，一般均在100%左右。”[1]为法定利息的几倍，甚至十几倍。

三是按约定期限履行义务。借贷契约中一般都约定有偿还债务的期限。借用人要按期还债。

债务人如不履行以上契约义务，则须承担相应的法律责任，其具体情况已在契约责任中作过介绍，此不赘述。

出借人的权利主要是在约定期限届满时，按约定要求借用人归还借贷物，如为有息借贷，并有权请求借用人支付利息。但不得“不告官司以私债强夺去人孳畜、产业，及准折人妻妾子女”，也不得“违禁取利”。在典当物品借贷关系中还负有保管好当物以及借款人回赎时交还当物之义务。

还要指出的是，明代借贷关系中已出现有“贷本制”，即无资或少资的商人，由人作保向富室大贾借款经营。如前引张肯堂《䓍辞》所记，陈茂才以刘思智作保，贷崔宦本银六百五十七两以营奇赢。又如《金瓶梅》中的商人李智和黄四经营三万香蜡的买卖，需资万两，因缺少资金而央应伯爵从中说合，以五分起利向西门庆借了一千五百两白银从事经营。[2]“贷本制”反映了明代商品经济发展的时代特点。

（二）买卖契约

买卖契约是商品交换的集中反映，随着明代商品经济的发展，买卖活动日趋频繁，交易规模日渐扩大，买卖方式也较为复杂，有国家专卖和私商贩卖，有现金交易和赊购，有自售和包卖、牙行出售，有国内市场和对外贸易。买卖的标的物范围也较广，大到土地、房屋、牛马，小到一般的生产工具和日常生活用品，即有动产买卖和不动产买卖。鉴于此，法律对买卖关系的调整日益规范化，买卖契约的权利、义务、责任也日益具体。

---

① 赵毅：《明代豪民私债论纲》，载《东北师范大学学报》（哲学社会科学版）1996年第5期。

② 《金瓶梅》第三十八回，转引自赵毅：《明代豪民私债论纲》，载《东北师范大学学报》（哲学社会科学版）1996年第5期。

就动产买卖而言，除重要的动产买卖如牛马以及较大规模的交易需订立书面契约外，一般都为即时交易，常采用口头契约的形式成交。但法律对一般动产的买卖关系亦有原则性的规范要求。

第一，强调公平交易，两相和同，禁止卖物以贱为贵，买物以贵为贱。如《大明律·户律·市廛》“把持行市”条：“凡买卖诸物，两不和同，而把持行市，专取其利，及贩鬻之徒，通同牙行，共为奸计，卖物以贱为贵，买物以贵为贱者，杖八十。若见人有所买卖，在傍高下比价，以相惑乱而取利者，笞四十。若已得利物，计赃重者，准窃盗论，免刺。”

第二，确立了卖方瑕疵担保责任原则。如《大明律·户律·市廛》“器用布绢不如法”条：“凡造器用之物，不牢固真实，及绢布之属，纰薄短狭而卖者，各笞五十。其物入官。”又如买卖畜产，如有病欺，则买主可退畜要回价款。张肯堂《晉辞》中有魏人李国栋同牙侩谷文明售病骡一头与李铎花，议价五千钱，先交一千，后铎花审骡有病，则追归文明，并告官司索要价款。[①]

第三，禁止买卖不许流通的财物。有关内容已在前目契约的效力中有所涉及。此不赘述。

法律注意对动产买卖关系的调整，但对土地房屋等不动产的买卖更为重视。

首先，法律要求买卖田宅必须订立契约。朱元璋《教民榜文》：将“田地产业变卖者，许其明立文契，从便出卖”。该谕令亦可理解为，田地产业可以变卖，但须明立文契。法律一再要求“税契”，也表明只有先有契约才有纳税的根据，订立契约是买卖田宅所必经的法定程序。

田宅买卖契约一般以卖契的形式出现，卖契的格式与内容如所引契式所示：

---

① 《晉辞》卷6。

田　契

某都某人，今为无银用度，情愿将己分官、民田几丘，计丈得几亩几分，坐落土名某处。东至某人田，西至某处，南至某处。今将四至明白，欲行出卖。除问亲房人等，不愿承买，凭中说合，出卖与某宅为业。三面商议，卖值时价纹银若干两，其银当日交足，其田即听银主管业，照田收租。至造册之时，除割收户当差，不得刁蹬勒贴赎回等情。其田的系己业，如有来路不明，卖主支当，不涉银主之事。所买所卖，二家各无返悔。今恐无凭，立契存照。①

屋　契

某都某人，今为无银用度，情愿将自己该分祖产遗下房屋几间，大小若干，或带菜园旷地在内。东至某人屋，西至某房，南至某处，北至某处。今将四至明白，欲行出卖，投请房族，无人承买，凭中引到某处，三面言议时值价纹银若干两正。其银即日交足，其房任从买主管业，卖主并无寸瓦片石一木在内。候造册之年，所从除割收，永为己业。其房的系即己应分，并不曾典挡交加，不明荇事。如有各色出，自卖主支当，不涉置买主之事。此系书根，各无反悔。今欲凭立契存照。②

在实际所立卖契中，立卖契人、中人以及亲属乡邻还须签名画押，注明日期。由于明朝法律禁止田宅买卖重复交易，禁止虚钱实契侵古他人田宅，因此，有的契约还注明有“无重复交易，并无债负准折”等语。

从以上所引契式足见买卖双方的权利义务之具体。概言之，出卖方交付标的物并转移产权，买方按约定支付价款并接受标的物。此外，出卖方

---

① 张传玺:《中国历代契约会编考释》(下)，北京大学出版社 1995 年版，第 1008—1009 页。

② 张传玺:《中国历代契约会编考释》(下)，北京大学出版社 1995 年版，第 1010—1011 页。

还须向买方承担追夺担保之责任，即所谓“如有各色出，自卖主支当，不涉置买主之事”之类的保证。

其次，法律重视对田宅买卖关系中产权转移的调整。《大明律 · 户律 · 田宅》“典买田宅”条：“凡典买田宅不税契者，笞五十，仍追田宅价钱一半入官。不过割者，一亩至五亩，笞四十，每五亩加一等，罪止杖一百，其田入官。”产权转移的法定程序有税契、过割两项。明律《笺释》：“典卖田宅，照价多寡，纳税入官。官为印其契券，谓之税契。”又《明史》：“凡民间贸田宅，必操契券请印，乃得收户，则征其直百之三。”① 可见，税契是转移产权的必经程序之一，其税率为 3%。过割就是交付土地权利，同时转移纳税义务。过即过户，产权由卖户转移到买户。割即割粮，纳税义务也由卖户转移到买户。出卖房宅，如不带菜园旷地等地权，则税契后即可收户。由于明代土地买卖“过割”要在黄册上登记，而黄册每十年一造，因此，土地卖契中常有“其税粮至造册之年过割”之类的惯语。

还要说明的是，由于“民间地房价随时值”②，明代田宅买卖中还存在“找价”或“加叹”的问题。史称：“田产交易，昔年亦有卖价不敷之说，自海公（海瑞）以后则加叹杜绝为定例，有一产而加五、六次者。初犹无赖小人为之，近年则士类效尤，腆然不顾名义矣。稍不如意，辄驾扛抢奸杀虏情，诬告纷纷，时有‘种肥田不如告瘦状’之谣。”③ 在明代判牍中还见有房屋买卖“找贴”的实例。④ 关于土地买卖中的找价情况，唐文基先生所撰《关于明清时期福建土地典卖中的找价问题》一文可资参考。⑤ 在法律上，找价行为即是契约的变更。但明朝法律对找价问题没有具体的规

① 《明史 · 职官志》。

② 《实政录》卷 3《有司杂禁》。

③ 《云间据目抄》卷 2。

④ 如祁彪佳《莆阳谳牍》“本府一件踞巢杀命事杖罪陈元珩等”和“本府一件夺巢惨骗事笞罪黄夔龙”，即为卖房屡索“找贴”或“找价”而起纷争的实例。

⑤ 该文载《史学月刊》1992 年第 3 期。

定，主要依靠官府的判决来解决，至清代才最终在法律上解决了这一问题。

（三）租佃契约

明朝由于货币地租的出现，人身依附关系逐渐削弱，租佃契约关系的形式和内容都有了新的发展，其趋势是注意保护承佃人的耕作权，尤其是永佃权的出现，佃农或多或少地免除了地主任意撤佃增租之苦。但由于土地和大部分生产资料控制在地主手中，因此租佃契约关系中双方的地位不平等，佃户除交租外，对地主还承担许多其他义务，如中原一带的佃户至明中叶还须为地主“夜警资为救护，兴修赖其筋力，杂忙赖其使命”。[①] 甚至还存在佃仆制这种落后的租佃关系，如徽州胡氏佃仆文约原件所示，胡氏世代沦为洪姓地主的佃仆长达约二百年之久。[②]

明朝租佃契约的形式，可分为地主招佃的招佃契式和佃农承佃的承佃契式两种，杨国桢先生在《明清土地契约文书研究》中的这种分类是有根据的。

租佃契约的内容如何，可引一原件佐以分析：

二十一都现住五都住人胡三乞、尚德等，今租到五都洪□□名下田一备，计一丘，坐落土名塘下坟边。东、南至洪山，西至洪田及洪地，北至潘田。其田每年议还硬租早谷五秤。若交银，每年交纹银贰钱伍分。其银每年收租之时送上门交还，不致少欠。每年信记鸡乙只。今恐无凭，立此为照。

嘉靖九年七月　日情愿立租帖人　胡三乞

胡尚德

中　见　饶　英

依口代书人　万　慈[③]

---

① 《实政录》卷2《小民生计》。

② 刘和惠：《明代徽州胡氏佃仆文约》，载《安徽史学》1984年第2期。

③ 张传玺：《中国历代契约会编考释》（下），北京大学出版社1995年版，第1034—1035页。

可见，租佃契约一般要写明租田人姓名、籍贯、租佃标的物、地租额及交租方式（有的契约还有交租期限）、承佃人的其他义务、签约时间、立租约人及中人签字画押等内容，有的契约还有承租人违约责任的内容。

在租佃契约中，权利义务往往是分裂的，分别由地主和佃农负担。佃农的主要义务是按约交纳地租，有的地方佃农有退佃的自由，今年耕种，“明年可以弃而不种”①。永佃制出现后，佃农的耕作权获得了保护，地主不得随意撤佃、另行招佃。地主的主要权利是按约收取地租。

需要指出的是，被认为是佃农单方面尽义务的租佃契约，对地主也同样有法律约束力。我们从下面所引关于租佃关系纠纷的判例来看，可以得出这样的结论。

按察使。一件判杀事。杖罪戴三。

审得：三佃种陈生员鼎田一十八亩，向议十年一更佃，原约犁然在也。至五年时，方及六载，而陈生辄利更佃有夫价、杂费，迫令换约，不直在陈生矣。然为三者，据约拒之，可也。乃肆行辱詈，致陈生情有不堪，饰抢租之词以求胜，控告屯道，在五年十二月也。田属仙土，三属仙人，不欲就谳于泉粮馆，遂于六年三月，控告按察使，牵及捕役李成、王荣矣。以田土细事而互词相讦，致此关彼提迨一载而案未结，追泉馆并于卑馆，一再讯之，殊非莫解之仇、莫决之疑也。夫起衅虽由陈生鼎，而佃人抗田主，致形于辱骂，岂可为训。杖惩不枉。陈生意在争尺寸之利，乃利未得，害随之。茕茕青衿被许年余，亦已苦矣。姑免究。田仍着三照旧布种，至满十年，交换如约。……李成、王荣，姑并免究。②

可见，尽管佃人戴三因辱詈田主陈生鼎而比照“骂尊长”处以杖罪，

① 《西园闻见录》卷 40《蠲帐前》。
② 《莆阳谳牍》（不分卷）。

体现了“主佃之分”的法身份观念，但该案根据判为有效的原契约，确定了佃农对争执的土地拥有耕作权，败诉的是地主。

（四）租赁契约

明律称租赁为雇、赁或雇赁。《大明律·户律·田宅》“私借官车船”条：“凡监临主守，将系官车船、店舍、碾磨之类。私自借用，或转借与人，及借之者，各笞五十。验日追雇赁钱入官。若雇赁钱重者，各坐赃论，加一等。”《辑注》：“车船可以行使，故曰雇。店宅、碾磨不动之物，就其处以用之，故曰赁。”明律还禁止私借驿马，违者，除承担刑事责任，也须“验日追雇赁钱入官。若计雇赁钱重者，各坐赃论，加二等”[①]。官物禁止私借，但从追雇赁钱入官来看，官物是可以雇赁的。尽管这些规定是对官物而言的，但可从中推见，车船、店宅、碾磨、牛马等财物的租赁在民间是普遍存在的，并且租赁还须订立契约。所谓租赁契约，就是出租人将出租物交付给承租人使用，承租人向出租人支付租金，并在租赁契约终止时将租赁财产返还给出租人的协议。其实质是有偿转移财物使用权的协议。

租赁契约的形式和内容如陈继儒《尺牍双鱼》载《赁房契》所示：

立赁房契人某，今因无房居住，情愿凭中赁到某名下草/瓦房几间，家火几件，逐一开载明白。每年该赁房银若干，其银陆续支用。自立契之后，如有房屋倒坏，俱在主人承顾。若门户器用稍有失错，赁房人自当赔偿。今恐无凭，立此赁房文契为照。[②]

在实际立契中，还当有立契日期及立契人、中人的签名画押。从所引契式来分析，租赁契约双方当事人就契约的标的、租金、数量、责任等基

① 《大明律·兵律·邮驿·私借驿马》。

② 张传玺：《中国历代契约会编考释》（下），北京大学出版社 1995 年版，第 1070—1071 页。

本条款达成协议，即产生各自的权利和义务。出租人的主要权利是按约定收取租金。相应的义务有：将租赁物按约交付给承租人使用；负责对租赁物的修缮，如房屋倒坏；契约关系终止时接受承租人返还的租赁物。承租人的主要权利是取得租赁物的使用权。承担的主要义务有：如约按期向出租人交付租金；正确使用租赁物并予以妥善保管和爱护；契约终止时及时返还租赁物。

随着商品经济的发展，明朝租赁店铺较为普遍。其契约关系的建立亦有规范的契式可循。徐三省《世事通考 · 外卷 · 文约类》有《租店约批》：

某都某人，今租到某人名下某店房几间，开张。认定每年租银若干。或四季交纳，不致拖欠。凭此为照。①

该契式还附注说："如主人召租，则云租与某人居住，或开张店铺。"可见，明朝房屋、店铺租赁契约关系中亦有房主招租和承租人承租两种形式。

（五）雇佣契约

明朝尤其是中叶以后，雇工耕作已相当盛行，雇工经营工商业也已到处可见。这已是学术界公认的历史事实。如何确定雇工的法律地位，万历十六年（1588 年）正月制定"新题例"明确规定："今后，官民之家凡债工作之人，立有文契、议有年限者，以雇工人论；只是短雇月日、受值不多者，以凡人论。"② 法律正式解除了短工的人身依附关系。他们与雇主往往只订立口头契约。

但"议有年限者"的长工，与主雇仍有主仆名分，他们和雇主订立的"文契"，即为雇佣契约。其格式和内容如徐三省《世事通考 · 外卷 · 文约

① 张传玺：《中国历代契约会编考释》（下），北京大学出版社 1995 年版，第 1071 页。
② 《问刑条例 · 刑律 · 斗殴》"奴婢殴家长新题例"。

类》载《雇工人文约》所示：

立雇约人某都某人，今因生意无活，自请托中帮到某部某名下替身农工一年，议定工银若干。言约朝夕勤谨，照管田园，不懒惰。主家杂色器皿，不敢疏失。其银归按季支取，不致欠少。如有荒失，照数扣算。风水不虞，此系天命。存照。[①]

雇佣契约双方当事人的权利和义务于契式中犁然可见。受雇人要求报酬的权利在契约中有明确的约定，并且也受到法律的保护。明律禁止无偿役使他人，如《大明律》规定："凡有司官司私役使部民，及监工官私役使夫匠出百里之外，及久占在家使唤者。"除追究刑事责任外，"每名计一日，追给雇工钱六十"[②]。又"凡各衙门官吏及出使人员，役使人民抬轿者，……豪富之家，役使佃客抬轿者"，杖六十，并"每名计一日，追给雇工钱六十文"[③]。如雇主拖欠或无理克扣雇工工资，官府一般都判令雇主给付。张肯堂《晉辞》就记载了一则这样的实例：长垣张国甫雇工于吴养书家，积钱数百，寄顿主家，欲为娶妻计。不久为养书所逐，国甫索钱以行，而养书托言惰工并质其钱，因而引起争讼。判词认为："养书小人也。……匿钱致讼，曲在养书。"[④]据此，雇主吴养书理应返还雇工张国甫的工钱。存在人身依附关系的雇佣是如此，在没有人身依附关系的雇佣中，受雇人的情况会更好一些。法律对受雇人雇资的保护，实际上是对雇佣关系双方权利义务的调整。因为雇佣关系的显著特征就是"雇

① 张传玺：《中国历代契约会编考释》（下），北京大学出版社1995年版，第1069页。另，《翰府锦囊》（万历十三年刊本）亦收有类似文契。

② 《大明律·户律·户役·私役部民夫匠》。

③ 《大明律·兵律·邮驿·私役民夫抬轿》。

④ 《晉辞》卷10。

役于人受直也”[①]。

雇佣契约的雇值一般都在契约中约定，如没有约定，则按法律的规定或惯例处理。法定的雇值为每人每日雇工钱六十文。在习惯上，雇值大多以白银计算。“长年一名，工银三两，吃米五石五斗，平价六两五钱，盘费一两，农具三钱，柴酒一两二钱，通十二两。计算地四亩，包价值四两。”[②]如系工商业雇工或“计日受值”，或计件领酬。

（六）运输契约

明朝随着商品交易规模的日益扩大，货物运输也越来越重要，从所见文献资料来看，货物运输已成为民事活动的重要客体。有关货物运输而引起的纠纷亦累见于民事判牍之中。如张肯堂《㽉辞》：“李光明、史国秋皆内黄船户也。先是同受王三德雇值，许为运米至天津发卖，行至小滩，光明舟膠于浅，议并入国秋别舟。”后因“唱筹之际，亏十有三石”而引起纠纷，先是托运人王三德与承运人李光明、史国秋“立合同，期以宽限取偿”，过后两承运人拒付赔偿金，而被告至官府，官府判令两承运人负连带赔偿责任，“即于光明名下追米如数给三德，至国秋或听于私下自相均认，或听光明另行告理盎追国秋……使光明屈位代偿之”[③]。又如祁彪佳《莆阳谳牍》：“龙明江自沙埕贩竹欲回泉州赁黄岫，课只揽载者梢手吴瀛洲也，载至兴化，因海贼纵横，船因留滞于本澳。”无奈，龙明江在途中将原货卖与莆人。托运人与承运人原议水脚钱贰拾陆两，因在中途卸货，只付承运人捌两，后又付贰两，共拾两，尚欠壹拾陆两。判词认为：“其余以瀛洲不肯送至泉州，故短其值。”[④]

① 《正字通》。

② （明）涟川沈氏：《沈氏农书》。

③ 《㽉辞》卷1。

④ 《莆阳谳牍》（不分卷）。

明朝存在运输契约关系是历史事实，承运有“南船北马”之说，“北马”运输契约的格式及内容，因资料阙如，姑且存疑。“南船”货运因船户众多，他们或受雇于民，载运民间货物；或雇佣于官府，运输税粮。再加上水运风险较大，故船运契式已较规范。有契式为证：

某处船户某人，今凭某人保委，将自己船只揽载各客人货物，至某河下交卸、议脚与若干。所装货物不许漏湿损坏。如遇□滩搁浅，若有疏虞，船户甘认，照数赔还。今欲有凭，立契为照。[1]

实契中当还有日期及立约人、中保人签名画押。从所引契式及判牍文献来看，货物运输契约双方当事人的权利、义务犁然可见：（1）托运人的主要权利是要求承运人按契约之规定将货物运至目的地，否则有权减免运费；其主要义务是按约定支付运费。（2）承运人的主要权利是按契约约定收取运费。其义务是使用运输工具将货物运送至指定的地点；并在交货之前负责货物的安全运送和妥善保管；货物如有短缺、损坏，负赔偿责任。关于赔偿问题，《大明律》规定：“若船行卒遇风浪……事出不测，致有损失者，申告所在官司，委官保勘覆实，显迹明白，免罪，不赔。”[2]《大明律集解附例》纂注说：“事出不出而有损失者，则非力之所能及也，故听令申告所在官司保勘覆实，免罪不赔。”[3]尽管这种不可抗力的免责条件是对起运官物而言的，但民间船运货物亦可比照该法律规定处理。

（七）加工承揽契约

明朝实行工匠制度，但工匠服役之外，可自行经营，此外，还有脱籍

---

① 张传玺：《中国历代契约会编考释》（下），北京大学出版社1995年版，第1070页。

② 《大明律·户律·仓库·转解官物》。

③ 《大明律集解附例》卷7《户律·仓库》“转解官物”条。

匠户，他们也需揽活谋生。另一方面，民间的房屋、器物用具亦须有工匠造作。因此，加工承揽关系的存在是社会生活的必然要求，是人们生产和生活中不可缺少的、适用范围广泛的重要民事活动。

加工承揽关系主要靠民间习惯和契约来调整，随着处理加工承揽关系经验的积累和总结，民间形成了规范的包工契约格式，据徐三省《世事通考 · 外卷 · 文约类》的记载，包工契约的形式和内容如下：

> 立议约人某，今包到某人器用几件，用心作造。当日凭中面议：高若干，大若干，俱有旧式照样。该银多少，本银工价一应在内，务宜细察精巧。造完之日，价银依议交足。如有不按原样，悉随减价无说。恐后无凭，立此存照。①

可见，该契式除载明了承包人（承揽人）和发包人（定作人）双方姓名外，对加工或定作器用物品的件数、规格、工价、验收标准以及交货、付款方式均有明确的约定。在实契中还有立约日期、立约人、中人签名画押等形式要件。

加工承揽契约双方当事人的权利义务分别是：（1）承包人（承揽人）应按契约约定的技术条件和质量标准完成工作并交付制作成果，对完成的工作成果瑕疵负担保责任，细察精巧，不得粗制滥造，否则削减工作。同时有权在完成工作并交付成果时要求发包人（定作人）依约支付报酬。（2）发包人（定作人）应按约支付报酬并接受工作成果，但有权要求承包人（承揽人）按约定的规格、技术和质量完成工作，否则可减价付款。

此外，加工承揽契约不得以违式房舍器物之类的造作为标的。按明代法律规定，官民房舍、服饰、器物用品皆有定制，禁止服舍违式僭用。若

① 张传玺：《中国历代契约会编考释》（下），北京大学出版社 1995 年版，第 1070 页。

违式僭用，家长和工匠均须承担法律责任。[①]

（八）寄托保管契约

寄托保管契约即是一方将自己的财物交付他方保管的协议。《大明律·户律·钱债》“费用受寄财产”条：“凡受寄财物畜产而辄费用者，坐赃论，减一等。诈言死失者，准窃盗论，减一等。并追物还主。其被水火、盗贼费失及畜产病死有显迹者，勿论。”《笺释》说：“若隐匿受寄财物而混赖不认者，依诓骗律科之。”可见，按法律规定，受寄人不得使用受寄财物，不得诈言死失。如有费用、死失则在民事后果上“追物还主”。又《问刑条例》：“亲属费用受寄财物，并与凡人一体科罪，追物还主，不必论服制递减。”[②]于此《辑注》说：“寄托财物、畜产多系亲属，若以服制减罪，恐长负赖之风，故一体科之。”

从以上所引法律条文来看，只规定了保管人的义务和责任，旨在保护寄托人的利益。究其原由，盖因“寄托财物、畜产多系亲属”，愿为无偿保管。但不能因此排除有偿保管协议的存在。据《续文献通考》记载，因明初南京比舍无隙地，商货至或止于舟，或贮域外，驵侩上下其价，商人病之，太祖乃命于三山诸门外，濒水为屋，名“塌房”，以贮商货。其货物以三十分为率，内除一分官收税钱，再出免牙钱一分，房钱一分，与看守者收用，货物听客商自卖。[③]其中三十分之二的免牙钱和房钱即具保管费之性质。牙行的设立亦有“安顿其货”的目的，[④]牙行的抽分中理应包括贮存保管费。

① 《大明令·礼令》和《大明律·礼律·仪制·服舍违式》。

② 《问刑条例·户律·钱债·费用受寄财产条例》。

③ 《续文献通考》卷18《征榷一》。

④ 《莆阳谳牍》（不分卷）。

三、侵权之债

（一）侵权之债及其法律调整

侵权是指侵害他人财产或人身权利的不法行为。侵权行为一旦发生，依照法律，受害人有权要求侵害人赔偿，侵害人有义务赔偿受害人的损失。侵害人的赔偿义务也是其应承担的民事责任。因此，侵权行为也是债的发生根据，这种债被称为侵权之债。

中国古代法并无侵权的概念，在古人的观念中，“权利”一词是被运用于贬义的。如汉桓宽《盐铁论 · 杂论篇》：“或尚仁义，或务权利”，把“权利”置于与“仁义”相对立的地位。但与现代民法侵权意义近似的解释是存在的。《唐律疏议》：“侵损于人者，以凡人首从论。”疏议云：“侵，谓盗窃财物。损，谓斗殴杀伤之类。”① 可见，侵含有侵害财产之意，损即损害人身。侵损之义与侵权概念有相通之处，两者皆谓故意或过失不法侵害他人财产或人身权利之行为。明代法律亦有类似的称谓，诸如“毁损”“侵占”“侵夺”“相侵”“侵犯”“侵损”等。《大明令 · 刑令》就有：“再犯及侵损于人者，不准首。”又“凡家人共犯，止坐尊长，侵损于人，各依凡人首从论”。把“侵损”行为看成是一种严重的违法行为，并置于法律的调整范围之内，至于由侵权而发生的损害赔偿之债的事实，则于文献中累见迭出。

明朝法律对侵权之债的调整体现了古代侵权行为制度的特点：

首先，刑民结合，共同调整。对某些侵权行为，在法律责任上，刑事附带民事，既坐且偿；对纯属民事的侵权行为，偿而不坐。也有对某些侵权行为采取以罚代偿，坐而不偿。（1）既坐且偿。一般适用于责任竞合的侵权行为，某些行为既构成民事侵权行为，又构成刑事犯罪行为，二者规

① 《唐律疏议 · 名例律 · 共犯罪造意为首》。

范竞合，在审理时同时适用符合要件的有关规范。例如，甲殴乙至笃疾，伤害人身便构成对社会秩序的威胁，应承担刑事责任，同时又是对人身权的侵害行为，应承担赔偿的民事责任。又如窃盗，既是犯罪行为，又是典型的侵害财产的侵权行为。在这种情况下，两种责任并不互相排斥，对刑事责任的断结，不影响民事责任的追究，诸法合体、民刑不分的法典结构，使这种竞合现象更为常见。（2）偿而不坐。适用于纯粹的民事侵权行为。譬如，误毁、亡失私物，偿而不坐，又如，误杀伤官私牛马，不坐但偿其减价。（3）坐而不偿。诸如“擅食田园瓜果”“失火”等即属此类情况。“擅食田园瓜果”被规定于《户律》田宅门，但对其处理则以坐赃论，律文未提及所食瓜果的赔偿问题，明末判例中，擅食田园瓜果也可适用“得遗失物”的规定，如此，又存在赔偿问题；① 明律对“失火”亦只规定刑事责任，未提及因失火而造成损害的赔偿问题。

其次，严格区分被侵害的对象为侵害人身和侵害财物两大类。侵害人身主要追究刑事责任，但对其处理也可能附带民事责任。侵害财物律有官私之分，对官物的侵害往往既坐且偿，对私物的侵害以赔偿为主，也可能偿而不坐。私物又区分亲属之物和非亲属之物。对两者的侵害所承担的法律责任亦有所不同。有关详情留待后述。

再次，损害赔偿不以实际损失为依据，相同侵害的赔偿数额往往也因法定情形的不同而不一。侵权之债设立的意义在于使受害人的损失可依法而得到补偿，既然如此，损害赔偿理应包括不法侵害所造成的全部损失，但在明代法律的规定中，损害赔偿的范围受诸种法定情形的影响，或取决于侵权行为人主观过错的大小，或取决于侵害人、受害人双方的地位，或取决于刑事责任的轻重情况，或取决于侵权人的经济状况，等等。我们将在侵权行为民事责任的阐述中清楚地看到这一点。

---

① 《莆阳谳牍》：唐弼经过鲁妈孙之园，盗其薯被获，据乡众议罚木戏一台，唐弼不甘受盗之名告至府衙。判曰：弼掘路傍之薯，姑以拾遗失物律之。

最后，强调民间调解。明代法律规定："各州县设立申明亭。凡民间有词状，许耆老里长准受理于本亭剖理。"[①]"民间词状"理应包括侵权纠纷，明代专设长老之职调解轻微刑事案件和部分民事纠纷案，因而调解成为法律明文设立的制度。为了使调解制度得到贯彻执行，明太祖朱元璋还专门发布"教民榜文"，重申将部分民间纠纷委托给当地社会的长老，并授予其调停、制裁权。这种不是依据官厅的裁断，而是更重视依靠长老的调解来解决争端的办法，当然只能是民间调解。不仅律令如此规定，调解在实际中的应用亦多见于文献，如前注引祁彪佳《莆阳谳牍》所记唐弼盗鲁妈孙园中之薯侵权案，就曾经调解而结："弼托唐志元代立一供，弼有手印在，据乡众议罚木戏一台，事已解矣。"可见，调解在明代最高统治者的倡导下，作为一种法定制度，在民间被广泛运用于侵权纠纷案的调结。

（二）侵权行为民事责任的条件

侵权行为是否追究民事法律责任，取决于民事责任要件，从明代法律的有关规定来分析，构成侵权行为，承担民事法律责任，一般须具备如下三个条件：

1. 违法行为

违法行为是指行为人违反法律明文禁止的行为，或指法律虽没有专条明文规定，但依理不应作为而作为的行为。前一种情况，明代法律和前历代一样，多以禁止性规范写入法条中，违者，将被追究法律责任，或在法条中冠以"禁约""不得""不许""不准"等提示词，诸如"禁约侵占田产"[②]，"分过家产，卖过田地，不许重分赎取"[③]等。后一种情况，法律称之为"不

① 《大明律集解附例 · 刑律 · 杂犯》"拆毁申明亭"注。

② 《皇明条法事类纂》卷13《户部类 · 禁约侵占田产例》。

③ 《皇明条法事类纂》卷12《户部类》;《问刑条例 · 户律 · 田宅》。

应为”。[1]

违法行为还包括违法不作为，即法律要求作为而没有作为。如“凡仓库及积聚财物，主守之人安置不如法，晒晾不以时，致有损坏者，计所损坏之物，坐赃论，着落均赔还官”[2]。所谓“安置不如法”“晒凉不以时”就是主守人按法律要求该为而没有作为。又如，见火起，法律要求救助，否则也要追究法律责任。

2. 主观过错

过错是指行为人或因故意，或因过失而完成的违法行为。所谓故意，据晋张斐注律解释“其知而犯之谓之故”[3]，是指行为人明知自己的行为可能产生某种违法后果，而仍然进行此种行为有意促成该违法后果的发生。诸如“故意杀人……”“故意弃毁……”等。至于过失，律称“误杀、伤”“误毁”“过失”等，明律继承了唐律的规定并更加具体化，《大明律·刑律·人命》“戏杀误杀过失杀伤人”条小注云：“过失，谓耳目所不及，思虑所不到，如弹射禽兽，因事投掷砖瓦，不期而杀人者。或因升高险足，有蹉跌，累及同伴。或驾舡使风，乘马惊走，驰车下坡，势不能止。或共举重物，力不能制，损及同举物者。凡初无害人之意，而偶致杀伤人者。……”可见，“过失”不单指违法者的主观心理状态，有时也包括意外事故在内。再引《大明律·刑律·人命》“车马杀伤人”条为据：“若（无故）于乡村无人旷野地内驰骤，因而伤人致死者，杖一百，并追埋葬银一十两。”尽管这纯属意外事故，行为人主观上并无过错，但仍以“过失”论。以上所指“过失”是相对人身侵害而言的。对财产侵害之“过失”，律称“误毁”，且只适用于对私物的侵害行为。《明律笺释》：“夫遗失、误毁在私物则只赔偿，在官物则仍坐罪。以过失所当原，而官物不可误也。”

① 《大明律·刑律·杂犯·不应为》。

② 《大明律·户律·仓库·损坏仓库财物》。

③ 《晋书·刑法志》。

凡是故意造成损害，除承担刑事责任外，有时还附带民事后果。但过失则有所不同，有些侵权行为引起刑事责任并附带民事责任，有些侵权行为只引起民事后果，不负刑事责任，如误毁私物，则“偿而不坐”。

3. 违法行为与损害结果之间存在因果关系

违法行为既然与行为人的主观心理状态攸关而分为故意或过失，因而与损害结果之间也必然存在着因果关系。例如，故意毁损他人财物，造成后果者，即有直接的因果关系，财物的损害是毁损行为人的侵权行为直接导致的结果。但如未造成损害后果，或虽有损害事实，而非因“责任人”的行为引起，则于行为与损害之间没有因果关系，不承担民事法律责任。又如人身侵害法律责任追究的保辜制度，也能说明问题。明律继承了古代的保辜制度，规定：“虽在辜限内，伤已平复，官司文案明白，别因他故死者，各从本殴伤法。”该条小注云：“谓打人头伤，不因头疮得风，别因他故而死者，是为他故，各依本殴伤科罪。”[①]说明损害结果如非该违法行为所致，二者没有直接的因果关系，则不承担因他故而致损害的法律责任。

除上述民事责任构成要件外，在特定的条件下，也可以免除民事责任，这些免责条件主要有：

1. 损害是由不可抗力或意外事故等原因所致，不治罪，不赔偿

《大明律 · 户律 · 仓库》：“凡仓库及积聚财物，……若卒遇雨冲激，失火延烧，盗贼劫夺，事出不测而有损失者，委官保勘复实，显迹明白，免罪，不赔。”又《大明律 · 户律 · 钱债》：“凡受人财物畜产……其被水火、盗贼费失及畜产病死显迹者，勿论。”但如侵害人身造成严重后果者，即使纯属意外事故，也不能免除民事责任。

2. 紧急避险

《大明律 · 兵律 · 厩牧》：“若畜产欲触抵踢咬人，登时杀伤者，不坐罪，亦不赔偿。”

① 《大明律 · 刑律 · 斗殴 · 保辜限期》。

3. 正当防卫

《大明律·刑律·斗殴》："凡祖父母、父母，为人所殴，子孙即时救护而还殴，非折伤，勿论。……若祖父母、父母，为人所杀，而子孙……即时杀死者，勿论。"正当防卫强调"即时"和"防卫程度"，如不是即时的还击行为，或超过必要的限度（与侵害行为相当），仍需承担法律责任。

4. 根据宗法等级原则而减免法律责任

《大明律·刑律·斗殴》："若尊长殴卑幼，非折伤，勿论"；"若家长及家长之期亲，若外祖父母，殴雇工人，非折伤，勿论。……若（雇工人）违反教令，而依法决罚邂逅致死，及过失杀者，各勿论"；"若殴缌麻、小功亲雇工人及奴婢，非折伤，勿论"；等等。按照宗法等级原则，尊长殴卑幼，家长殴雇工人、奴婢都可减免法律责任。在财产方面，如亲属间相盗，关系愈亲则责任愈轻，关系愈疏则责任愈重。《大明律·刑律·贼盗》："凡各居亲属，相盗财物者，期亲减凡人五等，大功减凡人四等，小功减三等，缌麻减二等，无服之亲，减一等。"需要说明的是，按宗法原则减免法律责任主要是在刑事方面。但也不能排除民事责任的减免。如在人身侵害方面，尊犯卑、良犯贱，"勿论"之情形，理应包括民事责任的免除。又如在财产侵害方面，亲属间本来就存在相互接济之义务，因此，在实际生活中也常常被免除诸如赔偿、返还等民事责任，尊长侵占或损害卑幼之财产时，尤其如此。

（三）侵权行为的种类及其民事责任

依侵犯客体的不同，侵权行为可划分为致害人身和损害财物两类，行为人除承担相应的刑事责任外，还要承担相应的民事责任。

1. 侵害人身的民事责任

侵害人身的行为律文中多有所见，概言之，主要包括各种情形之杀伤人，畜产咬踢人，斗殴，骂詈，诬告等。侵害人身，不存在纯粹的民事问题，主要属于刑事，但追究刑事责任的同时，也可能追究诸如给付医药费、征收烧埋银、断付养赡费等形式的民事责任。

（1）给付医药费

给付医药费一般适用于过失杀伤人和殴伤人未致死等情况。明律规定："若过失杀、伤人者，各准斗杀、伤罪，依律收赎，给付其家"，该条小注云："依律收赎，给付被杀、被伤之家，以为营葬及医药之资。"[①] 过失伤人医药费的给付，需参照斗伤罪之法定情形并结合收赎例图来计算。致于殴伤人未致死医药费的给付，可根据医治的实际情况确定。明律规定："凡保辜者，责令犯人医治。"[②]

（2）征收烧埋银

征收烧埋银适用于殴杀人致死，就其性质而言，是对死者埋葬费用的一种补偿金。

征烧埋银的法律规定始见于元律，《元典章》四十二《刑部》卷四：凡误杀、戏杀、谋杀等皆征烧埋银银两。明律继承了元律征收烧埋银的规定，并且更加具体化。《大明律 · 刑律 · 人命》规定，过失杀人，依律收赎，给付被杀之家以为营葬；车马杀伤人致死者，追烧埋银一十两；窝弓杀伤人致死者，追征烧埋银一十两；威迫人致死，追烧埋银一十两。可见，明代征收烧埋银的数额一般为一十两。但从《大明令》的规定来看，烧埋银的征收受刑事责任轻重的影响，刑事责任不至偿命者，征二十两，应偿命者，征一十两。《大明令 · 刑令》："凡杀人偿命者，征烧埋银一十两。不偿者，征银二十两。应偿命而遇赦原者，亦追二十两。同谋下手人，验数均征，给付死者家属。"其立法用意在于通过加重民事责任的追究，对侵害行为进行惩罚，并对受害人家属进行安慰。但《问刑条例 · 刑律 · 杀人遇赦及收赎条例》又作出补充规定："应该偿命罪囚，遇蒙赦宥，俱照大明令，追银二十两，给付被杀家属。如果十分贫穷者，量追一半。"

① 《大明律 · 刑律 · 人命 · 戏杀误杀过失杀伤人》。

② 《大明律 · 刑律 · 斗殴 · 保辜限期》。

使这种用意大打折扣。

（3）断付养赡费

养赡费包括人命案死者家属的养赡费和殴伤致残疾者的养赡费。

断付死者家属养赡费的法定情形主要有："凡杀一家非死罪三人及支解者，凌迟处死，财产断付死者之家。"[①]"凡採生拆割人者，凌迟处死，财产断付死者之死。"[②]因诬告"致死随行有服亲属一人者，绞，将犯人财产一半，断付被诬之人养赡，（仍令备偿路费，取赎田宅）致死罪，所诬之人已决者，反坐以死，亦令备偿路费，取赎田宅，断付财产一半，养其家"[③]，等等。这种情形下的养赡费断付往往为犯人的全部财产，诬告致人死者，虽规定断付财产一半，但还须备偿路费、取赎田宅，实际上也几乎为犯人的全部财产。

殴伤致笃疾者养赡费的断付情形主要有："屏去人服用饮食之物，……令致人笃疾者，杖一百，流三千里，将犯人财产一半，给付笃疾之人养赡。"[④]因斗殴致使"瞎人两目，折人两肢，损人二事以上及因旧患令致笃疾，若断人舌，及损败人阴者，并杖一百，流三千里。仍将犯人财产一半，断付被伤笃疾之人养赡"[⑤]。"若非理殴子孙之妇及乞养异姓子孙，致令……笃疾者，……子孙之妇，追还嫁妆，仍给养赡银一十两。乞养子孙，拨付合得财产养赡。"[⑥]殴伤人致笃疾养赡费一般为犯人财产的一半。

从上述侵害人身的民事责任的追究情况来看，第一，医药费、烧埋银、养赡费的承担都具有刑事附带民事责任的性质。第二，养赡费的断付与医疗费的给付、烧埋银的征收不同，并无法定数额，而只笼统规定断付犯人

① 《大明律·刑律·人命·杀一家三人》。
② 《大明律·刑律·人命·採生拆割人》。
③ 《大明律·刑律·诉讼·诬告》。
④ 《大明律·刑律·人命·屏去人服食》。
⑤ 《大明律·刑律·斗殴》。
⑥ 《大明律·刑律·斗殴·殴祖父母、父母》。

财产或财产一半给被害人之家，因而实际断付数额视侵权人的经济状况而定，并非养赡所需的实际支出费用，而且，在实际执行中不便操作。甚至针对诬告犯的情况，而作出规定："其犯人如果贫乏，无可备偿路费、取赎田宅，亦无财产断付者，止科其罪。"[①] 第三，对于过失杀伤人，往往只追赎银，不再拟罪科刑。这体现了"罚则不科""科则不罚"的传统法律思想，这种情形下的追银，实际上已不再是刑罚，而是民事责任的追究。这种思想发展至清代，则成了律例的明文规定。[②]

2. 侵害财产的民事责任

侵害财产是指非法侵占、损坏他人合法财产而致使他人财产权益受损的行为。明代法律所规定的侵害财产之行为主要有：盗卖田宅，盗耕种官民田，弃毁器物稼穑等，擅食田园瓜果，损坏仓库财物，各种情形的杀伤畜产，官私畜产毁食官私之物，盗窃，水火损害财物，船舶损失官私财物，侵占街道以及妨碍行为等。侵害财产多属民事问题，但在古代法中有时仍追究刑事责任，有时也单独追究民事责任。财产侵权人视其侵权情况而须相应地承担赔偿、返还财产、恢复原状（修立）、排除妨碍等形式的民事责任。

（1）赔偿

赔偿是侵权行为民事责任的主要形式。赔偿分实物赔偿和折价赔偿。

实物赔偿，即损害甲物，以乙物抵偿甲物。弘治二年定例："今后将弃毁器物，务要验放明白，某物责令陪（赔）偿某物。"[③] 该处两个"某物"并非指同一物。

折价赔偿，即按被损害之物的价值赔偿，或依法律规定对损失进行赔偿。明代法律对此有比较具体的规定，譬如：

① 《大明律 · 刑律 · 诉讼 · 诬告》。

② 《大清律例 · 刑律 · 人命 · 戏杀误杀过失杀伤人》附例。

③ 《皇明条法事类纂》卷 13《户部类》。

《大明律·户律·田宅》“弃毁器物稼穑等”条：“凡弃毁器物，……若遗失及误毁官物者，各减三等，并验数追偿。私物者，偿而不坐。”

《大明律·刑律·杂犯》“放火故烧人房屋”条：“其故烧人空闲房屋及田场积聚之物者，各减一等。并计所烧之物，减价，尽犯人财产，折剉赔偿，还官给主。”《纂注》：“减价折剉赔偿，如房屋及在内积聚之物，原值钞三百贯，烧讫者二百贯，烧残者只值一百贯，则令犯人家产折为钞数，剉作几分而赔偿之；如剉折赔偿不及原数者，免追。”

伤害畜产，赔偿减价。《大明律·兵律·厩牧》“宰杀马牛”条：“若故杀他人马牛（驼、骡、驴）者，若伤而不死，不堪乘用，及杀猪羊等畜者，计减价，亦准盗论。各追赔所减价钱。其误杀伤者，不坐罪，但追赔减价。”若故杀缌麻以上亲畜产，除坐罪外，仍追赔减价，如系误杀及故伤者，不坐，但追赔减价。该条小注云：“减价，谓马牛等畜，直钱三十贯，杀讫，止直钱一十贯；是减二十贯价，损伤不死，止直钱二十贯，是减一十贯。”其他如：“故放犬，令杀伤他人畜产者，各笞四十，追赔所减价钱。”[①]

《大明律·兵律·厩牧》“宰杀马牛”条还对官私畜产毁食官私之物及放牧官私畜产损食官私之物的赔偿作了规定：“若官私畜产，毁食官私之物，……畜主赔偿所毁食之物。若放官私畜产损食官私之物者，……各赔所损物。若官畜产，毁食官物者，止坐其罪，不在赔偿之限。”民间还有“田禾禁约”，约定：“禾苗盛长之时，不许纵放牛马践伤，鹅鸭踏食。”违者照例惩罚，以一科十，[②]或“会众赔偿”。

明朝法律对船舶及运输侵害财产的赔偿有明确的规定：“其起运官物，长押官及解物人，安置不如法，致有损失者，计所损失之物，坐赃论，着落均赔还官。若船行卒遇风浪，及失火延烧，或盗贼劫夺，事出不测，而

---

① 《大明律·兵律·厩牧》。

② 张传玺:《中国历代契约会编考释》(下)，北京大学出版社 1995 年版，第 1120 页。

有损失者，……不赔。”[1] 如船舶运输私物而有损失者，亦可推定适用该规定。

从以上所列各种情形，足见赔偿作为主要民事责任被广泛重视，也给我们以这样的印象：在明代几乎所有的由侵权而致的财产损害或损失除法律另有规定外，都须承担赔偿的法律责任。

（2）返还财产

非法取得或侵占他人财产，应当返还原物及其孳息。原物现在返还原物，原物不在则估价或追价还主。

《大明律 · 户律 · 田宅》“盗卖田宅”条：“凡盗卖换易及冒认，若虚钱实契典买及侵占他人田宅者”；“若强占官民山场、湖泊、茶园、芦荡及金银铜场、铁冶者”；“若将互争及他人田产妄作己业，朦胧投献豪势要之人，与者、受者”。除追究其刑事责任外，“田产及盗卖过田价，并递年所得花利，各还官给主”。“典买田宅”还规定：“若将已典卖与人田宅，朦胧重复典卖者，以所得价钱计赃，准窃盗论，免刺，追价还主。”又“盗耕种官民田”条：“凡盗耕他人田者”，除承担刑事责任外，“花利归官主”，此条所谓“盗耕”，实际上是侵占，又含有田地并没有为盗耕者所实际控制之意，田产自然须归还田主。

诸色赃物，一律返还原主或入官。《大明律 · 名例律》“给没赃物”条：“凡彼此俱罪之赃，及犯禁之物，则入官。若取与不和，用强生事，逼取求索之赃，并还主。”“若以赃入罪，正赃见在者，还官、主。”何谓“还官、主”及“见在”，注云：“谓官物还官，私物还主。又若本赃是驴，转易得马，及马生驹，羊生羔，畜产蕃息，皆为见在。”又《大明令 · 刑令》：“强、窃盗贼，止追正赃给主，无主者，没官。若诸人典当、收买盗贼赃物，不知情者，勿论，止追原赃。其价于犯人名下，追征给主。”

可见，返还财产强调返还原物，并且如有孳息也须一起返还。如所追“花利”及“畜产蕃息”即是。

① 《大明律 · 户律 · 仓库 · 转解官物》。

（3）恢复原状

恢复原状即恢复侵害之物的原状或将损害的财产修复。

《大明律·工律·河防》“侵占街道”条：“凡侵占街巷道路而起盖房屋及为园圃者，杖六十，各令复旧。”在实际生活中，如因争水灌田而毁坏水沟，一般也要判令侵权人修复，如祁彪佳《莆阳谳牍》中就有这样的案例：周梦熊之田与吴一杰之田连毗，中隔一溪，溪从两派来自旧立之石瓣，以壹分灌周田，以贰分灌吴田，从无争隙。后因周佃郑茂翰将石瓣毁坏，水多溉之周田，以致吴一杰等告官。判令修立，石瓣照前遵守，还一分之水给周田。[①]

《大明律·户律·田宅》“弃毁器物稼穑等”条还规定：“若毁损人房屋墙垣之类者，计合用修造雇工钱，坐赃论，各令修立。官屋加二等。误毁者，但令修立，不坐罪。”弘治二年，针对“陪（赔）偿者止令出条补钞贯，修理者又令出外修理，徒有陪（赔）偿修理之名”的情况，作出补充规定：“毁损房屋垣墙，须估计合用修造、雇工钱，限修理完备。”[②]

（4）排除妨碍

侵权行为人实施的侵害行为使受害人无法行使或不能正常行使其财产权利，受害人有权请求排除妨碍，即使对尚未发生但又有可能发生的妨碍也有请求排除权。明代律文没有对此作出规定，但在司法实践中，这种民事责任的追究形式是常被采用的，如在田土纠纷中，主张权利的一方，往往会采用各种滋扰行为，非法妨碍他人正常使用土地，此类纠纷的处理就须在确认所有权的同时，还须扫除妨害。此外，也有不是故意或针对某人实施妨碍行为的情况，但其处理原则是一样的，即排除妨碍。兹录一例为据：

① 《莆阳谳牍》（不分卷）。

② 《皇明条法事类纂》卷13《户部类》。

秋雨浓浓，沟洫皆成巨浸，潦之所经，颓垣圮室相望也。滑有什善一集，集南为路，路之稍东为庙，庙南有坑，其邻为王邦祯地，水繇地行，循路而北亩其冲已。僧维经愳古刹之为洪涛也，筑一堤于庙侧，引水东流以纳于坑，以为归墟良便，庸知坑不能受而泛溢于邦祯之地，实势所必至乎。雨集之盈涸可立待，今此地依然平陆，邦祯亦未尝损其粒米，而犹为不必然之虑，是亦不可已矣乎！道旁之争，解纷则已，折衷论之，繇路直而繇坑稍纡，繇路则利害均之，即同作波臣亦是天行之数，而以邦祯之地为尾闾，不顾当者之难为受乎。新堤从毁，水道改正。①

该案最终的判决是“新堤从毁，水道改正”，实际上是排除了妨害王邦祯正常行使地权的障碍物。

第四节　婚姻家庭与继承

一、婚姻关系

《大明律》从户律中独立分出《婚姻》门计十八条，并结合令例、礼制的有关规定，共同调整有明一代的婚姻关系，对婚姻的缔结及解除均有明确而具体的规定，体现了封建婚姻制度的原则和特征。

（一）婚姻立法的原则

婚姻立法的原则，是封建国家婚姻立法的指导思想，是封建婚姻制度本质的集中表现，也是处理婚姻关系必须遵循的基本准则。

① 《嵤辞》卷 8。

1. 宗法等级原则

《礼记·昏义》说：婚姻者“合二姓之好，上以事宗庙，而下以继后世”。在古人关于婚姻的定义里，婚姻的意义是“合二姓之好”，着眼于两个家庭和家族的利益，其目的在于宗族的延续及祖先的祭祀，并非男女个人的意愿。诚如经典作家的评论，在这种婚姻中，“起决定作用的是家世的利益，而决不是个人的意愿”。①

中国历代法律制度辗转相承，并有所发展，明代婚姻立法仍着眼于“合两姓之好”，法律所确定的婚姻制度，从婚姻的缔结到婚姻的解除都充满着封建宗法的内容。如明律在禁止“同姓为婚”②的同时又禁止“娶同宗无服之亲”，③别同宗于同姓之外，尽管其科刑较唐律为轻，④但所体现的立法宗旨除“男女同姓，其生不蕃”外，宗法思想的立意更浓。这与国学儒教的思想是一脉相承的。《孔子家语》说：“同姓为宗，有合族之义，故系之以姓而弗别，缀之以食而弗殊，虽百世，婚姻不得通，周道然也。”婚姻的宗法原则油然而见。其他如主婚权、婚姻的维系以及婚姻的解除无不体现以家族为中心的思想。这将在以后所阐述的相关内容中得到印证。

2. 夫为妻纲的一夫一妻制原则

一夫一妻制度，是封建婚姻的又一基本原则。《法经》杂律：“夫有二妻则诛。”唐律“诸有妻更娶妻者，徒一年”并离之。明律继承了封建婚姻关系中的一夫一妻制原则，明确禁止重婚，规定：“若有妻更娶妻者，亦

① 《家庭私有制和国家的起源》，载《马克思恩格斯选集》（第4卷），人民出版社1972年版，第74页。

② 《大明律·户律·婚姻·同姓为婚》。

③ 《大明律·户律·婚姻·娶亲属妻妾》。

④ 《唐明律合编》卷14说：“唐律同姓为婚徒二年，则同宗无服及袒免之亲，均在其内矣。明律分同姓同宗为两门，亦可，而无服之亲与无亲之妻，一律同科满杖，又无袒免一层，均与唐律不符。”其科刑“较唐律为轻”。

杖九十，离异。”[①]法律维护一夫一妻制原则，其用意仍然在于维护封建宗法制度，法律规定，妻所生之子为嫡子，只有嫡长子才是宗祧的合法继承人，才有“上以事宗庙，下以继后世”的资格。因此，法律只允许有一个正妻，正是为了区别嫡庶，便于嫡长继承，保证宗族的延续。

但这种一夫一妻制所确立的夫妻地位是不平等的，封建法律公开倡导“夫为妻纲”，妻子处于丈夫的支配之下。对妻子而言，只准允嫁一夫，而男子则以公开纳妾为补充，实际上是一夫一妻多妾制，充分体现了封建婚姻的一夫一妻制原则的虚伪性和片面性。尽管明律对纳妾作了某些限制，规定:“其民年四十以上无子者，方许娶妾，违者，笞四十。”[②]但由于法定的处罚轻，又没有强制离异的规定，因此，这样的规定不过是一纸具文，实际上，有明一代有关纳妾的记载累见迭出，法律也采取听而任之的态度，一夫一妻多妾制并没有因法律的限制而受到限制。

3. 礼法并用原则

“礼”调整婚姻关系是中国古代法律的传统。婚姻成立的重要程序“六礼”，主要就是以礼制来规范的。明代沿袭了这一传统，并通过法律的确认，提高了“礼”调整婚姻关系的效力和约束力。《大明令·礼令》:“凡民间嫁娶，并依《朱文公家礼》。”从而确认了“礼”调整婚姻关系的法律地位。

“礼”之适用，见诸文献亦多，《明史·张纨传》说，洪武中张纨为云南参政，裁定丧祭冠婚之制，使滇人遵用之。《明会典》载：“英宗正统十一年，令云南、四川、贵州，所属宣府，宣抚、安抚，长官土司并边夷府州县土官衙门，不分官吏居民，其男女婚姻，皆依朝廷礼法，违者罪之。”足见礼之效力如此。

可见，明代婚姻立法既注意法律的调整，也不忽视礼制的规范，礼法并用，礼多为正面的积极规范，法多是消极的禁止，两者在共同调整婚姻

① 《大明律·户律·婚姻·妻妾失序》。

② 《大明律·户律·婚姻·妻妾失序》。

关系时，其相互关系仍是“礼者，禁于将然之前；而法者，禁于已然之后”。[①]

（二）婚姻的缔结

符合结婚条件并按法定程序缔结的婚姻，即为合法婚姻，受法律的保护。

1. 结婚的肯定条件

（1）适婚年龄

《大明令·户令》：“凡男女婚姻，各有其时。或有指腹割衫襟为亲者，并行禁止。”“指腹为婚”乃男女未生之前，双方父母或祖父母为胎儿预定婚约。因其不符定制，故没有法律效力。所言“男女婚姻，各有其时”，就是指结婚必须要达到适婚年龄。明太祖于洪武三年定制：“凡男年十六、女年十四以上，并听婚娶。”[②]适婚年龄，关系到人的身体素质和社会秩序，为明统治者所重视。但当时民间婚娶，往往不遵守国家法定年龄限制，在一些地方仍然流行早婚。据文献记载：“蜀中俗尚缔幼婚、娶长妇，男子十二三即娶。徽俗亦然。”[③]然而，早婚早聘容易导致讼端，又影响人口的繁殖，故“宜行禁革”。[④]为此，万历年间四川广安、剑阁等地刻立禁止早婚碑，发布都察院示谕，以刑罚的方式强制推行国家法定婚龄，重申男婚须年十五、六岁以上。[⑤]这样一来，“非独可止争讼，是乃厚人伦，美风化，而亦可以蕃生育之性，绝淫泆之端”[⑥]。

---

① 《大戴礼记》卷2《礼察》。

② （明）俞汝楫：《礼部志稿》卷20。

③ 《广志绎》卷5。

④ 《大学衍义补》卷50。

⑤ 白彬：《四川明代万历年间禁止早婚碑初探》，载《四川大学学报》1990年第4期。引有两则内容几乎相同的石刻碑文。其中彭水石刻：“都察院，示谕军民人等知悉：‘今后男婚，须年十五、六岁以上，方许迎娶。’违者，父兄重责枷号，地方不呈官者，一同枷责。万历九年十二月初一日。”

⑥ 《大学衍义补》卷50。

（2）符合一夫一妻制

一夫一妻制既是封建婚姻的基本原则，也是婚姻缔结的必备要件，“若有妻更娶妻者”因不符合结婚的条件，既要承担刑事责任，还要强制离异。

（3）双方家长愿意

由于封建婚姻的本质是“合二姓之好”，以家族为中心，并非男女双方自愿，因此，只要双方家长愿意，其子女的婚姻即可订立。明律规定：“凡男女定婚之初，若有疾残、老幼、庶出、过房、乞养者，务要两家明白通知，各从所愿。”所谓“两家”“各从所愿”即为双方家长所愿。又规定：“若卑幼，或仕宦，或卖买在外，其祖父母、父母及伯叔父母、姑、兄、姐，后为定婚，而卑幼自娶妻，已成婚者，仍旧为婚；未成婚者，从尊长所定。违者，杖八十。”① 该法条表明，直系尊亲属，尤其是男性的直系尊亲属，有绝对的主婚权。婚姻当事人即使有生理或其他缺陷也是如此，要听从家长所愿；婚姻当事人即使“仕宦、卖买在外”，也没有婚姻自主权，除非得到家长的事后追认，已成婚者才具法律效力，如未成婚者，仍从尊长所定，否则，杖八十。因此，诚如瞿同祖先生所指出的：“家长的意志可以命令他的子女与任何一定的人结婚，社会和法律都承认他在这方面的威权，予以强有力的支持，不容子女违抗。于是父母的意志在法律上成为婚姻成立的要件。”② 明代法律正是这样明确赋予直系尊亲属主婚权的，《大明令 · 户令》规定：“凡嫁娶皆由祖父母、父母主婚。祖父母、父母俱无者，从余亲主婚。”但法律赋予家长主婚权时，对其法律责任也作了相应的规定。③

2. 结婚的禁止条件

《大明律 · 户律》“婚姻”门，多为婚姻的禁止条件之规定，主要有：

---

① 《大明律 · 户律 · 婚姻 · 男女婚姻》。

② 瞿同祖：《中国法律与中国社会》，中华书局 1981 年版，第 98 页。

③ 《大明律 · 户律 · 婚姻 · 嫁娶违律主婚媒人罪》。

（1）同姓不婚。《大明律·户律·婚姻》“同姓为婚”条：“凡同姓为婚者，各杖六十，离异。”

（2）亲属不婚。包括同宗亲属及宗亲妻妾不婚；[①] 中表不婚，即姑舅之表兄弟姊妹以及两姨之表兄弟姊妹不得为婚；[②] 外姻尊卑不婚；[③] 同母异父之姊妹及其他不婚[④]，其他不婚情况又包括“妻前夫之女”，以及《问刑条例》所禁继父母之男女无相嫁娶，等等。

（3）良贱不婚。《大明律·户律·婚姻》“良贱为婚姻”条：“凡家长与奴娶良人女为妻者，杖八十；女家减一等，不知者，不坐。其奴自娶者，罪亦如之。家长知情者，减二等，因而入籍为奴者，杖一百。若妄以奴婢为良人，而与良人为夫妻者，杖九十。各离异改正。”

（4）基于身份之限制而不得为婚。包括命妇夫亡不许再嫁；[⑤] 僧道不得娶妻；[⑥] 不得娶逃亡妇女；[⑦] 等等。

（5）有特殊关系之男女不得为婚。包括监临官不得娶部民妇女为妻妾；[⑧] 官吏不得娶乐人为妻妾；[⑨] 相奸男女不得为婚。[⑩]

（6）因特殊事故而在一定期限内不得结婚。如居丧期不得嫁娶，[⑪] 祖父母、父母被囚禁时不得嫁娶。[⑫]

---

① 《大明律·户律·婚姻·娶亲属妻妾》。
② 《大明律·户律·婚姻·尊卑为婚》。
③ 《大明律·户律·婚姻·尊卑为婚》。
④ 《大明律·户律·婚姻·尊卑为婚》。
⑤ 《大明律·户律·婚姻·居丧嫁娶》。
⑥ 《大明律·户律·婚姻·僧道娶妻》。
⑦ 《大明律·户律·婚姻·娶逃走妇女》。
⑧ 《大明律·户律·婚姻·娶部民妇女为妻妾》。
⑨ 《大明律·户律·婚姻·娶乐人为妻妾》。
⑩ 《大明律·刑律八·犯奸》。
⑪ 《大明律·户律·婚姻·居丧嫁娶》。
⑫ 《大明律·户律·婚姻·父母囚禁嫁娶》。

3. 婚姻缔结的程序

符合结婚条件并无禁止条件之情形者，经过一定的程序，婚姻即告成立。明律法定程式为："写立婚书，依礼聘嫁。"[①]

婚书亦即婚约，一般凭媒写立，其内容须载明聘财、男女双方的身份及生庚八字、主婚人、媒人分别画押，两家各执一纸。如系招婿，按《大明令 · 户令》的要求，"须凭媒约，明立婚书，开明养老或出舍年限。"如明知男方有疾残、老幼、庶养之情，女家情愿缔结的婚约，称为私约。虽无婚书，但曾受聘财，视为缔约。婚约具有法律效力。一经订立，不许悔婚违约，另许另聘，也不许违反期约及妄冒，否则要承担相应的法律后果，律例另有规定的除外。[②]《大明律》规定："辄悔者，笞五十。虽无婚书，但曾受聘财者，亦是。若再许他人，未成婚者，杖七十，已成婚者，杖八十。后定婚者，知情，与同罪，财礼入官；不知者，不坐，追还财礼，女归前夫。前夫不愿者，倍追财礼给还，其女仍从后夫。男家悔者，罪亦如之，不追财礼。……若为婚而女家妄冒者，杖八十，追还财礼。男家妄冒者，加一等，不追财礼。未成婚者，仍依原定，已成婚者，离异。其应为婚者，虽已纳聘财，期约未至，而男家强娶，及期约已至，面女家故违期者，并笞五十。"[③]明律规定增加了对男家悔婚的处罚，是婚姻立法的进步。

"依礼聘嫁"实即结婚仪式。《大明令 · 礼令》规定"凡民间嫁娶，并依《朱文公家礼》",《朱文公家礼》把民间婚姻缔结仪式概括地规范为议婚、纳采、纳币、亲迎、见舅姑、庙见等几个阶段。举行结婚仪式的效果在于，将婚姻的缔结公诸亲友邻里，以得到社会舆论的承认，表明婚姻是明媒正

---

① 《大明律 · 户律 · 婚姻 · 男女婚姻》。

② 《皇明条法事类纂 · 户部类》载成化定例："申明定婚五年，无故不娶及夫逃亡过三年不还者，并听告官改嫁例"；又"聘定与人，其夫逃故并买卖在外，年久不回，许令照例改嫁"。

③ 《大明律 · 户律 · 婚姻 · 男女婚姻》。

娶而缔结的。因此，结婚仪式的举行，意味着婚姻正式成立。

（三）婚姻的解除

正如婚姻的缔结根本不考虑男女本人的情感和愿望一样，婚姻的解除也是在宗法思想指导下，以家族利益为原则，以夫妻感情不和为例外。

1. 七出

七出为中国古代传统的离婚条件，谓妻犯有七出者，丈夫可以将妻休去。《大明令·户令》谓七出："无子、淫佚、不事舅姑、多言、盗窃、妒忌、恶疾。"其义据《大戴礼记·本命篇》解释："不顺父母（不事舅姑），为其逆德也；无子，为其绝世也；淫，为其乱族也；妬，为其乱家也；有恶疾，为其不可与共粢盛也；口多言，为其离亲也；盗窃，为其反义也。"可见，七出者，除盗窃仅关系个人的失德外，其他无一不与家族有关，反映了婚姻的目的是以祖宗嗣续为重，以家族为中心，不能达到这种目的的婚姻，自可解除。

妇犯"七出"而去，完全是以男子为中心制定的律条，于妇女而言，根本谈不上公平合理，因此，明人也有对此有异议的。明陈霆《两山墨谈》："妇有七出，其五无可言者，至于恶疾无子，则人之不幸也。概于去之之条，则已适为忍人矣。……夫妇人伦之一也，妇以夫为天，今不矜其不幸而弃之，岂天理哉！"[①] 所幸"以无子去者，律虽设；而未尝用也"[②]。

但"凡妻犯七出之状，有三不去之理，不得辄弃。犯奸者，不在此限"[③]。如犯该令，按《大明律》规定处理："凡妻……虽犯七出，有三不去而出之者，减二等（即杖六十），追还完聚。"[④] 所谓"三不去"者，指"与

① 转引自陈鹏：《中国婚姻史稿》，中华书局1990年版，第618页。

② （清）李慈铭：《越缦堂文集》，转引自陈鹏：《中国婚姻史稿》，中华书局1990年版，第618页。

③ 《大明令·户令》。

④ 《大明律·户律·婚姻·出妻》。

更年三年丧，前贫贱后富贵，有所娶无所归”。其立法用意诚如薛允升《唐明律合编》所言：“七出三不去，本于家礼，既犯七出，有三不去之理，以此推之，七出者，义之不得不去，三不去者，情之不得不留，总以全夫妇之伦也。”[①]

2. 义绝

《大明律》：“凡妻无应出及义绝之状而出之者，杖八十，……若犯义绝，应离而不离者，亦杖八十。”[②] 义绝内容如何，《大明律 · 刑律五 · 诉讼》“干名犯义”条注曰：“义绝之状，谓如身在远方，妻父母将妻改嫁，或赶逐出外，重别招婿，及容止外人通奸。又如本身殴妻至折伤，抑妻通奸，有妻诈称无妻，欺妄更娶妻，以妻为妾，受财将妻妾典雇，妄作姊妹嫁人之类。”明律所释义绝与唐律所称之义绝区别较大，唐律所称“义绝”，包括夫对妻族、妻对夫族的殴杀罪，奸非罪，及妻对夫的谋害罪而言。[③] 明律则侧重于婚姻关系本身的状况。

义绝与七出不同，前者为当然的离婚条件，有犯必须强制离异，其权在法律。“若犯义绝，应离而不离者，杖八十。”且适用男女双方。后者为夫方要求离婚的条件，是否离异，其权在夫。

3. 和离

《大明律》：“若夫妻不相和谐，而两愿离者，不坐。”[④] 这表明虽无七出、义绝之状，如夫妻确因感情不和，无法在一起共同生活，经双方协议，也可以离婚。但单方面的任意离婚无效，妻更无自离于夫之理，“若妻背夫在逃者，杖一百，从夫嫁卖。因而改嫁者，绞。其因夫逃亡，三年之内，而不告官司而逃去者，杖八十；擅改嫁者，杖一百”[⑤]。

---

① 《唐明律合编》卷 14。
② 《大明律 · 户律 · 婚姻 · 出妻》。
③ 《唐律疏议 · 户婚律 · 妻无七出》。
④ 《大明律 · 户律 · 婚姻 · 出妻》。
⑤ 《大明律 · 户律 · 婚姻 · 出妻》。

4. 违律为婚

凡有禁止结婚条件之情形者，皆为违律为婚。“其违律为婚，各条称离异、改正者，虽会赦，犹离异、改正。”[①] 成化二十一年二月，针对违律为婚的情况屡禁不止，经礼部等衙门题准，定例“违律为婚依律问断”。该例称：“男女嫁娶，近年以来，有兄亡收嫂，弟亡收弟妇者，有尊卑为婚，有姑舅而姨娣妹嫁娶者，有同姓为婚者，有居丧嫁娶者，虽律有明条，民不知禁。缘条禁不许牵告不干己事，人有争论，劝伏，有司问出真情，又哀矜主婚男女罪重及罪轻。重者，悯其生有男女幼小，不忍断离，又令和息，从轻发落。自以为阴骘。此非法之不严而人用之不严也。亦非人之好犯，盖人从之犯不止，甚至视作当为。似此民不知耻，心不知正，孝悌无由而生，节义何从而进。伤化败俗，莫甚于此。”因此，“今后各衙门遇有告讦前项违律为婚者，即与受理，从公查勘，审究的确，依律问断，照例发落，不许违于理法，敢有故违，事发一体治罪”[②]。

二、家庭关系

“三纲”既是封建宗法制度的标志，也是处理家庭关系的最高准则。以此为指导而建立的家庭关系必然带有宗法等级的深刻烙印。

（一）夫妻关系

郑玄注《周礼》：“有夫有妇，然后为家。”夫妻关系是家庭关系的基本组成部分。

《仪礼》说：“夫妻牉合也。”“牉合”即“合其半以成夫妇也”。《春秋繁露》说：“妻者夫之合也。”婚姻一经缔结夫妻即合为一体。儒家的夫妻

---

① 《大明律·户律·婚姻·嫁娶违律主婚媒人罪》。

② 《皇明条法事类纂》卷13《户部类·违律为婚依律问断例》。

一体说，为历代封建统治者所承继，并成为古代法以家族为本位的立法思想。因此，妇从夫，是夫妻关系的本质特征，夫妻双方在法律上无平等权利可言。

1. 从夫冠姓

封建婚姻以男娶女嫁为主，赘入女家为辅，女子婚后即加入夫家，冠以夫姓，以示其身份已属夫家。姓名权是人格权的重要组成部分，女子嫁后改变姓氏的规定，是人格权丧失的一种表现。随着出嫁女与其本宗亲属的降服，她们则进一步从属整个男性家族。妻子在家庭中的地位也就由她丈夫的辈行来决定。[①]

2. 从夫教令

夫有权教令妻子，给以惩戒，甚至杀死。《大明律》规定："其夫殴妻，非折伤，勿论；至折伤以上，减凡人二等。须妻自告乃告。"[②] 这实际上默许丈夫对妻子的惩戒。法律授予丈夫对妻子监护权，则进一步说明了妻处于夫权之下。法律规定："凡妇人犯罪，除犯奸及死罪收禁外，其余杂犯，责付本夫收管。"[③] 甚至在某些情况下，丈夫可以杀死其妻。《大明律》中就有这样的规定："凡妻、妾与人奸通，而于奸所，亲获奸夫奸妇奸，登时杀死者，勿论。"[④] 至于对妻子的骂詈，更是平常之事，也没有禁之于法条，听而任之。实际上骂詈是教令权行使的常用方式。

3. 从夫嫁卖

尽管明代前期法律禁止典雇妻妾，规定："凡将妻妾受财典雇与人为妻妾者，杖八十。典雇女者，杖六十。妇女不坐。若将妻妾妄作姊妹嫁人者，杖一百，妻妾杖八十。知而典娶者，各与同罪，并离异，财礼入官；不知者

① 《大明律 · 附图 · 出嫁女为本宗降服之图》。

② 《大明律 · 刑律 · 斗殴 · 妻妾殴夫》。

③ 《大明律 · 刑律 · 断狱 · 妇人犯罪》。

④ 《大明律 · 刑律 · 人命 · 杀死奸夫》。

不坐，追还财礼。”① 但隆庆后“其贫病嫁卖，及后夫用财买娶，别无买休卖休奸情者，俱不坐罪”②。如果说隆庆之前典卖妻妾还是违律行为的话，那么，隆庆之后，典卖妻妾的行为则合法化了。诚如陈鹏先生所言：“惟明清两代，民间习俗，贫不能娶妻，或有妻无子者，仍往往典雇妻妾，以求生子。而贫无以为养者，亦可自卖其妻。”③ 类似情形屡见诸文献，如明张肯堂《辔辞》中就记载多起卖妻案件。举凡“滑民徐自好以家贫鬻妻高氏与李三纲并挈四岁一男，受价四两五钱”④。又“黄治山之鬻妻韩氏也，以贫故”⑤。

若有下列法定情形者，准夫嫁卖，明定于律。

（1）妻犯奸。明律规定：“其和奸、刁奸者，男女同罪。奸生男女，责付奸夫收养。奸妇从夫嫁卖。”⑥ 又：“若买休人与妇人用计逼本夫休弃，其夫别无卖休之情者，不坐。买休人及妇人，各杖六十，徒一年。妇人余罪收赎，给付本夫，从其嫁卖。”⑦

（2）妻私逃。明律规定：“若妻背夫在逃者，杖一百，从夫嫁卖。”⑧

于卖妻之外，甚至还有以妻抵赌注者。明张肯堂《辔辞》载：“胡美立、郭怀参、郭印三人皆赌徒也，常投琼于赵国兴酒肆中，是日，美立每掷皆塞，输钱二千五百文，虽浑身是胆，囊中实未尝持一钱也，已而怀参等征责不已，其家惟有一妻，计无复之，遂偿与怀参为妇。”⑨

4. 从夫代权

如果说妻子在家庭中毫无权利可言，那也是言过其实。尽管在“家无

---

① 《大明律·户律·婚姻·典雇妻妾》。

② 《唐明律合编》卷 26。

③ 陈鹏:《中国婚姻史稿》，中华书局 1990 年版，第 544 页。

④ 《辔辞》卷 3。

⑤ 《辔辞》卷 3。

⑥ 《大明律·刑律·犯奸》。

⑦ 《大明律·刑律·犯奸·从容妻妾犯奸》。

⑧ 《大明律·户律·婚姻·出妻》。

⑨ 《辔辞》卷 3。

二主"[①]的原则下，"父者家之隆也"[②]。女子被排斥于家长之外，但当丈夫亡故，家中又没有成年男子时，寡妻往往可以接替丈夫的家长地位，行使家长之权力。明赵善政《宾退录》："成国公朱勇，死于土木之难，其子独返。母夫人王氏见而责之，曰：'汝父死于国，汝何忍生还。岂利其爵禄，遂弃而不顾耶。'竟命自尽，以次子仪袭封。"[③]又如，张传玺编《中国历代契约会编考释》载有诸多由"母亲主盟"或"奉母指令"而订立的卖田地契，行使着家长财产支配权。但其家长资格的取得是以守志为前提的，只是亡夫之替身，本质上仍是父家长。

在家庭正常的情况下，主妇还拥有家事管理权和一定的财产权。但"社会习惯和法律对于财产权的限制尤为严格。妻虽负处理家事之责，但财政方面，只是按时从夫处领得定额的家用，然后在一定的范围内支配这些资财而已。换言之，她只有行使权，并无自由处分权及所有权，她只能在指定的范围内被授权代理而已，她得对夫负责，越权的处分除非经过追认，是无效的。"[④]因此，主妇的财产权亦从属于丈夫。这从妻之继承能力得到进一步说明，《大明令 · 户令》："凡妇人夫亡无子，守志者，合承夫分，须凭族长择昭穆相当之人继嗣。其改嫁者，夫家财产及原有妆奁，并听前夫之家为主。"如不"守志"，即使是她们原有的妆奁，也不能任其所有和处分。

从上所列可见，夫妻双方在法律上的权利与义务是不平等的，如果我们进一步考察夫妻在刑法上的相互关系，"则我们立即发现法律上夫的地位如尊长而妻的地位如卑幼"。[⑤]

---

① 《礼记 · 坊记》。
② 《荀子 · 致士》。
③ 转引自陈鹏：《中国婚姻史稿》，中华书局 1990 年版，第 558 页。
④ 瞿同祖：《中国法律与中国社会》，中华书局 1981 年版，第 104 页。
⑤ 瞿同祖：《中国法律与中国社会》，中华书局 1981 年版，第 105 页。

（二）父母子女关系

父母子女关系是基于子女出生的事实而发生的，因血缘关系而形成固定的身份，是父母子女关系的显著特征，也是家族本位和宗法制度的直接表现。由于妻妾制度、父母再婚等原因，致使父母子女关系复杂化。

1. 父母子女关系的分类

根据礼俗和律典，明代父母子女关系的种类和称谓名目繁多，父母有所谓“三父八母”，子则有嫡子、庶子、婢生子、奸生子、继子、嗣子、养子等区别。相互间构成的父母子女关系既有父母与婚生子女、父母与非婚生子女之间的关系，又有养父母与养子女、继父母与继子女之间的关系。不同的亲（父母）或子（子女）在法律上的地位是很不相同的。

（1）三父八母

《明史·刑法一》：“大祖谕太孙曰：‘此书（《大明律》）首列二刑图，次列八礼图者，重礼也。’”“八礼图”即《大明律》所附八种丧服图，最后一图就是“三父八母服图”。[①] 所谓“三父”是指三种不同的继父，即同居继父、不同居继父、从继母嫁继父。种类不同，继子所服服制亦不同。①“同居继父”，即共同居住在一起的继父。这种继父又分为“两无大功亲”与“两有大功亲”两类。“两无大功亲”谓“继父无子，己身亦无伯叔兄弟之类”，服制，期年。“两有大功亲”谓“继父有子孙，自己亦有伯叔兄弟之类”。服制，齐衰三月。②“不同居继父”，分为“先曾与继父同居，今不同居”和“自来不曾随母与继父同居”两种，前者服制齐衰三月，后者无服。③“从继母嫁”继父谓“父死继母再嫁他人随去者”，服制，齐衰杖期。

“八母”即养母、嫡母、继母、慈母、嫁母、出母、庶母、乳母。养母“谓自幼过房与人”者的拟制母亲，养子所服服制为斩衰三年；嫡母“谓妾生

① 《大明律·附图·三父八母服图》。

子称父之正妻”，妾生子所服服制为斩衰三年；继母“谓父娶后妻”，继子所服服制斩衰三年；慈母“谓所生母死，父令别妾抚育者”的“别妾”，被育子所服服制斩衰三年。嫁母“谓亲母因父死再嫁他人”，亲生子所服服制为齐衰杖期；出母“谓亲母被父出”，亲生子所服服制为齐衰杖期；庶母“谓父有子妾”，所生子（亲生子）所服服制斩衰三年，嫡子、众子所服服制为齐衰杖期；乳母“谓父妾乳哺者”的奶母，被乳子服制缌麻。

（2）诸子

与一夫一妻多妾制相对应，子女身份也有嫡、庶之分，此外，还有非婚生子女和拟制子女。明代法律确认的诸子及其名分如下：

①嫡长子、嫡子。嫡子谓妻之所生子，[①] 嫡子中的长子称嫡长子，嫡长子在诸子中地位最高，为承嗣和荫袭官爵的当然者，明律规定：“凡文武官员应合袭荫职事，并令嫡长子孙袭荫。如嫡长子孙有故，嫡次子孙袭荫。若无嫡次子孙，方许庶长子孙袭荫。”[②] 可见，嫡子的地位也高于庶子。因嫡长子为承宗嗣和袭封爵而设立，因此，只能为一人。如嫡妻无子，得立庶长子为“嫡子”，[③] 设立拟制的嫡长子。

②庶子。妾所生子称庶子。庶子与嫡子有均等的财产继承权，《大明令 · 户令》：“凡嫡庶子男，……其分析家财田产，不问妻、妾、婢生，止依子数均分。”但在袭爵、婚姻等方面，庶子的地位低于嫡子。袭爵情况如前所述。婚姻方面，如系庶出，则属私约范围，应把情况告知对方，[④] 这一规定表明，庶子的地位不如嫡子。

③婢生子。父与婢所生之子为婢生子。《大明律》“犯奸”门不见有关家长奸婢的规定，想必家长奸婢是法律默许的。唐律曾有“若婢有子，……

---

① 《唐律疏议 · 户婚律 · 立嫡违法》疏“嫡妻之长子为嫡子”，唐以后，凡妻所生之子，皆为嫡子。

② 《大明律 · 吏律 · 职制 · 官员袭荫》。

③ 《大明律 · 户律 · 户役 · 立嫡子违法》。

④ 《大明律 · 户律 · 婚姻 · 男女婚姻》。

听为妾”[①]的规定，如明律在司法实践中继承了这一规定，则意味着婢生子可以依法而成为庶子。实际上，在财产继承方面，婢生子视同如庶子。前引“其分析家财田产，不问妻、妾、婢生，止依子数均分”即为法律依据。

④奸生子。男女因“犯奸”所生之子即为奸生子。《大明律》规定：“奸生男女，责付奸夫收养。”[②]在财产继承方面：“奸生之子，依子数量与半分；如别无子，立应继之人为嗣，与奸生子均分。”[③]奸生子的地位与前代相比有所提高，但奸生子仍在诸生子中地位最低。

⑤继子。因子女的生父或生母再婚而形成的拟制子女，夫对其妻与前夫所生的子女，或妻对其夫与前妻所生的子女，均称继子女。从《三父八母服图》来看，继子有为同居继父或曾与同居继父以及继母服丧的义务，由此，可推见继子女与同居继父母存在有权利义务关系。

⑥嗣子。嗣子即无子者“过房”或“过继”同宗昭穆相当的养子。《大明令·户令》：“凡无子者，许令同宗昭穆相当之侄承继，先尽同父周亲，次及大功、小功、缌麻。如俱无，方许择立远房及同姓为嗣。若立嗣之后，却生亲子，其家产与原立子均分，并不许乞养异姓为嗣，以乱宗族。立同姓者，亦不得尊卑失序，以乱昭穆。”嗣子与嗣父母间发生亲子关系，与嗣父母的亲属间也发生亲属关系。“若继子（嗣子）不得于所后之亲，听其告官别立。”[④]即是说，嗣父母与嗣子关系允许解除，称为“退继”。

⑦养子。养子即收养之子。明律称“乞养”或“收养”，俗称“螟子”。《大明律》：“其乞养异姓义子，以乱宗族者，杖六十。……其遗弃小儿，年三岁以下，虽异姓仍听收养，即从其姓。”[⑤]可见，乞养的对象限定为三岁以下的弃儿。收养人为义父母，被收养人为义子女，义子与义父间不发生

---

① 《唐律疏议·户婚律·以妻为妾》。

② 《大明律·刑律·犯奸》。

③ 《大明令·户令》。

④ 《问刑条例·户律·户役·立嫡子违法条例》。

⑤ 《大明律·户律·户役·立嫡子违法》。

宗祧继承关系，但可继承部分财产。乞养与立嗣不同，不论同姓异姓，不分男女，均可收养，立嗣仅限定为同宗同姓且昭穆相当的男子，立嗣的地位高于乞养，因此，嗣子的地位亦高于义子。

2. 父母子女的权利和义务

父母子女的权利和义务是家庭关系的核心内容。由于家庭是封建社会最基本的生产和消费单位，是封建专制主义统治的基础，赋税、徭役、兵役均由之而生。因此，封建统治者十分重视对家庭关系的法律调整。明初，明太祖发布圣谕六条："孝顺父母，尊敬长上，和睦乡里，教训子孙，各安生理，无作非为。"其中三条是调整家庭关系的。就其实质，是以最高统治者发布法令的形式，确认了家长在家庭中的统治权，明确了子孙的孝顺义务。这既是国家制定婚姻家庭法的指导思想，也是制定家法族规的指导思想。因此，家长的权利和子孙的义务不仅被规定于家法族规之中，而且也由国家法加以确认。

首先让我们来讨论家长权。中国的家族是父权家长制的。家长一般由家庭中男性直系尊亲属充当，在父母子女两世的家庭中，父亲是家长，在祖父母、父母、孙子女三世组成的家庭中，祖父是家长，但其实质仍是父权。家长是家庭的统治者，一切权力都集中在他手中，包括教令权、财产权、主婚权，不仅社会上承认这种权力，而且还是法律所给予的。

（1）教令权

教令权不仅仅是教育、命令子女的权力，还包括扑责、惩戒权。在古代人的观念中，对子女的扑责、惩戒被认为是理所当然的。《颜氏家训》说："笞怒废于家，则竖子之过立见，刑罚不中，则民无所措手足，治家之宽猛，亦犹国焉。"[①] 据认为，鞭扑之刑就是专为教令而设。明代法律规定子孙不得违反教令，子孙如违反教令，家长则既可行使送惩权，将违反教令之子

① 《颜氏家训》卷1《治家》。

孙送交官府惩治，[1]也可在情理之范围内扑责惩戒。家长对子女的这种惩戒权，只要不是“非理殴杀”，就为法律所许可。即使祖父母、父母，非理殴杀孙子女、子女，仅杖一百，故杀者亦仅杖六十、徒一年。[2]“教训子孙”就是家长惩戒权的最高效力的法律依据。

（2）财产权

家庭成员同财共居，家庭财产名为同财，实际上由家长管理支配。表现在：

其一，祖父母、父母在，子孙不得别籍异财。明律规定：“凡祖父母、父母在，而子孙别立户籍，分立财产者，二十贯笞二十，每二十贯加一等，罪止杖一百。”[3]

其二，卑幼（子孙）不得私擅用财。明律规定：“凡同居卑幼不由尊长，私擅用本家财物者，二十贯笞二十，每二十贯加一等，罪止杖一百。”[4]明律《集解》：“盖同居共财矣，财虽为公共之物，但卑幼得用之，不得而自擅也。尊长得掌之，不得而自私也。”

其三，祖父母或父母可用遗嘱处分家庭财产。于此，留待继承关系中详述。

（3）主婚权

主婚权是指凭家长的意志决定其子女是否缔结婚姻关系的权力。由于封建婚姻的意义在于“合二姓之好”，并非男女个人之间的事，自然也就不能由子女的意志来决定。其婚姻的决定权完全掌握在家长的手中，父母的意志为子女婚姻成立或解除的主要决定条件。详情在前目婚姻关系中已有涉及，此不赘述。

---

① 《大明律·刑律·诉讼·子孙违反教令》。

② 《大明律·刑律·斗殴·殴祖父母、父母》。

③ 《大明律·户律·户役·别籍异财》。

④ 《大明律·户律·户役·卑幼私擅用财》。

封建法律给予家长如此大的权力，是由封建国家的统治需要决定的。家庭、家族是封建统治的支柱之一，其支柱作用的发挥是通过家长而实现的。由血缘关系而产生的家长，代表家庭成员同封建政权和整个社会发生关系。因此，是否欺隐田粮，是否脱漏版籍，是否完成徭役、赋税，不但要治罪本人，而且还要治罪家长。家庭、家族中出了什么事，不仅要追究个人的法律责任，而且还要唯家长族长是问。如“服舍违式”，罪坐家长，[①]即使如“其居丧之家，修斋设醮，若男女混杂，饮酒食肉者”，也唯家长是问，“家长杖八十”。[②]封建法律在规定家长负有这种责任的同时，必须给予其相应的权力，从法理上说，这也是理所当然的。如此，封建国家既可通过家长追完赋税徭役，交纳钱粮，实现其统治的物质基础，又可通过家长管束子孙，实现其封建统治秩序的安定。

法律一方面赋予家长对家庭的统治权，另一方面则要求其子女“孝顺父母，尊敬长上”。遵守服从父母教令。“孝”就是法律要求子女服从父母权威的高度精确的概括。子女稍有不顺，则冠以“不孝”之罪，将受到法律的严厉制裁。何谓“不孝”，明律规定：“不孝谓告言、咒骂祖父母、父母。夫之祖父母、父母，及祖父母、父母在，别籍异财，若奉养有缺。居父母丧，身自嫁娶，若作乐释服从吉，闻祖父母、父母丧，匿不举哀，诈称祖父母、父母死。”[③]“孝”是礼俗和法律要求子孙应尽的义务。从“不孝”的解释推知，子孙在法律上有容隐父母的义务，有尊重父母人格的义务，有服从教令的义务，有维护父母财产支配权的义务，有奉养父母的义务，[④]有为父母服丧举哀、苦行节欲的义务，等等。法律一方面赋予家长教令权和财产权，一方面又规定了子女服从父母教令、维护父母财产支配权的义务。

---

① 《大明律·礼律·仪制·服舍违式》。

② 《大明律·礼律·仪制·丧葬》。

③ 《大明律·名例律·十恶》。

④ 《大明律·刑律·诉讼·子孙违犯教令》：“凡子孙违祖父母、父母教令及奉养有缺者，杖一百。”

还有，父祖对子孙有惩戒权，而子女只能服从教令、惩责，绝对不容许殴打咒骂祖父母、父母。法律规定："凡子孙殴祖父母、父母，……皆斩，杀者，皆凌迟处死。"[①]又"凡骂祖父母、父母，……并绞，须亲告乃坐"[②]。如此，子孙只能是"打不还手，骂不还口"，只有接受惩戒的义务。

总之，封建礼法要求"家事统于一尊"，家长的权力十分强大。在人身关系方面，子女、卑幼对家长要绝对服从，孝道是父母子女关系的最高原则，"父为子纲"天经地义。反抗父母、尊长，须依违反教令治罪，如构成"不孝"或"恶逆"，更是十恶不赦。相反，父母对子女的惩戒权，却为法律所支持和保护。甚至所谓的终身大事——婚姻，其决定权，亦为家长所左右。在财产关系方面，子孙不得"别籍异财"，"不得有私财"，"不得擅用财"，财产权完全操纵在家长手中。由此而形成的父母子女关系，其权利、义务是不平等的两极，一方是掌握大权的父母，另一方是只尽义务的子孙。

三、继承制度

明朝继承制度仍恪遵古代法的固有传统：身份继承和财产继承相结合，嫡长继承与共同继承并存，男女不平等，等等。体现了宗法制度的固有特点。但在某些具体制度上也有一些变化，譬如立嗣制度更为灵活，奸生子的继承权上升，等等。又体现了继承制度发展的时代特点。

（一）宗祧继承

宗祧，即宗族宗庙，亦指宗族世系。宗祧继承是古代社会实行宗法制度的必然产物，宗祧继承就是要解决宗法制度中的传宗接代问题，只有解

① 《大明律·刑律·斗殴·殴祖父母、父母》。
② 《大明律·刑律·骂詈·骂祖父母、父母》。

决好了这个问题，逝去的祖宗们才能永享血食。在古人的观念中，鬼神是必须血食的，但“鬼神不歆非类”，血食必须由同姓同宗之后代供给。因此，宗祧继承实际上又是一种祭祀权的继承，这种祭祀权又是以一定的身份权为根据的。在封建社会，一家之祭，由家长主之；合族之继，由族长主之。

宗祧继承实行嫡长子继承制，法律所称“立嫡”，就是确定嫡长子为宗祧继承人。“凡立嫡违法者，杖八十。”[①] 实行嫡长子继承制，必须严格区分嫡、庶。嫡妻所生之子称嫡子，所谓“正室曰嫡，正室所生之子曰嫡子。一曰嫡，敌也，言无与敌也。”妾所生之子为庶子。“庶，摭也，摭拾之也，谓拾摭微陋待遇之也。”[②] 在诸嫡子中以长子为继统者，所谓“立嫡以长不以贤，立子以贵不以长”[③]。在嫡子不止一人时，即使有贤于长子者，仍取长子而舍贤子。在嫡、庶子并存的情况下，即使庶子年长，也要取嫡子而舍庶子。嫡长子死，也不能立庶子，应立嫡长孙。《明会典》世袭条载：“明初定例，嫡子袭替，长幼次及之，绝者，嫡孙、庶子、孙次及之。”只有“其嫡妻年五十以上无子者，得立庶长子”[④]。以上如有违反，则构成立嫡子违法罪，杖八十。其目的在于维护封建宗法秩序。所谓“礼莫重于嫡孽之分，所以培化本而窒乱源也。庶孽并嫡，家园之祸，莫不由兹”[⑤]。

“有子立长，无子立嗣”，《大明令·户令》：“凡无子者，许令同宗昭穆相当之侄承继，先尽同父周亲、次及大功、小功、缌麻。如俱无，方许择立远房及同姓为嗣。若立嗣之后，却生亲子，其家产与原立子均分，并不许乞养异姓为嗣，以乱宗族。立同姓者，亦不得尊卑失序，以乱昭穆。”无子立嗣，是为了传宗接代，保证以男性为中心的父系之家统的延续，嗣子为嗣父之继体，因此，嗣子必须从同宗近支或同姓的卑亲属中择立，且

① 《大明律·户律·户役·立嫡子违法》。
② （东汉）刘熙：《释名·释亲属》。
③ 《公羊传·隐公元年》。
④ 《大明律·户律·户役·立嫡子违法》。
⑤ （明）程敏政编：《皇明文衡》卷9。

应昭穆相当，不得尊卑失序，若立异姓则为法律所不许。“其乞养异姓义子，以乱宗族者，杖六十。”[①] 立嗣行为一般需立嗣者生前进行，但也可在其死后，由其族人公立或由族长代立。

嗣子的法律地位较高，不仅能继承所嗣者的财产，而且能继承所嗣者在家族中的身份和地位。即使在立嗣后又生亲子，嗣子也有权与亲子共同继承家产。但嗣子也须尽孝道，承担一定的义务和责任。这在明代判牍中亦有反映，如张肯堂《畬辞》载有这样的案例：滑民焚于香为焚登晓亲侄，登晓老死无嗣，经“族人公议”，立于香承嗣登晓，并享有其地五亩，屋数楹，但登晓尚有继妻吴氏茕茕无依，“故议者令于香每年为之供杂粮三石一斗、棉花十斤，青蚨二百，赡至终身”，但后于香没有履行议定责任和义务，吴氏诉至县府，经审判决，所养“如数断给”，并杖焚于香。[②] 该案例表明，嗣子在享有身份和财产继承权的同时，也应承担相应的义务，否则将为法律所制裁，甚至“退继”，因此，明代中叶法律对立嗣制度作出了较为灵活、自由的补充规定：“凡无子立嗣，除依律令外，若继子不得于所后之亲，听其告官别立。其或择立贤能及所亲爱者，若于昭穆伦序不失，不许宗族指令以次序告争，并官司受理。若义男、女婿为所后之亲喜悦者，听其相为依倚，不许继子并本生父母用计逼逐，仍依大明令分给财产。若无子之人家贫，听其卖产自赡。”[③]

明朝判例中还有立两人为嗣的现象，一为“应继”，一为“择继”。盖因至封建社会，长次各房均可立后，祭祀权已非一人享有。如张肯堂《畬辞》中记载有：“申福斗、申屋子同为申顺族孙，顺故无子，叙其宗派，产应二人均分无疑也。”[④] 又如祁彪佳《莆阳谳牍》中载有一事，不仅反映了两人为

---

① 《大明律·户律·户役·立嫡子违法》。

② 《畬辞》卷10。

③ 《问刑条例·户律·户役·立嫡子违法条例》。

④ 《畬辞》卷9。

嗣共继，而且对了解明朝有关宗祧继承的其他制度也有帮助，故兹录如下：

一件惨灭禋祀事

审得方启林有兄启寅而无子，启休有三子耀如、莹如、尾仔。休以尾仔继寅，是亦宗支之正派，乃休之二子已死，止存尾仔一人，此方武珍之所以有词也。然休二子虽死，而二子各有一孙，则休之三支仍俱未绝，而以幼子立继非妄也。启寅遗妾黄梅花抱螟子方琼，年尚幼小，黄氏苦诉不愿尾仔为继，虽寡妾之言未足全据，而平日启休把握兄之赀产，使黄氏母子不安以致兴词，则黄氏之苦诉亦有至情在也。夫有应继有择继，尾仔不谓之应继不可若言，择继则必择自启寅，据武珍称启寅立珍为后，已有治命，虽无遗嘱可凭，而方如玉现在确证可信也。启寅螟子不宜承祧，则以尾仔为应继，以武珍为择继，是可以杜后日无穷之讼端矣。启寅现产殊为萧然，武珍愿为人后，而尝区区产业之是计乎？据黄氏称寅遗房产物值若干，半为休之所有，此亦未足全据，即以前府堂之审词论之，方六娘还休肆拾捌两之价，所称还债赎房行聘等费，非启休费耶！谓启休而于兄产并无隐侵，本馆不信也，今姑不深究，只以现产分计，螟子无预继事，方琼止量给田地叁亩，其柒亩着尾仔与武珍均分。岁时蒸尝二子共之存继之名，不计继之实可也。俱各免科。①

祁彪佳曾任推官、御史，并曾将明朝地方官之指示、告示、禁令等编纂成《公牍》，表明他不仅熟知律令，对地方法规及习惯亦多有了解，因此，他所审断的民事案件，当与明朝法规相符，有普遍意义。细究该案，可推见知：第一，尽管“兼祧”继承已有皇家特例，但民间仍不允许“兼祧”。司法官在确认“休之三支仍俱未绝”的前提下，才判定以尾仔承嗣启寅的合法性。第二，螟子（养子、义子）与养父母（义父母）不发生宗祧继承

① 《莆阳谳牍》（不分卷）。

关系，但可继承部分财产。第三，遗嘱立嗣具有法律效力。第四，承认了并立二嗣的法律地位。并立二嗣是礼法与人情调合的结果，“择继”体现个人意志，“应继”则表明宗法规则。

（二）官爵继承

官员袭荫和爵位继承，是一种身份权的继承。这种身份继承与祭祀权的继承不同，实行单一继承制，即仅由诸子中一人继承被继承人的官位、爵位等身份，一般应由嫡长子继承，如嫡长子有故，则按法律规定的顺序确立袭荫人。明律规定：“凡文武官员应合袭荫职事，并令嫡长子、孙袭荫。如嫡长子、孙有故，嫡次子、孙袭荫。若无嫡次子、孙，方许庶长子、孙袭荫。如无庶出子、孙，许令弟、侄应合承继者袭荫。若庶出子、孙及弟、侄不依次序搀越袭荫者，杖一百，徒三年。……若将异姓外人，乞养为子，瞒昧官府，诈冒承袭者，乞养子杖一百，发边远充军。”[①] 可见，在袭荫的顺序上，大体适用宗祧继承的一般规则。但不同的是，承爵和袭荫可以以弟继兄。《明会要》世袭条也有记载：“明初定例，嫡子袭替，长幼次及之；绝者，嫡孙、庶子、孙次及之；又绝者，以弟继。”宗祧继承则要求继承者和所继承者昭穆相当，只能以同宗同姓之法定卑亲属为死者之继体。

（三）财产继承

财产继承实行法定继承和遗嘱继承并存制度。

1. 法定继承

《大明令·户令》：“其分析家财田产，不问妻、妾、婢生，止依子数均分；奸生之子，依子数量与半分；如别无子，立应继之人为嗣，与奸生子均分；无应继之人，方许承绍全分。”从该令内容来看，遗产法定继承，实行“诸子有份”原则，嫡庶诸子，财产均分。婢生子在财产继承权上亦

① 《大明律·吏律·职制·官员袭荫》。

与嫡庶诸子平等，不仅律令规定如此，在实际继承的实施中也得到了贯彻。有案例为据："审得已故生员陈一翰娶林氏生二子公奭、公尚，娶继妻丘氏无所出，丘氏随嫁之婢益奴生一子咬奇，陈生家素清所遗田止三十五亩，……族众陈之彦等为之逐一处分，分书犁然，……三子均而得焉，可谓经理明而争端杜矣。"[①] 不仅如此，奸生子的继承权也有所上升。奸生子在唐宋被认为无继承权，[②] 至金元，奸生子的继承份额为嫡子的四分之一，庶子的三分之一。当时法律规定："应分家财，妻之子各四分，妾之子各三分，奸良人及幸婢子各一分。"[③] 明代则"奸生之子，依子量与半分"，且"如别无子"而立嗣，奸生子则与嗣子"均分"遗产，其继承权可与嗣子抗衡。如"无应继之人"，奸生子可继承全部遗产。与前代相比，奸生子的继承权无疑得到了上升。

所遗财产如无子继承，则按下列规定处理：

"凡妇女夫亡无子，守志者，合承夫分，须凭族长择立昭穆相当之人继嗣。其改嫁者，夫家财产及原有粧奁，并听前夫之家为主。"[④]

"凡户绝财产，果无同宗应继者，所生亲女承分。无女者，入官。"[⑤] 在宗法制度下，以男性为中心，继承以男子为主，女子没有宗祧继承权，因此，其财产继承权亦受到限制，只有无人继承时，亲女才得继承。女子的这种继承权在实际继承关系中也是为社会习俗所认同的。如洪武二十二年（1389 年）祁门县王阿许分产标账所记就是三亲女分析遗产的记录：五都王阿许不幸夫王伯成身故，并无亲男，仅有三女。三女分别招婿成家立事。王阿许为防日后争战，将户下应有田山、陆地、屋宅、池塘、孳畜等物品，写立天、地、人三张，均分为三，各自收留管业。并开明了财产的具体情

① 《莆阳谳牍》（不分卷）。

② 叶孝信：《中国民法史》，上海人民出版社 1993 年版，第 578—579 页。

③ 《元典章》卷 19《户部五 · 家财》引金例。

④ 《大明令 · 户令》。

⑤ 《大明令 · 户令》。

况以便阄分。[①] 这实际上也涉及赘婿的继承权问题。

“如招养老女婿者，仍立同宗应继者一人，承奉祭祀，家产均分。”[②]

2. 遗嘱继承

明朝律令中没有遗嘱继承的明确规定，但通过遗嘱处理身后事宜的事实是大量存在的。从所见遗嘱“批契”来看，订立遗嘱须有族人或见证人在场，且多用书面形式。如建文元年（1399 年）十西都谢翊先所立遗嘱“批契”，就是与弟谢曙光商议，并令婿胡福应依口代书的，其弟谢曙光还以见证人的身份在“批契”上画押。该遗书的主要内容是：谢翊先因见患甚危，心思有男淮安年幼，侄训道心性刚强，有妻胡氏年逾天命，恐后无依，而将所有两处山地尽行立契出批与妻胡氏圆娘名下管业，与女换璋、注娘各人柴米支用，候女出嫁之后，付与男淮安永远管业，诸人不许争占，如有一切不明及侄下子孙倘有占拦，并听赍此批文经官告理，准不孝论，仍依此文为始。今恐无凭，立此批契为用。[③] 可见，遗嘱在没有超出宗法制度的范围内，可对其遗产进行分割处理，并可得到法律的支持。

明朝的判牍及文艺小说中亦多见有遗嘱纠纷的记载。如李清《折狱新语》就记载有遗嘱纠纷多起。现举一例为据：周富之因暮年无嗣，而立周贵为后，并立遗嘱：“所存田三亩、房二间，与继男为业。”周富三死后，其妻前夫范八争产。李清判断：田屋尽归嗣子周贵。如遗嘱违反宗法原则，则得不到法律的支持。如《拍案惊奇》记述了这样一桩遗嘱纠纷案：富翁张某，年老生子，取名张一飞，张某临死立遗书二份，妻与子存一份，女婿存一份。遗书曰：“张一非我子也家财尽与我婿外人不得争占。”张某将“飞”写为“非”又不加圈点。双方争执告到县衙，知县认为，遗嘱应这样断句：“张一非，我子也，家产尽与，我婿外人不得争占。”其婿则以另

① 张传玺：《中国历代契约会编考释》（下），北京大学出版社 1995 年版，第 1086—1087 页。

② 《大明令·户令》。

③ 中国社会科学院历史所藏契 0004130 号。

一种句读争辩："张一非我子也，家财尽与我婿，外人不得争占。"这种读法所表明的遗书内容违反宗法原则，自然得不到法律的支持。另外，《折狱新语》中还有断决遗嘱无效的判例，这进一步表明，在宗法制度下，遗嘱制度有很大的局限性，其效力取决于遗嘱之内容是否合乎情、理、法。

明朝还存在遗赠扶养协议，但这种协议仍限定在宗亲范围之内，其内容大致为遗赠人将其财产批与扶养人名下管业，扶养人对遗赠人负有养老送终之义务。如洪武二十年（1387 年）祁门县王寄保所立遗赠扶养协议就是如此："五都王寄保娶妻陈氏，生育子女，不幸俱已夭亡。今身夫妇年老病疾，虑恐无常，思无结果，同妻商议，将吾分下承祖王祥孙、王德龙经理名目产土，尽数批与侄婿洪均祥、侄女寄奴娘承业，管顾吾夫妻生侍送终殡葬之资；承祀侄婿子女，毋得违文背弃。如违，甘当不孝情罪毋词。自批之后，一听均祥业，毋许家外非故异词争夺。今恐人心无凭，立此批契，永远为照。洪武二十年九月初八日。立批契人：王寄保。中见：谢宁、王志保。"①

① 张传玺：《中国历代契约会编考释》（下），北京大学出版社 1995 年版，第 1085 页。

第四章　经济法律

明朝是封建中央集权制的统一帝国，它处于中国封建社会由盛到衰的转折时期。此时，新的商品经济的萌芽已经产生，旧的自然经济仍居于统治地位，封建社会内部的经济结构逐渐发生变化。由于明朝君主顽固坚持传统的政治、经济模式，并运用强大的政治、法律权力，以限制生产力的发展为代价，维护固有的生产关系，巩固现存的经济基础，使中国只能惰性十足地滞留在封建社会的最后阶段，成为整个世界文明进步的落伍者。法制是特定时代社会的产物，它受复杂社会条件的影响和自身内在规律的制约，从而形成了鲜明的自身特点。明朝经济法律，是封建专制国家调整社会生产、分配、交换和消费等经济关系，以维护统治阶级的社会经济秩序的法律规范的总称。明朝经济法律日臻成熟，并表现出如下几个特点：

其一，明朝经济法律反映了自然经济与商品经济的斗争。在封建社会里，商品经济是在与自然经济的斗争中逐渐成长起来的。纵观中国漫长的封建历史不难发现，商品生产在专制政治重重扼制下始终没有占据主导地位，尽管明朝商品经济的确有了某些明显的进展，但它只能作为时代发展的一种征兆，屈尊于自然经济之下，起到陪衬和补充的作用，致使自然经济的正统地位更加稳固。明朝经济法律调整着自然经济与商品经济之间的主次关系，即以农为本，控制手工业和商业的自然发展，有效地维护自给自足的小农经济模式，以避免经济关系变革后引起的社会政治集团之间势力强弱对比的逆转。

其二，明朝在具体经济法律和制度上，注意不断总结生产劳动和管理中的经验，以法制手段保障经济的正常进行。例如，明朝的农业立法较为健全，法律条文涉及农业生产整个过程和各个方面，对农业生产的合理规划和管理、生产资料的开发和利用、抗御自然灾害对农业生产的破坏都有详细的规定，特别是官吏管理机制和法律监督机制的建立和正常运作，对维护社会生产的正常秩序，保证封建经济的平稳发展的效果也是十分突出的。

其三，明朝封建专制体制干预和阻碍了社会经济的全面发展。简单再生产的小农经济是封建社会赖以生存的基础，明朝统治者利用超经济强制的手段，调整土地关系和赋税政策，实现皇帝、贵族和官僚地主的经济利益。由于工商业自然发展的许多方面与封建君主专制制度格格不入，因而受到法令的种种限制，特别是禁榷、海禁制度的推行，扼杀了商品经济发展的活力，使封建经济始终在封闭、单一、低效应的水平上起伏不定，很难有大的改观和新的起色。另外，侵犯私有财产的行为，不仅要受到经济和行政制裁，而且往往施以刑罚，这种严厉惩治手段的广泛运用，更增添了明朝经济法律的专制主义色彩。

其四，明朝经济法制在承袭中国古代传统法制的基础上，因时制宜，它的内容和形式都有了一些新的变化。明朝经济发展较快，经济关系日趋复杂，需要更多的经济法规来调整，因此，各部门的经济立法数量较前期增多，形式也更多样化，除《大明律》在户律、工律集中制定不同领域的经济法规外，其它几篇律文和例、令、诰、会典中也出现了大量经济法条文。例如：黄册制度，鱼鳞图册制度，就是以令的形式颁布施行的。另外，明朝从重处罚经济犯罪的趋势十分突出，这正如清律学家薛允升所言：“盗贼及有关币帑钱粮等事，明律又较唐律为重，也可以观世变矣。”[①]

① 《唐明律合编》。

第一节　农业立法

在中国古代，农业是封建社会经济的基础，由此形成了“取财于地，而取法于天。富国之本，在于农桑”[①]的传统观念。秦、汉、唐、宋无一不是以农业为立国之本，确保封建王朝的长治久安，从而也推动了农业生产水平的不断提高，使中国成为封建社会举世瞩目的农业大国。元朝是蒙古贵族运用军事力量入主中原建立的统治政权，蒙古族原来以游牧为主的生产方式和奴隶制社会形态与汉民族以农耕为主的生产方式和封建制社会形态二者之间必然存在复杂的矛盾和尖锐的冲突，蒙古贵族曾经主张：“虽得汉人无所用，不如尽去之，使草木畅茂，以为牧地。”[②]甚至有的“王公大人之家，或占民田近千顷，不耕不稼，谓之草场，专放孳畜”[③]，致使国家“仓廪府库，无斗粟尺帛”。农业经济的衰竭，直接对在中原立足未稳的元统治政权构成极大的威胁。事实证明，倚仗强权暴力在全国推行蒙古族原有的以游牧为主的生产方式和奴隶制显然是行不通的。在华夏地区先进农业文化的影响下，蒙古族统治者不得不改弦易辙，放弃落后的生产方式和社会制度，“遵用汉法”，“以农桑为急务”。元世祖忽必烈即位后，“首诏天下，国以民为本，民以衣食为本，衣食以农桑为本”[④]，并颁发《农桑辑要》一书。至元七年（1270年）设立司农司，专掌农桑水利。多次颁布王公贵族废耕地为牧场及畋猎践踏农田的禁令。这些重农劝农的措施，推动了具有典型奴隶制色彩的畜牧业经济向封建制农业经济的过渡，多数蒙古族奴隶主逐

① 《礼记·郊特牲》。
② 《耶律文正公事》。
③ 《历代名臣奏议》。
④ 《元史·食货志》。

渐转化为封建领主或封建地主。但是元朝统治者长期推行民族压迫和民族歧视政策，维护蒙古贵族的种族特权和阶级特权，把大量土地赐给王公勋官，致使蒙古贵族与汉族地主勾结在一起，大肆掠夺土地，大批自耕农因失去私人占有的田土沦为佃农，受到超常的剥削和压迫，严重挫伤了他们的生产积极性。尤其是元末连年战争，土地荒芜，人口骤减，社会经济遭到毁灭性的破坏。明取代元之后，巩固政权的当务之急是以农为先，予民实惠。明开国君主朱元璋认为："君天下者，不可一日无民，养民者不可一日无食，食之所恃在农。"①他曾经告诫群臣："为国之道，以足食为本。大乱未平，民多转徙，失其本业。而军国之费，所资不少，皆出于民；若使之不得尽力田亩，则国家资用，何所赖焉。今春时和，宜令有司劝民农事，勿夺其时。一岁之中，观其收获多寡，立为劝惩。若年谷丰登，衣食足给，则国富而民安，此为治之先务，立国之根本。"②明王朝建国之后，延续华夏农耕文化的民族传统，重新强调发展农业在"治国、平天下"中的重要作用，并以此作为恢复汉族地主统治地位的明显标志。一系列促进农业生产顺利进行的法规相继颁行，内容十分丰富。

一、招抚流民、鼓励垦荒

元末农民战争，造成了巨大的社会动荡，地主和农民纷纷逃离家园，流落他乡。劳动生产力的大量丧失，使成片的耕地变为荒地，土地资源浪费现象十分严重。据史书记载，"时兵革连年道路皆榛塞，人烟断绝"③，一片荒凉凋敝的景象。面对严峻的社会现实，明王朝制定了"田野辟，户口增"的治国方针，招抚流民，鼓励垦荒，促使农业生产者与重要的生产资

① 《明太祖实录》卷53。
② 《明太祖实录》卷19。
③ 《明太祖实录》卷28。

料土地重新结合在一起，在二者之间建立密切的依附关系，以保证经济的复苏和社会的安定。

明建立之初，朱元璋多次颁布法令，要求流民还乡复业，开垦荒地，安心从事农业生产。洪武元年（1368 年），诏令天下：“州郡人民，因兵乱逃避他方，田产已归于有力之家，其耕垦成熟者，听为已业。若还乡复业者，有司于旁近荒田内如数给与耕种，其余荒田，亦许民垦辟为已业，免徭役三年。”[①] 洪武十三年（1380 年），定制曰：“令各处荒闲田地，许诸人开垦，永为已业，俱免杂泛差徭。三年后，并依民田起科。”[②] 洪武二十四年（1391 年），“令公侯大官，以及民人，不问何处，惟犁到熟田，方许为主，但是荒田，俱系在官之数，若有余力，听其再开。其山场水陆田地，亦照原拨赐则例为主，不许过分占为已有”[③]。洪武二十八年（1395 年），“令山东、河南开荒田地，永不起科”[④]。上述法令为流民归耕和垦荒提供了优厚的条件：其一，荒地任人竭力开垦，不受田亩数额的限制，耕荒成熟者皆为已业，承认了自耕农对荒地的占有和使用权的合法化。其二，剥夺逃亡地主对抛荒土地的占有权，如果原业主还乡，地方官于旁近荒田内如数拨与耕种，禁止他们依前占护，充分维护了无业开垦者的利益，避免了垦耕者与原业主之间的产权纠纷。其三，免除垦荒者三年徭役或赋税，三年之后，再依民田起科，有些地方甚至“永不起科”[⑤]，若地方官员增科扰害者，依法治罪。由此可见，明王朝利用鼓励垦荒的形式，将大量国有荒田迅速转化为民田，加快了土地私有化的进程，中小地主和自耕农的数量增长较快，并成为土地的直接占有者和使用者，其社会地位有了明显的改观，这对调动生产者的积极性和挖掘土地创造社会财富的潜力都是大有好处的。

① 《明太祖实录》卷 34。
② 《明会典》卷 17《户部四》。
③ 《明会典》卷 17《户部四》。
④ 《明会典》卷 17《户部四》。
⑤ 《明史》卷 78《食货一・田制》。

针对严重的逃户流民现象[①]，明朝统治者采取了灵活、务实的策略。洪武二十三年（1390 年），令国子监生同各府州县官员，拘集各里甲人等，审查逃户，由该县行文，派亲邻里甲到各处起取，其各里甲人或有他郡流移者，即时送县，官给行粮，押回原籍复业[②]。“老弱不能归者，令所在著籍，授田输赋”[③]。洪武二十四年（1391 年），“太原府代州繁峙县奏：‘逃民三百余户，累岁招抚不还，乞令卫所追捕之。’上谕户部臣曰：‘民窘于衣食，或迫于苛政则逃。使衣食足给，官司无扰，虽驱之使之，岂肯轻远其乡土？今逃移之民，不出吾疆域之外，但使有田可耕，足以自赡，是亦国家之民也。即听其随地占籍，令有司善抚之。若有不务耕种，专事未作者，是为游民，则逮捕之。’”[④]逃户流民归籍与否，根据实际情况而定，有的可以就近安置，随地占籍，不必统统颇费周折遣返回乡就业，关键在于耕种国内土地，自食其力，给社会提供物资产品。凡流民“归本者，劳徕安辑，给牛、种、口粮”[⑤]，免复业税。逮捕不务耕种的无业游民，严加制裁。明朝招抚流民的法令，产生了较好的社会效应，例如，洪武三十五年（1402 年），直隶淮安及北平、永平、河南诸郡避兵流移复业者共七万一千三百余户[⑥]，为农业生产投入了大量的劳动力，促进了荒地的开垦，横向扩展了生产劳动的空间，奠定了农业发展的坚实基础。

明初，各地区之间人口与土地比例失调的矛盾尤为突出，有些地区“虽或复业，而土旷人稀，耕种者少，荒芜者多”[⑦]，另一些地区却，“多有无田失业之人”，为了使“庶农尽其力，地尽其利”，人与土地的比例关系趋

① 《明史》卷 77《食货一 · 户口》：“其人户避徭役者曰逃户。年饥或避兵他徙者曰流民。”
② 《明会典》卷 19《户部六》。
③ 《明史》卷 77《食货一 · 户口》。
④ 《明太祖实录》卷 208。
⑤ 《明史》卷 77《食货一 · 户口》。
⑥ 《明太祖实录》卷 11。
⑦ 《明太祖实录》卷 250。

于平衡，明王朝大规模招民、移民到土地抛荒严重的地区垦荒。洪武三年（1370年），朱元璋下达了向自己家乡移民垦荒的法令："苏、松、嘉、湖、杭五郡，地狭民众，细民无田以耕，往往逐末利而食不给。临濠，朕故乡也，田多未辟，土有遗利。宜令五郡民无田产者往临濠开种，就以所种田为己业，官给牛种舟粮以资遣之，仍三年不征其税。"[①]政府提供牛、种、车、粮等必备物资，组织人多地少地区的乡民到田野荒芜地区开荒种地，三年免征其赋税，让他们努力生产，安居度日。

洪武三十一年间，多次颁布的垦荒法令，直接对社会经济产生了积极的推动作用，每年全国垦田数量不断上升，据史书记载：洪武元年（1368年），"天下州县垦田七百七十余顷"[②]，洪武二年（1369年），"天下郡县垦田八百九十八顷"[③]，洪武三年（1370年），"山东、河南、江西府州县垦田二千一百三十五顷二十亩"[④]，洪武四年（1371年），"天下郡县垦田一十万六千六百二十二顷四十二亩"[⑤]，洪武六年（1373年），"天下垦田三十五万三千九百八十顷有奇"[⑥]，洪武七年（1374年），"天下郡县垦荒田凡九十二万一千一百二十四顷"[⑦]，洪武八年（1375年），"直隶宁国诸府、山西、陕西、江西、浙江各省垦田地六万二千三百八顷二十亩"[⑧]，洪武九年（1376年），"天下垦田地二万七千五百六十四顷二十七亩"[⑨]，洪武十年（1377年），"垦田一千五百一十三顷七十九亩"[⑩]，洪武十二年（1379

① 《明太祖实录》卷53。
② 《明太祖实录》卷37。
③ 《明太祖实录》卷47。
④ 《明太祖实录》卷59。
⑤ 《明太祖实录》卷70。
⑥ 《明太祖实录》卷86。
⑦ 《明太祖实录》卷95。
⑧ 《明太祖实录》卷102。
⑨ 《明太祖实录》卷110。
⑩ 《明太祖实录》卷116。

年),“开垦田土计二十七万三千一百四顷三十三亩”[①],洪武十三年(1380年),“天下开垦荒闲田地五万三千九百三十一顷”[②],洪武十六年(1383年),“垦荒田一千二百六十五顷四十四亩;直隶应天、镇江、太平、常州四府七百三十八顷三十三亩;江西平阳府五百二十七顷一十二亩”[③],到洪武二十六年(1393年),全国耕地面积达八百五十万七千余顷,与元末相比,增长了近四倍。国有荒地向耕地的迅速转化,促使农区出现了人丁兴旺、五谷丰登的勃勃生机。

明永乐、宣德、正统、嘉靖、万历年间,历朝皇帝继续推行朱元璋奖励垦荒的政策,一方面,仍以“民种”的方式,将地狭民稠地区“丁多田少及有丁无田之家”分其丁口充实到地广民稀的州县耕种荒地,并“给钞使置牛具种子,五年后征其税”[④],使“田无荒芜,民得安业”。另一方面,采取“佃种”的方式,将“充军及丁绝人户有荒芜官民田地”,“召民佃种,税粮请俟三年后如民田例起科”[⑤],由于租佃条件优越,无田而往耕者十分踊跃,新的土地荒芜的趋势受到有效的遏制,避免了劳动力与土地资源的浪费。

为了巩固垦荒成果,保证耕地面积的稳定,《大明律》设立专条,维护垦荒者的经济利益,严惩故意抛荒者。《大明律·户律》“欺隐田粮”条文规定:

其还乡复业人民,丁力少而旧田多者,听从尽力耕种,报官入籍,计田纳粮当差。若多余占田而荒芜者,三亩至十亩,笞三十,每十亩加一等,罪止杖八十。其田入官。若丁力多而旧田少者,告官,于附近荒田内,验

① 《明太祖实录》卷128。
② 《明太祖实录》卷134。
③ 《明太祖实录》卷158。
④ 《明太祖实录》卷12。
⑤ 《明宣宗实录》卷17。

力拨付耕种。

妄有占护田土，以致尽力不能耕种而使之荒芜，造成国家土地资源浪费，减少国家税收者，三亩以上，处以笞杖之刑，余田入官，由官府重新分配给丁多田少之家耕种，从而缓解劳动力与土地不协调构成的矛盾。《大明律·户律》“荒芜田土”条文规定：

凡里长部内已入籍纳粮当役田地，无故荒芜及应课种桑麻之类而不种者，俱以十分为率，一分笞二十，每一分加一等，罪止杖八十。县官各减二等。长官为首，佐职为从，人户亦计荒芜田地，及不种桑麻之类，以五分为率，一分笞二十，每一分加一等。追征合纳税粮还官。

人户有入籍纳粮当差田地本无水旱灾伤之故，惰农不勤劳耕耘田地而任其荒芜者，民户与官吏都将承担法律责任，追征税粮，分别以笞杖治罪。与此相反，“有司官员开垦数多，即行分别将荐超擢，……每年终核实具奏，以凭奖励”[①]。

总而言之，明初七十年间，几代君主坚持不懈用法律手段推行招抚流民、奖励垦荒复耕的政策，无业人口普遍得到安置，战后形成的荒凉地区和边关得到了普遍的开发，全国耕地面积逐年递增，中小地主和自耕农的数量提高很快，并成为土地私有化的主要受益者，这对明朝经济的恢复和社会的安定具有明显的作用。

二、修筑堤岸、疏通河渠

古代中国，财赋主要出于农田。农田以水为利，亦以水为害。水利成

① 《明神宗实录》卷154。

了农业生产的命脉和衡量农业生产水平高低的重要标准。但是，“在东方，由于文明程度太低，幅员太大，不能产生自愿的联合，所以就迫切需要中央集权政府来干预”[①]，即由封建王朝执行兴修水利的经济职能。

元末，战事频繁，社会动荡，水利设施遭到了严重的破坏，堤防颓圮，河道淤塞，旱潦时至，灾荒横生，从而加速了土地的贫瘠和荒芜，削弱了土地抵御自然灾害的能力。明朝统治者以水患为忧，早在龙凤二年（1356年）即设营田司，以修筑堤防，专管水利。龙凤四年（1358年）朱元璋任命元帅康茂才为营田使时说：“比因兵乱，堤防颓圮，民废耕耨。故设营田使以修堤防，专掌水利。今军务实殷，用度为急，理财之道，莫先于农。春作方兴，虑旱潦不时，有妨农事，故命尔此职，分巡各处，俾高无患干，卑不病涝，务在蓄泄得宜。”[②]明初，大量荒地被开垦，农田面积急骤增加，同时，精耕农业向纵深发展，都给水利灌溉提出了新的要求。于是，洪武初年，政府在鼓励垦荒的同时，也多次组织人力大规模兴修水利。据史书记载：洪武四年（1371年），修治广西兴安县灵渠三十六陡，水可溉田万顷[③]。洪武八年（1375年）浚泾阳县洪渠堰，泾阳、高陵等五县之田大获其利[④]。洪武十七年（1384年）决荆州狱山坝以通水利，由是得灌田，岁增官田租四千三百余石[⑤]在大兴水利的过程中，朱元璋愈加认识到水利立法的重要性，以法治水成为当时朝廷重大举措之一使“浚陡筑堤，以备旱涝，皆有成法”[⑥]。洪武二十六年（1393年），颁布法令：“凡各处闸坝陂池，引水可灌田亩以利农民者，务要时常整理疏浚。如有河水横流泛滥，损坏房屋田地禾稼者，须要设法堤防止遏，或所司呈禀，或人民告诉，即

① 《马克思恩格斯选集》（第2卷），人民出版社1972年版，第64页。
② 《明太祖实录》卷6。
③ 《明太祖实录》卷60。
④ 《明太祖实录》卷101。
⑤ 《明太祖实录》卷160。
⑥ 《明英宗实录》卷69。

便定夺奏闻。若隶各布政司者，照会各司；直隶者，劄付各府州，或差官直抵处所，踏勘丈尺阔狭，度量用工多寡。若本处人民足完其事，就便差遣。傥有不敷，著令邻近县分添助人力，所用木石等项，于官见有去处支用，或发遣人夫，于附近山场采取，务在农隙之时兴工，毋妨民业。如水患急于害民，其功可卒成者，随时修筑以御其患。”[①]这条法令要求人们时常疏浚河渠，减少洪水泛滥造成的经济损失。定期差遣官吏实地勘查，发现隐患，立即修治。每年利用农闲之时，统筹安排，调拨人力、物力，兴修水利，造福于民。尤其突出的是，洪武二十七年（1394年）敕谕："凡天下陂塘湖堰可潴畜以备旱熯宣泄以防霖潦者，皆因其地势修治之，勿妄兴工役，掊剋吾民，文遣监生及人材，分诣天下，督吏民修治水利。”[②]调遣国子监和谙悉水利的人才到全国各地组织民众因势利导兴修水利，在人力、物力和技术上为治水创造了良好的条件，一年之间，便收到了显著的成效。明末思想家顾炎武对此有较高的评价："洪武末，遣国子生人才，分诣天下郡县，集吏民，乘农隙，修治水利。二十八年，奏开天下郡县塘堰，凡四万九百八十七处，河四千一百六十二处，陂渠堤岸，五千四十八处。此圣祖勤民之效。”[③]洪武、永乐年间，太祖、太宗皇帝以农事为本，以利民为务，年年组织大量民丁修堰渠，通水脉，工程浩大，功绩卓著，仅永乐九年（1411年），三月"修扬州府泰州河堤万八千六百丈有奇”[④]，七月"筑陕西泾河洪堰。堰故灌田二百余里，泾阳、三原、醴泉、高陵、临潼诸县皆受其利”[⑤]，十月"筑湖广监利县车木堤四千四百六十丈”[⑥]，十一月"修浙

① 《明会典》卷199《河渠四》。

② 《明会典》卷199《河渠四》。

③ 《日知录》卷12《水利》。

④ 《明太宗实录》卷114。

⑤ 《明太宗实录》卷117。

⑥ 《明太宗实录》卷120。

江仁和、海宁、海盐三县土石塘岸万一千一百八十五丈”[①]。治水之后，农田旱可灌溉，涝得疏泄，提高了农业生产抵御自然灾害的能力，粮食产量稳步上升，农业赋税不断增加，增强了国家的经济实力。明成祖在兴修水利时，尤其重视疏通河道，发展水运事业。永乐元年（1403 年），遣官督修苏松水利，动用人力十余万，疏通了吴松江等处，使太湖不再阻塞泛滥。永乐九年（1411 年），命工部尚书宋礼组织民夫三十万，疏浚会通河，由济宁至临清 385 里，大运河全线畅通无阻，促进了漕运和商业往来，为南北经济联系作出了积极的贡献。

既然水流之利与农业生产和人们的日常生活密切相关，并且直接影响到生产者收益的多少。那么争夺水资源的现象时有发生。不法之徒则采取不正当的手段强占水源，或破坏水利设施，给他人造成危害。这种行为不制止，不但会破坏生产，也会扰乱正常的社会秩序。《大明律》作出专项规定，“盗决河防”一条曰：

凡盗决河防者，杖一百。盗决圩岸、陂塘者，杖八十。若毁害人家及漂失财物，淹没田禾，计物价重者，坐赃论。因而杀伤人者，各减斗杀、伤罪一等。若故决河防者，杖一百，徒三年。故决圩岸、陂塘，减二等，漂失赃重者，准窃盗论，免刺。因而杀伤人者，以故杀伤论。[②]

盗决或故决河防圩岸陂塘，只图求利于己，贻害于人，给他人造成生命、财产损害者，一律追究刑事责任，依法处置。修订成化十年、弘治十三年条例为：

凡故决、盗决山东南旺湖，沛县昭阳湖、属山湖，安山积水湖，扬州

① 《明太宗实录》卷 121。

② 《大明律 · 工律 · 河防 · 盗决河防》。

高宝湖，淮安高家堰、柳浦湾及徐邳上下滨河一带各堤岸，并阻绝山东泰山等处泉源，有干漕河禁例，为首之人，发附近卫所，系军调发边卫，各充军。其闸官人等，用草卷阁闸板，盗泄水利，串同取财，犯该徒罪以上，亦照前问遣。[①]

河南等处地方盗决及故决堤防，毁害人家，漂失财物，淹没田禾，犯该徒罪以上，为首者，若系旗舍余丁、民人，俱发附近充军；系军，调发边卫。[②]

山东、江苏等地，湖泊密布，河流纵横交错，一旦决堤，有碍漕运；河南为河防重地，毁坏堤坝，黄河泛滥，后果不堪设想，故并拟以充军，处罚较律文从重。《大明律》有“失时不修堤防”一条：

凡不修河防及修而失时者，提调官吏各笞五十。若毁害人家、漂失财物者，杖六十。因而致伤人命者，杖八十。若不修圩岸及修而失时者，笞三十。因而淹没田禾者，笞五十。其暴水连雨，损坏堤防，非人力所制者，勿论。[③]

水利建设，是提调官吏的职责之一，假如坐视不顾，或修不及时者，根据损失大小，追究提调官的法律责任。弘治十三年制定条例：

凡运河一带，用强包揽闸夫、溜夫二名之上，捞浅铺夫三名之上，俱问罪。旗军发边卫，民并军丁人等发附近，各充军。揽当一名，不曾用强

① 《问刑条例·工律·河防·盗决河防条例》。

② 《问刑条例·工律·河防·盗决河防条例》。

③ 《大明律·工律·河防·失时不修堤防》。

生事者，问罪，枷号一个月发落。[①]

强行包揽运河专职民夫，妨害运河的正常管理者，也要依法究问。

宣德年间，地方官府对兴修水利有所懈怠，堰渠多年失修，坍塌湮塞现象十分严重，每遇凶荒，禾稼枯瘁无收，农民四处流徙，田园荒芜，小农经济遭受到沉重的打击。大臣多次上书朝廷，建议恢复洪武、永乐旧制，定期发民修筑堰渠。宣德八年（1433 年），“令沿河无军卫处，一免其民杂泛科征，专修河道”[②]，但收效甚微。英宗对合理开发和利用水资源高度重视，大量水利法规陆续颁布，为兴修、维护水利提供了强有力的法律保障。正统二年（1437 年），“令有司秋成时修筑圩岸，疏浚陂塘，以便农作，仍具疏缴报，俟考满以凭黜陟”[③]，令官吏按期兴修水利，并如实向上汇报，以此作为官吏政绩考核的凭据，决定其职位的升降。“各按察司、巡按御史巡视，有怠事科害者治罪”[④]。正统五年（1440 年），英宗下敕曰：“一切合行事宜，条示于后：……一、洪武年间于各州县开浚陂塘以防水旱，并须完固可以经久。一、洪武年间于各州县开浚陂塘以防水旱，盖永远之利，亦因后来有司不得其人，视农事如等闲，委而不问，以致土豪奸民掩为己有，或堙塞为田。尔等须一一亲历踏勘，如有前弊，责令自备工力如旧修筑坚固还官，悉免其罪。如隐占不还，及违限不即修筑者，亦械赴京，发戍辽东边卫。一、凡各处闸坝陂堰圩田，滨江近河，堤岸有损坏当修筑者，先计工程多寡，于农隙之时，量起人夫用工。工程多者先修要紧之处，其余以次用工，不许迫急，其集起人夫，务在受利之处验其丁力，均平差遣，勿容徇私作弊。凡所作工程，务要坚固经久，不许苟且。府县正佐官

① 《问刑条例·工律·河防·失时不修堤防条例》。

② 《明会典》卷 198《河渠三》。

③ 《明会典》卷 199《河渠四》。

④ 《明英宗实录》卷 32。

时常巡视，毋致坏损。一、各处陂塘圩岸果有实利及众，比先有司失于开报，许令开陈利民之实，踏勘明白，画图贴说，具申工部定夺。如利不及众，不许虚费人力。一、但遇近经水旱灾伤去处，预备之事，并暂停止，等丰年有收，痧例整理……”[①]该条文，对水利的立项、使用、管理、维修、检查都作了详细的法律规定：第一，巩固洪武水利建设的成果，有毁坏侵占者，责令修复还官，否则，予以重罚。第二，坚持常年治水，保证工程质量，不许敷衍塞责，虚废人力。第三，新立项的水利工程，对民众有实利，必须踏勘明白，画图贴说，报工部审批。英宗广泛采纳众臣的水利立法建议，行之有效的法令不断产生，例如，正统十一年（1446年），陕西西安府提督水利通判黄镛奏：“本府所属州县，多借河渠之水溉田。然岁久弊滋，因循未革。诚以利之所在，人所同欲，强梁者倍取之，而柔懦者无涓滴，宜人有不均之叹，而致纷纷之争也。臣近虽录均利之意示之禁约，而犹有恃奸贪未即悛改者。请以各州县灌溉田亩之数，及用水日期时刻，并违者罪之之条，镌之以石，立诸总渠分水之处，庶使知畏遵守。”英宗从之。[②]

宣德以后，河堰沙土壅塞，水脉不通，新修堤坝工期漫长，一时难于竣工，水利工程的实用效应急骤下降。其主要原因在于官吏懈怠懒惰，玩忽职守，因此，明朝中后期加强了监察和行政处罚方面的水利立法。弘治十八年（1505年），“令各府州县治农官，不得别项差占，年终，具所辖水道能塞浚否缘由造册奏缴，考核黜陟”[③]。嘉靖七年（1528年），“令陕西、河南、山东巡按等官严督守令疏浚河水，设法堤防，以备旱涝。能修举者，照例旌擢”[④]。隆庆三年（1569年）题准：“凡河南等处霸占源头阻绝河道者，各该巡抚衙门查照故决泉源条律，为首者发附近卫所，

---

① 《明英宗实录》卷69。

② 《明英宗实录》卷146。

③ 《明会典》卷199《河渠四》。

④ 《明会典》卷199《河渠四》。

系军调发边卫，各充军。著为例。”[1] 这些条例将治水功效作为考核官吏政绩的重要内容，以此决定官员的升迁贬黜，并责令巡按官吏严加督促，对破坏水利者严加治罪。

综上所述，明朝统治者对治水十分重视，他们充分利用封建中央集权专制政体赋予的行政、法律权力，有效地调集大量人力、物力、财力，兴修水利。水利工程在抵御自然灾害，促进农业生产和水运事业的发展方面发挥着重要的作用。水利立法在明朝有了长足的进步，它形式多样，涉及面广，独立性强，极大地丰富了中国古代经济立法的内容，为水利提供了法律保障。但由于明朝水利事业依赖于专制皇权的干预和指导，皇帝、官吏因人而异的统治和管理等不确定因素，决定着水利事业的兴衰和水利法制的变化，从而造成二者具有不稳定的特征。特别是明朝治水属于封建专制体制下超经济强制性的公益事业，这就必然导致维护这项公益事业的立法很难公平地协调好围绕水资源产生的各种利益关系，最终也无法从根本上解决公益与私利之间的矛盾冲突。

三、劝课耕桑、农副并举

明代，在农业生产力发展的基础上，出现了农业生产进一步商品化的趋势，这主要表现在经济作物栽种范围的扩大和某些经济作物种植区的形成，而经济作物的增长，又促成粮食作为商品投入市场。据《明会典》记载：“国初农桑之政，劝课耕植，具有成法。初皆责成有司，岁久政弛，乃稍添官专理。”[2] 明朝面对商品经济的影响，对传统的自给性农业进行政策调整：在提高粮食作物产量的同时，注意开发商品性农业，鼓励栽种经济作物，农副并举、用利兼顾的合理格局逐渐形成，自给性农业包容商品性

① 《明会典》卷199《河渠四》。

② 《明会典》卷17《户部四》。

农业的成分后，呈现出随应时代发展要求的勃勃生机。不仅如此，明朝在省府州县添设专职治农官吏，依法督农耕桑，加强了对农业生产的行政管理和法律调控，追求高效益的农业多种经营初具规模，封建经济基础更加坚实和牢固。

合理利用耕地，挖掘农业经济的综合性潜力，是明朝统治者切实关注的社会问题之一。早在龙凤十一年（1365 年），朱元璋就下达了课种经济作物的法令："凡有田五亩至十亩者，栽桑麻木棉各半亩，十亩以上者倍之，田多者，以是为差。有司亲临督视，惰者有罚。不种桑者，使出绢一匹；不种麻者，使出麻布一匹；不种木棉者，使出棉布一匹。"① 这条法令规定，栽种桑麻棉的田土应占所有耕地的二十分之一，不种桑麻棉的农户必须如数交纳绢布，以满足社会对经济作物产品的需求。洪武年间，颁布了一系列劝民耕桑的法令，对耕桑提出了更加具体化的法律要求：其一，确立栽种桑麻棉的定额，每年实际种植情况必须上报备案。洪武四年（1371 年），"令各府州县行移提调官，常用心劝谕农民，趁是种植，仍将种过桑麻等项田亩，计科丝棉等项，分豁旧有新收数目开报"②。洪武二十五年（1392 年），"令凤阳、滁州、卢州、和州，每户种桑二百株，枣二百株，柿二百株"③。其二，官府督促民众种植桑麻，并传授种植之法。洪武二十七年（1394 年），"令天下百姓，务要多栽桑枣，每一里种二亩秧，每一百户内，共出人力挑运柴草烧地，耕过再烧，耕烧三遍，下种，待秧高三尺，然后分栽，每五尺阔，一垅。每一户，初年二百株，次年四百株，三年六百株，栽种过数目，造册回奏，违者，发云南金齿充军"④。其三，桑麻科征低于粮食赋税，多种棉麻者，率蠲其税。洪武元年（1368 年）定例："桑麻科征之额，

① 《明会典》卷 17《户部四》。
② 《明会典》卷 17《户部四》。
③ 《明会典》卷 17《户部四》。
④ 《明会典》卷 17《户部四》。

麻每亩八两，木棉每亩四两，栽桑者，四年以后有成，始征其租。”[①]洪武十八年（1385年）议定：“农桑起科太重，百姓艰难，令今后以定数为额，听从种植，不必起科。”[②]洪武二十七年（1394年），“令益种棉花，率蠲其税，岁终具数以闻”[③]。其四，对不种植桑麻者进行惩罚。“不种桑者输绢，不种麻者输布”[④]，荒芜田土而不种桑麻者，人户“计荒芜田地，及不种桑麻之类，以五分为率，一分笞二十，每一分加一等。追征合纳税粮还官”[⑤]。统治者的大力提倡、督促和上述法令的切实贯彻，有效地推动了明初经济作物的种植。据统计，仅湖广布政司所属郡县，洪武二十八年（1395年），就栽植桑、枣、柿、栗、胡桃共八千四百三十九万株[⑥]。经济作物与粮食作物种植并重，促进了粮食向商品转化，其交换价值受到社会的关注，大量粮食投入市场，推动了商品交易的发展。另外，经济作物与粮食作物轮种，改变了陈旧、单一的传统耕种方式，从而改良了土壤，扩大了土地的复种率。长期农桑并重的实践表明，栽种经济作物费力少，产值高，深受农民的喜爱。随着经济作物栽种面积的扩大，出现了一些棉、桑、蔗、烟、果树等专业种植区，形成了地区间农业生产的分工，从而推动了商业和手工业的发展。

如何运用行政、法律手段对农业经济加强管理，明朝积累了丰富的经验。洪武二十一年（1388年），朱元璋颁布法令：“河南、山东农民中，有等懒惰不肯勤务农业，朝廷已尝差人督并耕种，今出号令，此后止是各该里分老人勤督，每村置鼓一面，凡遇农种时月，五更擂鼓，众人闻鼓下田，该管老人点闸，若有懒惰不下田者，许老人责决，务要严切，督并见丁著

---

① 《明会典》卷17《户部四》。
② 《明会典》卷17《户部四》。
③ 《明会典》卷17《户部四》。
④ 《明史》卷138《杨思义传》。
⑤ 《大明律·户律·田宅·荒芜田地》。
⑥ 《明太祖实录》卷243。

业，毋容惰夫游食，若是老人不肯勤督，农民穷窘为非，犯法到官，本乡老人有罪。”[①]不误农时，督民辛勤耕耘，是提高粮食产量的必要途径，为此，官府委任乡老指挥生产，惩治懒惰游食之民，如果乡老勤督不力，农民穷困而犯罪，他们也将承担连带责任。

宣德、弘治年间，朝廷专门设置治农官吏，主管农业，劝农耕桑。例如，宣德二年（1427年），“添设浙江钱塘、仁和、海宁、新城、昌化、嘉兴、海盐、崇德八县县丞各一员，治农”[②]。成化元年（1465年），“添设河南、山东等布政司参政各一员，所属各府同知一员，职专提督人民栽种耕耘”[③]。九年（1473年），“添设苏、松、常、镇、湖五府通判，并所属长洲等县县丞各一员，劝农”[④]。十年（1474年），“添设山东布政司参政一员专理劝农”[⑤]。各级官府设专人主管农业，明确职责，分级管理，严格履行奖惩制度。例如，嘉靖六年（1527年），“诏江南等处，各该抚按官，通行所属府州县，原设有治农官处，不许营干别差，责令著实修举本等职业，专一循行劝课，原无官处，定委佐贰官一员带管，果有实效，具奏旌擢，作或因循废职，作罢疲，罢黜”[⑥]。入籍纳粮当役田土荒芜及不种桑麻者，当地行政长官还要受到刑罚的制裁。《大明律》规定：“凡里长部内已入籍纳粮当役田地，无故荒芜及应课种桑麻之类而不种者，俱以十分为率，一分笞二十，每一分加一等，罪止杖八十。县官各减二等。长官为首，佐职为从。”[⑦]遂使明朝劝课农桑的立法臻于完善。

明朝法律在责令官吏加强农业生产管理的同时，亦注意对农作物的保

---

① 《明会典》卷17《户部四》。
② 《明会典》卷17《户部四》。
③ 《明会典》卷17《户部四》。
④ 《明会典》卷17《户部四》。
⑤ 《明会典》卷17《户部四》。
⑥ 《明会典》卷17《户部四》。
⑦ 《大明律·户律·田宅·荒芜田地》。

护，凡破坏农桑果木及非法食用他人田园瓜果者，都要受到惩罪。《大明律》规定：“凡弃毁人器物及毁伐树木稼穑者，计赃，准窃盗论免刺，官物加二等。”① “凡于他人田园擅食瓜果之类，坐赃论；弃毁者，罪亦如之。其擅将去及食系，官田园瓜果和官造酒食者，加二等。主守之人给与及知而不举者，与同罪。若主守私自将去者，并以监守自盗论”②。

四、检踏灾伤、蠲赈农户

农业生产作为人类最基本的生产活动，是以农作物在自然环境中自然再生产为基础的，因此，自然条件的好坏对农业产量的高低产生直接的影响，尤其对生产力水平低下的封建小农经济的作用更为强烈。

明朝水旱、蝗疫、风雹、霜雪、地震等自然灾害发生频繁，据历史记录统计，年均发生灾荒三点七八七次③。得力于农民起义而夺取政权的朱氏集团，深知稼穑之艰难，对自然灾害造成的危机忧心忡忡，他们把抗灾救荒视为国家的一项基本职能，主动承担其政治责任。朱元璋明确表示：“民之休息长养，惟君主之，至于水旱灾伤，虽出于天，而亦作民父母之责也。”④ 他告诫群臣：“四民之中，惟农最苦，有终岁勤动尚不得食者，其令有司务加存抚。有非强苛刻者，重罪之。”⑤ 面对自然灾害，为了让灾民不离故土，尽快恢复生产，迅速摆脱困境，明王朝利用专制权力及时提供抗灾救荒的物质条件，而推行这项特殊政策的法令也大量产生，自成体系。这正如《明会典》所言：“国朝重恤民隐，凡遇水旱灾伤，则蠲免租税，或

① 《大明律·户律·田宅·弃毁器物稼穑等》。
② 《大明律·户律·田宅·擅食田园瓜果》。
③ 邓云特:《中国救灾史》，商务印书馆 1937 年版。
④ 《明太祖实录》卷 124。
⑤ 《明太祖实录》卷 156。

遣官赈济，蝗蝻生发，则委官打捕，皆有其法云。”①

抗灾救荒，关键在于朝廷如实了解灾情，这样才能有的放矢，对灾民进行及时的救济，以解救其燃眉之急。《大明律》有“检踏灾伤田粮”的专项条文：“凡部内有水旱霜雹，及蝗蝻为害，一应灾伤田粮，有司官吏应准告而不即受理申报检踏，及本管上司不与委官覆踏者，各杖八十。若初覆检踏官吏，不行亲诣田所，不为用心从实检踏，只凭里长、甲首朦胧供报，中间以熟作荒，以荒作熟，增减分数，通同作弊，瞒官害民者，各杖一百，罢职役不叙。若致枉有所征免粮数，计赃重者坐赃论，里长、甲首，各与同罪。受财者，并计赃以枉法从重论。其检踏官吏，及里长、甲首，失于关防，致有不实者，计田十亩以下免罪，十亩以上至二十亩，笞二十，每二十亩加一等，罪止杖八十。若人户将成熟田地，移丘换段，冒告灾伤者，一亩至五亩，笞四十，每五亩加一等，罪止杖一百。合纳税粮，依数追征入官。”② 明朝法律对调查灾情有如下几项基本内容：首先，要求地方官及时受理灾伤的申报事宜，实地检踏灾情，如实上报，对不亲临灾伤现场用心勘查，仅听从里长、甲首朦胧供报，致使报灾不实，征免粮数有误者，处以笞杖之刑，罢免官职，永不叙用。对于“灾伤去处，有司不奏，许本处耆宿，连名申诉，有司极刑不饶”③。依据救灾法令，受到惩治的官吏不乏其人。例如，永乐五年（1407 年），河南发生饥荒，有司匿不上闻，太宗命刑部逮置于法，并榜谕天下有司，自今民间水旱灾伤不如实上报者，必罚不宥④。其次，法令要求官吏公正评估自然灾害造成的损失，对收受贿赂，谎报灾情，损害国家经济利益的官吏，“计赃以枉法从重论”。为此，明朝建立了逐级申报灾情，上司立案后差官复核的制度。洪武二十六

① 《明会典》卷 17《户部四》。

② 《大明律・户律・田宅・检踏灾伤田粮》。

③ 《明会典》卷 17《户部四》。

④ 《明太宗实录》卷 67。

年（1393年），法令规定："凡各处田禾遇有水旱灾伤，所在官司踏勘明白，具实奏闻，仍申合干上司，转达户部，立案具奏，差官前往，所覆踏是实，将被灾人户姓名田地顷亩，该征税粮数目，造册缴报本部立案，开写灾伤缘由，具奏。"[①] 永乐二十二年（1424年），为了强化监督机制，要求监察官会同检踏灾伤，"令各处灾伤，有按察司处，按察司委官；直隶处，巡按御史委官，会同踏勘"[②]，加强对勘验灾情的监督，有效地防止了地方官吏谎报灾情，侵吞国家的救灾物资的犯罪行为。最后，法令规定了报灾的时限，地方官吏应及时汇报灾情，不得故意拖延。洪武时尚无报灾的时限规定，弘治十一年（1498年），开始限定，夏灾不得过六月终，秋灾不得过九月终。万历九年（1581年），根据地方远近不同，进一步限定，腹里地方夏灾限五月内，秋灾限七月内，边地夏灾限七月内，秋灾限十月内，俱要依期从实奏报。

勘验灾情一经核实，明王朝就动用人力、物力、财物帮助灾民恢复生产，渡过难关。鉴于灾区农业减产，有的甚至颗粒无收，人民无力缴纳常年租税，统治者只得蠲免折征，施行优惠政策。洪武元年（1368年），"令水旱去处，不拘时限，以实踏勘，实灾，税粮即与蠲免"[③]。洪武十八年（1385年），全国发生特大水灾，政府下令全部免除灾区的田租，其中，河南免除田租二十三万七千五百余石，山东、北平免除田租二百五十五万五千九百余石[④]。弘治三年（1490年），制定《灾伤应免粮食事例》规定："全灾者免七分，九分者免六分，八分者免五分，七分者免四分，六分者免三分，五分者免二分，四分者免一分，止于存留内除豁，不许将起运之数，一概混免。若起运不足，通融拨补。"[⑤] 视灾情轻重确实蠲免等级，在平衡国家与

① 《明会典》卷17《户部四》。
② 《明会典》卷17《户部四》。
③ 《明会典》卷17《户部四》。
④ 《明太宗实录》卷176。
⑤ 《明会典》卷17《户部四》。

灾民的经济利益上具有合理性，遂为永制。明朝中叶，土地兼并日趋严重，大片土地纷纷落入地主官吏手中，每遇荒年，广大自耕农田失去土地而得不到国家免租减税的实惠，贫富差距进一步扩大，社会矛盾日趋尖锐。针对这一社会现状，万历十二年（1584 年）议准定例："以后地方灾伤，抚按从实勘奏，不论有田无田之民，通行议恤，如有田者免其税粮，无粮免者，免其丁口盐钞，务使贫富一体并蒙蠲恤。"[①] 蠲免租税减轻了灾民的经济负担，使他们不至于破产而离开土地，农业生产因而得以延续下去，这正是统治者设立蠲免法令的初衷。

赈济是救荒的另一种切实可行的措施。赈济的方式主要有散粮、赈钞、除害等，与此相关的法令随之产生，以保证赈济的顺利进行。散粮，指在灾区开仓放粮，直接为灾民提供食物，聊补其无米之炊。洪武十八年（1385 年），朝廷令"天下有司，凡遇岁饥，先发食廪赈贷，然后具奏"[②]，洪武二十七年（1394 年），定《灾伤去处散粮则例》："大口六斗，小口三斗，五岁以下不与。"[③] 永乐二年（1404 年），续定《灾伤去处散粮则例》："每大口米一斗，六岁至十四岁六升，五岁以下不与。"[④] 散粮数额按人口的年龄有区别，配给标准统一而固定，具有客观性和可操作性。赈钞，即给灾民发放钱钞，供其购卖生活必需品。洪武二十二年（1389 年），"九江、黄州、汉阳、武昌、岳州、荆州诸郡多贫民，其遣人运钞往赈之，每丁与一锭，沿江递运所水驿夫人五锭，凡九十一万二千一百六十七锭"[⑤]。钱钞发放灾区后，为了防止胥吏商贾囤积居奇，哄抬物价，扰乱市场，侵欺灾民，明王朝采取多种经济手段平抑物价，如，成化二年（1466 年），"奏准，将京通二仓粮米，发五十万石，每粳收银六钱，粟米五钱，以杀京城米价腾

① 《明会典》卷 17《户部四》。
② 《明会典》卷 17《户部四》。
③ 《明会典》卷 17《户部四》。
④ 《明会典》卷 17《户部四》。
⑤ 《明太祖实录》卷 196。

贵，再将文武官吏俸粮，预支三个月”[①]。有些钱钞的发放，具有特殊的用途，例如，永乐八年（1410年），颁布法令：“被灾去处，人民典卖子女者，官为给钞赎还。”[②]由官府出钞，替饥民赎子，使其骨肉团聚，以此宣扬统治者的悯恤之情。自然灾害种类繁多，不可一味听天由命，被动应付，比如虫灾，则可以组织人力，积极捕瘗，将其危害减少到最低程度，于是有除害之法。众所周知，蝗虫繁殖力强，食量大，其所到之处，千顷良田，荡然无收，一片荒芜。蝗虫给农业生产造成了无可估量的破坏，应竭尽全力予以消除。永乐六年（1408年），颁布捕蝗法令：“吏部行文各处有司，春初差人巡视境内，遇有蝗虫初生，设法扑捕，务要尽绝，也是坐视，致使滋蔓为患者，罪之。若布按二司官不得严督所属巡视打捕者，亦罪之。每年九月行文，至十一月再行。军卫，令兵部行文，永为定例。”[③]法令要求官吏忠实职守，严密监视灾情，一旦发现蝗虫，立即组织人力尽力捕灭，保护农作物的正常生长。宣德九年（1434年），山东、河南等地发生严重虫灾，朝廷差给事中、御史、锦衣卫官前往打捕。鉴于有的捕蝗官吏玩忽职守，趁机骚扰农户，法令对这种行径严加禁止，宣德五年（1430年），遣使捕畿内蝗。谕户部曰：“往年捕蝗之使，害民不减于蝗，宜知此弊。”[④]利用官吏组织民众捕蝗，既缓解了灾情，又对稳定民心有一定的效果。

散粮、赈钞、除害三者相比较，散粮具有更为广泛的实用性，因而受到统治者的高度重视。统治者往往设仓储谷，以备饥荒。洪武初年，建立了预备仓制度，“令天下县分，各立预备四仓，官为谷收贮以备赈济，就择本地年高笃实民人管理”[⑤]，并且谕户部“自今凡岁饥，先发仓庾以贷，

① 《明会典》卷70《户部四》。
② 《明会典》卷70《户部四》。
③ 《明会典》卷70《户部四》。
④ 《通鉴纲目三编》。
⑤ 《明会典》卷22《户部九》。

然后闻，著为令”[①]。征收备仓粮食的途径主要有三种：其一，义纳。正统五年（1440年）议准：“凡民人纳谷一千五百石，请敕奖为义民，仍免本户杂泛差役。三百石以上，立石题名，免本户杂泛差役二年。”[②]民众出粟备荒，皆由自愿，官府不许逼抑科挠，强行征收。对纳粮义民，政府免其杂役，并予以道义上的表彰，以资鼓励。其二，捐官。据史书记载，“捐纳事例，自宪宗始。生员纳米百石以上，入国子监；军民纳二百五十石，为正九品散官，加五十石，增二级，至正七品止。武宗时，富民纳粟振济，千石以上者表其门，九百石至二三百石者，授散官，得至从六品，世宗令义民出谷二十石者，有司为立坊”[③]。捐粮授官，为富人步入仕途创造了条件，又合理利用富人的剩余财富以救济贫困灾民，从而减轻了国家的经济负担，调节了社会成员贫富的平衡机制。其三，赎罪。弘治十八年（1505年）议准：“在外司府州县问刑，应该赎罪等项赃罚等物，尽行折纳，买稻谷上仓以备赈济，并不许折收银两，及指称别项花销。[④]景泰四年（1453年）奏准：山东、河南、江北、直隶、徐州等处灾伤，所在问刑衙门，责有力囚犯，于缺粮州县仓，纳米赈济。杂犯死罪六十石，流徒三年四十石，徒二年半三十五石，徒二年三十石，徒一年半二十五石，徒一年二十石。杖罪第一十一石，笞罪第一十五斗。[⑤]按照这条法令，杂犯死罪以下的犯罪皆可纳粟赎罪，赎罪的范围十分广泛，通过赎罪为国家增加的财政收入也十分可观。但这势必造成重罪轻罚，罪刑失当，给了有经济地位的罪犯特殊的法律赦免权，造成司法审判上不该有的混乱。预备仓储存的粮食属国家专控物资，法令严禁官吏私吞挪用，中饱私囊。弘治三年（1490年）定例：“有司每十里以下，务要积粮一万五千石，军卫每一千户所，积粮一万五千石，

① 《明史》卷79《食货三·赋役》。
② 《明史》卷79《食货三·赋役》。
③ 《明史》卷79《食货三·赋役》。
④ 《明会典》卷22《户部九》。
⑤ 《明会典》卷17《户部四》。

每一百户所，三百石。每三年一次查盘，有司少三分者，罚俸半年，少五分者，罚俸一年，少六分以上者，九年考满降用，军卫不及三百之数者，一体住俸。”[①] 正统五年（1440 年）奏准：“各处预备仓，凡侵盗私用，冒借亏欠等项粮储，查追完足，免治其罪。其侵盗证佐明白，不服赔偿者，准士豪及盗用官粮论罪。”[②] 由此可见，明朝法令从维护封建国家的经济利益出发，对贪官污吏严加惩处，以缓和统治者与人民之间的矛盾冲突。

综上所述，救荒是明朝经济稳定和发展的一项重要举措，明朝救荒法令的内容相当丰富，其社会作用也十分明显。首先，救荒法令对广大灾民施以实惠，帮助他们维持生存、恢复生产，渡过难关；其次，救荒法令通过中央集权对各地区的经济干预，使它们互相牵制，协调发展。但也应该指出，由于封建专制国家和法律性质决定，救灾仅仅是调整经济的一种手段，其立足点仍然是维护封建王朝的根本利益，加之封建官僚机构的腐败和官吏的自私贪婪，许多法令在实施过程中受到重重阻碍，最终，人民得到的实惠是极其有限的。

第二节　土地立法

《明史 · 食货志》记载：“明土田之制，凡二等：曰官田，曰民田。初，官田皆宋、元时入官田地。厥后有还官田、没官田、断入官田、学田、皇庄、牧马草场、城壖苜蓿地、牲地、园陵坟地、公占隙地，诸王、公主、勋戚、大臣、内监、寺观赐乞庄田，百官职田，边臣养廉田，军、民、商屯田，通谓之官田，其余为民田。”明代土地所有制关系表现为官田与民

① 《明会典》卷 17《户部四》。
② 《明会典》卷 17《户部四》。

田并存，所谓“官田，官之田也，国家之所有。而耕者犹人家之佃户也”[①]，实际上，官田的成分十分复杂，其中包括：皇庄即是皇室所有；诸王、公主、勋戚、大臣、内监、寺观赐乞庄田，属于贵族所有；军、民、商屯田等，则为国有土地。“民田，民自有之田也”[②]属地主和自耕农所有而可以买卖的私有土地。官田与民田两相比较，官田所占比例和分量较大，“官田数占民田数的七分之一”[③]，但官田中除屯田外，皇庄、庄田都属于私田性质。明代，土地占有权转换频繁，国有土地迅速私有化和自耕农手中土地得而复失，封建土地法制呈现出内容丰富、变化不定和效力日减的特点。具体讲，明初，由于长期战争的破坏，人口锐减，土地荒芜，经济凋敝，为了扭转这一颓势，开国之君朱元璋采取了一系列复苏社会经济的政策，旨在充分利用土地资源，恢复生产，大量创造社会财富，促进社会的安定。其做法为：一方面，大兴屯田，保证军队和国家的固定收入，维护国有土地的基础地位；另一方面，鼓励垦荒，承认新垦土地属垦殖者所有，让耕种者拥有安居乐业的小块私有土地。这样一来，提高了土地的利用率，国有土地与私有土地比例协调，特别是随着私有土地的快速增长，中小地主和自耕农也有了相应的发展，并成为推动农业生产发展、维护社会稳定的中坚力量。为了加强土地管理，维护土地的封建所有制，土地法规大量出现，其涉及面十分广泛，这正如《明会典》记载：“凡田土，国初至今，多寡不一，载在册籍可考，其间科则升降、收除、开垦、召佃、拨给有定例，诡射、侵献有严禁，各宫勋戚寺观田地、及草场苑收有额数。”[④]明朝中叶后，土地兼并激烈，地权高度集中，土地纷纷落入官僚地主手中，广大自耕农因

① 《日知录》卷10《苏松二府田赋之重》。

② 《日知录》卷10《苏松二府田赋之重》。

③ 《明史》卷77《食货一·田制》。据《正德会典》卷19所载，弘治十五年，天下土田止四百二十二万八千五十八顷，其中民田为三百六十二万九千六百一顷七亩，官田为五十九万八千四百五十六顷九十三亩。

④ 《明会典》卷17《户部四》。

丧失土地沦为佃民，形成了“有田者十一，为人佃作者十九”[①]的局面，佃民人数的增加，使劳动力相对过剩，为地主阶级对廉价劳动力进行残酷剥削创造了条件，社会贫富悬殊的两极分化加速进行，封建经济的衰落和社会的动荡不安在所难免。明末，张居正推行土地清丈法和一条鞭法，延缓了明朝的政治经济危机，但最终无法阻止官僚地主疯狂掠夺土地对封建经济的致命一击，围绕地权产生的政治经济危机，迫使明朝统治者无可奈何地退出了历史舞台。纵观明朝二百年间历史风云的变幻不难看出，土地法制是封建统治的平衡器和晴雨表。

一、国有土地的经营——屯田

明初，“兵荒之后，民无定居，耕稼尽废，粮饷匮之”[②]，于是，国有土地的农业经营，主要采取屯田制的方式。按照劳动力户籍身份和剥削方式的不同，明代屯田有军屯、民屯和商屯之分，三者又以军屯的规模和作用最大。

军屯是在卫所用军法督促屯军从事奴役性生产劳动，以求军队粮食自给而节省国家经济开支的一种制度。至正十八年（1358 年），朱元璋令军士在龙江等处试行屯田。明建立后，他又申谕臣下说：“兴国之本，在于强兵足食，自兵兴以来，民无宁居，连年饥馑，田地荒芜。若兵食仅资于民，则民力重困，故令将士屯田，且耕且守。”[③]并仿效唐府兵遗意，创立卫所制度，“以军隶卫，以屯养军”[④]。

明朝军屯有边屯和营屯之分。边屯是军人在边地屯种，即“且耕且战

---

① 《日知录》卷 10《苏松二府田赋之重》。

② 《明会典》卷 18《户部五》。

③ 《续文献通考》卷 5《田赋五 · 屯田》。

④ 《续文献通考》卷 5《田赋五 · 屯田》。

者也”；营屯在内地各卫附近屯种，即“且耕且守也”。洪武初年，军屯尚无定制，只在原则上要求各卫所“量留军士守城，余悉令屯田”①。军屯所需的种子、耕牛、农具等生产资料由政府提供，每名屯军耕种定额五十亩。因考虑到各卫所所处地方冲缓、土地人口和耕种条件不同，分军屯种的比例不一，这正如《明会典》记载，“军士三分守城，七分屯种，又有二八、四六、一九、中半等例。皆以田土肥瘠、地方缓冲为差。又令少壮者守城，老弱者屯种”②，每军户屯耕的定额也“多寡不同，甚有彼此数量大相悬巨者”③。洪武二十五年（1392年），颁布《军士屯田则例》，标志着明朝立法管理军屯步入正轨。据《明史·食货志》记载：“边地，三分守城，七分屯种。内地，二分守城，八分屯种。每军受田五十亩为一分，给耕牛、农具，教树植，复租赋，遣官劝谕，诛侵暴之吏。初亩税一斗。”④洪武三十五年（1402年），制定《屯田科则》：“每军田一分，正粮十二石，收贮屯仓，听本军支用；余粮十二石，给本卫官军俸粮。每卫以指挥一员，每所以千户一员提督，都司不时委官督查，年终上仓，并给过子粒数，造册赴京比较。”⑤这些法令具体规定了卫所屯军所占比例、屯种定额和赋税，并设置屯田专职官员和督查制度，每年按子粒数目（税粮）多少考察屯官政绩，并以此决定其升黜。

建文、永乐年间，继续推行军屯政策，军屯立法日趋完善。屯军按照军事制度编制。中央由五军都督府管摄天下屯政，地方由都司统辖。各处卫所以指挥一员、千户数员管领，其数多寡不一。千户以下设百户若干名，带领旗军屯种。永乐二年（1404年），颁发《屯田官军赏罚则例》，稳定屯田编制，落实各级屯官的法律责任，该条例规定：“令各屯置红牌一面

---

① 《明太祖实录》卷56。

② 《明会典》卷18《户部五》。

③ （明）庞尚鹏：《清理不同屯田疏》，《明经世文编》卷359。

④ 《明史》卷77《食货一·田制》。

⑤ 《明会典》卷18《户部五》。

写刊于上。每百户所管旗军一百一十二名，或一百名、七八十名；千户所管十百户，或七百户、五百户、三四百户；指挥所管五千户，或三千户、二千户。总以提调屯田都指挥，所收子粒，多寡不等，除下年种子外，俱照每军岁用十二石正粮为法比较，将剩余并不敷子粒数目通行计算，定为赏罚。"[①] 屯官由下至上分为百户、千户、屯指挥、都指挥等各级，他们对屯田生产的好坏、税粮征收的多少负有直接的责任，但因职位的不同，赏罚也有差别。其赏罚条例具体规定为："凡官屯都指挥、指挥、千百户所管军旗，各以其税所入之数通计，以为赏罚。一岁军士食米人十二石之外，人余十二石者，百户赏钞百锭，千户百一十锭，指挥百二十锭，都指挥百三十锭。……均余六石者，都指挥、指挥、千百户俱无赏罚。均余五石者，百户罚俸一月，千户二十日，指挥十五日，都指挥十四日。"[②] 屯田奖赏与官职成正比，惩罚与官职成反比，即官职越高，受赏越多，受罚越少；官职越低，受赏越少，受罚越多，体现了大小官吏之间法律地位的不平等，法律侧重维护位高权贵者的既得利益。

为了激励屯军多产粮食，明政府改变了以往屯军收获的粮食一概入官的做法，永乐三年（1405 年）更定《屯田则例》，规定："如各军名下除存种子并正粮及余粮外，又有剩余数，不分多寡，听各该旗军自收，不许管屯官员人等巧立名色，因而分用。"[③] 永乐二十年（1422 年）改定《征粮科则》，除卫所自用十二石外，余粮免其一半，只纳六石[④]，即每亩由洪武时征米二斗四升减为一斗二升。但实际征收往往因时因地而变，一般超过额定数量，其剥削十分苛重，令屯田军士苦不堪言。

屯田属国家所有，受到法律的保护。朝廷常委派官员到各卫所巡视清

---

① 《明会典》卷 18《户部五》。

② 《明太宗实录》卷 26。

③ 《明会典》卷 18 户部五屯田。

④ 《明会典》卷 18《户部五》。

查，一旦发现私人占夺、盗卖屯田，必将绳之以法，严惩不贷。明朝律例专设“盗卖屯田”一条，规定：“凡用强占种屯田五十亩以上不纳子粒者，问罪，照数追纳。完日，官调边卫带俸差操，旗军军丁人等，发边卫充军，民发口外为民。其屯田人等将屯田典卖人至五十亩以上，与典主买主各不纳子粒者，俱照前问发。若不满数，及上纳子粒不缺，或因无人承种而侵占者，照常发落，管屯等官不行用心清查者，纠奏治罪。”[①] 嘉靖十年（1531年）颁布《军职多占屯田例》：“都指挥、指挥多占屯田三分之上者降一级，六分之上者降二级，十二分之上者降三级，千百户以下照例递降。转行各该巡屯御史，并按察史、管屯官员禁约：今后但有强占私卖，私卖之人，不分多寡，俱照强占事例，民发附近，军发边远充军。该管都指挥以下至总小旗通同不举，或典或卖五十亩至一百亩以上者，悉照前例降级，多者降至三级为止。若有势家应议之家，径自参究。”[②] 这些法令对明中叶以后出现的屯官、势家侵占军屯土地的现象予以严厉打击，维护屯田土地的公有性。

与此同时，明王朝加强了对屯军的控制。屯军是国家土地上的农奴，被牢固地束缚在屯田上，没有迁徙的自由，其军籍世代相传，永世不得脱籍。洪武三年（1370年），法令规定：“凡军民、医匠、阴阳诸色人户，各以原报抄籍为定，不许妄行变乱。违者，治罪，仍从原籍。”[③] 弘治十三年（1500年）又对此法令作了相应的补充：“军户子孙畏惧军役另开户籍，或于别府州县入赘寄籍等项，乃至原卫发册清勾，买嘱原籍官吏里书人等捏作丁尽户绝回申者，俱问罪，正犯发烟瘴地面，里书人等发附近卫所充军，官吏参究治罪。”[④] 屯军的特殊身份决定了他们只能在卫所辛勤劳作，遭受

① 《问刑条例·户律·田宅·盗卖田宅条例》。

② 《（万历）杭州府志》卷36《兵防下》。

③ 《大明令·户令》。

④ 《明会典》卷19《户部六》。

国家残酷的经济剥削。除屯田之外，明代法令豁免了屯军的一切差役，也禁止屯官、勋贵私役屯军，但由于屯军社会地位低下，又受到各级屯官的严厉管束，因此屯军出苦力应差役在所难免，成了国家与屯官的双重奴隶。

尽管明朝中后期立法从限制屯官侵夺军屯土地与禁止屯丁离开卫所两方面维持军屯的存在，但在土地私人兼并的冲击下，加之军屯管理不善，屯丁待遇每况愈下，势必造成军屯制度的瓦解，随着军屯土地被瓜分，军屯法规也自然失去了它的存在价值。

民屯[①]，是由官府强制人多地少地区的无田农民，包括一部分无业流民和罪囚到地广人稀的地区屯垦，使"地不失利，民有恒业"。民屯土地属于国家所有，屯民必须向国家缴纳地租，他们实际上是国家的佃户，其收获的农作物主要提供给军队，作为军屯的辅助和补充。

明朝民屯的范围比较广泛，洪武年间大规模徙民达十五次之多，其中：洪武三年（1370 年）六月，朱元璋下令徙苏州、松江、嘉兴、湖州、杭州五郡四千户无地农民到濠州种田，并规定"就以所种田为已业、官给牛、种、舟、粮，以资遣之。仍三年不征其税"[②]。洪武四年（1371 年），六月徙北平山后之民三万五千八百户，十九万七千二十七口于各卫府，将其中"籍为民者，给田以耕"[③]。又移今内蒙古和山西北部一带"沙漠遗民"三万二千八百六十户于北平人稀地旷之处屯种，置屯二百五十四，开地一千三百四十三顷。洪武十五年（1382 年），迁广东番禺、东莞、增城降民二万四千四百余人于泗州屯田。洪武二十五年（1392 年），迁山西泽、潞二州无地农民到彰德、真定、临清、归德、太康诸处闲旷之地，置屯耕种。从洪武到永乐，徙民屯田的数目共有二十三万二千六百余户，每户以平均五口计算，就有一百一十六万多人。

---

① 《明史·食货志》："其制，移民就宽乡，或召募，或罪徙者，为民屯，皆领之有司。"

② 《明太祖实录》卷 53。

③ 《明太祖实录》卷 66。

民屯，主要迁徙的是无田者和丁多田少者，迁徙的路费与屯田所需的耕牛种子由政府提供，法律规定："凡官给牛种者十税五，自备者十税三。诏且勿征，三年后亩收租一斗。"[①]民屯按"计民授田"的原则分配屯田土地，"凡迁民一户，例拨荒田五十亩"[②]，"额外垦荒，永不起科"[③]。屯户编入里甲，由当地卫所严加管束，不许逃跑，否则，"逃者发边远充军，官司邻里隐匿者俱坐罪"[④]，其目的无非利用国家空闲之地组织这些廉价劳动力进行耕耘，为国家提供固定的租税和徭役。民屯亩税一斗，高于官田亩税五升三合五勺和民田亩税三升三合五勺，但由于屯民直接向国家纳税，不存在地主从中剥削的中间环节，经济负担仍低于每亩七、八斗至一石以上的私租。并且，国家政策规定，民屯之外荒田，"许民垦辟为己业"[⑤]，这意味着屯民中的一部分人可以利用耕种屯田之余，开辟荒地为私产，逐渐由国家佃户向自耕农转化。这种身份的改变，对调动屯民的生产积极性，解决"狭乡"人多地少的矛盾，推动各地区农业的平衡发展是大有裨益的。

明朝民屯中，还有利用罪犯屯田的内容。按律令规定，凡流罪死罪及官吏犯罪当罢职者，酌情发落，均可发送屯田。据史书记载：洪武五年（1372 年），"诏令今后犯罪当谪两广充军者，俱发临濠屯田"[⑥]。洪武八年（1375年）法令规定："自今杂犯死罪者，免死，输作终身，流徒罪限年输作；官吏受赃及杂犯死罪，当罢职役者，谪凤阳屯种；已犯流罪者，凤阳输作一年，然后屯种"[⑦]。洪武九年（1376年），"官吏有罪者，笞以上悉谪屯凤阳，

---

① 《明史》卷 77《食货一 · 田制》。
② （明）陆琛：《玉堂漫笔》。
③ 《明史》卷 77《食货一 · 田制》。
④ 《明史》卷 77《食货一 · 田制》。
⑤ 《明史》卷 77《食货一 · 田制》。
⑥ 《明太祖实录》卷 219。
⑦ 《明太祖实录》卷 97。

至数万人"[①]。屯田的期限是"流罪三年，死罪五年"[②]，罪囚刑满释放后，不愿还乡者改为民籍，具有土地私人占有权，并按民田交税和承担差役。

明初，民屯成就突出，仅举洪武二十八年（1395 年）为例："东昌等三府屯田迁民五万八千一百二十四户，租三百二十二万五千九百余石，棉花二百四十八万斤"[③]。彰德等四府"屯田凡三百八十一屯，租二百三十三万三千三百一十九石，棉花五百零二万五千五百余斤"[④]。嘉靖、宣德以后，民屯租税加重，屯民负债累累，只有纷纷逃亡，屯地成为豪强地主侵吞的目标，民屯遭到彻底的破坏和瓦解。

商屯，源于"开中法"。明初，"各处边防缺粮，户部申请开中纳米，定为则例，出榜招商"[⑤]，政府利用手中掌握的食盐专卖权，要求经营此业的商人必须把粮食运到边防军仓交纳后，向当地政府换取销售食盐的执照，定场支盐，运到限定的行盐地区发卖。这种"召商输粮而与之盐"的办法称为"开中法"。"开中法"始于洪武三年（1370 年），它对于解决明初的边境军粮起到了积极的作用，然而却给商人带来了诸多不便，到了永乐年间，商人出资招募游民在边地屯种，就近交纳军粮换取盐引，这样，既免除了长途运粮的麻烦，又为商人运销食盐获取更大利润提供了方便，这就是所谓的"商屯"。商屯的土地是通过向国家租佃官田耕种的方式获得土地使用权的，即"耕屯剩地，佃与商盐"[⑥]，国家对商屯大力支持，租税仅"量征其十之一二"[⑦]。

弘治十五年（1502 年），盐法改为纳银领引，不再纳粮，同时国家无法

① 《明史》卷 139。

② 《国榷》卷 12。

③ 《明太祖实录》卷 236。

④ 《明太祖实录》卷 243。

⑤ （明）朱廷立：《盐政志》卷 4。

⑥ （明）王元禄：《策枢》卷 3《复制》。

⑦ （明）庞尚鹏：《清理甘肃屯田疏》，《明经世文编》卷 360。

控制制盐生产，产盐灶户纷纷逃亡，民间私人产销食盐开始流行，政府失去了对盐产销的控制权和垄断权，商人纳粮获取盐引已不现实，商屯渐废。

据统计，万历年间民田为一千一百六十一万八千九百四十八顷[①]，屯田为六十三万五千三百四十三顷，屯田在全国土地中占有一定的比重。屯田的主要形式是军屯，军屯的土地属国家所有，但政府在屯田之外鼓励官军开垦荒地，作为己业。这种私有经济的发展，势必造成公田与私田之间的对立冲突，其结果是屯官利用手中实权役使屯军为其垦荒，拓展私田的面积，从而加重了屯军的劳动负荷。与此同时，屯官还不顾法律的限制，暗中侵吞屯田，并不缴纳屯田子粒，税粮全部由屯军承担，形成了“富者有田而无税，贫者有税而无田”[②]的奇特现象，屯军无法忍受国家与屯官的双重剥削而大量逃亡，致使卫所屯丁所剩无几。国家虽不断制定维护屯田制的种种政策措施，但不能遏制屯田向私人占有方面转化的强劲势头。弘治年间，“屯田多为势家趁机侵占，屯军迫于赔粮，往往窜逃”[③]，原有屯田，“十去其五六，有名无实”[④]。至正德时，屯田之法“尽坏，天下不复有屯政矣”[⑤]。由于侵占和典卖，屯田改为民田已成为必然趋势。崇祯时，明政府采纳大臣汪始亭的建议，“勿论军种民种，照民田起科”[⑥]，在法律上正式承认把国有的卫所屯田全部改为私有民田，田主只要向国家缴纳税粮，就对屯田拥有私人占有和使用权。

综上所述，屯田是明朝国有土地的主要经营方式，它在明初成了利用剩余劳动力开垦荒废之地以解决庞大的军队开支、减轻国家经济负担的有效途径，它对社会的稳定和发展起到了举足轻重的作用。明弘治、正德之

① 《明神宗实录》卷379。

② 《清理宣府屯田疏》,《皇明经世文编》卷358。

③ 《明孝宗实录》卷75。

④ （明）马文升:《清屯田以复旧制疏》,《明经世文编》卷63。

⑤ 《明史》卷77《食货一・田制》。

⑥ 《明史》卷256《毕自严传》。

后，屯田私人占有经历了从非法、不违法到公开合法化的曲折过程，国有屯田逐渐由侵占、转佃、典卖的局部性质转化最终发展到全面彻底的“民田化”，这意味着在土地国家所有制不变的前提下，土地的占有、使用、受益的私有化异常活跃，这正是地主阶级内部争夺土地所反映的封建土地私有制的本质特征。屯田法制虽在明初维护屯田国家公有方面发挥了重要的作用，但它很难抵御土地私有化的冲击，在伴随屯田逐渐消失的过程中，它也成了一纸空文。

二、私有土地的确认与反兼并法令

明朝私人占有土地的形式多种多样，其中有以庄田形式出现，实际上由皇亲国戚、功臣勋爵私人占有的田土，也有地主、农民的私有田地。明初，虽然有许多官僚地主，特别是开国功臣以接受赏赐的方式占有了大批土地，但是，由于元末无主土地资源的丰富，明王朝又积极推行垦荒政策和不断调整旧有的土地关系，土地占有较为分散，自耕农和中小地主成为土地私有最大的受益者，小农经济生机勃勃。明中后期，封建专制体制的劣根性充分显现出来，明初那种有利于中央集权统治的经济均衡被打破，皇族地主、贵族地主和官僚地主凭借政治和经济特权，大量兼并土地，土地占有权被动转换十分频繁，形成了土地占有者与生产者的分离，这无疑是明朝中后期社会不安定的一个重要因素。

皇庄，明朝皇室直辖的庄田组织，土地由皇室成员占有。天顺八年（1464 年），以没收太监曹吉祥土地为宫中庄田，皇庄之名由此始。弘治二年（1489 年）京城周围皇庄有五，共占地一万二千八百余顷[①]。武宗即位后（1506 年），一月之间，建皇庄七处。其后皇庄遍布郡县，增至三百余处。

① 《明孝宗实录》卷 28。

正德九年（1514年）皇庄占地已达三万七千五百九十五顷四十六亩[①]。皇庄的扩大，许多是依靠特权占夺民业而来的，给民众造成了深重的灾难。明代文献有言："近年皇庄人役，罔恤国体，近庄田土，小民衣食之资，横加侵占，由寻及丈，跨亩连蹊，求益不已。在庄旁者，产去税存，征科之及，负累赔办，富者以贫，贫者何能安养？民间马牛羊豕，或误逸庄地，即不可望得归。有以近庄故，塚基被其发掘，屋庐被其拆毁者，耕夫饷夫，稍不退让，辄罹鞭箠。噤酸忍痛，敢怒而不敢言；按巡之使，过之而不敢问；守牧之官，即之而不敢直。缘此皇庄，无如何也。"[②]

除皇庄以外，贵族、大臣、宦官占地的情形也非常严重。明代受封就藩的亲王有五十人，曾建立五十个王府，明中期以后，除两京之外，王府庄田遍及河南、山东、山西、陕西、湖广、四川、江西诸省。同时，王公大臣还往往以"空地""闲地"等名义，向皇帝乞请赐田，并接受投献以及大量侵占官民田地，这些有权势的贵族官僚都迅速成了大地主，而明初出现的中小地主和自耕农逐渐失去了自己的土地，成为新的流亡者，明王朝的封建秩序受到严重地冲击。

明初，朱元璋就对土地兼并所引起的社会危害有所警惕，曾严令限制兼并土地。洪武三年（1370年）令："验其丁力，设田给主，毋许兼并。"洪武元年（1368年）诏令："耕者验其丁力，计亩给之。使贫者所资，富者不得兼并。若兼并之徒多占田以为已业而转令贫民佃种，罪之。"洪武二十四年（1391年）又令："公侯大官以及民人……其山场水陆田地，亦照原拨赐则例为主，不许过分占为已有。"特别是在洪武五年（1372年）朱元璋颁布了申诫公侯的《铁榜》，其中规定：凡公侯之家，倚恃权豪，欺压良善，虚钱实契，侵夺人田地、房屋、孳畜者，均据初犯、再犯、三

① （明）夏言：《勘报皇庄疏》，《明经世文编》卷220。
② （明）何文简：《陈万言以俾修省疏》，《明经世文编》卷127。

犯，给予不同处罚[①]。尽管朱元璋三申五令，但土地兼并仍然没有得到太多的抑制，反而愈演愈烈。英宗天顺二年（1458 年）再次下令："皇亲公侯伯文武大臣，不许强占良民田地，事发坐以重罪。"宪宗成化十年（1474 年）下令"诏禁势家侵占民田"，并对寺观僧道兼并土地也采取了相应措施，英宗正统十三年（1448 年）令"各处寺观僧道，除洪武年间置买土田，其有续置者，悉令各州有司查照散还于民"。代宗景泰二年又下令，"各处寺观，量存六十亩为业，其余拨与小民佃种纳粮"。

明中期，为了遏制权贵对土地的侵夺，抑制土地兼并带来的社会危机，万历六年（1578 年）明王朝发布清查全国土地的法令："凡庄田、民田、职田、荡地、牧地，皆就疆理，无有隐"[②]；"所在强宗豪民，敢有扰法者，严治不贷"[③]。万历七年（1579 年）又特诏："核两畿，山东、陕西勋戚田赋"，"宗室买田不输役者没官，勋戚田（庄田）俱听有司征之"，规定对勋臣贵戚自置庄田坚决进行清查，其纳粮当差，与平民一样，不许宽免；至于其他豪民，也受此约束，不能例外。万历八年（1580 年）明政府进一步公布"清丈条例"八条，规定清丈土地由各省布政使及府、州、县长官负责；清丈的目的在于均赋役，限制土地高度集中在少数勋臣贵族手里，以赋役来调整以土地关系为核心的经济关系。朝廷下令："严欺隐之律，有自首万年诡占及开垦未报者，免罪；首报不实者，连坐；豪右隐占者，发遣重处。"[④]明王朝反兼并的法令，尽管在扭转社会赋役不均、贫富悬殊方面起着一定的作用，但它不可能从根本上解决封建社会的土地问题。

① 《明太祖实录》卷 74。
② 《明史纪事本末》卷 61。
③ 《明史》卷 77《食货一 · 田制》。
④ 《明通鉴》卷 67。

第三节　商事立法

中国封建皇权长期推行重农抑商政策，旨在利用政治权力调整商品经济和商业的节奏和动向，把它们规范于小农经济的模式内，对自然经济发挥补充、整合功能，以维护封建社会结构的稳定。明初，尽管自给自足的自然经济还占据统治地位，但在农业经济高度发展的基础上，过剩的农副产品大量涌入市场进行交易，从而促使商品经济有了很大发展，出现了地区性的商人集团，繁荣的城市经济，区域贸易与对外贸易也十分发达。对此，封建王朝一度放松了对商品经济和商业发展的遏制，商业的法律地位由此改变，商业立法大为增加。明中后期，许多商人致富后，往往加入土地所有权的竞争行列，加速了土地的兼并和垄断，对小农经济构成极大的威胁，中央政权不得不运用法律手段加以干预，这必然在商业法规中有所反映。

一、商业管理及税收立法

（一）商税管理

商税，是国家调整商业发展的杠杆。明建立之初，朱元璋推行通工利商之法，放宽传统的抑商政策，商税的征收，比宋、元两代有所减轻，征收手续也比较简约，力图让商业安守本分，自然发展，“凡商税，三十税一，过取者以违令论”[①]。洪武元年（1368 年）诏令“田器等物不得征税”[②]，洪

① 《明太祖实录》卷 14。

② 《明太祖实录》卷 30。

武十三年（1380 年）又下令“军民嫁娶丧祭之物，舟车丝布之类皆勿税”[①]。简化征税手续，降低商业税额，免征部分生产用具和生活必需品的商业额，对平抑商品价格，促进市场交易，改善人们物质生活条件，都产生积极的作用。

鉴于开国之初，南京住房紧张，商人货物至京，无贮货之处，牙商从中盘剥，令商人苦不堪言。太祖“遂命工部于三山等门外濒水处，为屋数十楹，名曰塌房。商人至者，俾悉贮货其中，既纳税，从其自相贸易。驵侩无所与，商旅称便”[②]。兴建塌房，既增加了国家的商税收入，又为商人经商提供了方便，受到商人的称誉。

为了加强商税的统一管理，维持正常的商贸秩序，洪武二年（1369 年）定纳税条例：“凡买卖田宅头匹务赴投税，除正课外，每契本一纸，纳工本铜钱四十文，余外不许多取。”[③]洪武十九年（1386 年），“于府设税课司，诸县设税课局及河泊所，收商税钱钞，著为定例”[④]，收税根据每年经济收支情况，“随其多寡，从实征之”[⑤]。各税课衙门置有簿籍，“日录客商姓名、投税物货、该纳税钞数目”[⑥]，以备稽考。各税课司局所收商税，“钱钞金银布绢等物不动原封，年终具印信文解明白，分豁存留、起解数目”[⑦]，逐级解赴上司，然后由布政司于次年三月以前汇总解交京师承运等库收贮，以备国用。明朝严禁商人匿税，纳税户出外经商属正当经济行为，地方官衙出具证明，提供方便。明万历年间刊行的《刑台法律》收存了一份经商由牒式，特抄录如下：

① 《明太祖实录》卷 132。
② 《明太祖实录》卷 211。
③ 《明会典》卷 35《户部二十二》。
④ 《明宣宗实录》卷 80。
⑤ 《明太祖实录》卷 185。
⑥ 《明英宗实录》卷 69。
⑦ 《诸司职掌 · 户部》。

某处为给由牒事。伏睹《大明律》内一款："凡客商匿税，及卖酒醋家不纳课程者，笞五十。货物酒醋一半入官。于入官物内，以十分为率，三分付告人充赏。"钦此钦依外，今据某府县客商某赴投税粮，有货物前往某处货卖，得此今给某字号半印关由，付本商照验前去，如遇经过关隘，验无夹带及违禁货物，即便放行；如违，所在官司依律问罪，所有关由须至出给者。

某物　　　　　某货物若干

右给付客人某　准此

某年某月　　　　　　　　某日　　某吏　　某承　某处押

经商由牒详细记载了商人的姓名、籍贯、外出事由、去向、货物名称、数量，以备沿途关卡查验，一经核实，又无夹带违禁物品，即予放行，允许其自由贸易。另一方面，加强税收管理，洪武二十三年（1390 年），下令"榜谕各处税课司局巡拦，令计所办额课，日逐巡办，收于司局，按季交与官攒，出给印信收票，不许官攒侵欺，致令巡拦赔纳，违者重罪"①，征收商税进一步程序化，规范化，为政府有效的调整商业的发展铺平了道路。明成祖继续推行轻税保护政策，永乐元年（1403 年）定制："凡军民之家，嫁娶丧祭，时节追送礼物，染练自织布帛，及买已税之物，或船只车辆，运自己物货，并农用之器，各处小民挑担蔬菜，各处溪河小民货卖杂鱼，民间家园池塘采用杂果非兴贩者，及民间常用竹木蒲草器物，并常用杂物，铜锡器物，日用食物，俱免税。"② 免税之物较洪武定例更为具体详细。永乐七年（1409 年），"令京城官店塌房照南京三山门外塌房例，税银一分，宣课分司收，免牙塌房钱二分，看守人收用"③。永乐十年（1412

① 《明会典》卷 35《户部二十二》。

② 《明会典》卷 35《户部二十二》。

③ 《明会典》卷 35《户部二十二》。

年）又下令："各处巡按御史及按察司官体察闸办课程，凡有以该税钞数倍增收，及将琐碎之物一概勒税者，治以重罪。"①加强对多征、乱收商税的督察，一经发觉不轨行为，即予重罚。仁宗、宣宗以后，商税名目日渐增多，税率不断加重。洪熙元年（1425年），"增市肆门摊课钞"，即对城镇"开张店铺之家，审其生业，分别等则"②，进行征税。宣德四年（1429年），"于京省商贾集地，市镇店肆门摊税课，增旧凡五倍"③，并在运河沿岸，设立钞关，差御史及户部官照钞法例，向过往商人征收船料钞，"每船一百料，收钞一百贯"④。如隐匿及倚势不纳钞者，船没入官，犯人治罪。与此同时，宣宗竭力清除商税之弊，不管是税收衙门法外生事，倍收税钱；还是权豪贵戚停积商货，隐匿官税，皆命刑部揭榜禁革⑤。正统七年（1442年），定在京宣课、都税二司税钞则例："每季缎子铺纳钞一百二十贯，油、磨糖、机粉、茶食、木植、剪截、绣作等铺三十六贯，余悉量货物取息及工艺受值多寡取税。"⑥弘治七年（1494年）以后，河西务、张家湾运京货物除收船料、商税外，又有条税、正税。正德五年（1510年），增京城九门税，收钞三百三十八万八千多贯，钱四百二十万二千多文，"凡增弘治时数倍"⑦。特别是万历二十四年（1596年）后，明王朝先后派出大批税监，他们所到之处，横征暴敛，恣意搜刮，给经商者造成巨大的伤害，不少商人纷纷破产，明朝商业也一蹶不振，逐渐衰落。

---

① 《明会典》卷35《户部二十二》。
② 《明仁宗实录》卷6。
③ 《明宣宗实录》卷50。
④ 《明会典》卷35《户部二十二》。
⑤ 《明宣宗实录》卷99。
⑥ 《明英宗实录》卷88。
⑦ 《续文献通考》卷18《征榷一》。

（二）商业管理

明朝，有关商业管理的立法也有所加强，并增添了不少新的内容，这可以通过店历、路引、审编铺户和买等法规反映出来。客店是商人居住和贮货的地方，洪武二年（1369年）制定“店历”法令：“凡客店，每月置店历一扇，在内付兵马司，在外付有司，署押讫，逐日附写到店客商姓名人数、起程月日，月终各赴所司查照。如有客商病死，所遗财物，别无家人亲属者，告官为见数，行移招召父兄，子弟或已故之人嫡妻，识认给还。一年后无识认者，入官。”[①] 这条法令，旨在维护商人的财产权，使其经济利益不受他人侵害，但在实际施行过程中，却产生了有利于官府管理商人的客观效果。

路引，是远行外地者持有的由官府颁发的通行证。明王朝为了防止人口自由流动，从而逃避赋役和随意外出经商，建立了路引制度，即“凡出外，先告路引”[②]。《大明律》规定：“若军民出百里之外，不给引者，军以逃军论，民以私度关津论。”[③] 凡外出经商者事先须向当地官府呈递申请，说明外出事由、去向及体貌特征，官府审核批准，发给路引。路引有一定的文书格式，要求援引有关法条，并写明给引理由和外出者的基本情况，以备沿途关卡、旅店盘验。《刑台法律》列举了明朝告引申请和路引的文状，其格式如下：

告引状式

告状人某年某岁，系某都鄙民状告给文引，事缘某收买货物，前往某等处发卖，缘无文引收照，诚恐关隘所在阻当不便，理合备情投告乞赐文引付照，万全感激，为此上告。

本县老爷　　　　详状施行

① 《大明令·户令》。

② 《士商类要》卷2客商规略。

③ 《大明律·兵律·诈冒给路引》。

计开本鄙里长老人某

一、男子一名，年某岁，系某岁，系某鄙，身材中等，面赤色。

一、妇女一口，某氏年某岁，系某人妻妾女。

某年某月　　　　日告状人某

路引式

某府某县为给引事，伏睹《大明律》内一款："凡军民出百里之外不给文引者，军以逃军，民以私渡关津论。"钦此钦遵外，今据某都鄙某状告欲往某处买卖，缘无文凭诚恐路阻不便，召到该都鄙里长某保识明白，当官查审相同，今结某字某号半印勘合书填文引，付本告人收照前去，如遇经关隘去处，验实放行，须至出给文引者。

计开

男子一名，年某岁，身中材，面赤色。

妇女一口某氏，年某岁，系某人妻。

右给付某人往回执照准此。

某年某月全印　　　　日司吏某　　承

路引押　　　　定限某年某月某日回销缴

官吏设关卡盘查路引，务求"引目相符"，如果发现无引或引目不符者，即逮捕治罪。如洪武六年（1373 年）七月，常州府吕城巡检司，"盘获民无路引者，送法司论罪"①。领取路引，还要交纳路引费，"每引一张，解银一钱"②。路引制度增加了国家经济收入，也通过对商人外出经商的审批、盘验、督察，加强了对经商者的管理，为商业发展提供了法律保障。明中

① 《明太祖实录》卷 83。

② 《菽园杂记摘抄》卷 5。

叶以后，路引制度仍在继续推行，但奸吏借此敲诈勒索，任意刁难，让商人怨声载道，从而阻碍了商业的顺利发展，路引制度的正面效应也就丧失殆尽了。

审编铺户，是明朝商业管理的又一条途径。明政府为了便于对商人进行控制和盘剥，命令所有在城镇开业的铺户要取得居住与营业的合法权利，必须到有关的主管衙门登记注册，建立铺籍档案，由主管官吏定期调查他们的资本数目、营业状况和盈利收入，然后划分等第，造册备案，作为征调科敛的依据。如果商人没有“市籍”或逃籍，就禁止违法开业。成祖时，审编每十年一次，世宗嘉靖年间改为五年一次。铺户经审编记录在案后，必须接受官吏的监督管理，合法经营，并承担各种繁重的义务。另外，资本雄厚的富豪，还被强迫迁往京城，接受专制皇权的严密控制，使京师成为全国经济的中心。编审铺户，对工商业的发展，起到了一定的约束作用。

和买制度由来已久，是官府以购买为名掠夺商人财物的一种变相赋税。明代官僚机构所需要的一切物品，除了官手工业制造以及通过“岁办”的方式直接取之于民外，其余部分则通过“和买”取得。和买的方法是由铺行按月如实向官府申报时价，由主管官吏评议审核，立案备查，并申报上司。官府所需物品，则按审议价格，向商家购买。从表面上看给钱购物，公平交易，但实际上是廉价收买，有时甚至肆夺民产。明初，太祖下令官司不许以和买扰民，洪武二年（1369 年）规定：“凡内外军民官司，并不得指以和雇和买，扰害于民。如果官司缺用之物，照依时值对物，两平收买，或客商到来中买物货，并仰随即给价。如或减驳价值及不即给价者，从监察御史、按察司体察，或赴上司陈告，犯人以‘不应’治罪。”[①] 以和买扰民，受到朝廷严厉禁止，一经有犯，即按“不应得为”治罪。正统二年（1437 年），颁布和买诏令：“买办物料，该部委官一员，会同府县委官，拘集该行铺户，估计时价，关出官钱，仍委御史一员，会同给与铺行收买

① 《大明令·户令》。

送纳。”[1]确立了和买的法律依据，使和买进一步制度化、规范化。明朝以和买扰民现象时有发生，朝廷采取积极措施，加以制止，例如，洪武二十年（1387年），各布政司和买水银而州县多借此以扰民，太祖令亟罢之[2]。永乐五年（1407年）开平卫卒蒋文霆言：“今有司岁办各色物料，里长所领官钱悉入己，名为和买，其实强取于民，万不偿一。……今后宜令有司除常赋外，妄取民一钱者，以受财枉法论。”太宗采纳了他的建议[3]。洪熙元年（1425年），“朝廷买办诸色物料，有司给价，什不及一；况展转克减，上下糜费，至于物主，所得几何？名称买办，无异白取”。仁宗下令，“宜速行戒约，有不悛者，必加之罪”[4]。但由于封建政府与民众的经济利益截然对立，官吏利用政治权力剥削压榨商人势所难免，因此，和买伤民事件屡禁不止，甚至愈演愈烈，朝廷有关和买的诏令法规的实际效力只能是暂时的或微弱无力的。

二、市场管理立法

由于商业的快速发展，为了保证商贸活动的正常进行，明王朝直接运用法律对市场进行干预，市场管理立法初具规模，包括对商品价格的估定、度量衡的规范、牙商的管理、不正当经商行为的处置都有专门的法律条文。

（一）物价监制

明政府加强市场管理，建立了平抑物价的法律制度。洪武二年（1369年）定“时估”条例：“仰府州县行属，务要每月初旬取勘诸物时估，逐一

---

① 《明会典》卷37《户部二十四》。
② 《明太祖实录》卷182。
③ 《明太宗实录》卷67。
④ 《明宣宗实录》卷3。

覆实，依时开报，毋致高抬少估，亏官损民。上司收买一应物料，仰本府州县照依按月时估，两平收买，随即给价，毋致亏损于民，及纵令吏胥里甲铺户人等因而克落作弊。”[①] 洪武二十六年（1393 年）又规定：“凡民间市肆买卖一应货物价值，须从州县亲民衙门，按月从实申报合干上司。”[②] 商品价格由官府职掌评估，按月颁布统一的物价标准，并申报上司备案，官民依时价进行公平交易，防止商人抬高物价或官吏压低价格收购，破坏市场正常的交易秩序。洪武元年（1368 年），“令兵马司并管市司，二日一次较勘街市斛斗秤尺，并依时估定其物价。在外府州各城门兵马，一体兼领市司”[③]，在京城与外府州、县专门设立市场管理机构，明确其平抑物价的法律责任。对任意增减物价者，《大明律》则有治罪条文：“凡诸物行人评估物价，或贵或贱，令价不平者，计所增减之价，坐赃论。入己者，准窃盗论，免刺。”[④]

（二）度量衡管理

慎到曰：“有权衡者，不可欺以轻重；有尺寸者，不可差以长短。”[⑤] 由于度量衡是衡量物品数量多寡的客观标准，从而成为商贸活动中不可缺少的工具。为了防止不法商人伪造度量衡器具，侵害购买者的经济利益，牟取私利，明王朝通过立法形式加强对度量衡器具的管理。洪武元年，诏令兵马司每二日一次校勘京城街市斛斗秤尺。洪武二年颁布度量衡法令：“凡斛斗秤尺，司农司照依中书省原降铁斗、铁升较定则样制造，发直隶府州，及呈中书省转发行省，依样制造，较勘相同，发下所属府州。各府正官提调依法制造较勘，付与各州县仓库收支行用。其牙行市铺之家，须要赴官

---

① 《明会典》卷 37《户部二十四》。
② 《明会典》卷 37《户部二十四》。
③ 《明会典》卷 37《户部二十四》。
④ 《大明律·户律·市廛·市司评物价》。
⑤ 《慎子·佚文》。

印烙。乡村人民所用斛斗秤尺，与官降相同，许令行使。”[①]洪武二十六年又下令：“凡天下官民人等行使斛斗秤尺，已有一定法则，颁行各司府州县收掌，务要如式成造，较勘相同，印烙给降民间行使。”[②]度量衡严格按国家审定的式样生产，经检验合格后方许使用。民间通用的度量衡，须与官府制造的保持一致，官府检验符合规格后烙印，其使用的合法性才得以确认。成化十五年（1479年）再次规定：“京城内外并顺天府所属地方，凡诸色货物行人，依式置造平等斛斗秤尺天平等件，赴官较勘印烙，方许行使，违者如律治罪。两邻知情扶同隐匿互相借用者，事发，一体究治。”[③]文中所谓“如律治罪”，即按照《大明律》户律中“私造斛斗秤尺”条文治罪，该条文规定：“凡私造斛斗秤尺不平，在市行使，及将官降斛斗秤尺作弊增减者，杖六十，工匠同罪。若官降不如法者，杖七十。提调官失于较勘者，减一等；知情与同罪。其在市行使斛斗秤尺虽平，而不经官司较勘印烙者，笞四十。”[④]明朝法律不仅对私造、伪造斛斗秤尺予以治罪，甚至对符合官方格式，却未经检验印烙者，也处以笞刑。具体管理度量衡的官吏失职，则追究其应负的法律责任。

（三）牙行管理

牙行，指中国旧时城乡市场中为买卖双方说合磋商贸易，并从中收取佣金的店铺，简称之为行，经营这种店铺或单纯从事买卖的中介者，或称为牙商、牙人。埠头，指掌管码头交易的人。明初，朱元璋为了防止牙行坑骗商民，曾下令：“天下府州县镇店去处，不许有官牙、私牙。……敢有称系官牙、私牙，许邻里坊厢拿获赴京，以凭迁徙化外。若系官牙，其该

① 《明会典》卷37《户部二十四》。

② 《明会典》卷37《户部二十四》。

③ 《明会典》卷37《户部二十四》。

④ 《大明律·户律·市廛·私造斛斗秤尺》。

吏全家迁徙；敢有为官牙、私牙，两邻不首，罪同。”[①] 但这些规定在现实生活中难以推行，随着明代商品交易频繁，牙行、埠头十分活跃，在商品经济中扮演着重要的角色。明代首创牙行、埠头管理法规，《大明律》规定：“凡城市乡村，诸色牙行，及船埠头，并选有抵业人户充应。官给印信文簿，附写容商船户，住贯姓名，路引字号，物货数目，每月赴官查照。私充者，杖六十，所得牙钱入官。官牙、埠头容隐者，笞五十，革去。”[②] 牙商、埠头由有家业者充任，并经官府批准，由官府发给牙帖，牙帖的有效期为一年，期满，须申请换帖。牙行、埠头领取官府发给的印信文簿，如实登记客商船户的身份和经商情况，每月向官府呈报一次，对集市交易的客商有监督的责任。不经官府批准而私充牙商、埠头者，处以杖刑，牙钱由官府没收。官牙、埠头隐瞒包庇非法经商者，处以笞刑，革职停业。

（四）严禁把持行市

为维护市场交易的正常秩序，明朝法律严禁不法之徒把持行市，欺诈顾客，干扰他人正当交易。《大明律》规定：“凡买卖诸物，两不和同，而把持行市，专取其利，及贩鬻之徒，通同牙行，共为奸计，卖物以贱为贵，买物以贵为贱者，杖八十。若见人有所买卖，在傍高下比价，以相惑乱而取利者，笞四十。若已得利物，计赃重者，准窃盗论，免刺。”[③]《问刑条例》也有类似的规定：“各处客商辐辏去处，若牙行及无籍之徒，用强邀截客货者，不论有无诓赊货物，问罪，俱伽号一个月。如有诓赊货物，仍监追完足，发落。若监追年久，无从赔还，累死客商，属军卫者，发边卫；属有司者，发附近，俱充军。”[④] “凡捏称皇店，在于京城内外等处，邀截客商，掯勒财

---

① 《古今图书集成·食货典》卷 322，杂税记考七。

② 《大明律·户律·市廛·私充牙行、埠头》。

③ 《大明律·户律·市廛·把持行市》。

④ 《问刑条例·户律·市廛·把持行市条例》。

物者，俱拿送法司问罪。就于害人处所，枷号三个月，发极边卫分，永远充军。”[①] 使用强力邀截客货，抢夺商人财物，较把持行市治罪从重。

明朝市场管理法规较为完善，商人的经商活动和财产权都得到法律的承认和维护，这是商品经济发展到一定阶段的必然产物。

三、专卖制度

明朝仍实行专卖政策。专卖，指盈利额较高的盐、茶等物品产销由国家垄断，限制经商者私人经营，攫取高额商业利润，削弱国家的经济实力，对国家形成经济上的对抗与威胁。因此，盐茶产销专利受到明朝法律的保护，禁止私盐、私茶的严厉程度又更甚于前朝。

（一）盐法

“煮海之利，历代皆官领之”[②]，早在朱元璋起兵反元时，“即立盐法，置局设官，令商人贩鬻，二十取一，以资军饷”[③]。明朝建立后，推行盐专卖制度。洪武元年（1368 年）在产盐地区设立官办盐场，召集灶户制盐，按丁规定的岁办定额称正盐，超额所产称余盐，无论正盐还是余盐，由官府统一收购，禁止任何私下交易。收购的办法是：正盐每引四百斤，余盐每引二百斤，各支工本米一石。然后按引发卖，发卖的对象是计口配盐的民人和向国家交纳粮、钱、马、布等国库及边卫急需物质的商人。

明王朝对食盐专卖管理甚严，洪武初年制定《盐引条例》，其中规定犯私盐者绞，有军器者斩。《大明律》在《户律》中设有“盐法”专条，是根据《盐引条例》修订而成，但处罚较《盐引条例》有所减轻。《大明律》

---

① 《问刑条例 · 户律 · 市廛 · 把持行市条例》。

② 《明史》卷 80《食货四 · 盐法》。

③ 《明史》卷 80《食货四 · 盐法》。

盐法十二条规定[①]：

凡犯私盐者，杖一百，徒三年。若有军器者，加一等；诬指平人者，加三等；拒捕者，斩；盐货、车船、头匹，并入官。引领牙人及窝藏、寄顿者，杖九十，徒二年半；挑担、驮载者，杖八十，徒二年；非应捕人告获者，就将所获私盐给付告人充赏；有能自首者，免罪，一体给赏。若事发，止理见获人盐。当该官司，不许展转攀指。违者，以故入人罪论。（谓如人盐同获，止理见发。有确货，无犯人者，其盐没官，不须追究。）

凡盐场灶丁人等，除正额盐外，夹带余盐出场，及私煎货卖者，同私盐法。百夫长知情故纵及通同货卖者，与犯人同罪。

凡妇人有犯私盐，若夫在家，或子知情，罪坐夫男。其虽有夫而远出，或有子幼弱，罪坐本妇。

凡买食私盐者，杖一百，因而货卖者，杖一百，徒三年。

凡守御官司及盐运司、巡检司巡获私盐，即发有司归勘。各衙门不许擅问。若有司官吏，通同脱放者，与犯人同罪。受财者，计赃以枉法从重论。

凡守御官司，及有司、巡检司，设法差人，于概管地面，并附场紧关去处，常川巡禁私盐。若有透漏者，关津把截官及所委巡盐人员，初犯笞四十，再犯笞五十，三犯杖六十，并附过还职。若知情故纵及容令军兵随同贩卖者，与犯人同罪。受财者，计赃以枉法从重论。其巡获私盐入已不解官者，杖一百，徒三年。若装诬平人者，加三等。

凡军人有犯私盐，本管千、百户有失钤束者，百户初犯，笞五十，再犯杖六十，三犯杖七十，减半给俸。千户初犯，笞四十，再犯笞五十，三犯杖六十，减半给俸，并附过还职。若知情容纵，及通同贩卖者，与犯人同罪。

凡起运官盐，每引二百斤为一袋，带耗五斤。经过批验所，依数掣挚秤盘。但有夹带余盐者，同私盐法。若客盐越过批验所，不经掣挚关防者，

① 《大明律·户律·课程·盐法》。

杖九十，押回盘验。

凡客商贩卖官盐不许盐引相离。违者，同私盐法。其卖盐了毕，十日之内，不缴退引者，笞四十。若将旧引影射盐货者，同私盐法。

凡起运官盐，并灶户运盐上仓，将带军器及不用官船起运者，同私盐法。

凡客商将官盐插和沙土货卖者，杖八十。

凡将有引官盐，不于拘该行盐地面发卖，转于别境犯界货卖者，杖一百。知而买食者，杖六十；不知者，不坐。其盐入官。

食盐从生产到运输、销售整个过程都严禁私盐，犯私盐定罪较唐宋盐法偏重。盐引，是盐商行盐的凭照，国家每年定额发办，“洪武时，岁办大引盐三十五万二千余引。弘治时，改办小引盐，倍之”[①]，明朝法律要求商人严格凭引运销官盐，以保证官盐运销畅行无阻和盐价的稳定。《大明律》有如下两条规定：

监临势要中盐

凡监临官吏诡名，及权势之人中纳钱粮，请买盐引勘合、侵夺民利者，杖一百，徒三年，盐货入官。

阻坏盐法

凡客商中买盐引勘合，不亲赴场支盐，中途增价转卖阻坏盐法者，买主、卖主，各杖八十。牙保减一等。盐货价钱并入官。其铺户转买拆卖者，不用此律。

监临官吏、权势之人弄虚作假、行商中盐、侵夺民利，以及商人倒卖

① 《明史》卷80《食货四 · 盐法》。

盐引，抬高盐价，阻坏盐法，分别承担相应的法律责任。

除上述盐法律文之外，有关盐法的法律规定还以“例”的形式大量产生，从而构成律例并行，以例补律的模式，极大地丰富了盐业立法。《问刑条例》规定：

各边召商上纳粮草，若内外势要官豪家人开立诡名，占窝转卖取利者，俱问发边卫充军。干碍势豪，参究治罪。

凡豪强盐徒，聚众至十人以上，撑驾大船，张挂旗号，擅用兵仗响器，拒敌官兵，若杀人及伤三人以上者，比照强盗已行得财律，皆斩。为首者，仍枭首示众。其虽拒敌，不曾杀伤人，为首者，依律处斩；为从者，俱发边卫充军。若止十人以下，原无兵仗，遇有追捕拒敌，因而伤至二人以上者，为首依律处斩；下手之人比照聚众中途打夺罪人因而伤人律，绞；其不曾下手者，仍为从，论罪。若贫难军民，将私盐肩挑背负，易米度日者，不必禁捕。

越境兴贩官司引盐至三千斤以上者，问发附近卫所充军。原系腹里卫所者，发边卫充军。其客商收买余盐，买求掣挚，至三千斤以上者，亦照前例发遣。经过官司纵放及地方甲邻里老知而不举，各治以罪。巡捕官员乘机兴贩至三千斤以上，亦照前例问发。

凡两淮等处运司，中盐商人，必须纳过银两纸价，方给引目、守支。若先年不曾上纳，故捏守支年久等项，虚词奏扰者，依律问罪，仍照各处盐场无籍之徒把持诈害事例，发遣。

凡伪造盐引、印信，贿嘱运司吏书人等，将已故并远年商人名籍、中盐来历填写在引，转卖诓骗财物，为首者，依律处斩外，其为从并经纪、牙行、店户、运司吏书，一应知情人等，但计赃满贯者，不拘曾否支盐出场，俱发边卫充军。

各盐运司总催名下，该管盐课纳完者，方许照名填给通关。若总催买嘱官吏，并覆盘委官指仓、指囤，扶同作弊者，俱问发边卫充军。

各处盐场无籍之徒，号称长布衫、赶船虎、光棍、好汉等项名色，把持官府，诈害客商，犯该徒罪以上及再犯杖罪以下者，俱发边卫充军。

在食盐专卖制下，凡诡名转卖、聚众反叛、越境兴贩巨额余盐、伪造盐引、收盐作弊、诈害盐商等犯罪行为，都将受封法律的严厉制裁。

明中叶以后，明政府以食盐专卖为财政搜刮的主要手段，增发盐引，屡提盐价。权贵趁机兴风作浪，包占盐引，攫取盐利，致使商人依法运销食盐的渠道梗阻，无利可图，从而私自盗卖私盐盛行于世，盐法遭到严重破坏。明末，改革盐产销管理制度，规定灶户不再向官府上交产盐，只需按引交纳盐课，就可以将产盐卖给商人，由商人运销各地。至此，明代官收商销的专卖制已改变为官府收税商收商销的私营制，明初所定盐法成为一纸空文也就势在必然了。

（二）茶法

明代，茶有官茶与商茶之分，“官茶易马，商茶给卖”[1]，对茶叶实行征税和榷禁专卖制度。明代对茶业管理甚严，“凡中茶有引由，出茶地方有税，贮放有茶仓，巡茶有御史，分理有茶马司、茶课司，验茶有批验所”[2]。

官府对茶生产者课征以易马匹的茶叶，称为官茶。官茶行于陕西汉中和四川地区，政府在这些地区设置茶马司，专门主管征茶易马事务。洪武四年（1371 年）奏准：“陕西汉中府金州、石泉、汉阴、平利、西乡县茶园每十株官取一分。其民所收茶，官给价买。无主者，令守城军士薅培及时采取，以十分为率，官取八分，军收二分，每五十斤为一包，二包为一引，令有司收贮于西番易马。”[3]洪武五年（1372 年），“令四川产茶地方，照例

① 《明会典》卷 37《户部二十四》。
② 《明会典》卷 37《户部二十四》。
③ 《明会典》卷 37《户部二十四》。

每十株官取一分，征茶二两。其无主者，令人薅种，以十分为率，官取八分，有司收贮”①。洪武年间，一般上等马每匹一百二十斤茶，中等马每匹七十斤茶，下等马每匹五十斤茶。政府征购之外的余茶，允许商人持引贩卖。

商茶，主要通行于江南地区，政府通过向园户征收茶课和向商人征收引税来控制商茶。洪武初，曾对经营商茶专门订立法规：“官给茶引，付产茶府州县。凡商人买茶，具数赴官纳钱给引，方许出境货卖。每引照茶一百斤，茶不及引者，谓之畸零，别置由帖付之。仍量地远近，定以程限，于经过地方执照。若茶无由引及茶引相离者，听人告捕；其有茶引不相当或有余茶者，并听拿问。卖茶毕，即以原给引由，赴住卖官司告缴，该府州县俱各委官一员管理。”②茶引一道，纳铜钱一千文，贩茶一百斤；茶由一道，纳铜钱六百文，贩茶六十斤。

明政府对西北、西南边境的茶叶走私防范甚严，定期派遣官员巡查关隘，捕捉贩运私茶者。对私茶出境和关隘失察，惩处相当严厉。《大明律》设“私茶”专条：“凡犯私茶者，同私盐法论罪。如将已批验截角退引，入山影射照茶者，以私茶论。”③洪武三十年（1397 年）订立禁约：“诏榜示通接西番经行关隘并偏僻处所，著拨官军，严谨把守巡视，但有将私茶出境，即拿解赴官治罪。不许受财放过。仍究何处官军地方放过者，治以重罪。”④凡把守关隘官军，放私茶出境，即依法治以重罪。永乐六年（1408 年），进一步加重了对私茶罪的处罚，诏令规定：“各关把关头目军士，务设法巡捕，不许透漏缎匹布绢私茶青纸出境。若有仍前私贩，拿获到官，将犯人与把关头目，各凌迟处死，家迁化外，货物入官。有能自首免罪。”⑤明中期颁布的《问刑条例》中有“私茶条例”，对贩卖私茶者与关隘失察之官军，

① 《明会典》卷 37《户部二十四》。
② 《明会典》卷 37《户部二十四》。
③ 《大明律・户律・课程・茶法》。
④ 《明会典》卷 37《户部二十四》。
⑤ 《明会典》卷 37《户部二十四》。

发配充军，其处罚已比明初法令有所减轻。

四、对外贸易立法

对外贸易是中国古代商业活动的一个重要组成部分。唐宋时期，对外贸易受到封建王朝的高度重视，中国与海外各国和各地区建立了密切的商贸关系，商贸交往频繁，商品交易数额不断提高，从而增加了国家的财政收入，推动了国内经济的发展。明代政权建立以后，对外贸易政策发生了重大变化，严守海禁，限制朝贡贸易成了明朝对外贸易立法的主旋律，但随着各朝代政治经济状况的变化，法律也随之出现了一张一弛的改变。

（一）海禁

明朝初年，由于东南海上残余反抗势力未靖，倭寇猖獗，朱元璋推行“片板不许下海”的海禁政策，闭关锁国，不允许一般商民私自与外国通商来往。洪武四年（1371年），“仍禁濒海海民不得私出海”[①]，并在谕大都督府臣时宣称：“朕以海道可通外邦，故尝禁其往来。近闻福建兴化卫指挥李兴、李春私遣人出海行贾，……苟不禁戒，则人皆惑利而陷于刑宪矣。尔其遣人谕之，有犯者论如律。”[②]洪武十四年（1381年）重申：“禁濒海决私通海外诸国。”[③]直至洪武末年，海禁政策仍被朝廷一再强化，没有出现任何松弛的迹象。例如，洪武二十七年（1394年），仍下令：“敢有私下诸番互市者，必置之重法。”[④]洪武三十年（1397年），还申令人民不得擅出海与外国互市[⑤]。明初，海禁法规有如下几项基本内容：第一，明确规定了海

① 《明太祖实录》卷70。
② 《明太祖实录》卷70。
③ 《明太祖实录》卷139。
④ 《明太祖实录》卷231。
⑤ 《明太祖实录》卷252。

外贸易的违禁物品。洪武二十年（1387 年），“禁番使毋得以麻铁出境。仍命揭榜海上，使咸知之”[①]。洪武二十三年（1390 年），“诏户部申严交通外番之禁。上以中国金银铜钱、缎匹、兵器等物，自前代以来不许出番；今两广、浙江、福建愚民无知，往往交通外夷，私易货物，故严禁之。沿海军民官司纵令相交易者，悉治以罪”[②]。洪武三十年颁行的《大明律》规定：“凡将马牛、军需、铁货、铜钱、缎匹、绸绢、丝绵，私出外境货卖，及下海者，杖一百。挑担驮载之人，减一等。物货船车，并入官。于内以十分为率，三分付告人充赏。若将人口军器出境及下海者，绞；因而走泄事情者，斩。”[③]马牛、金银铜铁、绸缎丝绵都是外贸违禁品，因而不许外交使臣暗中携带出口，也禁止私人擅自销往海外。若私出境外贩卖，处以杖刑，货物入官。与上述物品相比较，明朝对军器控制更严，防止海外收购，对国家安全造成严重的威胁。因此，明律对将人口、军器出境及下海者，处以绞刑；因而泄漏情报者，处以斩刑。第二，追究沿海军民官司的连带责任。《大明律》规定：私出外境及违禁下海，“其拘该官司，及守把之人，通同夹带，或知而故纵者，与犯人同罪。失觉察者，减五等，罪止杖一百。军兵又减一等”[④]。沿海地区严格把守、巡查，捉拿违禁下海走私者，把守、巡查官军本人有犯及知情故纵，追究其法律责任。邻里乡人告发私自下海者，给予一定赏赐。第三，令民间禁用“舶来品”。据史书记载，洪武二十七年“甲寅，禁民间用番香、番货。于是，上以海外诸夷多诈，绝其往来，唯琉球、真腊、暹罗斛许入贡。而缘海之人往往私下诸番，贸易香货，用诱蛮夷为盗，命礼部严禁绝之。敢有私下诸番互市者，必置之重法。凡番香、番货皆不许贩鬻，其见有者，限以三月销尽。民间祷祀止

① 《明太祖实录》卷 181。

② 《明太祖实录》卷 205。

③ 《大明律・兵律・关津・私出外境及违禁下海》。

④ 《大明律・兵律・关津・私出外境及违禁下海》。

用松柏枫桃诸香，违者罪之。其两广所产香木听土人自用，亦不许越岭货卖。盖虑其杂市番香，故并及之”[①]。国内禁止贩卖和使用海外货物，从买方市场方面堵死了对外贸易的通道，对外贸易也就失去了它的意义和价值。由此可见，海禁是洪武年间最重要和最严厉的法令，它以削弱海外贸易为代价，满足抵御外敌、巩固新生政权的政治需求，这必然导致海外贸易一度衰落下去。

成祖即位后，依循祖训，不违旧制，仍下令有司“一遵洪武事例禁治”[②]。但随着明王朝政治统治的巩固和社会经济的发展，特别是统治集团对奢侈品的需求，致使海禁开始宽弛下来。永乐年间，太宗除很少颁布海禁法令外，对海外贸易事件的处理也明显放宽了尺度。例如，据《明太宗实录》卷42记载：“永乐四年四月庚辰，锦衣卫奏：民有与外国使人交通者，宜执付法司治如律。上问其实。对曰：以毡市之，而与之言甚久。上曰：释之。锦衣卫复言：毡衫市之虽微，交通于法难宥。上曰：立法以禁奸，过轻则民慢；用法在体情，过重则民急。彼小人治生，富则以钱易物，贫则以物易钱，交议价值，岂一言可决？彼何知国法，其释之。”民私下与外国使人商品交易，违反了洪武年间所订的禁令，但太宗却从宽处理，不予治罪，这说明永乐年间的海禁政策有所放宽。不仅如此，永乐三年（1405年）至宣德八年（1433年），太宗先后派遣郑和七次出使西洋，促进了与亚非欧许多国家的贸易往来，扭转了洪武年间海外贸易沉寂的局面。

宣德年间，民间私人海上贸易增多，官吏也私造海舟，冒充朝使，下海通商，损害了国家的经济利益，宣宗不得不重申海禁之令。宣德六年（1431年），“上闻并海居民有私下番贸易及出境与夷人交通者，命行在都

---

① 《明太祖实录》卷231。

② 《明太宗实录》卷10。

察院揭榜禁戢”[1]。宣德八年，“命行在都察院严私通番国之禁。上谕右都御史顾佐等曰：私通外夷，已有禁例。近岁官员军民不知遵守，往往私造海舟，假朝廷干办为名，擅自下番，扰害外夷。或引诱为寇。比者已有擒获，各置重罪。尔宜申明前禁，榜谕缘海军民，有犯者许诸人首告，得实者给犯人家资之半。知而不告及军卫有司之弗禁者，一体治罪”[2]。官吏私下与外夷交往，后果不堪设想，对此类极端违法之事，仍需严加禁止，但此条例有一定的特殊性和针对性，其严厉程度和适用范围不可与洪武禁令同日而语。

嘉靖年间，一方面，海疆不清，葡萄牙侵入东方，对明王朝构成极大威胁；另一方面，永乐以来长期推行相对的弛禁政策，私人海上贸易迅速发展，形成了与封建专制政权对抗的私人贸易集团。这一切引起了明世宗的警觉，日渐松弛的海禁政策发生了暂时的逆转，严厉的海禁法令不断颁示天下。这类禁令有：

嘉靖三年（1524 年）四月壬寅，刑部复御史王以旗议：福建滨海居民每因夷人进贡，交通诱引，贻患地方。今宜严定律例，凡番夷贡船，官未报视而先迎贩私货者，如私贩苏木、胡椒千斤以上例。交结番夷互市称贷、绍财构衅及教诱为乱者，如川、广、云、贵、陕西例。私代番夷收买禁物者，如会同馆内外军民例。揽造违式海船私鬻番夷者，如私将应禁军器出境因而泄事律、各论罪。[3]

嘉靖四年（1525 年），八月甲辰：初浙江巡按御史潘倣言，漳泉等府黠滑军民，私造双桅大船下海，名为商贩，时出剽劫，请一切捕获治之。事下兵部议：行浙福二省巡按官，查海船但双桅者，即捕之。所载虽非番物，

① 《明宣宗实录》卷 78。

② 《明宣宗实录》卷 103。

③ 《明世宗实录》卷 38。

以番物论，俱发戍边卫。官吏军民，知而故纵者，俱调发烟瘴。[1]

嘉靖八年（1529 年）十二月：令巡视都御史亲诣地方勘审，……并出给榜文：禁沿海居民毋得私充牙行，居积番货，以为窝主。势豪违禁大船。悉报官折毁，以杜后患。违者一体重治。[2]

嘉靖十二年（1533 年）九月，上曰：兵部其亟檄浙、福、两广各官，督兵防剿，一切违禁大船，尽数毁之。自后沿海军民，私与贼市，其邻舍不举者连坐。[3]

针对沿海居民与夷人交往，贻患地方的严重事态，明世宗因时更制，强化海禁，从禁止私人从事海上贸易发展到不许制造和使用航海大船，从惩治走私商人发展到株连邻舍，有时甚至下海捕鱼与海上航行都在禁止之例。治罪范围有所扩展，严禁方式也不近情理。不仅如此，嘉靖年间还专门制定了海禁条例：

各该沿海省份，凡系守把海防武职官员，有犯听受通番土俗哪哒报水分利金银，至一百两以上，名为买港，许令船货入港，串同交易，贻患地方，及引惹番贼海寇出没，戕杀居民，除真犯死罪外，其余俱问受财枉法满贯罪名，比照川广云贵陕西等处汉人交结夷人、互相买卖、诓骗财物、引惹边衅、贻患地方事例，问发边卫永远充军。子孙不许承袭。

凡夷人贡船到岸，未曾报官盘验，先行接买番货，及为夷人收买违禁货物者，俱发边卫充军。若打造违式海船，卖与夷人图利者，以依私将应禁军器下海因而走泄事情律处斩，仍枭首示众。

官民人等擅造二桅以上桅式大船，将带违禁物下海，前往番国买卖，潜

① 《明世宗实录》卷 54。

② 《明世宗实录》卷 108。

③ 《明世宗实录》卷 154。

通海贼同谋结聚，及为向导，劫掠良民者，正犯处以极刑，全家发边卫充军。若止将大船雇与下海之人，分取番货，及虽不曾造有大船，但纠通下海之人，接买番货者，俱问发边卫充军。其探听下海之人，番货到来，私下收买贩卖，若苏木、胡椒至一千斤以上者，亦问发边卫充军。番货入官。[①]

以上条例对违禁下海的处罚明显比《大明律》加重：律文规定私带一般违禁品下海，杖一百，例文则规定发边卫充军。律文规定将人口军器下海者绞，因而走泄事情者斩，例文则比照该条，将打造违式海船、卖与夷人图利者处斩，并枭首示众。律文规定官吏通同犯罪或知而故纵，除死罪外，罪止杖一百，例文则规定除真犯死罪外，发边卫永远充军，并不许子孙承袭。此外，例文还规定，非法接买番货与为夷人收买违禁货物，俱发边卫充军，这正是律文未曾涉及的。由此可见，嘉靖时期对私人海上贸易的控制和打击是十分严厉的，这必然使对外贸易更为衰落，难以为继。

隆庆年间，明穆宗为了扭转对外贸易的衰落局面，开辟税源，挽救财政危机，开放海外贸易的需求日趋强烈。同时，葡萄牙、荷兰、西班牙等国先后入侵南洋，与明王朝在殖民地范围内建立了商业关系，使以往阻止与其交往的法律丧失了存在的意义。于是，穆宗“除贩夷之律”，“准贩东西二洋”，一时之间，“五方之贾，熙熙水国，刳艅艎，分市东西路，其捆载珍奇，故异物不足述，而所贸金钱，岁无虑数十万，公私并赖，其殆天子之南库也”[②]。私人的海外贸易活动由非法转为合法，但仍在官方的控制下进行，凡商人进行海外贸易活动，必须请人作保，向官方领取“引票”，“引票”上写明经商者的姓名、籍贯、往返地以及货物的名称、数量。并交纳引税，每引税银三两。没有领取“引票”，仍视为非法经商，受到法律的禁止。

① 《嘉靖问刑条例·私出外境及违禁下海条例》。
② （明）周起元：《东西洋考·序》。

总而言之，明朝的海禁政策，始终限制私人海外贸易的自然发展。这种限制仅随各朝代政治、经济与对外关系的不同，而有张有弛罢了。长达二百多年的海禁，既干扰了沿海居民的正常生活，制约了沿海地区社会经济的发展，又抑制了私人资本积累和社会物质财富的增长，丧失了国内商品扩大国外市场的机遇。中国的商品经济只能在重重的政治羁绊的束缚下，在小农经济低需求的模式下，缓慢地延续下去。

（二）朝贡贸易立法

明朝官方控制的海外贸易为朝贡贸易，即海外诸国与明贸易必须以朝贡为先决条件，这正如明王圻所言："贡舶与市舶一事也。凡外夷贡者，我朝皆设市舶司以领之。许带方物，官设牙行，与民贸易，谓之互市。是有贡舶，即有互市，非入贡，不许互市矣。"① 准许外国官方遣使来朝进贡时随便捎带货物，进行官方贸易，任何外国私人来华贸易则遭到禁止。

明朝设市舶提举司，"掌海外诸番朝贡市易之事"。洪武初，市舶提举司设于太仓黄渡，不久罢除。洪武三年（1370 年）复设市舶司于宁波、泉州、广州，规定"宁波通日本，泉州通琉球，广州通占城、暹罗、西洋诸国"②。洪武七年（1374 年），一度罢宁波、泉州、广州三市舶司，其职权交由地方长官行使。永乐元年（1403 年），"上以海外番国朝贡之使附带货物前来交易者须有官专主之，遂令吏部依洪武初制，于浙江、福建、广东设市舶提举司，隶布政司。每司置提举一员，从五品；副提举二员，从六品；吏目一员，从九品"③。

为了防止外商假冒贡使走私贸易，明政府创立了勘合制度。据史书记载，洪武十六年（1383 年）十月，"给诸番国勘合，上以海外诸国进贡，

① 《续文献通考》卷 26《市籴二 · 市舶互市》。

② 《明史》卷 81《食货五 · 市舶》。

③ 《明太宗实录》卷 21。

信使往来，真伪难辨。遂命礼部置勘合文簿发诸国，俾往来俱有凭信稽考，以杜奸诈之弊。但遇入贡，咨文俱于所经各布政司比对勘合相同，然后发遣”[①]。勘合文簿“始给暹罗国，以后渐及诸国”[②]。洪武时获得勘合者共有十五国。每一贡国，共置“勘合二百道，号簿四扇”[③]，分置两国。如对日本使用的勘合，系将“日本”二字拆开，制成“日”字号与“本”字号勘合各一百道，共二百道；“日”字号与“本”字号勘合各二册，共四册。其中，“日”字号勘合各一百道，“日”字号和“本”字号勘合底簿各一册，存留明廷礼部；“本”字号勘合底簿一册，置于福建布政司。“本”字号勘合一百道和“日”字号勘合底簿一册，送日本使用。凡是日本赴华贡舶，每船携带“本”字勘合一道，进入中国港口时，由福建布政司会同市舶司，将日船所带“本”字勘合与本处所存“本”字号勘合底簿对比无误后，方许登岸。同时将“本”字勘合送礼部与该部所存“本”字底簿再行核对无误后，在其勘合中记明来华人员姓名、货物、船数等，令其入京朝贡，随带货物在京城会同馆贸易。明出使日本船舶，持礼部“日”字号勘合，与日本所存“日”字号勘合底簿核实后，方可进入日本境内。这样，只有持勘合的船舶才能从事两国之间的商贸活动。如果不经官方盘验，私下接买番货，将受到法律的严厉制裁。《问刑条例》规定：“凡夷人贡船到岸，未曾报官盘验，先行接买番货，及为夷人收买违禁货物者，俱发边卫充军。”[④]

在勘合贸易中，贡期、船只、人数都受到明朝法令的限定。永乐初，令日本“十年一贡，贡道由浙江宁波府，每贡正副使等毋过二百人。若贡非期，人船逾数，夹带刀枪，并以寇论”[⑤]。宣德初，重申禁约：“贡毋

---

① 《皇明从信录》卷 7。

② 《明会典》卷 180《礼部六十六》。

③ 《明会典》卷 180《礼部六十六》。

④ 《问刑条例·兵律·关津·私出外境及违禁下海条例》。

⑤ 《明会典》卷 150《礼部六十三》。

过三船，人毋过三百，刀剑毋过三十。”[①] 嘉靖六年（1527 年）奏准：“凡贡非期，及人过百，船过三，多挟兵器皆阻回。”[②] 嘉靖二十九年（1550 年）又规定：“日本贡船，每船水夫七十名，三船共计水夫二百一十名。正副使二员，居坐六员，土官五员，从僧七员，从商不过六十人。”[③] 对贡期、船只、人数的限定主要是从国家安全的角度提出来的，对外交往的商业贸易目的十分模糊。

明初对外国贡舶所带货物一律免征商税。洪武十七年（1384 年），“命有司，凡海外诸国入贡有附私物者，悉蠲其税”[④]。附代货物由官府高价收购，让利于人，以示封建宗主国对附属国的优待；其余舶货允许在官牙的参与和官吏的监督下，在市舶司所在地或京师会馆“与民贸易”。这种由入贡“附载方物”的非等价交换，是一种官方贸易，受到法律的保护，任意与外国人私下交易，都受到法律的禁止，“如赊买及故意拖延、骗勒夷人久候不得起程，并私相交易者，问罪，仍于馆前枷号一个月。若各夷故违，潜入人家交易者，私货入官”[⑤]。“凡会同馆内外四邻军民人等代替夷人收买违禁货物者，问罪，枷号一个月，发边卫充军”[⑥]。“私将应禁军器卖与夷人图利者，比依将军器出境因而走泄事情者律，各斩。为首者，仍枭首示众”[⑦]。

尽管明王朝将朝贡贸易定位在中外之间官官经济交往的模式内，并以淡化经济利益为手段强化政治意图，但这种人为干涉使外贸活动在狭隘的市场内缺乏活力，随着中外商品经济的发展以及国与国强弱格局的改变，

---

① 《明会典》卷 150《礼部六十三》。
② 《明会典》卷 150《礼部六十三》。
③ 《明会典》卷 150《礼部六十三》。
④ 《明太祖实录》卷 159。
⑤ 《明会典》卷 180《礼部六十六》。
⑥ 《明会典》卷 180《礼部六十六》。
⑦ 《明会典》卷 180《礼部六十六》。

这种勘合制度以及根据它而产生的法令逐渐失去了效力，以朝贡为名的私人贸易与海上走私却十分活跃。

第四节　手工业立法

中国的“工商食官”[①]历史悠久，官营手工业成为封建手工业存在的主要方式。这种官营手工业的特点是：手工业生产整个过程的具体劳动由编入匠籍的工匠无偿提供，经营管理由官吏负责，经营效益的好坏与生产者、管理者的利益相脱离，其经济效益低下是商品经济不发达社会阶段的必然反映。封建社会后期，随着商品经济的发展，生产技术的提高，官营手工业对工匠束缚太严以及产品使用范围狭窄，造成人力物力的浪费，从而逐渐衰落。明朝统治者以改革匠籍制度为契机，调整经济结构，解放生产力，发展民间手工业。于是，调整手工业生产关系的法规大量产生，并由直接控制生产者向通过产品间接约束人转化。不仅如此，手工业内各行业制定了专门性法规，这一切都表明中国古代手工业法制在明朝已趋于成熟。

一、改革匠籍制度

明初因袭元代匠户制度，把工匠人等归入国家匠籍，令其轮番服役。匠籍世代承袭，不得随意更改，躲避役作，匠户受到严格的人身控制。洪武二年（1369 年），颁布立户收籍法令：“凡军民医匠阴阳诸色户，许各以原报抄籍为定，不许妄行变乱，违者治罪，仍从原籍。”[②]治罪办法，明律有专条规定：“凡军民驿灶医卜工乐诸色人户，并以籍为定，若诈冒脱免

① 《国语·晋语》。
② 《大明令·户令》。

避重就轻者，杖八十。其官司妄准脱户及变乱版籍者，罪同。”[①]洪武三年（1370 年）又下令：“令户部榜谕天下军民，凡有未占籍而不应役者，许自首，军发卫所，民归有司，匠隶工部。”[②]明代匠户虽和元代一样，“役皆永充，死若逃者于原籍勾补”[③]，但这种奴役式的人身依附关系明显有所削弱。洪武十一年（1378 年）太祖令工部：“凡在京工匠赴工者，月给薪米盐蔬，休工者停给，听其营生勿拘。”[④]工匠休工听其自由营生，放松了对他们的人身控制。洪武二十四年（1391 年），“令工匠役作内府者，量其劳力，日给钞贯”[⑤]。元代匠户长年累月在官府服役的制度被废除，工匠上工期间，按月供给柴米盐菜，休工者停发，准许休工匠人自由经营生产。工匠的生活待遇得以改善，并获得了自由支配生产的某些权利。洪武十九年（1386 年），制定工匠轮班制度，“令籍诸工匠，验其丁力，定以三年为班，更番赴京轮作三月，如期交代，名曰轮班匠。仍量地远近以为班次，置勘合给付之，至期赍至工部听拨，免其家他役”[⑥]。命令诸色工匠轮班上京服役，每次服役时间为三个月。无工可役者，也不敢失期不至，这样有些工匠滞留京城，无所事事。针对这一弊端，洪武二十六年（1393 年），政府对工匠制度进行了第二次改革，即根据工匠从事的不同工种和“诸司役作繁简”，打破三年一班的硬性规定，更定班次，将各种工匠改为五年一班、四年一班、三年一班、二年一班、一年一班五种轮班制，班次编定后，政府重新发给各府、州、县工匠轮班勘合，“完日随即查原勘合及工程明白，就便放回”[⑦]，“本户差役，定例与免二丁，余丁一体当差。设若单丁重役及

① 《大明律·户律·户役·人户以籍为定》。
② 《明会典》卷 19《户部六》。
③ 《明史》卷 79《食货二·赋役》。
④ 《明会典》卷 189《工部九》。
⑤ 《明太祖实录》卷 118。
⑥ 《明会典》卷 189《工部九》。
⑦ 《明会典》卷 189《工部九》。

一年一轮者，开除一名。年老残疾户无丁者，相视揭籍明白疏放”[①]，“如是轮班各匠，无工可造，听令自行趁作”[②]，制成品可以拿到市场去销售。宣德元年（1426年）修订匠户差役人丁条例：“凡工匠户有二丁、三丁者留一丁，四丁、五丁者留二丁，六丁以上者留三丁。余皆放回，俾后更代。单丁则视年久近，次第放免。残疾老幼及无本等工程者，皆放免。”[③]服役工匠限制在匠户人数的一半左右，并减免残疾老幼及无工程可营造者的差役。由于轮班匠服役是无偿劳动，不但上工之日没有酬劳，连往返京师的盘费也要自备，因此，明初的这些法律措施，逐步放松了对工匠的控制，服役工匠的数额受到限定，赴京服役的时间缩短，承受的经济负担减轻，生活条件有所改善，同时成为有机会自营生计的半自由手工业者。

除了各地的轮班工匠外，还有住坐工匠。住坐工匠服役的时间比轮班工匠长。洪武二十六年规定：“在京各色工匠，例应一月上工一十日，歇二十日，若工少人多量加歇役。”[④]住坐匠每月工期为十天，每年服役120天，是轮班匠年役的五倍，住坐工匠赴班期间按月支领月粮三斗，无工停支。“不赴班者，输罚班银六钱，故谓之输班”[⑤]。住坐匠服役期长，但比轮班匠待遇高，其服役有月粮作为酬劳。另外，住坐匠本人可免其它杂差，家属可有一人免役。住坐匠数额有严格限定，嘉靖十年（1531年）奏准：“差工部堂上官及科道官司礼监官各一员，会同各监局掌印官清查军民匠役，革去老弱残疾有名无人一万五千一百六十七名，存留一万二千二百五十五名，著为定额，遇缺，该部清匠官，止于额内佥补，各该管内外官员不许奏请招收，违者听本部并科道官劾治。”[⑥]法令要求工

① 《明会典》卷189《工部九》。
② 《明会典》卷189《工部九》。
③ 《明宣宗实录》卷21。
④ 《明会典》卷189《工部九》。
⑤ 《明史》卷79《食货二·赋役》。
⑥ 《明会典》卷189《工部九》。

部官吏核实住坐匠人数，裁退残疾老幼及闲置人员，以防人浮于事，冒领俸粮。由此，大量无役工匠流入民间，自由经营，推动了民间手工业的发展。

明中叶以后，由于官手、工业机构的腐败，工匠不堪忍受工匠官及作头的虐待，多有逃逸，改革匠役制度势在必行。改革分两阶段进行，先是以银代役与当班服役双轨并行，成化二十一年（1485年）奏准："轮班工匠有愿出银价者，每名每月南匠出银九钱，免赴京，所司类赍勘合，赴部批工，北匠出银六银，到部随即批放，不愿者仍旧当班。"① 工匠可根据实际情况作出选择，或是按期轮班服役，或是不赴役而出银价抵充。这种双轨制是过渡性的。随后班匠一律以银代役，嘉靖四十一年（1562年）工部题准："行各司府，自本年春季为始，将该年班匠通行折价类解，不许私自赴部投当，仍备将各司府人匠总数查出，某州县额设若干名，以旧规四年一班，每班征银一两八钱，分为四年，每名每年征银四钱五分，算计某州县每年该银若干，抚按官督各州县官，各年折完卖解，不许拖欠，年终造册类缴，分别已未完等第参究。"② 根据这一法令，徭役制度成了货币税，轮班工匠虽仍然受官府的经济剥削，但他们基本上摆脱了劳役制的束缚，获得了独立经营手工业的条件，其生产的主动性和积极性得以提高。

明朝，手工业立法趋于完善，除工匠的服役、清理、收捕逃亡、月俸和轮班匠与住坐匠分类管理皆有大量的法规外，工匠犯罪也列有专门的法律条文。弘治十三年（1500年）奏准："内府匠作，犯该监守常人盗窃盗掏摸抢夺者，俱问罪送发工部做工炒铁等项，其余有犯徒疏罪者，拘役，住支月粮，笞杖准令纳钞。又两京工部各色作头犯该杂犯死罪，无力做工，与侵盗诓骗受财，枉法徒罪以上者，依律拘役，满日俱革去作头，止当本等匠役。若累犯不悛情犯重者，监候奏请发落。杖罪以下与别项罪犯，拘

① 《明会典》卷189《工部九》。

② 《明会典》卷189《工部九》。

役满日，仍当作头。”[①] 内府匠作犯罪，犯罪情节轻者，准令纳钞；犯罪情节重者，依律拘役，其处罚较常人为轻。

二、手工业管理的法律规定

随着生产工艺的提高和市场的发展，明朝手工业在整个封建经济中的比重进一步增大，为了加强对手工业生产的管理和控制，洪武年间制定颁布的《大明律》，将唐宋律中有关手工业生产管理的条文加以整理扩充，集中收录于工律一篇内。其主要条文内容如下：

第一，擅造作。凡军民官司有所营造，应申报上级批准，未经批准而擅自或非法营造者，各计所役人雇工钱，坐赃论。营造计料，申请财物及人工多少不实者，笞五十。若已耗费财物、人工，各并计所损物价及所费雇工钱，重者，坐赃论。

第二，虚费工力采取不堪用。凡役使人工，采取木石材料及烧造砖瓦之类，虚费工力而不堪用者，计所费雇工钱，坐赃论。若有所造作，及有所毁坏，备虑不谨而误杀人者，以过失杀人论。工匠、提调官以各自承担的法律责任定罪。

第三，造作不如法。凡造作不如法者，笞四十。若成造军器不如法，及织造缎匹质量不合格者，各笞五十。若不堪用及应返工改造者，各并计所损财物及所费雇工钱，罪重者，坐赃论。其应供奉御用之物，加二等。工匠各按应承担的法律责任定罪。局官、提调官按责任比照工匠依次减一等、二等，同时都必须赔偿官府损失的物价、工钱。

第四，冒破物料。凡造作局院头目、工匠，多领物料归己者，计赃，以监守自盗论，追物还官。局官及复实官吏知情隐瞒者，与同罪。失觉察者，减三等，罪止杖一百。

① 《明会典》卷189《工部九》。

第五，带造缎匹。凡监临主守官吏，将自己物料送官局带造缎匹者，杖六十，缎匹入官；工匠笞五十。局官知情不举报者，与同罪；先觉察者，减三等。

第六，织造违禁龙凤缎匹。凡民间织造违禁龙凤纹纻丝纱罗货卖者，杖一百，缎匹入官。机户及桃花，挽花工匠同罪。连当房家小，赴京籍充局匠。

第七，造作过限。凡各处定额制造征收的缎匹、军器，超过限期不纳齐足者，以所造数十分为率，一分，工匠笞二十，每一分加一等，罪止笞五十；局官减工匠一等，提调官吏又减局官一等，提调官吏又减局官一等。若不依期计拨物料者，局官笞四十，提调官吏减一等。

第八，修理仓库。凡各处公廨、仓库、局院系官房舍，如有损坏，该负责官吏随即移文报告有关部门修理，违者，笞四十。若因而损坏官物者，依律科罪，赔偿所损之物。若已移文报告有关部门而失误者，罪坐有关部门的官吏。

明中期颁行的《问刑条例》“工律”篇增加了两条有关手工业生产管理的法条，以补充律文的不足：

造作不如法条例：各处军器局造作各项军器不如法者，将管局委官，参问降级，都、布，按三司堂上委官及官卫掌印官，各治以罪。

冒破物料条例：各处巡按御史，都、布，按三司分巡、分守官，查盘军器，若有侵欺物料，挪前补后，虚数开报者，不论官旗、军人，俱以监守自盗论。赃重者，照侵欺仓库钱粮事例拟断。卫所官三年不行造册，致误奏缴者，降一级，各该都司、守巡等官，怠慢误事，参究治罪。

上述法律条文对手工业营造过程中可能出现的非法造作、浪费物料、假公济私、延误工程等犯罪行为严加禁止，工匠和该工程的主管、监察官吏有犯都将承担相应的法律责任，以保证官营手工业的正常运行。明朝与唐宋比较，手工业律文无论在立法内容还是立法技术方面都有了明显的进步，呈现出更加详密和规范的趋势。

明初改革工匠制度，适当地解除了手工业者与官府的封建依附关系，手工业生产水平提高很快，经济效益受到社会的普遍关注。于是，建立手工业各行业的法律规范势在必行，其中开矿、冶铁、织造行业制定的法律条文尤为突出。

开发、利用和保护矿业资源，是明代手工业立法的一项重要内容。由于金银铜铅等矿产的开采，与国计民生直接相关，甚至决定王朝的财政收支，因而基本由官府经营，产量也控制在一定范围内。例如，洪武二十三年（1390年）产金二百两，银二万九千八百余两[①]。民间一般只许开采其它矿藏，但必须依法向官府申请取得采矿权，交纳一定的课税。未经官方许可，禁止私人用任何手段侵占或破坏矿产资源，否则处以重刑。明朝法律规定："凡盗掘金银铜锡水银等项矿砂，每金矿一斤，折钞二十贯；银砂一斤，折钞四贯；铜锡水银等砂一斤，折钞一贯，俱比照盗无人看守物，准窃盗论。若在山洞捉获者，分为三等：持杖拒捕者为一等。不论人数、矿数多寡及初犯、再犯，不分首从，俱发边远充军；若杀伤人为首者，比照窃盗拒捕杀伤人律，斩。其不曾拒捕，若聚至三十人以上者为二等，不论矿数多寡及初犯、再犯，为首者，发边远充军；为从者，枷号三个月，照罪发落。若不曾拒捕，又人数不及三十名者为三等。为首者，初犯，枷号三个月，照罪发落，再犯亦发边远充军；为从者，止照罪发落。"[②]除这一条盗掘金银铜锡水银等矿砂的条例外，有关偷采、私贩银、铜等矿产的禁令为数众多。例如，明英宗正统三年（1438年），浙江、福建等处有等顽猾军民，不遵法度，往往聚众偷开坑穴私煎银矿，以致互相争夺，杀人伤命，因而定走私煎银矿罪："令罢闸办银课，封闭各处坑穴。其福建、浙江等处军民私煎银矿者，正犯处以极刑，家口迁化外。如有逃遁不服追问者，量调附近官军剿捕。"[③]正统五年（1440年），强化对银矿的监督管理，"令浙

---

① 《明太祖实录》卷206。

② 《问刑条例·刑律·贼盗·盗田野谷麦条例》。

③ 《明会典》卷37《户部二十四》。

江、福建按察司各委堂上官一员，提督银坑。若有聚众偷挖者，调军捕获，首贼枭首示众；为从及诱引通同有实迹者，连当房家小发云南边卫充军”[①]。正德十年（1515 年），下令惩治作弊矿头，整顿银场生产秩序：“银场积年矿头作弊，搅乱矿场者，照打搅仓场事例，杖罪以下于本场枷号一个月发落，徒罪以上与再犯杖罪以下，属军卫者，发边卫；属有司者，发附近，俱永远充军。职官有犯，奏请处治。”[②]明代，采铜业有一个增长的过程，“明初，惟江西德兴、铅山。其后四川梁山、山西五台、陕西宁羌、略阳及云南皆采”[③]。宪宗成化五年（1469 年）定偷采白铜罪：“地方军民偷采白铜者，为首枷号一个月，依律问罪，官军原管事者带俸，原带俸者守哨。”[④]成化十七年（1481 年）又定私贩铜货罪：“其私贩铜货出境，本身处死，全家发烟瘴地面充军。”[⑤]明中后期，金银铜铅开采量增长过快[⑥]，公私交骛矿利，违法之事屡禁不止，成为危害社会的症结之所在。《明史 · 食货志》引用神宗时期河南巡按姚思仁言：“开采之弊，大可虑者有八。矿盗哨聚，易于召乱，一也。矿头累极，势成土崩，二也。矿夫残害，逼迫流亡，三也。雇民粮缺，饥饿嗥呼，四也。矿洞遍开，无益浪费，五也。矿砂银少，强科民买，六也。民皆开矿，农桑失业，七也。奏官强横，淫刑激变，八也。”并认为明亡盖兆于此[⑦]。

元明之际，因战争需要大量铸造军器，冶铁业迅猛发展，炼铁厂炉遍及各地。明建立后，军需用铁数量大幅度减少，官营铁厂处于不景气的状

① 《明会典》卷 37《户部二十四》。
② 《明会典》卷 37《户部二十四》。
③ 《明史》卷 8《食货五 · 坑冶》。
④ 《明会典》卷 37《户部二十四》。
⑤ 《明会典》卷 37《户部二十四》。
⑥ 永乐十二年（1414 年）年产金四百九十五两，银三十九万三千九百余两，参见《明太宗实录》卷 94。
⑦ 《明史》卷 8《食货五 · 坑冶》。

态之中。洪武六年（1373 年）全国置铁冶所十三处，每年产铁八百五十万余斤，内库贮铁达三千七百四十三万余斤[①]。明朝政府及时采取开明政策，于洪武十八年（1385 年）罢各布政司，允许民间经营冶铁业。洪武二十六年（1393 年）定例："各处炉冶每岁煽炼铜铁，彼先行移各司岁办，后至十八年停止，今不复设。如果缺用即须奏闻，复设炉冶采取生矿锻炼，著令有司差人陆续起解，照例送库收贮。如系临边用铁去处，就存听用。"[②]洪武二十八年（1395 年）太祖下诏："罢各布政司官冶，令民得采炼出卖，每岁输课三十分取二。"[③]这些法令要求适当控制官营冶铁业的盲目生产，防止铁产品的积压，并承认民间冶铁的合法性，以顺应地区经济和私营经济发展的需要。对于耗费工时、经济效益较差的官办铁厂，政府则下令关闭，并颁布专门的处理条例。例如，遵化铁冶厂每年额办课铁二十万八千斤，计价不过二千七百余两，而专设官吏军役等费逾万金。万历九年（1581年）工部题准，铁厂官军工匠"尽行裁革，将额征银两解部买铁支用。其柴薪车辆等项银悉免佥派，以苏民困"[④]。遵化铁冶厂是明代最大的官营铁冶厂，它的关闭，标志着官营冶铁业的衰落。洪武末年，虽然允许私营冶铁，但为了防止私人非法铸造军器，凡设冶铁炉座，须将炉首、炉丁的姓名、籍贯、炉址详细造册报官，经审查批准，发给经营执照，才能开炉冶铁。另外，炉首应该是本地人，雇工不能超过五十人，并利用农闲进行生产，每年向官府缴纳三十分之二的铁课。贩运生铁须向官府购买"旗票"，其具体规定"一同于盐法"[⑤]。

明建立后，朝廷在两京设立内外织染局，"内局以应上供，外局以备公用"，南京又有"神帛堂供应机房，苏州、杭州等府亦各有织染局，每

---

① 《明太祖实录》卷 85。

② 《明会典》卷 194《工部十四》。

③ 《明会典》卷 194《工部十四》。

④ 《明神宗实录》卷 110。

⑤ 《续文献通考》卷 20《征榷三》。

岁造解有定数”[①]，主要满足皇族、官府的消费需求。由于织染品既与统治者的生活密切相关，又是他们政治地位的一种标志，因此，为了加强对产品质量的监督管理，维护统治者的特权，陆续制定了大量有关纺织业的法令。洪武元年（1368年），“令凡局院成造缎匹，务要紧密，颜色鲜明，丈尺斤两不失原样，局官常切比较工程。合用丝料，申请提调正官严加提督，但有不堪，究治追赔。”[②]正统元年（1436年），“令各处岁造缎匹等物，该府州县官将织染局现在各色人匠机张及岁办，并关支颜料等物数开报巡按官，以凭稽考”[③]。正统十二年（1447年）奏准：“岁造缎匹，俱令腰封编号，开写提调及经织造官吏匠作姓名，不堪用者照号问罪，责其赔偿。”[④]成化二十年（1484年）奏准：“各司府设有织染衙门去处，不许另科价银，转往别处织买缎匹，因而侵克钱粮，违者，从重究治。”[⑤]该条法令禁止司府购卖民间织染产品，但成化、弘治以后，官织染局逐渐衰落，这样朝廷所用丝织品就开始改为市买和领织，法令内容也相应作了改变。嘉靖十四年（1535年）刑部给事中王径条陈织造十二事：“一、戒挪移。各省织造银两，多出里甲丁田并无碍官银。有司往往取充他用，致亏课额。宜会计一岁合用银若干，某郡县征派若干，应于某项取给，当官验收，转解司府给散机匠。一、禁分例。往年织造缎匹，估价过高。奸胥黠吏扣除需索，无所不至。故机匠仅得其半，而织造滥恶。宜酌定价值，著为成规。织完验收，封识之处，明书轻重长短、价值数目，以便稽核，仍前侵扣者罪之。一、审织户。所司籍机户之贫富，分为上、中二等，编排甲头，分派领织，勿使贪猾者蠹其间。一、择委任。征派之始，慎选廉干府佐司其事。织完之后，即委官运解，责令刻期回销。一、祛冒领。各省岁造，宜于在官织户，量其产

① 《明史》卷82《食货六 · 织造》。
② 《明会典》卷210《工部二十一》。
③ 《明会典》卷210《工部二十一》。
④ 《明会典》卷210《工部二十一》。
⑤ 《明会典》卷210《工部二十一》。

业高下，以为领织多寡。每十人一连，许其互相觉察。有重名包揽，规图分例，及知而不举者，罪坐之。一、戒专私。出纳料价，郡县长吏宜协僚佐及专管委官公同该局给散，毋得自专，以滋干没。一、禁截解。盖截解之弊，苟纾目前，竟成逋负。宜俟织造通完，方许验收，依期起解。不得截数零解，以图拖欠。一、严限期。织造银两，宜令每岁六月终征完，七月中解府给散。立限织造，刻期验纳；次年二月终到部。过期者，论治如律。一、处织地。各县如金、衢、温、台、常、镇诸郡不习挑织者，皆佣他处工匠。宜令诸郡征价，赴苏、杭等处机匠领织，官为督发。一、究抽换。起解缎匹，两头附织素丝，备书岁月并织役姓名、轻重长短数目，用印钤记，以防抵易。一、清拖欠。节年缎匹银两，往往逋负，皆由收头机户侵牟所致，宜严立期限程督之。一、严实法。旧例，缎匹拖欠及滥恶者，所司皆逮系论治，或夺俸降级。今法久人玩，宜严为申饬，以示劝惩。”①王径的这十二条立法建议，涉及织造业的各个方面，具有规范性和合理性，故被世宗采纳。嘉靖、万历以后，由于民间市场需求增长较快，民间纺织业迅速发展，逐渐取代官纺织业居于主导地位，成为私人致富的主要途径。

第五节　货币立法

明朝，中国封建社会已步入其末期。此时，尽管封建体制依然根深蒂固，但资本主义萌芽已经出现，在新旧交替的过程中，货币经济与自然经济的矛盾十分尖锐，货币在社会经济领域占据了越来越突出的地位，并成为推动商品经济向前发展的重要因素。明朝货币有铜钱、纸钞和银钱三种，明初，沿袭元制，用钞不用钱，禁用金银交易，后改为钱钞并行，钞主钱辅，后来随着纸钞的贬值，一切以银钱支付。对复杂的、不停变化的货币形式，

① 《明世宗实录》卷172。

明政府力图通过立法，加强对货币的统一管理，货币立法节奏加快，数量骤增，从而成为明朝经济法制中富有时代特色的一个重要组成部分。

一、钱法

元至正二十一年（1361 年），朱元璋为吴国公时，在应天府设宝源局，铸造发行“大中通宝”铜钱，以四百文为一贯，四十文为一两，四文为一钱。与历代钱币同时流通。平陈友谅后，在江西行省设货泉局，铸“大中通宝”，大小五种钱式。太祖即位后，洪武八年（1375 年）颁行《洪武通宝钱制》。铸“洪武通宝”，分“当十”“当五”“当三”“当二”“当一”五类，百分之百用铜铸钱，“当十”钱重一两，余递降至重一钱止。国家在京城设宝源局，各行省皆设宝泉局，依统一式样两局并铸。此后，由户部设宝泉局，专管铸钱，称“钱法堂”，置督理钱法侍郎官。由于明代同时奉行钞法，历朝铸钱，时停时续，但这些钱币名目繁多，钱品杂乱，质地恶薄，日益贬价，最终导致钱法大乱。

明朝对钱币流通制定了专门的法规。《大明律》规定：“洪武、通宝铜钱与大中通宝及历代铜钱，相兼行使”，依钱币面额价值流通，民间一切交易不得拒绝收受，“若阻滞不即行使者，杖六十”[①]。天顺四年（1460 年）立法重申：“令民间除假钱锡钱外，凡历代并洪武、永乐、宣德铜钱及‘折二’‘当三’依数准使，不许挑拣。”[②]以法律保障历代与明各朝钱币的正常流通。成化元年（1465 年），颁布“兼收法”，“令内外课程俱钱钞中半兼收。……商税课程船料等项钞，一体兼收铜钱，该起运或支给者相兼拨付，每一贯收钱四文”[③]。对挑拣钱币，扰乱金融秩序者，明政府立法予以严惩，

① 《大明律·户律·仓库·钱法》。
② 《明会典》卷 31《户部十八》。
③ 《明会典》卷 31《户部十八》。

成化十六年（1480年）奏准："京城九门及都税宣课司等衙门收钱，照律除破碎并伪造锡钱不使外，其余不拘年代远近，但系囫囵钱即便行使，不许刁难挑拣阻滞钱法。仍出榜禁约，及令两厂并巡城御史等官用心缉访。如有拣钱并伪造之人，拿送法司枷号满日究问。"[①] 弘治元年（1488年）又下令，犯罪纳赎和收税，历代旧钱和国朝制钱各收一半；如无制钱，即收旧钱，二以当一。万历五年（1577年）规定："各项商人应领料价量拟银八分、钱二分，并行支给。"[②] 这些法令规定了各种铜钱与宝钞、白银在流通中的搭配比例，协调各种货币之间的关系，但在实施过程中，由于货币名目太多，彼此关系复杂，法令的规范作用也就十分有限。

早在洪武六年（1373年），朱元璋就下令禁止民间私铸铜钱，"凡私铸者，许作废铜送官，每斤给官钱一百九十文，诸税课内如有私钱亦为更铸"[③]。洪武三十年（1397年）制定的《大明律》在《刑律》中列有"私铸铜钱"专条，严厉惩治诈伪钱币的犯罪，《大明律》规定："凡私铸铜钱者，绞。匠人罪同。为从及知情买使者，各减一等。告捕者，官给赏银五十两。里长知而不首者，杖一百；不知者，不坐。若将时用铜钱剪错薄小，取铜以求利者，杖一百。"[④] 成化十三年（1477年）颁布的条例对律文作了补充："私铸铜钱，为从者，问罪，用一百斤枷，枷号一个月。民匠，舍余，发附近充军；旗军，调发边卫食粮差操。若贩卖行使者，亦枷号一个月，照常发落。"[⑤] 参与私铸的工匠，除为首者依律问罪外，胁从和知情不首者枷示一个月，家属戍边。各级官吏并以缉获私铸案件多少，列为政绩考核的内容。为了堵塞私铸之源，对废铜的收买明律也有相关的规定："其军民之家，除镜子、军器，及寺观庵院钟、磬、铙、钹外，其余应有废铜，并听

---

① 《明会典》卷31《户部十八》。

② 《明会典》卷31《户部十八》。

③ 《明会典》卷31《户部十八》。

④ 《大明律·刑律·诈伪·私铸铜钱》。

⑤ 《问刑条例·刑律·诈伪·私铸铜钱条例》。

赴官中卖，每斤给价铜钱一百五十文。若私相买卖，及收匿在家，不赴官中卖者，各笞四十。”[①] 废铜必须卖予官方，以防私相买卖，为私铸铜钱者提供原材料。违反者，笞四十。

二、钞法

明朝钞法确立于明初洪武年间。洪武七年（1374 年）设宝钞提举司，掌管宝钞的印刷和发行。第二年，发行“大明通行宝钞”。这是明代发行的唯一的一种钞票。大明宝钞以桑树的枝皮为钞纸原料，尺寸长短有法定的标准，四周有龙纹花样，上额横题“大明通行宝钞”六字，花纹内两边有两行篆文“大明宝钞，天下通行”，中间有线贯图样，其下标明：“中书省奏准印造大明宝钞与铜钱通行使用，伪造者斩，告捕者赏银二十五两，仍给犯人财产。”[②] 大明宝钞面额有一百文、二百文、三百文、四百文、五百文、一贯六种，每贯相当于铜钱一千文，或白银一两，或黄金二钱五分。金银只能向政府兑换钞票使用，禁民间不得以金银物货交易，违者治罪。告发者就以其物给赏。洪武十年（1377 年）规定，商税课征，钱钞兼用，七成用钞，三成用钱，一百文以下的数目用铜钱支付，形成钞主钱辅的格局。洪武二十二年（1389 年）加发小钞，分十文、二十文、三十文、四十文、五十文共五种，以便与铜钱一样进行找补。

为了保障宝钞正常流通，《大明律 · 户律》设有“钞法”专条，明确规定：“凡印造宝钞，与洪武大中通宝及历代铜钱相兼行使。其民间买卖诸物，及茶、盐、商税，诸色课程，并听收受。违者，杖一百。若诸人将宝钞赴仓场、库务，折纳诸色课程，中买盐货，及各衙门起解赃罚，须要于钞背，用使姓名私记，以凭稽考。若有不行用心辨验，收受伪钞，及挑剜

① 《大明律 · 户律 · 仓库 · 钱法》。

② 《明史》卷 81《食货五 · 钱钞》。

描褄钞贯在内者，经手之人，杖一百，倍追所纳钞贯，伪挑钞贯烧毁。其民间关市交易，亦许用使私记，若有不行仔细辨验，误相行使者，杖一百，倍追钞贯。止问见使之人。若知情行使者，并依本律。”[①]宝钞是明朝法定货币，任何人不许拒绝使用，使用中在纸钞背面注明使用姓名及私人印记，以凭稽考。收受伪钞，处杖刑，加倍追赔所纳钞贯。伪造宝钞，触犯刑律，其处罚比私铸铜钱更重，《大明律》规定：“凡伪造宝钞，不分首从，及窝主若知情行使者，皆斩。财产并入官。告捕者，官给赏银二百五十两，仍给犯人财产。里长知而不首者，杖一百；不知者，不坐。其巡捕、守把官军，知情故纵者，与同罪。若搜获伪钞，隐匿入己，不解官者，杖一百，流三千里。失于巡捕，及透漏者，杖八十，仍依强盗，责限跟捕。若将宝钞挑剜、补褄、描改，以真作伪者，杖一百，流三千里。为从及知情行使者，杖一百，徒三年。其同情伪造人，有能悔过，捕获同伴首告者，与免本罪，亦依常人一体给赏。”[②]此外，倒卖宝钞，从中牟取暴利，也属不法行为，受到法令的禁止，弘治二年（1489 年）下令：“势要之家卖钞事觉，依律论罪。钞没官，司府州县官受听，从者，以枉法论。”[③]

明王朝采取各种措施，确立宝钞的货币主体地位。一方面，不断增加宝钞的使用途径，除纳税增收宝钞外，推行户口食盐法，令国民中的成年人每月食盐一斤纳钞一贯，未成年人减半，此项每年可回收宝钞两三万万贯。官俸用米计算，用宝钞折支。宣德元年（1426 年），“令各处赃罚俱折收钞，不分新旧昏软悉收”[④]，“又令客商以金银交易及藏货物高增价值者，皆罚钞”[⑤]。另一方面，严令禁用其它形式的货币，防止铜钱、金银在流通中对宝钞的冲击。洪武二十七年（1394 年），“令军民商贾所有铜钱，有司

---

① 《大明律·户律·仓库·钞法》。
② 《大明律·刑律·诈伪·伪造宝钞》。
③ 《明会典》卷 31《户部十八》。
④ 《明会典》卷 31《户部十八》。
⑤ 《明会典》卷 31《户部十八》。

收归官依数换钞”[①]。永乐元年（1403 年），“以钞法不通，禁用金银交易，犯者准奸恶论。有能首捕者，以所交易金银充赏。其两相交易而一人自首者免坐，赏与首捕同”[②]。永乐二十年（1422 年），定阻挠钞法罪，坐以大辟，全家罚款并发往边远地方充军。又规定，有不用钞一贯者罚钞千贯，邻里知情不报，依犯者一贯罚百贯；关店擅自贸易和抬高物价的罚钞万贯，知情不报罚千贯；买卖银一钱的双方各罚钞一千贯，一两罚一万贯，再加免罪钞一万贯。罚钞成为惩治阻坏钞法的强硬手段。

然而，由于发行宝钞既无钞本，又无限额；纸币流通发行多，回笼少，兑换破旧钞票秩序混乱，新旧钞价格悬殊，加上宝钞制作简陋，伪造方便，市场上的纸币越来越多，大大超出了社会的实际需求量，造成通货膨胀，宝钞日渐贬值。加上明朝钞法缺乏必要的权威性、稳定性和连续性。先是规定唯钞是用，随后又钱钞并行，虽三申五令禁用金银交易，但金银在民间却有广阔的市场，钞法朝立夕改，出尔反尔，效率低下，让人无所适从，很难保障宝钞的信誉和价值。因此，从洪武末年开始，出现了重钱轻钞的趋势，钞一贯在南方仅值钱一百六十文。正统年间，新钞一贯只值十钱，旧钞仅值一二钱，宝钞已很少通行。到万历时，钞十贯仅值钱一文，实际上自弘治以后，宝钞已失去了其货币意义，民间支付的是银和铜钱，钞票停止流通，钞法也就形同具文。

三、白银制

明初推行宝钞，虽禁用金银，但大明宝钞仍有对金银的比价，而且商税渔课仍是用银，所以白银并没有失去货币的地位，民间则从未中断过用金银交易，后来由于大明宝钞贬值，宣德年间，民间交易只用金银。英宗

① 《明会典》卷 31《户部十八》。

② 《明会典》卷 31《户部十八》。

即位后，放松了用银的禁令，于是各种物价多用银来表示，白银取得了价值尺度和流通手段两种基本职能，正式成为法定的货币。明代大量的买卖契约清楚地展示了白银货币地位的变化：洪武、永乐年间，往往以宝钞进行交易，一到正统年间，白银取代宝钞成为本位货币，例如明正统二年（1437年）《祁门县冯子永等卖山契》就有这样的文字："在城冯子永同弟子良，今为户门无钱用度，……今将前项四至内山尽数立契出卖与西都谢能静名下为业，面议时价梅花银肆钱，在手前去用度……"①买卖以银支付，白银成了正式的货币。嘉靖年间确立银钱二元本位制，规定各种铜钱对白银的比价是：嘉靖钱每七百文合银一两，洪武钱千文合银一两，前代钱三千文合银一两，由于这些钱轻重、成色不一，其本身无固定的标准价值，而与其他普通货物没有差别，其价值受白银权衡，由此，更强化了白银在货币流通中的主导地位。

为了防止民间伪造白银，维护金融秩序，明律大力打击"伪造金银罪"，《大明律》规定："若伪造金银者，杖一百，徒三年。为从及知情买使者，各减一等。"②《问刑条例》也规定："伪造假银及知情买使之人，俱问罪，于本地方，枷号一个月发落。"③其处罚比"私铸铜钱"和"伪造宝钞"从轻。

第六节 赋役立法

明朝在经济上的封建地主土地所有制和政治上的中央集权制，是赋役法制的基本前提。封建国家经济、政治体制决定必须借助超经济强制手段，

① 原件藏芜湖安徽师范大学图书馆。转引自张传玺主编：《中国历代契约会编考释》（下），北京大学出版社1995年版，第764页。

② 《大明律·刑律·诈伪·私铸铜钱》。

③ 《问刑条例·刑律·诈伪·私铸铜钱条例》。

向其子民征收赋税和摊派徭役，以保证国家机器的正常运行，因此，赋役立法受到明朝统治者的高度重视。据《明会典》记载：国初，“攒造黄册，以定赋役，核隐漏，清逃亡，法例甚详”[①]。但随着政局的稳定，经济的复苏，统治者侵吞人力、物力的劣根性日渐暴露无遗，他们随意地过量征收赋税和摊派徭役，不仅攫取全部社会剩余劳动，而且还占有了社会必要劳动，从而破坏了社会简单再生产，阻碍了社会的进步与经济的发展，尽管历朝每有厘正更创赋役法制，但最终无法从根本上解除国家的财政危机。于是，明王朝在各种复杂、尖锐的利益冲突中走向了它的末日。

一、户籍、地籍制

明初，由于处于战乱之后，社会经济凋敝，人口锐减、田地荒芜，再加上户籍和土地册籍散失严重，户口变动较大，政府课敛租税和徭役无所依据，赋役不均及逃避赋役的情况极为普遍。为此，明太祖朱元璋下令对全国户口进行核查，整顿户籍，强化赋役财政管理。洪武元年（1368 年），朱元璋诏曰：“户口版籍应用典故文字，已令总兵官拾取，其或迷失散在军民之间者，许令官司送纳。”[②] 洪武三年（1370 年），在全国范围内推行户帖制度，据《续文献通考》记载：“洪武三年十一月，诏户部籍天下户口，置户帖。谕省臣曰：‘民者，国之本也。今天下已定而民数未核实，其命户部籍天下户口，每户给以户帖。’于是户部置户籍、户帖，各书户之乡贯、丁口、名、岁以字号编为勘合，用半印钤印。籍藏于部、帖给于民。仍令有司岁计其户口之登耗以闻，著为令。”[③] 户帖成了征调赋役的凭证。洪武十四年（1381 年）在户帖制度的基础上，建立了黄册制度，其具体情况

① 《明会典》卷 20《户部七》。
② 《明典章》洪武元年十月诏。
③ 《续文献通考》卷 13《户口考二》。

为:“诏天下府州县编赋役黄册，以一百一十户为里，推丁多者，十人为长，余百户为十甲，甲凡十人，岁役里长一人，管摄一里之事。城中曰坊，近城曰厢，乡都曰里。凡十年一周，先后则各以丁数多寡为次。每里编写一册，册首总为一图，鳏寡孤独不任役者，则带管于百一十户之外，而列于图后，名曰畸零。册成，一本进户部，布政司及府州县各存一本”[①]。因呈户部的册借以黄纸为封面，故称黄册，又由于黄册是政府征赋派役的依据，故又称赋税黄册。黄册每隔十年重新核实编造一次，并作为里甲管理的重要凭据。

在整顿户籍的同时，明政府还进行了土地核查和地籍整理的工作。洪武二十年（1387 年）朱元璋下令各州县编造土地登记簿册。册内详细记载了各块土地的面积、地形、地界、土质和业主姓名，编制一式四份，分存户部、布政司、府、县。因簿册中田土的形状如鱼鳞，故称“鱼鳞图册”。凡遇有土地上的争讼，即以此册为根据。

“赋役黄册”和“鱼鳞图册”是明朝国家控制和管理人口土地的重要手段，也是征收赋役的重要根据，从而形成了一套严密而系统的户籍、赋役管理制度，有助于封建中央集权国家的巩固。这正如《明史·食货志》所言:“是赋役法，一以黄册为准，册有丁有田，丁有役，田有租。”[②]“鱼鳞册以土田为主，诸原坂、坟衍、下隰、沃瘠、沙卤之别毕具。鱼鳞册为经，土田之讼质焉。黄册为纬，赋役之法定焉”[③]。赋役法制的完善促进了社会的安定，增加了封建专制国家的财政收入，农民受官吏任意盘剥也受到了限制。

攒造黄册、鱼鳞册有固定程序和格式，严禁捏造虚报，逃避赋役。洪武二十四年（1391 年）奏准攒造黄册格式，有司先将一户定式，誊刻印版，

① 《明会典》卷 20《户部七》。
② 《明史》卷 77《食货一·田制》。
③ 《明史》卷 77《食货一·田制》。

给与坊长厢长里长，并各甲首，令人户自将本户人丁事产，依式开写，逐级上报审核收存，定期复查。规定“所在有司官吏里甲，敢有团局造册，科敛害民，或将各处写到如式无差文册，故行改抹，刁蹬不收者，许老人指实，连册绑缚害民吏典，赴京具奏，犯人处斩。若顽民妆诬排陷者，抵罪。若官吏里甲，通同人户，隐瞒作弊，及将原报在官田地，不行明白推收过割，一概影射，减除粮额者，一体处死。隐瞒人户，家长处死，人口迁发化外”[①]。对于“欺隐田粮”《大明律》专条规定：“凡欺隐田粮脱漏版籍者，一亩至五亩，笞四十，每五亩加一等，罪止杖一百。其田入官。所隐税粮，依数征纳。若将田土移丘换段，挪移等则，以高作下，减瞒粮额，及诡寄田粮，影射差役，并受寄者，罪亦如之。其田改正，收科当差。里长知而不举，与犯人同罪。”[②] 这些法律条文说明，明朝的赋役立法比以往有了明显的加强，形成了一套完整的法律制度。

综上所述，黄册、鱼鳞册制度的建立和推行，将国家千百万分散的个体小农严格约束在小块的工地上，让其承担向国家提供赋税和徭役的义务，同时也限制了官僚地主隐瞒田产，逃避赋役的不轨行为，从而在一定程度上促进了小农经济的恢复和发展，增加了国家的经济收入、稳定了封建王朝的统治。

二、田赋立法

明朝田赋仍沿袭唐宋以来的两税法，即以赋役黄册和鱼鳞图册为准，按田亩征税，分“夏税”与“秋粮”两次交纳。纳税期限，“夏税无过八月，秋粮无过明年二月”[③]。纳税物品，以征收当地田土所产的实物为主，一般

① 《明会典》卷20《户部七》。

② 《大明律 · 户律 · 田宅 · 欺隐田粮》。

③ 《明史》卷78《食货二 · 赋役》。

是夏税征麦，秋税征米。也允许根据各地实际情况，“以银钞钱绢”和其他物产代输。用米麦交纳称为“本色”，用银、钞、丝、绢及其他物产折纳称为“折色”。田赋税率“凡官田每亩五升三合，民田三升三合，重租田八升五合，没官田一斗二升”①，税率明显低于元末。实际上，许多地区的官民田科则往往超出上述标准，而浙西、江南则实行官田重赋政策，朱元璋以苏、松“为张士诚守，乃籍诸豪族及富民田，以为官田，按私租簿为税额，而司农卿杨宪又以浙西地膏腴，增其赋，亩加二倍，故浙西官、民田视他方倍蓰，亩税有二三石者”②。这种高达二三石的亩税，比一般官田的“五升三合”高出了数十倍。明朝征收田赋时，往往要求农户将米麦等按规定的比率折合成国家需要的物质交纳，如麻布一匹，折米四斗，麦五斗。洪武九年（1376 年）明政府下令，天下郡县税粮，皆以银、钞、钱、绢代输。每银一两、钱千文、钞一贯折输米一石，小麦则减值十分之二。

田赋必须按期交足，有拖延不纳者，即按“收粮违限”罪论处。《大明律》规定：“若夏税违限，至八月终，秋粮违限，至次年正月终，不足者，其提调部粮官吏典，分催里长、欠粮人户，各以十分为率，一分不足者，杖六十，每一分，加一等，罪止杖一百。受财者，计赃以枉法从重论。若违限，一年之上不足者，人户、里长，杖一百，迁徙。提调部粮官、吏典，处绞。”③ 明朝中期，势豪大户倚强不纳税粮，破坏了国家的税收政策，影响极坏，《问刑条例》加强了对这类犯罪的处罚。条例规定：“各处势豪大户，无故恃顽不纳本户秋粮五十石以上，问罪，监追完日，发附近；二百石以上，发边卫，俱充军。如三月之内能完纳者，照常发落。”④“各处势豪大户，敢有不行运赴官仓，逼军私兑者，比照不纳秋粮事例，问拟充军。

① 《明史》卷 78《食货二・赋役》。

② 《明史》卷 78《食货二・赋役》。

③ 《大明律・户律・仓库收粮违限》。

④ 《问刑条例・户律四・仓库》“收粮违限条例”。

如掌印、管粮官不即申达区处，纵容迟误一百石以上者，提问，住俸一年；二百石以上者，提问，降二级；三百石以上者，比照疲软事例罢黜。”① 与律比较，条例加重了对不纳税粮者的处罚，掌印、管粮官纵容，也要承担法律责任。这反映了明朝统治者对田赋立法的重视。

三、徭役立法

明朝沿袭宋元徭役制度，凡16岁至60岁的成丁，皆应承担差役。16岁以下、60岁以上，及有职役者可以优免。明代徭役分均徭、里甲、杂泛三类。

均徭，是按丁口计算征敛的徭役。洪武元年（1368年），“上以立国之初，经营兴作，必资民力，恐役及贫民，乃命中书省验田出夫。于是省臣奏议，田一顷出丁夫一人，不及顷者以他田足之，名曰均工夫”②。规定“验田出夫”，每一顷出丁夫一人。田土多者出役多，田土少者出役少，减轻了少田农民的经济负担，也限制了地主兼并土地的势头。洪武三年（1370年）又规定：“田多丁少者，以佃人充夫，而田主出米一石资其用，非佃人而计亩出夫者，亩资米二升五合。”③ 洪武十三年（1380年）赋役黄册编成后，把民户按丁粮多少分为上中下三等，丁粮多者差役多，丁粮少者差役少。洪武十七年（1384年），将前面“验田出夫”与按丁粮服役的两种方法综合考虑，“凡赋役必验民之丁粮多寡，产业厚薄，以均其力”④。这种按丁力、资产的等级摊派的徭役，称为均徭。“均徭”旨在相对平均地安排徭役，防止势家富户转嫁徭役，加重一般民户的负担，使贫富差距进一步

① 《问刑条例·户律四·仓库》“收粮违限条例”。
② 《明太祖实录》卷26。
③ 《明太祖实录》卷54。
④ 《明太祖实录》卷163。

扩大化。为此，《大明律》设“赋役不均”专条：“凡有司科征税粮，及杂泛差役，各验籍内户口田粮，定立等第科差。若放富差贫，那移作弊者，许被害贫民，赴拘该上司，自下而上陈告。当该官吏，各杖一百。若上司不为受理者，杖八十。受财者，计赃以枉法从重论。”[①]“丁夫差遣不平”一条则规定：“凡应差丁夫杂匠，而差遣不均平者，一人笞二十，每五人加一等，罪止杖六十。若丁夫杂匠承差，而稽留不着役，及在役日满，而所司不放回者，一日笞一十，每三日加一等，罪止笞五十。”[②]均徭又分为“力差”和“银差”两种，“力差”即民户亲自服役或雇人充任的差役，如粮长、禁子、巡拦、厨役、铺兵、脚夫，另处官府所需的马匹、车船、草料、柴薪、厨料等公用物品，则由民户供给或纳银代输，称为“银差”。

里甲，是“里甲法”颁布后，以户计算，每年由一里长率领十户（充当甲首）服役一年，十年当中每一里长和每户都轮流服役一次，值役里长和甲首的任务是负责一里事务，如督催税粮、办理公事、传达官府命令以及临时编排各种差徭等。为了确保里长、甲首的法律地位，使之正常应役，明律规定：“凡各处人民，每一百户内，议设里长一名，甲首一十名，轮年应役，催办钱粮，勾摄公事。若有妄称主保，小里长、保长、主首等项名色，生事扰民者，杖一百，迁徙。其合设耆老，须于本乡年高有德，众所推服人内选充，不许罢闲吏卒及有过之人充应。违者，杖六十。当该官吏，笞四十。”[③]

杂泛，是均徭以外无一定名目的临时性杂役，如治河、修路、运料、筑城等。

徭役，是强迫民户承担的无偿劳动，因而封建专制王朝往往以国家法律的形式，规定子民服徭役的义务，并对逃避徭役的人，予以严厉的制裁。

---

① 《大明律·户律·户役·赋役不平》。

② 《大明律·户律·户役·丁夫差遣不平》。

③ 《大明律·户律·户役·禁革主保里长》。

《大明律》“逃避差役”一条规定：“凡民户，逃往邻境州县躲避差役者，杖一百，发还原籍当差。其亲管里长、提调官吏故纵，及邻境人户隐蔽在己者，各与同罪。若里长知而不逐遣，及原管官司不移文起取，若移文起取，而所在官司占吝不发者，各杖六十。其在洪武七年十月以前流移他郡，曾经附籍当差者，勿论。限外逃者，论如律。若丁夫杂匠在役，及工乐杂户逃者，一日笞一十，每五日加一等，罪止笞五十。提调官吏故纵者，各与同罪。受财者，计赃以枉法从重论。不觉逃者，五人笞二十，每五人加一等，罪止笞四十。不及五名者，免罪。”[①] 逃避差役，论其情节轻重，分别处以笞、杖之刑，亲管官司知情故纵，牵连治罪。“隐蔽差役”，其性质与“逃避差役”相同，处罚也无差异，明律规定：“凡豪民令子孙递侄跟随官员，隐蔽差役者，家长杖一百。官员容隐者，与同罪。受财者，计赃以枉法从重论。跟随之人，免罪充军，其功臣容隐者，初犯免罪，附过。再犯，住支俸给一半。三犯，全不支给。四犯，依律论罪。”[②]

四、一条鞭法

明中期以后，随着商品货币经济的发展，土地兼并盛行，农民大量流散，全国民户减少。国家实征的赋税收入明显减少。加上明政府长期不登造赋役黄册，造成赋役的严重不均和赋役征敛的混乱。“富者田连阡陌，坐享兼并之利，无公家丝粒之需；贫者虽无立锥之地，而税额如故，未免缧绁追并之苦”[③]。明初赋役黄册登录的人丁、资产与现实状况相去甚远，无法作为征收赋役的依据。根据赋役出现的症结，出现了种种改革赋役制度的方案，到万历二十年（1592 年）内阁首辅张居正通令全国实行新的赋

① 《大明律·户律·户役·逃避差役》。

② 《大明律·户律·户役·隐蔽差役》。

③ 《明经世文编》卷 81。

役法——“一条鞭法”。[①]“一条鞭法”的基本特点是：其一，赋役合并。一条鞭法把明初以来分别征收的田赋和力役合并为一，力差、银差、里甲、杂泛与田赋的夏秋两税合并编为一条，按实际需要，化繁为简，统筹核计，统一征敛。其二，以雇役制代替差役制。各州县每年所需力役，由政府先行预算，由官府出钱雇募，原则上不再无偿强征平民亲自应役。其三，简化杂税，中央政府以前向地方索取的土贡方物，以及上缴京库备作岁需和留在地方备作供应的费用，也都并在一条鞭内课征，不再另征杂税。其四，计亩征银。一条鞭法确定的征课对象，集中在按田亩计算，由对人丁课税改为对土地课税。纳税手段，除田赋中政府所需的粮食外，一切赋役都折收银两。从而在法定意义上肯定了货币课税在赋役征收中的主导地位。其五，征收赋役实行“官收官解制”。过去税粮由里甲督催，粮长征解，称为“民收民解制”。其流弊颇多，大户欺小户，侵蚀公帑，耗损公粮之事时有发生。一条鞭法规定改革征收办法，由民户直接向官府缴纳赋税。这样，既减轻了农民运输粮食之劳，又避免了粮长收解制度的弊端。

明朝中期一条鞭法的颁行，是我国封建时代赋役立法史上的一次重大变革，在当时具有一定的进步意义。它简化了赋役的征收项目和手续，使赋役合而为一，一律按亩征收银两，户丁纳银即可免除力役，劳役制逐渐取消。农民纳银于官，官府代为雇募，从而使农民对封建国家的人身依附关系进一步削弱，劳动力商品化的趋势日益加强。另外，一条鞭法规定量地计丁，计亩征银，减轻了无地、少地农民的负担，缓和了赋役不均的矛盾，促进了货币地租的产生和部分农作物的商品化，有助于推动明中叶以后商品货币经济的继续发展和资本主义生产关系的萌芽。

① 《明史·食货志》：“一条鞭法者，总括一州县之赋役，量地计丁，丁粮毕输于官。一岁之役，官为令派。为差，则计其工食之费，量为增减；银差，则计其交纳之费，加以增耗。凡额办、派办，京库岁需与存留供诸费，以及土贡方物，悉并为一条，皆计亩征银，折办于官，故谓之一条鞭。”

第五章　刑法

第一节　刑法的渊源

明朝刑法的渊源，包括《大明律》和《大明令》中的刑法条款、《大诰》、《问刑条例》以及皇帝的有关诏令，下面逐一加以叙述。

一、《大明律》

《大明律》是明朝的基本法典，其中的大部分条款属于实体法性质，少部分是程序法性质。虽然属于实体法部分的有刑法、民法、行政法等方面的内容，但都是以刑罚手段来调整各种法律关系，而违反程序法条款的规定也要负刑事责任，因此在这一意义上可以说《大明律》是“诸法合体、以刑为主”的一部法典。

洪武六年，朱元璋命刑部尚书刘惟谦详定《大明律》，次年二月书成，“翰林院学士宋濂为表以进，命颁行天下”[①]。

洪武七年律，是按照“一遵唐旧”的精神修订的，其律文不仅比洪武元年律多出三百二十一条，比唐律也多出一百零四条。

洪武七年律的刑罚，仍为“五刑”制。“其刑五：一曰笞刑五，自一十

① 《明太祖实录》卷36。

至五十，每一十为一等加减；二曰杖刑五，自六十至一百，每一十为一等加减；三曰徒刑五，徒一年杖六十,一年半杖七十,二年杖八十,二年半杖九十,三年杖一百，自一年至三年为五等，每杖一十及半年为一等加减；四曰流刑三,二千里杖一百,二千五百里杖一百,三千里杖一百，自二千里至三千里为三等，每五百里为一等加减；五曰死刑，绞、斩。”[①] 这些规定，与洪武三十年律完全相同。

洪武二十二年，朱元璋在大规模惩治贪赃和诛戮反逆的政治风暴之后，择取若干问刑条例编入律中，并以六部分类，“改《名例》冠于篇首，为卷凡三十，为条四百有六十”[②]。这里所说的“改《名例》冠于篇首”是指在名例律以下按六部分类合计七篇的篇目体例，而洪武七年律则是名例律以下还有十一律的唐律十二篇的体例，“冠于篇首”应当理解为“冠于六篇之首”。当然，《明史 · 刑法志》的作者由于对《明实录》关于洪武二十二年律“改名例律于篇首”的说法未作以上的理解，而硬说宋濂在《进大明律表》中将《名例》列于篇末，是不符合事实的。

洪武二十二年律的体系结构和内容基本上为洪武三十年正式颁布的《大明律》所继承。在二十二年律书首，列有五刑图、狱具图和八礼图。五刑之图把笞、杖、徒、流、死五种刑罚处刑等差及加减标准列入图中。狱具图规定了笞、杖、杖讯、枷、杻、索、镣七种狱具的制作材料、大小、重量及犯人受刑部位等。所谓“八礼图”也称“丧服图”，计有“丧服总图”“本宗九族五服正服之图”“妻为夫族服图”“妾为家长族服之图”“出嫁女为本宗降服之图”“外亲服图”“妻亲服图”“三父八母服图”八种。按照丧服图，族亲有犯，视服等差定刑之轻重；其因礼以起义者，养母、继母、慈母皆服三年，殴杀之，与殴杀嫡母同罪。兄弟妻皆服小功。互为容隐者，罪得递减，舅姑之服皆斩衰三年，殴杀骂詈者，与夫殴杀骂詈之

① 《明太祖实录》卷86。

② 《明史 · 刑法志》。

律同。姨之子、舅之子、姑之子皆缌麻，是曰表兄弟，不得相为婚姻。此后，在颁布的《大明律》的篇首均沿用这一体例，列有各种司法实用图表，供司法审判时使用。

洪武三十年律是《大明律》的定本。朱元璋命令子孙嗣君不得更改，"群臣有稍议更改，即坐以变乱祖制之罪"[①]。

嘉靖朝以后，《问刑条例》附于律文之后，形成律例合编的体例，一直沿用到明末，并且被清朝所继承。

二、《大明令》

《明史·刑法志》说："明太祖平武昌，即议律令。……（吴元年）十二月书成，凡为令一百四十五条，律二百八十五条。"《明太祖实录》卷二十八说："（吴元年十二月）甲寅，律令成，命颁行之。"《大明令》卷首载：朱元璋在洪武元年正月十八日下旨颁布《大明令》。以上史料表明，《大明令》是在至正二十四年（1364年）二月平定武昌之后开始修订的，吴元年（1367年）十二月修订完毕，洪武元年（1368年）正月正式颁行。有的研究者把吴元年令与洪武元年令误认为二物，其实，吴元年十二月制定的律令中的令就是洪武元年颁布的《大明令》。

《大明令》是明初与律并行的综合性法令，其中《刑令》七十一条，基本上是刑法总则性质的规定，有少部分是刑法分则性质的规定。它是明初急于颁布法律以稳定政局和人心的政治需要的产物，带有"急就章"的特点。正如《春明梦余录》所载："洪武元年，即为大明令，颁行天下，盖与汉高祖初入关约法三章、唐高祖入京师约法十二条同一意也。……律者，刑之法也；令者，法之意也。法具，则意寓于其中。方草创之初，未暇详其曲折，故明示以其意之所在，令是也。平定之后，既已备其制度，故详

① 《明史·刑法志》。

载其法之所存，律是也。”①

《大明令》一百四十五条，与吴元年律的体例一样，都是按照六部分类，“吏令二十，户令二十四，礼令十七，兵令十一，刑令七十一，工令二。”②这种分类体例在很大程度上是受《元典章》的影响。《元典章》的十目中，前四目为诏令、圣政、朝纲、台纲，后六目即为吏部、户部、礼部、兵部、刑部、工部。明承接元，沿用元典章的分类编目体例是很自然的。

《大明令》的《刑令》中，首先规定五刑、十恶、八议、赎刑、狱具等制度，与唐宋律的《名例》的内容相似。例如“五刑”条中规定：“笞罪五等：一十；二十；三十；四十；五十。杖罪五等：六十；七十；八十；九十；一百。徒罪五等：该杖一百二十者，杖一百，加徒一年；该杖一百四十者，杖一百，加徒一年半；该杖一百六十者，杖一百，加徒二年；该杖一百八十者，杖一百，加徒二年半；该杖二百者，杖一百，加徒三年。流罪三等：二千里；二千五百里；三千里。死罪二等：绞；斩。”③“十恶”“八议”两条规定的内容与唐、宋律完全一样，并且与洪武三十年颁布的《大明律》完全相同。在“八议”条下规定：“以上有犯罪者，条具所犯，奏请上裁。其犯十恶者不用此令。”④以下几十条中规定管辖、司法官吏责任、诉讼程序、对老弱残疾和女犯的优待、自首从轻原则、主犯与从犯的区分、军官犯罪、诬告反坐等原则。可见，《大明令》与吴元年《律》是相辅相成的。《令》以刑法总则为主。《律》二百八十五条，今已失传，史无记载。但《律》既与《令》同时颁布，并称为吴元年《律令》，应当与《令》有所分工，可以说是以刑法分则内容为主，类似于《唐律》名例以下的各篇的内容。这样吴元年《律令》合计四百三十条，与《大明律》四百六十条之数大致相当，为明

---

① 《春明梦余录》卷44《论令》。

② 《明太祖实录》卷28。

③ 《大明令·刑令》。

④ 《大明令·刑令》。

初草创的法律，这种推测也是符合明律对唐、宋律继承、发展的逻辑以及明初立法的实际的。

三、《大诰》

洪武十八年（1385 年）到二十年（1387 年）间，朱元璋连续发布了四篇统称为《大诰》的文告，即《大诰》（十八年八月）、《大诰续编》（十九年三月）、《大诰三编》（十九年十一月）和《大诰武臣》（二十年十二月）。《大诰》原是古代典籍《尚书》中的一篇，记载周公东征殷遗民时对臣民的训诫。"大诰"二字，乃"陈大道以诰天下"之意。朱元璋效法周公告诫天下臣民："中外臣民……往往不安职业，触丽宪章，欲仿成周《大诰》之制以训化之，乃取当世事之善可为法恶可为戒者，著为条目，大诰天下。"[①] 朱元璋自己说颁行大诰的目的是："朕制《大诰》三编，颁示天下，俾为官者知所监戒，百姓有所持循。"[②] 又说："忠君孝亲，治人修己，尽在此矣。能者养之以福，不能者败以取祸，颁之臣民，永以为训。"[③] 关于《大诰》产生的背景和性质，朱元璋曾说："朕有天下，仿古为治，明礼以导民，定律以绳顽。刊著为令，行之已久。奈何犯者相继，由是出五刑酷法以治之，欲民畏而不犯，作《大诰》以昭示民间，使知所趋避。"[④]

《大诰》七十四条，《大诰续编》八十七条，《大诰三编》四十三条，《大诰武臣》三十二条。四编共二百三十六条，据说是朱元璋亲笔写成。

朱元璋从"以刑止刑""刑期于无刑"的思想出发，决心在《大明律》的基础上再加重科罪，大规模地惩治贪污兼并，并把这些案例编辑成《大

① 《明太祖实录》卷 197。
② 《明太祖实录》卷 181。
③ 《明太祖实录》卷 176。
④ 《御制大明律》序。

诰》《大诰续编》《大诰三编》《大诰武臣》。洪武三十年又将其中重要者附载于洪武二十二年重定的《大明律》律文之后，与《大明律》一起作为议罪的依据。这样，《大诰》也就成了朱元璋以法外用刑惩治贪官污吏、害民豪强的案例汇编。

《大诰》的主要内容是惩治贪赃官吏和害民豪强。

《大诰》中有案情的共二百零一条。其中专讲百姓犯法的条目二十余条，约占总数的十分之一。专讲或主要讲官吏犯法的条目一百五十余条，占总数的十分之七。其中罪在违背君臣之礼的六条，罪在玩忽职守的五条，罪在滥设吏卒的二十四条，罪在贪赃受贿的一百二十一条。在最后一类犯罪中，可分为：郭桓案九条；酷敛百姓、贪污税粮十九条；放卖官差、私役丁夫八条；妄取扰民、私吞商税二十五条；谎报灾情、克扣赈济六条；其他贪赃受贿四十四条；民拿害民官吏九条；循吏一条。

在二百零一条中，专讲或同时讲豪强犯法的条目三十九条次，约占百分之十八。它们又可分为粮长贪赃和豪强害民两类。

在粮长贪赃的十七条中，记录了粮长交结官吏，团局造册，虚出实收，就仓盗卖，巧立名色，妄起科征，飞洒粮差，接受赃私，包揽词讼，吊打细民等种种害民事实。

在豪强害民的二十二条中记录了豪富劣绅买嘱官吏，诡寄田地，飞洒税粮，揽纳私吞，脱免夫役，贪污赈济，说事过钱，起灭词讼等害民恶迹。

在三编《大诰》中，有关百姓犯法的条目仅十分之一，绝大部分条目都是惩治官吏贪污、粮长科敛、豪强害民的案件。根据以上内容可以认定，《大诰》兼有惩治统治阶级内部违法行为的特别刑事法规和刑事案例的性质。

“法外用刑”是《大诰》的最大特点。

《大诰》“所列凌迟、枭示、族诛者无虑千百，弃市以下万数”[①]，其中

① 《明史·刑法志》。

绝大部分的处刑都超过了《大明律》的标准。

按《大明律》，官员受财，计赃科罪，有“枉法赃”与“不枉法赃”之别。“不枉法赃”，无死罪。“枉法赃”律有死刑，但属“杂犯死罪”，可以依照《赎罪条例》科断。官员因公擅自科敛财物而不入已者，无死罪；入已者计赃以枉法论。非因公科敛财物入已者，计赃以不枉法论。欺隐田粮罪止杖一百，其田入官。滥设、滥充吏卒，罪亦不至死刑。但《大诰》所列贪赃科敛、欺隐诡寄、滥设吏卒各案，大都超出了这些标准，而以轻判重，甚至往往处以极刑。

《唐律》废止了古代墨、劓、剕、宫、大辟五刑，而以笞、杖、徒、流、死代之。《明律》恢复或使用了大辟、凌迟、枭首、刺字、阉割、枷号等酷刑，而《大诰》又在此基础上扩大了这些酷刑的使用范围。按《大明律》，只有“谋反大逆”才治以族诛之罪，只有“谋反大逆”“谋杀祖父母父母”“杀一家三人”“采生拆割人”四条才治以凌迟之罪；而《大诰》中所列族诛、凌迟、枭首各案大多以贪赃扰民等寻常过犯与“叛逆”“盗贼”同科。此外《大诰》还使新的肉刑如断手、剁指、挑筋等刑名合法化。

《大诰》是皇帝告示天下的司法文书，它和当时的其他法令一样，对人们的行为规则和相应的法律后果都有明确的规定，其中多数令有具体的量刑标准，因而具备了封建社会刑事法律所应有的规范性特征。

例如，《大诰初编 · 官民犯罪第二十九》规定，“今后官民有犯罪责者，若不顺受其犯，买重作轻，买轻诬重，或尽行买免，除死罪坐死勿论，余者徒、流、迁徙、笞、杖等罪贿赂出入，致令冤者不伸，枉者不理，虽笞亦坐以死。法司罪同犯者。此犯不分赃之巨微，除失错公罪不坐，凡私的决，并不虚示”。《大诰初编 · 积年民害逃回第五十五》规定：“积年民害官吏，……见在各处，军者军，工者工，安置者安置。设若潜地逃回，两邻亲戚即当速首，拿赴上司，毋得容隐在乡，以为民害。取有容隐不首者，亦许四邻首。其容隐者同其罪而迁发之，以本家产业给赏其首者。”

再如，《大诰续编 · 逃军第七十一》规定：“《诰》到，肯听朕言，将境内逃军省令里甲、亲戚人等，或百、或千、或十，各令里长送赴京来。……若逃军改名换姓影在境内，闻《诰》到日，三五人自行赴官首告，赴京著役。如在京卫分，赴在京卫分。各都司卫分，赴各都司卫分。虽是在逃十年、十五年、十七八年、三五年，亦行尽皆出首，与免本罪，仍前著役。如不出首，两邻、里甲见了《大诰》，毋得隐藏逃军，虽是至亲必须首告，免致乡村良民被捉拿逃军连累受苦。敢有违朕之言，仍有勾逃军官吏生事搅扰良民，其良民中豪杰之士、耆宿老人会议捉拿赴京，见一名赏钞五锭。如是仍前影射，被人告发或挨勾得出，两邻并影射之家尽行拿充军役。"《大诰续编·牙行第八十二》规定："天下府州县、镇店去处，不许有官牙、私牙。一切商客应有货物，照例投税之后，听从发卖。敢有称系官牙、私牙，许邻里坊厢拿获赴京，以凭迁徙化外。若系官牙，其该吏全家迁徙。敢有为官牙、私牙，两邻不首，罪同。巡阑敢有刁蹬多取客货者，许客商拿赴京来。不应税而税者，且如海南民有娶新妇者，其县官将下礼牲口并新妇俱要税钱，已行拿赴京师，治以死罪。"

在洪武年间的后期，朱元璋一直都是强调"法司照依《律》与《大诰》拟罪"。如，洪武二十六年（1393年）三月颁行的《诸司职掌》规定，"凡本部问有应合充军者，必须照依《律》与《大诰》内议拟明白"[①]。洪武二十八年（1395年）六月己丑，明太祖谕群臣曰："后嗣止循《律》与《大诰》，不许用黥、刺、剕、劓、阉割之刑。"[②] 又据《明会典》："二十八年奏准：抄札迁发《律》与《大诰》该载者，宜从法司遵守。"[③] 洪武三十年（1397年）五月，颁行《钦定律诰》时，他又再次强调："凡法司今后议拟罪名，除繁文、烧毁卷宗、更名易讳、军人关赏征进在逃、死罪充军工役在逃、在京犯奸盗诈骗，仍依定例处治，及军官私役军人因而致死一名者偿命外，其

---

① 《诸司职掌》，《刑部职掌·司门科》。

② 《明纪·太祖纪》。

③ 《明会典》卷178《抄札》。

余有犯，务要依《律》与《大诰》拟罪，照今定条例发落，并不许将递年各衙门禁约榜文等项条例定罪。敢有违者，以变乱成法论。”① 足见《大诰》是特别刑法。

洪武二十六年，朱元璋逐渐把《大诰》的不少条目列入有关罪名和条例中去，以新的法律形式予以确认并颁行天下：

洪武二十六年颁发《充军》条例，共二十二条，其中列入《大诰》条目五条：诡寄田粮；积年民害官吏；揽纳户；私充牙行；断指诽谤。另有符合《大诰》内容但条目文字有差异者三条：闲吏；游食；不务生理。

同年，朱元璋又将《大诰》条目共二十八条编入《真犯杂犯死罪》条例，令天下遵照实行：

真犯死罪《大诰》：

（1）僧道不务祖风；（2）说事过钱；（3）冒解罪人；（4）逸夫；（5）滥设吏卒；（6）耆民赴京面奏事务阻挡者；（7）擅立干办等项名色；（8）闲民同恶；（9）官吏下乡；（10）擅差职官；（11）渔课扰民；（12）经该不解物；（13）不对关防勘合；（14）关隘骗民；（15）居处僭上用；（16）市民为吏卒；（17）造作买办不与价；（18）庆节和买；（19）空引偷军；（20）臣民依法为奸；（21）官吏长解卖囚；（22）寰中士夫不为君用；（23）乡民除患；（24）阻挡耆民赴京。

杂犯死罪《大诰》：

（1）官民犯罪，买重作轻，或尽行买免；（2）揽纳户；（3）安保；（4）断指诽谤②。

朱元璋又定《应合抄札》罪名十六条，《大诰》条目被列入者十条：

（1）揽纳户；（2）安保过付；（3）诡寄田粮；（4）民人经该不解物；（5）洒派抛荒田土；（6）倚法为奸；（7）空引偷军；（8）黥刺在逃；（9）官

① 《律条疏议》。

② 《明会典》卷173。

吏长解卖囚；（10）寰中士夫不为君用[①]。

洪武三十年年初，朱元璋又把《大诰》条目二十二条列为当时所颁《秋后处决》《工役终身》的罪名。《秋后处决》中有：（1）朋奸欺罔；（2）说事过钱；（3）阻挡耆民赴京。《工役终身》中有：（1）逸夫；（2）交结安置；（3）居处僭用；（4）空引偷军；（5）闲民同恶；（6）官吏下乡；（7）乡民除恶；（8）擅差职官；（9）冒解罪人；（10）庆节和买；（11）关隘骗人；（12）滥设吏卒；（13）长解卖囚；（14）市民为吏卒；（15）经该不解物；（16）僧道不务祖风；（17）臣民倚法为奸；（18）妄立干办等名；（19）造作买办不与价[②]。

洪武三十年五月，朱元璋把《大诰》附在《大明律》后同时颁布，名为《钦定律诰》，有三十六条《大诰》条目列入有关的罪名和刑名中，其中不准赎死罪《诰》十二条，具体条目是：（1）朋奸欺罔；（2）说事过钱；（3）代人告状；（4）诡名告状；（5）载刑肆贪；（6）空引偷军；（7）医人卖毒药；（8）臣民倚法为奸；（9）妄立干办等名；（10）阻挡耆民赴京；（11）秀才断指诽谤；（12）寰中士夫不为君用。另外，准赎死罪《诰》二十四条，具体条目是：（1）逸夫；（2）居处僭分；（3）闲民同恶；（4）官吏下乡；（5）擅差职官；（6）揽纳户；（7）冒解罪人；（8）庆节和买；（9）关隘骗人；（10）滥设吏卒；（11）长解卖囚；（12）官民有犯；（13）渔课扰民；（14）钱钞贯文；（15）路费则例；（16）造作买力；（17）市民为吏卒；（18）经该不解物；（19）阻挡乡民除患；（20）僧道不务祖风；（21）有司不许听事；（22）不对关防勘合；（23）有司逼民奏保；（24）交结安置人。

这部分《大诰》峻令被列入有关罪名和条例后，它们的法律效力得到了进一步加强。

明朝法律形式有律、令、诰、例等多种。明太祖朱元璋编纂的四编《大

---

① 《明会典》卷178。

② 《明会典》卷173。

诰》，类似于宋代的编敕。对此，清人孙承泽作了恰如其分的评析：

按唐有律，律之外又有令、格、式。宋初因之。至神宗更其目，曰敕、令、格、式。所谓敕者，兼唐之律也。洪武元年，即为大明令，颁行天下，盖与汉高祖初入关约法三章、唐高祖入京师约法十二条同一意也。至六年，始命刑部尚书刘惟谦等造律文，又有洪武礼制、诸司执掌之作，与夫大诰三编及大诰武臣等书，凡唐、宋所谓律、令、格、式，与其编敕，皆在是也。但不用唐、宋之旧名尔。夫律者，刑之法也；令者，法之意也。法具，则意寓于其中。方草创之初，未暇详其曲折，故明示以其意之所在，令是也。平定之后，既已备其制度，故详载其法之所存，律是也。伏读太祖训诰之辞，有曰：子孙做皇帝时，止守律与大诰，而不及令。而诸司职掌于刑部都官科下具载死罪止载律与大诰中所条者可见也。是诰与律乃朝廷所当世守，法司所当遵行者也。①

综上所述，《大诰》不仅是明朝刑事法律的一种，而且是法律效力高于一般法令的“朝廷所当世守，法司所当遵行”的“成法”。

朱元璋凭借皇权赋予《大诰》无上的法律地位。《大诰》颁行时，他宣告“朕出是诰，昭示祸福，一切官民诸色人等，户户有此一本，若犯笞杖徒流罪名，每减一等，无者每加一等，所在臣民，熟观为戒”②。到了颁行《大诰续编》时，他进一步宣告：“斯上下之本，臣民之至宝，发布天下，务必家家有之，敢有不敬而不收者，非吾治化之民，迁居化外，永不令归的不虚示。”③颁发《大诰三编》时，他又重申：“此告前后三编，凡朕臣民，

① 《春明梦余录》卷44《论令》。

② 《大诰·颁行大诰第七十四》。

③ 《大诰续编·颁行续诰第八十七》。

务要家藏人诵，以为鉴戒。倘有不遵，迁于化外的不虚示。”①

后世君王也不时刊印大诰。如嘉靖六年，霍韬向皇帝上书时说道：“洪武中令天下生员兼读诰、律、教民榜文，又言民间子弟早令讲读《大诰》三编，今生儒不知诰、律久矣，临民莅政，惟皆以吏为师。宜申明旧令，学校生员兼试以律，仍令礼部以御制《大诰》诸书刊行天下。”② 足见《大诰》的法律效力是持久的。

四、《问刑条例》

《问刑条例》是明朝中叶的刑事法规。明初就有条例。《明史·刑法志》载：“（洪武）二十五年，刑部言，律条与条例不同者宜更定。太祖以条例特一时权宜，定律不可改，不从。”“成祖诏法司问囚，一依《大明律》拟议，毋妄引榜文条例为深文。永乐元年定诬告法。成化元年又令谳囚者一依正律，尽革所有条例。”可见，明初的条例虽然已经存在，但既不成系统，也不够稳定。

明朝中叶以后，距离《大明律》的制定已近百年，《大明律》适用的政治、经济条件与明初相比已有很多变化，但“定律不可改”。为了适应司法实际的需要，《问刑条例》逐步系统化、正规化，其法律效力也不断上升，从“例以辅律”演变为“律例并行”，甚至出现了“以例破律”的现象。

明朝《问刑条例》中较有代表性的是弘治、嘉靖和万历年间所修订的。万历以后，《问刑条例》没有再作修订。《明史·刑法志》记叙道：“弘治中，去定律时已百年，用法者日弛。五年，刑部尚书彭韶等以鸿胪少卿李鐩请，删定《问刑条例》。至十三年，刑官复上言：‘洪武末，定大明律，后又申明《大诰》，有罪减等，累朝遵用。其法外遗奸，列圣因时推广之而有例，

---

① 《大诰三编·颁行三诰第四十三》。

② 《明世宗实录》卷930。

例以辅律，非以破律也。乃中外巧法吏或借便己私，律浸格不用。’于是下尚书白昂等会九卿议，增历年问刑条例经久可行者二百九十七条。帝摘其中六事，令再议以闻。九卿执奏，乃不果改。然自是以后，律例并行，而网亦少密。王府禁例六条，诸王无故出城有罚，其法尤严。嘉靖七年，保定巡抚王应鹏言：‘正德间，新增《问刑条例》四十四款，深中情法，皆宜编入。’不从。惟诏伪造印信及窃盗三犯者不得用可矜例。刑部尚书胡世宁又请编断狱新例，亦命止依律文及弘治十三年所钦定者。至二十八年，刑部尚书喻茂坚言：‘自弘治间定例，垂五十年。乞敕臣等会同三法司，申明《问刑条例》及嘉靖元年后钦定事例，永为遵守。弘治十三年以后、嘉靖元年以前事例，虽奉诏革除，顾有因事条陈，拟议精当可采者，亦宜详检。若官司妄引条例，故入人罪者，当议黜罚。’会茂坚去官，诏尚书顾应祥等定议，增至二百四十九条。三十四年又因尚书何鳌言，增入九事。万历时，给事中乌升请续增条例。至十三年，刑部尚书舒化等乃辑嘉靖三十四年以后诏令及宗藩军政条例、捕盗条格、漕运议单与刑名相关者，律为正文，例为附注，共三百八十二条，删世宗时苛令特多。崇祯十四年，刑部尚书刘泽深复请议定《问刑条例》。帝以律应恪遵，例有上下，事同而二三其例者，删定画一为是。然时方急法，百司救过不暇，议未及行。”

万历年间的刑部尚书舒化在《重修（万历）问刑条例题稿》中指出：“立例以辅律，贵依律以定例。”所谓依律以定例，就是纂修条例时以《大明律》作为其基础与出发点。如果《大明律》的具体条款所针对的政治、经济状况和社会关系基本不变，这些条款则仍然完全沿用不改。否则，必须随条件变化而修订条例以辅助《大明律》，或作更详细的规定以补充《大明律》。因此，以例辅律也就是以例补律。弘治四年三月，刑科给事中韩佑上书，请求将“自成化元年以后现行事例斟酌轻重，取其有补于法律所不及者，法繁从简，分为六目，与《大明律》并行”[①]。弘治七年正月，南京礼科给

① 《明孝宗实录》卷48。

事中马子聪亦请“仍敕内外问刑官务在以恕求情，毋淫刑以逞。现行条例有罪淫于情违背律令者删之，情罪相当有补律令者留之”[①]。以上二疏均被孝宗采纳。

《问刑条例》的大部分条文都是对明律的补充。它们或者具体区别犯罪主体不同的身份，或者区别同一性质犯罪的各种情节和危害的轻重程度等。从这一点来说，《问刑条例》几乎相当于《大明律》的实施细则。

但是，条例对于《大明律》的修正是不可忽视的。例如，弘治《问刑条例》对《大明律》中的刑事法规的修正有二，其一是加强了对贩卖官私盐引和盗掘矿产等经济犯罪的打击。明朝中叶皇族和各级官吏纷纷抢占盐引，转卖给盐商，从中牟利，致使盐政败坏，朝廷收入受到严重影响。为惩治兴贩官私引盐者，弘治《条例》规定：“越境兴贩官私引盐至二千斤以上者，问发附近卫所充军。原系腹里卫所者，发边卫充军。其客商收买余盐，买求制掣，至二千斤以上者，亦照前例发遣。经过官司纵放，及地方甲邻里老知而不举，各治以罪。巡捕官员乘机兴贩，至二千斤以上，亦照前例问发。”[②] 明朝采矿业有官营、民营两种，民营需取得政府许可，交纳课额。后因私人盗掘矿产风盛，正统五年“定盗采银矿新例，为首者处斩，从者发戍”[③]。弘治《条例》进一步规定为：“盗掘银矿铜锡水银等项矿砂，但系山洞捉获，曾经持杖拒捕者，不论人之多寡，矿之轻重，及聚众至三十人以上，分矿至三十斤以上者，俱不分初犯再犯，问发边卫充军。”[④] 其二是扩大了赎刑范围。《大明律》中赎刑的适用范围较窄，主要适用对象是“犯罪存留养亲”，“老少废疾犯罪”，“官吏犯公罪该笞”，“军官犯私罪该笞”，以及过失犯罪等，弘治《条例》中的赎刑适用面则广泛得多。《条

---

① 《明孝宗实录》卷 84。

② 弘治《问刑条例》附《明律》盐法条后。

③ 《续文献通考》卷 136。

④ 弘治《问刑条例》附《明律》常人盗仓库钱粮条后。

例》规定："凡军民诸色人役，及舍余审有力者，与文武官吏、监生、生员、冠带官、知印、承差、阴阳生、医生、老人、舍人，不分笞杖徒流杂犯死罪，俱令运炭、运灰、运砖、纳科、纳米等项赎罪。"[①] 又规定："舍人舍余无官之时，犯该杂犯死罪，有官事发，运炭、纳米等项，完日还职，仍发原卫所带俸差操。若犯该流罪，减至杖一百徒三年者，俱令运炭、纳米等项还职，原管事者照旧管事，原带俸者仍旧带俸。"[②] "内府匠作犯该监守常人盗窃盗掏摸抢夺者，俱问罪，送发工部做工炒铁等项。"[③]

由于明朝中叶前期处于"治世"，社会局面较为稳定，重典已不适用。从量刑来看，弘治《条例》大多数条款较《明律》有所减轻。当然，也有对一些犯罪加重惩罚的条款。这些加重处刑的规定，大多是为了严明吏治，或出于维护封建秩序的需要。

如《明律·刑律》规定："凡官司决人不如法者，笞四十。因而致死者，杖一百。"弘治《条例》则规定："内外问刑衙门，一应该问死罪，并窃盗抢夺重犯，须用严刑拷讯。其余止用鞭朴常刑。若酷刑官员，不论情罪轻重，辄用挺棍、夹棍、脑箍、烙铁等项惨刻刑具，如一封书、鼠弹筝、阑马棍、燕儿飞等项名色，或以烧酒灌鼻，竹签钉指，及用径寸懒干，不去棱节竹片，乱打复打，或打脚踝，或鞭脊背，若但伤人，不曾致死者，不分军政职官，俱奏请降级调用。因而致死者，俱发原籍为民。"[④] 显然，条例对司法官法外用刑加重了处罚。

万历《问刑条例》有三百八十二条，是明代中后期最有代表性的刑事法规。舒化对旧例大加删改，将原先的各种条例及累朝诏敕、宗藩军政条例、漕运议单并节年各该衙门题准事例，凡有关于刑名者，各查照本律，

① 弘治《问刑条例》附《明律》五刑条后。

② 弘治《问刑条例》附《明律》无官犯罪条后。

③ 弘治《问刑条例》附《明律》工乐户及妇人犯罪条后。

④ 弘治《问刑条例》附《明律》决罚不如法条后。

参酌事情，逐一呈堂、再三校勘，并参以捕盗条格制定而成，成为单一的刑事法规。

万历《条例》对弘治、嘉靖旧例中那些与《大明律》律文较相近的条款予以删除。如《明律·户律》规定："其所典田宅、园林、碾磨等物，年限已满，业主备价取赎，若典主托故不肯放赎者，笞四十。限外递年所得花利，追征给主，依价取赎，其年限虽满，业主无力取赎者，不拘此律。"弘治、嘉靖《条例》规定："典当田地器物等项，不许违律起利。若限满备价赎取，或计所收花利已勾一本一利者，交还原主，损坏者赔还。其田地无力赎取，听便再种二年交还。"[①] 二者相近，故予删除。又如《明律·兵律》规定："各处守御城池军人在逃者，初犯杖八十，仍发边卫充军。再犯并杖一百，俱发边远充军。三犯者绞。"弘治、嘉靖条例规定："在京在外守御城池军人，在逃一次二次者，问罪，照常发落。三次，依律处绞。"[②] 二者亦相近，也予以删除。由于社会矛盾日趋尖锐，农民起义和民变次数增多，万历《条例》新增了有关加强防守城池、要地的条款，规定："凡沿边沿海及腹里府、州、县与卫所同住一城，及卫所自住一城者，若遇大虏及盗贼生发攻围，不行固守，而辄弃去，及守备不设，被贼攻陷城池，劫杀焚烧者，卫所掌印与专一捕盗官，俱比照守边将帅失陷城寨者律斩。"[③] 万历《问刑条例》还对强盗打劫、各掌印巡捕等官捕获不力、申报不实等处罚作出更加严格的规定。

舒化修订《问刑条例》："必求经久可行，明白易晓，务祛苛纵之弊，以协情法之中。"[④] 在修例中，特别注意对犯罪者的首从及犯罪情节的轻重加以区别。如《明律·刑律》规定："凡盗内府财物者，皆斩。"弘治《条例》规

① 《问刑条例》附《明律》典卖田宅条后。
② 《问刑条例》附《明律》从征守御官军逃条后。
③ 《问刑条例》附《明律》主将不固守条后。
④ 《重修问刑条例题稿》。

定："盗内府财物者，系杂犯死罪准赎外，若盗乘舆服御物者，仍作真犯死罪，依律议拟。"[①] 万历《条例》则改为："凡盗内府财物，系乘舆服御物者，仍作真犯死罪。其余监守盗银三十两，钱帛等物值银三十两以上，常人盗银六十两、钱帛等物值银六十两以上，俱问发边卫永远充军。内犯奏请发充净军。"[②]

关于打击以暴力手段强行贩卖私盐的行为，嘉靖《条例》规定："凡豪强盐徒聚众至十人以上，撑驾大船，张挂旗号，擅用兵仗响器，拒敌官兵，若杀人及伤人至三命者，比照强盗已行得财律，皆斩。为首者，仍枭首示众。其虽拒敌，不曾杀伤人，为首者，依律处斩。为从者，俱发边卫充军。若止十人以下，原无兵仗响器，遇有追捕，奔命拒敌，因而伤人至二命者，为首及下手之人，比照官司捕获罪人，聚众中途打夺，追究为首及下手之人，各坐以斩绞罪名。其不曾下手伤人者，仍为从论罪。"万历《条例》改为十人以上拒敌官兵，"若杀人及伤人三人以上者，比照强盗已行得财律，皆斩。为首者，仍枭首示众"。十人以下遇有追捕拒敌，"因而伤至二人以上者，为首依律处斩。下手之人，比照聚众中途打夺，罪人因而伤人律，绞"[③]。万历《条例》注意了区别不同犯罪情节、后果，把刑罚规定得具体严密，比弘治、嘉靖《条例》更为完善，因而成为定本。

万历《问刑条例》的历史作用是"立例以补律，非以破律"[④]，通过制定和修订《问刑条例》，及时对《大明律》过时的条款予以修正，又针对当时出现的社会问题适时补充了新的规定。这种做法，既保持了明律的稳定性，又利于法律的实施。当然，明朝皇帝为了强化绝对专制，任意破坏法律，在司法实际中时常造成"以例代律"，"以例破律"，其恶劣后果也是不可低估的。

---

① 弘治《问刑条例》附《明律》盗内府财物条后。

② 万历《问刑条例》附《明律》盗内府财物条后。

③ 万历《问刑条例》附《明律》盐法条后。

④ 《寄簃文存》卷7《万历大明律跋》。

五、诏令

除了以上叙述的律、令、诰、例四种法律形式之外，明朝皇帝颁发的有关刑事立法的诏令也是明朝刑法的渊源。由于封建法制中皇帝执掌最高的立法和司法权，司法官员必须执行皇帝发布的诏令，因此有关断罪量刑轻重的诏令和犯罪构成的诏令实质上就是特别刑法。例如，洪武元年朱元璋的《大赦天下诏》就将“谋逆、杀祖父母、父母、奴婢杀主使、谋故杀人、强盗、蛊毒、魇魅”定为“常赦不原”[1]。再如，嘉靖十七年十一月，明世宗颁诏宣布大赦，从而改变了刑法的适用范围和普通的时效，有条件地部分地中止了刑罚的执行，诏书规定：

自嘉靖十七年十一月二十一日昧爽以前，官吏军民人等有犯，除谋反、叛逆、子孙谋杀祖父母、父母、妻妾杀夫、奴婢杀家长、杀一家非死罪三人、采生折割人、谋杀、故杀、蛊毒、魇魅、毒药杀人、强盗、妖言、奸党、失机及事干边方夷情人命、十恶至死，并一应真犯死罪及大礼、大狱首重者不赦外，其余已发觉、未发觉，已结证、未结证，悉无大小咸赦除之。敢有以赦前事相告言者，以其罪罪之。

官吏军民人等，有为事问发充军，除原系真犯死罪饶死不赦外，其余放回原卫、原籍宁家。[2]

嘉靖六年，明世宗下诏对议大礼的反对派予以处罪，诏书中无视律例任意轻重，对官员分别定罪量刑，其效力凌驾于律例之上：

这各犯朋谋害人，设意罗织，酿成大狱，贻累平民，好生欺公玩法。

① 《皇明诏令》卷1。

② 《皇明诏令》卷21。

你每既问拟明白，马录志在报复，故意杀人，情犯深重，还从重议拟来说。其余各犯，本都当重治，依拟分别轻重运炭，完日发落。李璋、李珏、章纶、马豸阿附巡按，连结三司，杀人媚人，情犯亦重，发边远卫分充军，遇赦不宥，但逃，杀了。刘琦挟私弹劾，与程启充、卢琼都发边卫充军。王科、秦祐、沈汉、程辂俱扶同妄奏，发原籍为民。颜颐寿等职掌邦刑，位列大臣，却乃畏避科道，奉制推勘事情，报上不实，有负重任。颜颐寿、刘玉、王启、刘文庄、汤沐、顾佖、汪渊俱事重，都革了职，着冠带闲住。聂贤、徐文华情犯尤重，聂贤著为民，徐文华发边卫充军。江潮不行详审，失入人罪，汪玄锡、余才逞忿横议，与孟春、闵楷、张仲贤风声相通，同恶相济，也都革了职，冠带闭住。毕昭准复职，照旧守制。薛良诬告人致死有服亲属，依比附律处决。韩良相、石文举情重，发边卫充军，遇赦不宥。杜文住、武仲良等与刘永振，并供明查发复职役等项人犯张寅等都依拟发落。张润待勘事回京，毛伯温别推相应官更替回京，常泰、刘仕待拿到，张逵、杜鸾、姚鸣风、高世魁、司马相并张英待提到，俱送法司。并潘壮、戚雄，南京问完各查封，照今议拟奏请发落。任淳差官替回送问。周宣、王昂、杜蕙、胡伟、鲍玉着各该巡按御史提问，具奏定夺。①

皇帝的诏令，经过整理，或则成为条例，或则编辑成册，对后世皇帝及司法官员都有拘束力，因此，如果把律、例、令称之为普通法，相对而言诏令就是特别法。

第二节　刑事政策

明朝处于封建社会晚期，在自然经济逐步解体和商品经济不断发展的

① 《明世宗宝训》卷8。

条件下，皇权与绅权的矛盾日益加深。一个朝代的刑事政策实质上就是在刑法条文中贯穿的最高统治者的指导思想。朱元璋的刑法思想为后代君王所恪守，成为明朝的刑事政策。

一、刑罚世轻世重

周代统治者提倡“明德慎罪”，提出了“刑新国用轻典，刑平国用中典，刑乱国用重典”的刑法思想，朱元璋继承并发展了这一思想。他对皇位继承人皇太孙朱允炆说：“吾治乱世，刑不得不重。汝治平世，刑自当轻，所谓刑罚世轻世重也。”[①] 他在洪武三十年的统治中，把这一刑法思想贯穿于刑法的立法与施行过程中。

明初，朱元璋说：“昔在民间时，见州县官多不恤民，往往贪财好色，饮酒废事，凡民间疾苦视之漠然，心实怒之。故今严法禁，但遇官吏蠹害吾民者，罪之不恕。”[②] 当时面临的形势是：“中原未平，军旅未息”[③]，元朝仍有很大的势力；经历连年战火，“土旷人稀，耕种者少，荒芜者多”[④]，“租税无所出”，“积年逋赋”[⑤]，经济陷于崩溃；参加反元斗争的各族人民由于土地和税赋不均的问题没有得到正当解决，又受到豪强地主和新的权贵们的横征暴敛，因而继续武装对抗新的王朝；在地主阶级内部，豪强地主大肆隐占田地、赋税，不仅加深了劳动人民的苦难，也直接侵害了朝廷的利益；在统治集团上层，权贵们因为争权夺利，形成了不可调和的冲突；旧地主出身的统治者之间，以李善长为首的淮西集团和以刘基为首的浙东集团发生了对立。新旧地主之间，朱元璋周围的一批农民出身的武将同以胡惟庸

① 《明史·刑法志》。

② 《明太祖实录》卷39。

③ （明）高岱：《鸿猷录》卷6《正位分藩》。

④ 《明太祖实录》卷250。

⑤ 《明太祖实录》卷197、卷255。

为代表的一批地主出身的文臣，互相勾心斗角；新地主集团内部，蓝玉等农民出身的武将也同朱元璋存在着严重的分歧，威胁着皇权的巩固。朱元璋急于求治，他在谈到对老百姓和官吏的看法时说："民经乱世，欲度兵荒，务习奸滑，至难齐也。"[①] 又说：今之臣民"凡所作为，尽皆杀身之计，趋火赴源之筹（俦）",[②]"若不律以条章，将必仿效者多，则世将何治！"[③] 他总结了历代治世的经验教训，认为"姑息"是世乱的根源，说，"历代多因姑息，以致奸人惑侮"[④]。他把元朝覆灭的原因归结为"宽纵"二字，说"元政弛极，豪杰蜂起，皆不修法度以明军政"[⑤]。因此，他主张"反元政，尚严厉"[⑥]，以重典治天下。

洪武二十年之前，朱元璋屡兴大狱以屠杀功臣，并对贪官污吏施以重典。当"重典治乱世"的目的基本达到之后，朱元璋又及时调整了刑事政策。他说重典是"此特权时处置，顿挫奸顽，非守成之君所常用法"[⑦]。于是，他要求要按照"务合中正"的原则修订一个"传之万世"的《大明律》。朱元璋对制定一个"以垂后世""中制"的《大明律》是很重视的。《明史 · 刑法志》说：洪武元年太祖曾"命儒臣四人，同刑官讲《唐律》，日进二十条"。刘惟谦等在《进大明律表》中说："每一篇成，辄缮书上奏揭于西庑之壁，亲御翰墨为之裁定……圣虑渊深，上稽天理，下揆人情。成此百代之准绳。"《大明律》从草创到最后完成，经过了三十年之久，直到洪武三十年，即朱元璋死的前一年，他才感到满意，诏令作为不准更改的成法命子孙守之。当然，由于受明初重典政策的影响，洪武三十年所颁《大

① 《皇明祖训》序。
② 《大诰 · 君臣同游第一》。
③ 《高皇帝御制文集 · 赦工役囚》卷 3。
④ 《皇明祖训 · 祖训首章》。
⑤ 《明史纪事本末》卷 14。
⑥ 《明通鉴》卷 1。
⑦ 《明太祖实录》卷 239。

明律》在刑罚上仍较前代加重，但与吴元年律、洪武七年律和洪武年间颁行的各种条例、法令相比，量刑还是要轻得多。总体说来，虽然洪武三十年颁行的大明律、诰中的《诰》量刑严酷，但仅就其四百六十条律文而言，基本上是属于“中制”性质的，所以终明一代“历代相承，无敢轻改”。

二、礼刑并用

“礼法结合”“德主刑辅”思想是封建社会占统治地位的刑事政策。朱元璋也继承了这一传统。他说，必须“明礼以导民，定律以绳顽”，就是以封建礼教来束缚人民，用封建刑罚来镇压人民。他又说：“礼法，国之纪纲。礼法定，则人志定，上下安。建国之初，此为先务。”[①]并指出：“礼乐者治平之膏粱，刑政者救弊之药石”[②]，只有“以德化天下”，又“张刑制具以齐之”，“恩威并济”，才能治世安民，从而明确地阐述了礼法二者在巩固封建地主阶级专政中互相补充的关系。在立法方面，法律“一准乎礼为标准”，处处渗透着封建礼教的精神。在《大明律》的卷首，以“八礼图”与“二刑图”并列。“八礼图”即丧服图，它是以尊尊亲亲、长幼有序、男女有别的封建礼教为依据制定的丧礼服制。朱元璋说：“此书（即《大明律》）首列二刑图，次列八礼图者，重礼也。”[③]“礼”不但对律的全部刑名、条款起着制约作用，而且社会身份的尊卑贵贱也成了量刑轻重的一个尺度。从“重礼”的观点出发，法律规定了“存留养亲”“同居亲属有罪得互相容隐”“奴婢不得告主”“弟不证兄，妻不证夫，奴婢不证主”“乡饮酒礼”等许多条款。按照封建礼教的要求，法律给皇族、功臣和士大夫以种种特权，对不同等级的人规定不同的待遇。如规定属于“八议”范围的人犯罪，

---

① 《明太祖实录》卷49。

② 《明太祖实录》卷162。

③ 《明史》卷93《刑法志》。

只许法司实封奏闻取旨，不许擅自勾问；保证功臣及其子女以后犯法除谋逆不宥外，其他可免死一次到三次；对官吏实行“以俸赎刑”和“录过”制度等。

朱元璋把重刑威慑和礼义教化结合起来，强调法律的讲读、宣传。吴元年十二月，《大明律令》刚刚制定，他便命大理卿周桢将这部法律中和人民有关的部分，用口语写成《律令直解》，发给郡县。洪武五年二月，他鉴于“田野之民，不知禁令，往往误犯刑宪”，命令“有司于内外府州县及乡之社里皆立申明亭，凡境内之民有犯者，书其过，名榜于亭上，使人有所惩戒”[①]。之后，又多次谕天下诸司，要运用申明亭书记十恶、奸盗、诈伪、干名犯义、有伤风俗及犯赃至徒者，“昭示乡里以劝善惩恶”。朱元璋亲自编纂的《大诰》，也可以说是把重刑威吓和说教有机地结合在一起的一个法律文件。《大诰》颁行后，他要求“一切官民、诸色人等，户户有此一本”，规定“若犯笞、杖、徒、流罪名，（有大诰者）每减一等，无者每加一等”[②]。万历年间的刑事案卷中，仍有“某某人因有《大诰》，予以减等治罪”的判词。朱元璋并将《大诰》列为全国各级学校的必修课程，科举考试从中出题。天下府州县民每里塾由塾师教授《大诰》。“天下有讲大诰师生来朝者十九万余人，并赐钞遗还”[③]。为了加强法律的宣讲，他下令每岁正月、十月或逢节日时，让专人讲读律令，并明文规定，对律令“妄生异议者极刑”[④]。朱元璋在以严刑峻法威慑人民的同时，又大肆宣传“礼义道德”和“守法”。可见，礼刑结合，礼刑并用，这是明朝统治阶级的主要刑事政策。

---

① 《沈寄簃先生遗书·申明亭》。

② 《大诰·颁行大诰第七十四》。

③ 《明史·刑法志》。

④ 《古今图书集成·祥刑典》卷27。

第三节　刑法原则

明朝刑法原则也就是《大明律》中的犯罪、刑罚、犯罪与刑罚的关系、刑罚的种类及其执行、篇目的分类等问题所赖以确定的基本原则，下面逐一进行论述。

一、等级不平等原则

自从魏晋南北朝时期把“八议”写入具有刑法总则性质的《名例》篇中之后，这种从法律上公开保护贵族、官僚和地主阶级的等级特权，使他们在违法犯罪后得以减轻或免除刑罚的等级不平等原则，就一直是历代封建刑法的重要原则。《大明律》袭用了这一原则，在《名例》中规定了八议：“一曰议亲。谓皇家袒免以上亲，及太皇太后、皇太后缌麻以上亲，皇后小功以上亲，皇太子妃大功以上亲。二曰议故。谓皇家故旧之人，素得侍见，特蒙恩待日久者。三曰议功。谓能斩将夺旗，摧锋万里；或率众来归，安济一时；或开拓疆宇，有大勋劳，铭功太常者。四曰议贤。谓有大德行之贤人君子，其言行可以为法则者。五曰议能。谓有大才业，能整军旅、治政事，为帝王之辅佐者。六曰议勤。谓有大将吏谨守官职，早夜奉公；或出使远方，经涉艰难，有大勤劳者。七曰议贵。谓爵一品，及文武职事官三品以上，散官二品以上者。八曰议宾。谓承先代之后为国宾者。”①对于所列八种人，应于法外优容，故凡有所犯，另加拟议。这是在法律上公开规定等级的不平等，保证统治阶级上层人物享有等级特权。

统治阶级一方面把“八议”作为优待贵族和官僚的规定载入律中，另

① 《大明律·名例》。

一方面又竭力掩饰等级不平等的实质。

翻开《大明律》就可以看到：八议是切实予以实行的。例如，《名例》中规定的赎罪办法，就是为贵族、官僚和富绅们设立的一种换刑制度。犯罪之后用钱赎罪，实质上仍是统治阶级的特权，贫富不均与法律上的不平等是同步的。再如《名例》中的“应议者犯罪”条规定：“凡八议者犯罪，实封奏闻取旨，不许擅自勾问。若奉旨推问者，开具所犯及应议之状，先奏请议，议定，奏闻，取自上裁。”① 这正是八议规定的具体化。

等级不平等原则在犯罪与刑罚中有许多具体表现。例如，同样犯杀人罪，奴婢杀主人，处以凌迟刑；主人杀奴婢，则给予轻微处罚，甚至可以作为过失杀奴婢而不受法律制裁。诸如此类的众多条款，是等级不平等原则渗透于明代的刑法的证明。

二、法定罪刑与有限类推并存的原则

《大明律》中对于犯罪与刑罚的关系实行了法定罪刑与有限类推并存的原则。以往有些学者认为中国古代法律尤其是唐律采取了罪刑法定的原则②，也有许多学者断定中国古代法律充斥擅断主义，没有什么罪刑法定主义。其实，这两种看法都有失偏颇。我们认为，无论是唐律还是宋刑统、明清律都没有近代刑法理论中“罪刑法定”原则，没有严格的“法无明文规定不为罪，法无明文规定不处罚，没有犯罪行为不处刑”的规定，但也不是绝对地奉行擅断主义，允许法官随心所欲置法律于不顾，而是既有法定罪刑的规定，又含有限类推的规定。这是中国古代法律中的客观存在，但却被以往的研究著述所忽略。由于自唐至明的刑法一脉相承，通过对明

① 《大明律 · 名例》。

② 见徐道邻：《唐律通论》，台湾“中华书局”1958年版；杨廷福：《唐律初探》，天津人民出版社1982年版。两书均持此说。

朝刑法的分析就可以对整个封建法律的这一原则一目了然。

《大明律》中法定罪刑的原则集中表现在“断罪引律令”条上。该条规定：“凡断罪，皆须具引律令。违者笞三十。若数事共条，止引所犯罪者，听。其特旨断罪，临时处治，不为定律者，不得引比为律。若辄引比，致罪有出入者，以故失论。”[①] 在追究责任时，惯例是故行引比者，以故出入人全罪及所增减坐之，失于引比者，以失出入人罪减等坐之。这里明确地规定断罪必须援引有关法律，法无明文规定不能定罪，如果司法官吏违反这一规定，就要追究他的刑事责任。这足以说明《大明律》所沿袭的唐、宋刑法的上述规定，具有法定罪刑的性质，对于司法官吏的擅断具有一定的约束力。

但是，能否据此就说《大明律》具有罪刑法定的刑法原则呢？不能。因为同一部法律中又允许法律类推。封建刑法中的类推，是对法律上没有明文规定的犯罪行为，可以按照最相类似的条款、成案和定例比附定罪的一种制度。秦汉以降，有限制的类推就成为一条原则。《大明律》也是如此。其中规定：“凡律令该载不尽事理，若断罪而无正条者，引律比附，应加应减，定拟罪名，转达刑部，议定奏闻。若辄断决，致罪有出入者，以故失论。”[②] 这条律文说明二点：一是法律规定允许类推，由司法官员比附律文定罪；二是类推必须经过皇帝批准，因而是有限制的类推。虽然在法律上司法官吏不能自由类推，类推须由皇帝裁定，但皇帝可以擅断一切案件，这也是与法定罪刑互相抵触的。

况且，律文中还有“不应为”的罪名，凡是律文没有明文规定的行为，如果司法官员认为是犯罪，就可以加上“不应为”的罪名，“凡不应得为而为之者，笞四十；（谓律令无条，理不可为者）事理重者杖八十”[③]。这又

① 《大明律·刑律》。
② 《大明律·名例》。
③ 《大明律·杂犯》。

是与法定罪刑相对立的规定。根据这一规定，司法官员就可以在一定范围内擅自给人犯定罪。

总之，《大明律》中的法定罪刑原则与有限类推原则是并存的，二者是互相矛盾的。但由于皇帝在封建司法中充当了最高法官，具有凌驾于法律之上的权力，因此他可以对这两个原则进行调节，把对立的二者统一于明朝刑法体系之中。

三、连带责任原则

中国古代刑法中对于一些严重的刑事犯罪规定要予以连坐，这种因他人犯罪而使与犯罪者有一定关系的人连带受刑的制度，是刑法中连带责任原则的体现。明朝刑法进一步发展了这一原则。

诚然，明朝刑法中很多犯罪尤其是轻罪，只是让犯罪者本人承担责任并遭受刑罚，但是这与近现代刑法中的“罪及个人”原则不可相提并论。因为明朝刑法在众多的条款中明确规定“缘坐”，尤其是在一些严重的刑事犯罪中，一人犯罪，株连族人。例如，《大明律》规定：“凡谋反〔谓谋危社稷〕及大逆，〔谓谋毁宗庙山陵及宫阙〕但共谋者，不分首从，皆凌迟处死。祖父、父、子、孙、兄弟及同居之人，不分异姓；及伯叔父、兄弟之子，不限籍之同异，年十六以上，不论笃疾废疾，皆斩。其十五以下及母、女、妻、妾、姊、妹，若子之妻妾，给付功臣之家为奴。”① 其他犯谋叛、奸党、交结近侍、反狱、邪教等罪的人，都要缘坐他的亲属。受株连的亲属的法律地位非常低下，即使适逢恩赦，也不得与普通犯人一体办理。

犯人的亲属负连带责任的原则在秦律中就有规定，汉、唐、宋、明各朝无不加以援用。这一刑法原则是中国古代宗法社会的产物，又被封建统治阶级不断强化，成为防范犯罪的有效方式。明朝的司法状况表明，这一

① 《大明律·刑律·贼盗》。

原则的实施范围远远超出了刑法的规定之外，仅仅因“文字狱”受株连的就何止千万，明朝刑法的残酷性、野蛮性、落后性于此可见一斑。

第四节　刑法中的罪名类别

明朝刑法中的罪名类别，亦即现代刑法术语中的犯罪种类，主要见之于《大明律》各篇。此外，《大诰》《问刑条例》也有所涉及。下面对犯罪种类逐一进行论述。

一、侵犯皇权罪

封建法律以确保皇权不受侵犯为根本任务，皇权是封建政权的化身，皇帝则是皇权的核心。明朝刑法关于侵犯皇权罪的规定主要有谋反逆叛、危害皇帝和亵渎皇帝尊严的大不敬等行为。其中，谋反、谋大逆、谋叛、大不敬等罪列入十恶之中，作为最严重的刑事犯罪予以惩处，是常赦所不能宽宥的。

1. 反叛行为

谋反大逆。《大明律・刑律・贼盗》规定：“凡谋反〔谓谋危社稷〕及大逆，〔谓谋毁宗庙山陵及宫阙〕但共谋者，不分首从，皆凌迟处死。祖父、父、子、孙、兄弟及同居之人，不分异姓；及伯叔父、兄弟之子，不限籍之同异，年十六以上，不论笃疾废疾，皆斩。其十五以下及母、女、妻、妾、姊、妹，若子之妻妾，给付功臣之家为奴。财产入官。若女许嫁已定，归其夫，子孙过房与人，及聘妻未成者，俱不追坐。〔下条准此〕知情故纵隐藏者，斩。有能捕获者，民授以民官，军授以军职，仍将犯人财产全给充赏。知而首告，官为捕获者，止给财产。不首者，杖一百，流三千里。”谋反的行为不仅发生在被统治阶级中，也产生于统治阶级内部，无论是农民起义还是奸臣篡位，都要严厉镇压。在明初的司法实践中，谋反罪成了皇帝剪除功臣宿将的借口，朱元璋兴“胡蓝之狱”诛杀官吏二万多人，正是定此罪名。谋就是策划，凡是参与策划之人，不分首犯、从犯，一律治罪。而且不论是否实行，都要以律治罪。唐律规定，即使“口陈欲反之言，心无真实之计，而无状可寻者”[①]，也要流二千里。明律取消了这一规定，是一个历史的进步。但在司法实际中，皇帝和厂卫都可以并且经常随意认定臣民谋反，这又比唐朝更专擅了。谋大逆是谋毁皇家宗庙、陵墓及宫殿，其实质是侵犯了神圣至尊的皇权的尊严，因此也要处以极刑。

谋叛。背叛本朝，私通和投降外敌的行为是明律中的“谋叛”罪。《刑律·贼盗》规定：“凡谋叛，〔谓谋背本国，潜从他国〕但共谋者，不分首从皆斩；妻妾、子女给付功臣之家为奴，财产并入官；父母、祖孙、兄弟，不限籍之同异，皆流二千里安置。知情故纵、隐藏者，绞；有能告捕者，将犯人财产，全给充赏；知而不首者，杖一百，流三千里。若谋而未行，为首者绞，为从者皆杖一百，流三千里；知而不首者，杖一百，徒三年。若逃避山泽，不服追唤者，以谋叛未行论。其拒敌官兵者，以谋反已行论。”根据明律的规定，谋叛者处以极刑，而反叛朝廷的臣民，虽然没有叛国行为，也比照“谋叛”罪量刑。

造妖书妖言。所谓造妖书妖言，也就是制造或散布对封建政权不满的言论以及异端邪说的行为，即现代所说的以思想言词论罪。《刑律·贼盗》规定：“凡造谶纬、妖书妖言及传用惑众者，皆斩。若私有妖书隐藏不送官者，杖一百，徒三年。”在司法中，厂卫利用这一规定炮制冤案，滥及无辜，其情状令人发指。明朝史学家王世贞记载道：“东厂锦衣卫每捕获妖言，辄蒙重赏。至有预设逻卒于乡村，诱愚民为非，寻以妖言攻之，文致以法。法司知其冤，不敢与辨。”[②]河南刘学孟等几百人就是被厂卫旗校诬为妖言，

① 《唐律疏议·贼盗》。

② 《弇山堂别集》卷97。

捕获者凌迟处死。明世宗时，厂卫缉捕妖言，“或用番役四出，搜愚民诡异之书，或购奸僧潜行，诱愚民弥勒之教，然后从而掩之，无有解脱，谓之‘种妖言’。数十年内，死者填狱，生者冤号”[①]。上述被诬陷为“妖言”的大都是平民百姓。《问刑条例》也对妖书妖言、师巫邪术作了补充的规定：“各处官吏、军民、僧道人等，来京妄称谙晓扶鸾、祷圣、书符咒水，一切左道乱正邪术，扇惑人民，为从者，及称烧炼丹药，出入内外官家，或擅入皇城，夤缘作弊，希求进用，属军卫者，发边卫充军；属有司者，发口外为民。若容留潜住，及荐举引用，邻甲知情不举，并皇城各门守卫官军不行关防搜拿者，各参究治罪。凡左道惑众之人，或烧香集徒，夜聚晓散，为从者，及称为善友，求讨布施至十人以上，并军民人等不问来历窝藏接引，或寺观住持容留披剃冠簪，探听境内事情，及被诱军民舍与应禁钱器等项，事发，属军卫者，俱发边卫充军；属有司者，发口外为民。”[②]

2. 危害皇帝安全的行为

合和御药有误。《礼律·仪制》规定：“诸合和御药误不依本方，及封题错误，医人杖一百；料理拣择不精者，杖六十。若造御膳误犯食禁，厨子杖一百。若饮食之物不洁净者，杖八十；拣择不精者，杖六十；不品尝者，笞五十。监临提调官各减医人、厨子罪二等。”

乘舆服御物不完好。《礼律·仪制》规定：“凡乘舆服御物，收藏修整不如法者，杖六十；进御差失者，笞四十。其车马之属不调习，驾驭之具不坚完者，杖八十。……若御幸舟船误不坚固者，工匠杖一百。若不整顿修饰，及在船篙棹之属缺少者，杖六十，并罪坐所由。”

威胁皇帝安全。这方面的规定集中在《宫卫》目中，有“太庙门擅入”“宫殿门擅入”“向宫殿射箭”“辄出入宫殿门”“冲突仪仗”等罪名。这些犯罪中，有的直接威胁皇帝安全，如“向宫殿射箭”等，有的间接威

① 《明史》卷192。

② 《问刑条例》“禁止师巫邪术”条附例。

胁皇帝安全，如“冲突仪仗”等，有的给威胁皇帝安全提供了可能，如“内府工作人匠替役”等，都要予以严厉处罚。

3. 亵渎皇帝尊严的行为

亵渎皇帝尊严的犯罪即“大不敬”行为，明朝沿用了唐律将“大不敬”列入十恶的规定，但对具体的犯罪行为的处罚，并不都一概处死刑，例如“毁大祀丘坛”条规定：“凡大祀丘坛而毁损者，杖一百，流二千里。”“历代帝王陵寝”条规定：“凡历代帝王陵寝及忠臣烈士、先圣先贤坟墓，不许于上樵采耕种及牧放牛羊畜等，违者，杖八十。”

二、危害人身安全罪

明朝刑法对于侵犯他人生命与身体的行为实行“杀人者死，伤人抵罪”的原则，基本上是“同态复仇”，集中在《大明律 · 刑律 · 人命》中予以规定，具体可以分为杀人罪、伤害罪、诬告罪和其他侵犯人身罪等类别。

1. 杀人罪

明朝杀人罪可以分为谋杀、故杀和过失杀人。

谋杀人是指二人或二人以上事前有所准备，共同预谋杀人的行为。《大明律 · 刑律 · 人命》中规定：“凡谋杀人，造意者斩，从而加功者绞，不加功者杖一百、流三千里，杀讫乃坐，若伤而不死，造意者绞，从而加功者杖一百、流三千里，不加功者杖一百、徒三年。若谋而已行、未曾伤人者，杖一百、徒三年，为从者各杖一百，但同谋者皆坐。其造意者，身虽不行，仍为首论。从者不行，减行者一等。若因而得财者，同强盗不分首从论，皆斩。”明朝律学家解释“谋”杀与“故”杀的区别在于：“凡有仇嫌，设计定谋而杀害之者，俱是（谋）。谋与故字不同。商量谓之谋，有意谓之故。”[①]

谋杀人犯罪中，因被杀者和杀人者身份的不同，而成为法律规定的加

① 《大明律集解附例》卷19《刑律 · 人命》“谋杀人”条纂注。

重或减轻的情节。

关于谋杀罪加重处罚的情节主要有：

谋杀制使及本管长官。《刑律·人命》中本条规定："凡奉制命出使而官吏谋杀，及部民谋杀本属知府、知州、知县，军士谋杀本管指挥、千户、百户，若吏卒谋杀本部五品以上长官，已行者杖一百、流二千里，已伤者绞，已杀者皆斩。"

谋杀祖父母、父母等尊亲属。《刑律·人命》中规定："凡谋杀祖父母、父母，及期亲尊长、外祖父母，夫、夫之祖父母、父母，已行者，皆斩，已杀者，皆凌迟处死。谋杀缌麻以上尊长，已行者杖一百、流二千里，已伤者绞，已杀者皆斩。……若奴婢及雇工人谋杀家长及家长之期亲，外祖父母、若缌麻以上亲者，罪与子孙同。"

关于谋杀罪减轻处罚的情节主要有：

尊长谋杀卑幼。《刑律·人命》中规定："其尊长谋杀卑幼，已行者各依故杀罪减二等，已伤者减一等，已杀者依故杀法。（依故杀法者，谓各依斗殴条内尊长故杀卑幼律论罪。）"

因犯罪者和受害人身份不同而对谋杀罪处以不同的刑罚，是封建刑法公开规定不平等原则的具体表现之一。

明朝刑法中的故杀是指预谋杀人以外的故意杀人行为。《刑律·人命·斗殴及故杀人》中规定："凡斗殴杀人者，不问手足、他物、金刃，并绞。故杀者斩。"为了贯彻因身份等级而不平等的原则，凡是以上犯下的故意杀人，一般都减轻刑罚。例如，"凡祖父母、父母故杀子孙，及家长无罪而杀奴婢者，律各止杖六十、徒一年"[①]。"凡妻妾因殴骂夫之祖父母、父母，而夫擅杀死者，杖一百。"[②]凡是以下犯上的故意杀人，一般都加重刑罚。此外，有些犯罪情节十分恶劣的故意杀人，也要加重刑罚。例如"杀

① 《大明律集解附例》卷19《刑律·人命》"杀子孙及奴婢图赖人"条纂注。

② 《大明律·刑律·人命》。

一家三人”条规定：“凡杀一家非死罪三人，及支解人者，凌迟处死，财产断付死者之家，妻、子流二千里；为从者斩。”[①]“采生拆割人”条规定：“凡采生拆割人者，凌迟处死，财产断付死者之家，妻、子及同居家口，虽不知情，并流二千里安置。为从者斩。”[②]

明朝刑法对于间接故意杀人，区别情节予以处罚。如“戏杀、误杀、过失杀伤人”条规定：“凡因戏而杀伤人及因斗殴而误杀伤旁人者，各以斗杀伤论，其谋杀、故杀人而误杀旁人者，以故杀论。若知津河水深泥泞而诈称平浅，及桥梁渡船朽漏不堪而诈称牢固，诳令人过渡以致陷溺死伤者，亦以斗杀伤论。”[③]“车马杀伤人”条规定：“凡无故于街市镇店驰骤车马，因而伤人者，减凡斗伤一等；致死者，杖一百、流三千里。”[④]

过失杀人在明朝刑法中有较多的规定，原则上都从轻处罚。“戏杀、误杀、过失杀伤人”条规定：“若过失杀伤人者，各准斗杀伤罪，依律收赎，给付其家。”[⑤]“车马杀伤人”条规定：“若因公务急速而驰骤杀伤人者，以过失论。”[⑥]“庸医杀伤人”条规定：“凡庸医为人用药、针刺，误不如本方，因而致死者，责令别医辩验药饵、穴道，如无故害之情者，以过失杀人论，不许行医。”[⑦]

2. 伤害罪

明朝刑法对各种伤害行为区分得极为严格，故意伤害、共同伤害、过失伤害均根据犯罪的性质和情节处刑。

明朝刑法对于故意伤害一般是按照伤害的程度、使用的器具、双方的

① 《大明律·刑律·人命》。
② 《大明律·刑律·人命》。
③ 《大明律·刑律·人命》。
④ 《大明律·刑律·人命》。
⑤ 《大明律·刑律·人命》。
⑥ 《大明律·刑律·人命》。
⑦ 《大明律·刑律·人命》。

身份以及犯罪的情节来确定处罚的。《刑律·斗殴》规定："凡斗殴（相争为斗，相打为殴），以手足殴人不成伤者，笞二十；成伤及以他物殴人不成伤者，笞三十，成伤者笞四十。青赤肿为伤。非手足者，其余皆为他物，即兵不用刃亦是。拔发方寸以上，笞五十。若血从耳目中出及内损吐血者，杖八十。以秽物污人头面者，罪亦如之。折人一齿及手足一指，眇人一目，抉毁人耳鼻，若破伤人骨及用汤火铜铁汁伤人者，杖一百。以秽物灌入人口鼻内者，罪亦如之。折二齿、二指以上及髡发者，杖六十、徒一年。折人肋、眇人两目、堕人胎，及刃伤人者，杖八十、徒二年。堕胎者谓辜内子死及胎九十日之外成形者乃坐。折跌人肢体及瞎人一目者，杖一百、徒三年。瞎人两目、折人两肢、损人二事以上，及因旧患令至笃疾，若断人舌及毁败人阴阳者并杖一百、流三千里。仍将犯人财产一半断付被伤笃疾之人养赡。同谋共殴伤人者，各以下手伤重者为重罪，原谋减一等。若因斗互相殴伤者，各验其伤之轻重定罪。后下手理直者，减二等，至死及殴兄姊伯叔者不减。"

明朝刑法与唐律一样，根据伤害案件双方的身份规定了不同的量刑标准，如殴伤各级官吏，被伤害者的官职品位越高，其处刑就越重。相反，殴伤人者的官职品位越高，其处刑也就越轻。《刑律·斗殴》中的《殴制使及本管长官》条规定："凡奉制命出使而官吏殴之，及部民殴本属知府、知州、知县，军士殴本管官，若吏卒殴本部五品以上长官，杖一百、徒三年。伤者，杖一百、流二千里，折伤者绞。若殴六品以下长官，各减三等。殴佐贰官、首领官，又各递减一等。减罪轻者，加凡斗一等。笃疾者绞，死者斩。若流外官及军民吏卒殴非本管三品以上官者，杖八十、徒二年；伤者，杖一百、徒三年；折伤者，杖一百、流二千里。殴伤五品以上官者，减二等。若减罪轻及殴伤九品以上官者，各加凡斗伤二等。其公使人在外殴打所在有司官者，罪亦如之，从所属上司拘问。"

《大明律》根据伤害案件中双方的尊卑关系而规定了同罪异罚，《刑律·斗殴》中的"良贱相殴"条规定："凡奴婢殴良人者，加凡人一等，至笃疾者绞，死者斩。其良人殴伤他人奴婢者，减凡人一等，若死及故杀者，绞。若奴婢自相殴伤杀者，各依凡斗伤杀法。相侵财物者，不用此律。若殴缌麻、小功亲奴婢，非折伤勿论。至折伤以上，各减杀伤凡人奴婢罪二等，大功减三等，至死者，杖一百、徒三年。故杀者绞，过失杀者各勿论。若殴缌麻小功亲之雇工人，非折伤勿论。至折伤以上，各减凡人罪一等，大功减二等，至死及故杀者并绞，过失杀者各勿论。”“奴婢殴家长”条规定：“凡奴婢殴家长者，皆斩。杀者，皆凌迟处死。过失杀者，绞。伤者，杖一百、流三千里。若殴家长之期亲及外祖父母者，绞。伤者，皆斩。过失杀者，减殴罪二等。伤者又减一等。故杀者，皆凌迟处死。殴家长之缌麻亲，杖六十、徒一年；小功，杖七十、徒一年半；大功，杖八十、徒二年。折伤以上，缌麻，加殴良人罪一等；小功，加二等；大功，加三等，加者加入于死。死者，皆斩。若雇工人殴家长及家长之期亲，若外祖父母者，杖一百、徒三年。伤者，杖一百、流三千里。折伤者绞，死者斩。故杀者，凌迟处死。过失杀伤者，各减本杀伤罪二等。殴家长之缌麻亲，杖八十；小功，杖九十；大功，杖一百。伤重至内损吐血以上，缌麻、小功加凡人罪一等，大功，加二等。死者各斩。若奴婢有罪，其家长及家长之期亲，若外祖母，不告官司而殴杀者，杖一百，无罪而杀者，杖六十、徒一年。当房人口悉放从良。若家长及家长之期亲，若外祖父母，殴雇工人，非折伤勿论。至折伤以上，减凡人罪三等。因而至死者，杖一百、徒三年。故杀者绞。若违犯教令而依法决罚，邂逅致死及过失杀者，各勿论。”“殴祖父母、父母”条规定：“凡子孙殴祖父母、父母，及妻妾殴夫之祖父母、父母者，斩。杀者，皆凌迟处死。过失杀者，杖一百、流三千里。伤者，杖一百、徒三年。其子孙违犯教令而祖父母、父母非理殴杀者，杖一百。故杀者，杖六十、徒一年。嫡、继、慈、养母杀者，各加一等。致令绝嗣者，若非理殴子孙之妇及乞养异姓子孙，致令废疾者，杖八十；笃疾者，加一等，并令归宗，子孙之妇追还嫁妆，仍给养赡银一十两，乞养子孙拨付合得财产养赡。至死者，各杖一百、徒三年。故杀者，各杖一百，流二千里。

妾各减二等。其子孙殴骂祖父母、父母，及妻妾殴骂夫之祖父母、父母而殴杀之，若违犯教令而依法决罚邂逅致死，及过失杀者，各勿论。”至于“殴大功以下尊长”“殴期亲尊长”“妻妾与夫亲属相殴”“妻妾殴故夫父母”等条，全都渗透着维护封建纲常名教，尊卑同罪异罚的精神。

明朝刑法对于共同伤害犯罪规定了区分首从分别治罪。对于过失伤害犯罪，一般情况下可以换用赎刑，但在量刑时仍然根据双方的身份地位而减轻或加重处罚，这是被明朝刑法原则所决定的。

3. 诬告罪

明朝对诬告罪的处罚重于唐宋。唐宋规定诬告反坐，明朝不仅诬告要反坐，还要加等反坐，其条文也比唐宋更加具体而周详。诬告行为是故意捏造事实向官府控告而使被诬陷者承担罪责的犯罪行为，因此《大明律·诉讼》中的“诬告”条规定：“凡诬告人笞罪者，加所诬罪二等。流徒杖罪，加所诬罪三等。各罪止杖一百、流三千里。若所诬徒罪人已役，流罪人已配，虽经改正放回，验日于犯人名下，追征用过路费给还。若曾经典卖田宅者，著落犯人备价取赎。因而致死随行有服亲属一人者，绞。将犯人财产一半，断付被诬之人。（其被诬之人致死亲属一人者，犯人虽处绞，仍令备偿路费，取赎田宅。又将财产一半，断付被诬之人养赡。）至死罪，所诬之人已决者，反坐以死。（其被诬之人，已经处决者，犯人虽坐死罪，亦令备偿路费，取赎田宅，断付财产一半养赡其家。）未决者，杖一百，流三千里，加役三年。其犯人，如果贫乏，无可备偿路费，取赎田宅，亦无财产断付者，止科其罪。其被诬之人，诈冒不实，反诬犯人者，亦抵所诬之罪。犯人止反坐本罪。（谓被诬之人，本不曾致死，亲属诈作致死，或将他人死尸冒作亲属，诬赖犯人者，亦抵绞罪。犯人止反坐诬告本罪，不在加等、备偿路费、取赎田宅、断付财产一半之限。）若告二事以上，重事告实，轻事招虚，及数事罪等，但一事告实者，皆免罪。若告二事以上，轻事告实，重事招虚，或告一事，诬轻为重者，皆反坐所剩。若已论决，全抵剩罪。未论决，笞、杖收赎，徒、流止杖一百。余罪亦听收赎。（谓诬轻为重，至徒、流罪者，每徒一等，折杖二十。若从徒入流者，三流并准徒四年。皆以一年为所剩罪，折杖四十。若从近流入至远流者，每流一等，准徒半年。为所剩罪，亦各折杖二十。收赎者，谓如告一人二事，一事该笞五十是虚，一事该笞三十是实，即于笞五十上准告实笞三十，外该剩下告虚笞二十，赎铜钱一贯二百文。或告一人一事，该杖一百是虚，一事该杖六十是实，即于杖一百上准告实杖六十，外该剩下告虚杖四十，赎铜钱二贯四百文。及告一人一事该杖一百、徒三年是虚，一事该杖八十是实，即于杖一百、徒三年上准告实杖八十，外该剩下告虚杖二十、徒三年之罪。徒五等该折杖一百，通计杖一百二十，反坐原告人，杖一百，余剩杖二十，赎铜钱一贯二百文。又如告一人一事，该杖一百、流三千里，于内问得止招该杖一百,三流并准徒四年，通计折杖二百四十，反坐原告人，杖一百，余剩杖四十，赎铜钱二贯四百文之类。若已论决，并以剩罪全科，不在收赎之限。）至死罪，而所诬之人已决者，反坐以死。未决者，止杖一百、流三千里。若律该罪止者，诬告虽多，不反坐。（谓如告人不枉法赃二百贯，一百二十贯是实，八十贯是虚，依律不枉法赃一百二十贯以上，罪止杖一百、流三千里，即免其罪。）其告二人以上，但有一人不实者，罪虽轻，犹以诬告论。（谓如有人告三人，二人徒罪事实，一人笞罪是虚，仍以一人笞罪上，加二等反坐原告之类。）若各衙门官进呈实封，诬告人，及风宪官挟私弹事有不实者，罪亦如之。若反坐，及加罪轻者，从上书诈不实论。若吏囚已招伏罪，本无冤枉，而囚之亲属妄诉者，减囚罪三等。罪止杖一百。若囚已决配，而自妄诉冤枉，摭拾原问官吏者，加所诬罪三等。罪止杖一百、流三千里。”

4. 其他侵犯人身罪

明朝刑法中侵犯人身安全的犯罪还有强奸、贩卖人口、限制人身自由、骂詈等。

强奸是指使用暴力或暴力威胁而奸污妇女的行为,《大明律·刑律·犯奸》中规定:“强奸者绞，未成者杖一百、流三千里。奸幼女十二岁以下者，虽和，同强奸论。”强奸罪根据被害人的伤害程度和双方的身份地位来确定处罚。良人强奸官私奴婢以及强奸他人部曲妻，比照和奸从轻处罚。“奴及雇工人奸家长妻女者各斩。若奸家长之期亲，若期亲之妻者，绞。妇女，减一等。若奸家长缌麻以上亲之妻者，各杖一百，流三千里；强者斩。妾各减一等；强者，亦斩。”[①]

贩卖人口罪在“略人略卖人”条中予以规定。此类犯罪以卖良人为奴婢和卖子孙亲属两种形式为主，根据情节予以处罚。

限制人身自由的犯罪在明朝被称为“威力制缚人”，即以暴力胁迫而限制他人的人身自由的行为。律文中规定：“若以威力制缚人及于私家拷打监禁者，并杖八十。伤重至内损吐血以上，各加凡斗伤二等。因而致死者，绞。”

骂詈在明律中有八条规定，对于骂人者根据双方的身份确定刑罚。凡是以卑骂尊、以下犯上者均要处罚，直至处以死刑。例如，“凡骂祖父母、父母及妻妾骂夫之祖父母、父母者，并绞”[②]。当然，尊长骂卑幼是无须承担刑事责任的。

三、侵犯财产罪

侵犯财产罪主要有强盗，窃盗，毁坏财物，诈骗财物和侵占财物等类型。

强盗是以暴力威胁抢劫夺得财物的行为，对于强盗行为主要根据所得财物的多少和伤人程度来决定刑罚。《大明律·刑律》中的“强盗”条规定：“凡强盗已行而不得财者，皆杖一百、流三千里。但得财者，不分首从皆斩。若以药迷人图财者，罪同。若窃盗临时有拒捕及杀伤人者皆斩。因盗而奸

① 《大明律·刑律·犯奸》。
② 《大明律·刑律·骂詈》。

者，罪亦如之。”明朝对强盗罪不但处罚严厉，而且注意区分情节的轻重。

窃盗是秘密窃取，一般根据得财多少定罪，但以下几种窃盗行为要加重处罚。监守自盗、盗制书、盗印信、盗内府财物、盗城门钥等，情节严重者可以处死。《大明律 · 刑律》“盗制书”条规定：“凡盗制书及起马御宝圣旨、起船符验者，皆斩。盗各衙门官文书者，皆杖一百，刺字。若有所规避者，从重论。事干军机钱粮者，绞。”“盗印信”条规定：“凡盗各衙门印信及夜巡铜牌者，皆斩。盗关防印记者，皆杖一百，刺字。”“盗内府财物”条规定：“凡盗内府财物者皆斩。”窃盗行为可以减轻的情节是盗亲属财物和本家同居之人的财物。

毁坏财物分为毁坏官府财物和毁坏私人财物两种。毁坏官府财物一般是职务上的犯罪，如管理官马牛不当，以官物借人等。如“养疗瘦病畜产不如法”条规定：“凡养疗瘦病马、牛、驼、骡、驴不如法，笞三十。因而致死者，一头笞四十，每三头加一等，罪止杖一百。羊，减三等。”[①]“私借驿马”条规定：“凡驿官将驿马私自借用或转借与人，及借之者，各杖八十。驿驴，减一等。验日追雇赁钱入官。若计雇赁钱重者，各坐赃论，加二等。”[②]毁坏私人财物的犯罪类别较多，一般根据毁坏程度决定刑罚。

诈骗财物的罪名有“诈欺官私取财”等，其量刑比照窃盗。《大明律 · 贼盗》中“诈欺官私取财”条规定：“凡用计诈欺官私以取财物者，并计赃准窃盗论，免刺。若期亲以下自相诈欺者，亦依亲属相盗律，递减科罪。若监临主守诈取所监守之物者，以监守自盗论；未得者，减二等。若冒认及诓赚局骗拐带人财物者，亦计赃准窃盗论，免刺。”

侵占田产是最常见的侵占行为。占田过限是私人侵占国家的田地，而“盗耕种官民田”则是侵占他人的田地。此类犯罪以所占的田产数量为量刑的依据。侵占财物的行为也根据犯罪客体分为侵占官府财物和私人财物，

① 《大明律 · 厩牧》。

② 《大明律 · 邮驿》。

量刑原则一般是根据所占有财物的多少而确定刑罚。

四、危害公共安全罪

明朝对于危害公共安全罪的行为，在“放火故烧人房屋”“失火”“盗决河防”“失时不修堤防”等条中作了专门规定。“失火”条规定：“凡失火烧自己房屋者，笞四十；延烧官民房屋者，笞五十；因而致伤人命者，杖一百，罪坐失火之人。若延烧宗庙及宫阙者，绞。社，减一等。若于山陵兆域内失火者，杖八十、徒二年；延烧林木者，杖一百、流二千里。若于官府公廨及仓库内失火者，亦杖八十、徒二年。主守之人因而侵欺财物者，计赃以监守自盗论。其在外失火而延烧者，各减三等。若于库藏及仓廒内燃火者，杖八十。其守卫宫殿及仓库若掌囚者，但见火起，皆不得离所守，违者，杖一百。”[①] 对于故意危害公共安全的犯罪，处刑就比较严重。《大明律·杂犯》中“放火故烧人房屋”条规定：“凡放火故烧自己房屋者，杖一百。若延烧官民房屋及积聚之物者，杖一百、徒三年；因而盗取财物者，斩；杀伤人者，依故杀伤论。若放火故烧官民房屋及公廨、仓库系官积聚之物者，斩（须于放火处捕获有显迹证验明白者乃坐）。其故烧人空闲房屋及田场积聚之物者，各减一等。并计所烧之物，减价尽犯人财产折剉赔偿，还官、给主。”“盗决河防”中规定：“凡盗决河防者，杖一百，盗决圩岸陂塘者，杖八十。若毁害人家，及漂失财物、淹没田禾，计物价重者，坐赃论。因而杀伤人者，各减斗杀伤罪一等。”其处罚也是根据犯罪的社会危害性确定的。

危害公共安全的行为还有“侵占街道”“私藏应禁军器”等条目。《大明律·工律·河防》中的“侵占街道”条规定：“凡侵占街巷、道路而起盖房屋，及为园圃者，杖六十，各令复旧。其穿墙而出秽污之物于街巷者，

---

① 《大明律·刑律·杂犯》。

笞四十；出水者，勿论。”“私藏应禁军器”，即私自收藏国家不允许个人收藏的兵器、军火，如果违反这一规定，就要受到严厉制裁：“凡民间私有人马甲、傍牌、火筒、火炮、旗纛、号带之类应禁军器者，一件杖八十，每一件加一等。私造者加私有罪一等，各罪止杖一百、流三千里。非全成者勿论，许令纳官。其弓箭、枪、刀、弩及鱼叉禾叉，不在禁限。”[①] 至于私卖军器，也是违法犯罪行为，《大明律》对此也规定了如何处罚。

五、妨害管理秩序罪

妨害管理秩序罪的种类有政治上的诈骗、伪造及盗用文书印信、犯奸、赌博、走私、私盐、私茶、私度关津等。

“诈伪”门中有十二条罪名：诈为制书、诈传诏旨、对制上书诈不以实、伪造印信历日等、伪造宝钞、私铸铜钱、诈假官、诈称内使等官、近侍诈称私行、诈为瑞应、诈病死伤避事、诈教诱人犯法，包括政治上和经济上的诈骗，但侧重点是妨害管理秩序，而不是反叛或取得财产。其中，“私铸铜钱”也具有破坏经济秩序的性质。

“犯奸”门中对和奸、亲属相奸、良贱相奸、官吏宿娼、居丧及僧道犯奸等罪分别作了规定。总的原则是通奸要治罪，情节恶劣者处以重刑，以维护封建伦理纲常，巩固统治秩序和社会管理秩序。

走私、私盐、私茶、私度关津等破坏经济秩序的行为，处罚非常严厉，情节严重者均处以死刑，并附加经济处罚。

对于赌博的处罚是刑罚与没收赌具、钱物并用。在惩处妨害管理秩序的犯罪中最具特色的是关于拆毁申明亭的规定。该条规定：“凡拆毁申明亭房屋及毁板榜者，杖一百、流三千里。”申明亭是朱元璋设立的宣讲法律、调处民间纠纷的场所，从它所受到刑法的严格保护可以看到明初统治者对

① 《大明律·兵律·军政》。

于维护社会管理秩序是不遗余力的。

六、职务犯罪

明律重典治吏，对于官吏职务上的犯罪规定得十分严密，大致可以分为惩治贪污行为、擅权行为、渎职行为、违反军纪、执法犯法等。

严惩官吏的贪污受贿是明朝刑法的特点。《大明律·刑律》中设立《受赃》一门，计十一条：官吏受财、坐赃致罪、事后受财、有事以财请求、在官求索借贷人财物、家人求索、风宪官吏犯赃、因公擅科敛、私受公侯财物、克留盗赃、官吏听许财物。其周详完备超过历代法典。

对于擅权行为主要在《职制》门中规定了处罚。其中，非法兴造各种工程、非法设置吏员、擅离职役等都沿用了唐宋以来的刑罚制度。明代对职务上的擅权行为处罚最为严厉的当推“大臣专擅选官”“上言大臣德政”“交结近侍官员”等条。朱元璋严禁臣下结党营私，凡是专擅选官、交结近侍、上言大臣德政的官吏，就是“奸党”，一律处死，并且株连全家。

明朝刑法对于官吏渎职行为，在《公式》门、《户役》门、《仓库》门中都有众多的规定，处罚也十分严厉。

《兵律·军政》集中规定了对官吏军事上的犯罪的处罚，计二十条，其中对军官的职责要求明确，对违犯军纪行为的处以重刑。

对司法官员审判上的犯罪集中规定在《捕亡》《断狱》二门中。前者八条，后者二十九条。《大明律·刑律·断狱》中的“故禁故勘平人”条规定：“凡官吏怀挟私仇，故禁平人者，杖八十。因而致死者，绞。提审官及司狱官、典狱卒知而不举首者，与同。罪至死者，减一等。不知者，不坐。若因公事干连平人，在官无招误禁致死者，杖八十，有文案应禁者，勿论。若故勘平人者，杖八十。折伤以上，依凡斗伤论。因而致死者，斩。同僚官及狱卒知情共勘者，与同。罪至死者，减一等。不知情及依法拷讯者，不坐。若因公事干连平人，在官事须鞫问及罪人赃仗证佐明白，不服招承，明立文案，依法拷讯，邂逅致死者，勿论。”“狱囚诬指平人”条也规定了司法官的责任：“若官吏鞫问狱囚，非法拷讯，故行教令诬指平人者，以故入人罪论。若追征钱粮，逼令诬指平人代纳者，计所枉征财物坐赃论。其物给主。”

对于不及时结案和结案后不及时移送执行的司法官员和狱政官吏，《大明律·刑律·断狱》中的“淹禁”条规定：“凡狱囚情犯已完，监察御史、提刑按察司审录无冤，别无追勘事理，应断决者，限三日内断决。应起发者，限一十日内起发。若限外不断决、不起发者，当该官吏，三日，笞二十。每三日，加一等。罪止杖六十。因而淹禁致死者，若囚该死罪，杖六十。流罪，杖八十。徒罪，杖一百。杖罪以下，杖六十，徒一年。”

明朝刑法对官吏犯罪的处罚非常严厉，规定司法官员执法犯法必须承担相应的责任，这是封建刑法中值得借鉴的地方。明朝刑法在追究司法官员违法犯罪的刑事责任方面严于唐宋，因而清代一些司法官员如曾任刑部尚书的薛允升就说明律宽厚不如唐宋，其实这未必不是明律的长处。

第五节　刑法中的刑名

明朝刑法中的刑名亦即刑罚种类，以下逐类论述。

一、法定刑

明朝的法定刑沿用隋唐的五刑，在《大明律》的《名例》中和《大明令》的《刑令》中规定了笞、杖、徒、流、死五种刑罚。

笞刑是用笞杖捶打犯人，是五刑中最轻的一种刑罚，分为五等：自笞一十至笞五十，每一十为一等加减。《大明令》中对笞杖的规格有明确规定，《大明律》的五刑图中亦有规定。

杖刑是用比笞杖稍粗大的常行杖捶击犯人，是稍重于笞刑的一种刑罚，分为五等：自杖六十至杖一百，每一十为一等加减。所用杖的大小规格及捶打犯人的部位都有明文规定。

徒刑是在一定时期内剥夺犯人的自由并强迫犯人从事劳役的刑罚。明代的徒刑仍然分为五等。自徒一年、杖六十到徒三年、杖一百，每杖一十及徒半年为一等加减。凡是判处徒刑者，必须先受杖刑，然后再服徒刑。

流刑是将犯人遣送到指定地区强制劳役而不许擅自迁回原籍的一种刑罚，其刑罚的强度仅次于死刑。明代的流刑分为三等：二千里、二千五百里、三千里，皆杖一百，每五百里为一等加减。流刑中有安置、迁徙口外为民、充军。明初流刑主要是边方屯种，以后名目繁多，从重到轻，分别有极边、烟瘴、边远、边卫、沿海、附近等，还有终身、永远充军。

死刑是剥夺犯罪者生命的刑罚，分为绞、斩二等。绞、斩刑虽然都是死刑，但在司法中二者的差别具有重要的意义。一般真犯死罪判处斩刑者，难有活命的机会，而杂犯死罪判处绞刑者，通常都不处死，而是在朝审、大审等带有缓刑的审判时得以减为流刑。此外，在以赎刑代替死刑时，绞、斩的区别也具有实际意义，二者的赎价是不同的。另外，《大明律》规定“十恶”中的“谋反大逆”等最严重的刑事犯罪者，可以处以凌迟之刑，这也应当视为法定的死刑。

明朝以役代刑制度是具有时朝特点的。其中，充军刑较有特色。明朝沿用唐律五刑和徒流居作制度，但增加充军刑，扩大徒役范围，允许罪犯以力役赎罪抵刑。

充军，就是罚犯人到边远地区从事强迫性的屯种或充实军伍，是轻于死刑重于流刑的一种刑罚，也是拘役制的扩大。发遣罪人以充军，秦汉时就有，明初继续发展主要是出于卫所兵制充实军士的需要，后来成为重刑苦役制度，分极边、烟瘴、边远、边卫、沿海、附近等执行刑罚场地。充军劳役监分布所在，最远四千里，最近一千里，分发地区南北方向有一定限制，如初期官吏军民犯罪听赎的，发凤阳屯种、滁洲种苜蓿；官吏犯枉法赃罪，“俱发北方边卫充军”①。按刑罚所及的对象和刑期，有终身（本人毕生充军）和永远（本人死后由子孙亲属接替）两种，即子孙亲属实际上也都是作为实犯死罪减等的罪犯待遇，几传扩大以后，充军人数成千上万，大有狱满之患。充军对象，先是军官军人犯罪多罚充军，后来扩大到民人“贩卖私盐”，“搅扰商税”，甚至放牧牲畜践踏庄田的，都要处以枷号发落充军；特别是川广、云贵、陕西等少数民族地区，若有汉夷（少数民族）结交、买卖，“教诱为乱”的，则发边卫永远充军。显然，充斥配所劳役监的犯人主要是平民老百姓。《大明律》充军条款三十余条，《问刑条例》不涉及军职的充军款项就多达一百三十三条，还有其他单行诏令的补充，可见，充军重刑在明朝是极为盛行的。其结果必然造成拘役囚犯、劳役监的猛增，赭衣塞道，劳役处所满布南北，从而加重了充军犯人和劳役监管理的复杂性，如各地长途押解的困扰，劳役监淹狱的严重等等。难怪《明史·刑法志》慨叹：“明制充军之律严，犯者亦最苦。亲族有科敛军装之费，里递有长途押解之扰。至所充之卫，卫官必索常例。然利其逃去，可乾没口粮，每私纵之。其后律渐弛，发解者不能十一。其发极边者，长解辄贿兵部，持勘合至卫，虚出收管，而军犯顾在家偃息云。”②

徒、流之刑，既拘之役，古已定制，用铜、钱、钞或物赎刑也是常法。但是，以役代刑，即不限于徒刑犯必拘役，而是实行自杂犯死罪以至笞、杖罪都允许用罚服劳役来赎罪抵刑的原则，按刑期、役限执行。除其犯死罪以外，“遂无不充役之人”③。《明会典》载：“拘役囚人，国初，令罪人得以力役赎罪，死罪拘役终身，徒流照年限，笞杖计月日，满日疏放。或修造、或屯种、或煎盐炒铁，事例不一。”有关的具体规定各朝都颁发了诏令，如洪武八年令：“杂犯死罪者免死，工役终身；徒流照年限工役；官吏受赃

① 《明史·刑法志》。

② 《明史·刑法志》。

③ 《沈寄簃先生遗书》甲编《刑法分考·工役》。

及杂犯罪当罢职役者，发凤阳屯种；民犯流罪者凤阳工役一年，然后屯种。”此后陆续制定了运米、运灰、运炭、运砖、运盐、炒铁、摆站、煎盐、盖房、哨瞭、种树、充膳夫、代农力役等十几种工役法，并且有详密的折罚定额。其中对重罪人犯罚以煎盐的苦役，杂犯死罪者罚役五年，流以下递减年月，都在各盐井上工，“日加煎盐三斤”（正统十三年令）[①]；对重罪人犯罚以炒铁的苦役和发到驿站罚以抬杠等重劳役，都按死罪终身、徒流照年限服役。运灰、砖、炭、石，徒流犯定额都上千、上万斤。为了防止当地人犯勾结，《大明令·刑令》还指定炒铁、煎盐拘役所在地，湖广省属“江北府州县发兴国铁炉拘役，江南府州县发黄梅铁炉拘役”，浙江和江淮所属徒犯拘役的盐场互调。这些罪犯的待遇与监狱囚徒基本一样，杂犯死罪还要扣带锁镣，只是固定劳役、场所各异。盐场、铁冶拘役的囚徒，“应入役而不入役”，要受到刑罚惩治，“过三日笞二十，每三日加一等，罪止杖一百”[②]。徒流犯在役限内逃亡再被捕，“一日笞五十……罪止杖一百，仍发配所”、徒刑囚还要“从新拘役”[③]。

以役代刑制度，扩大了拘役罪犯范围和刑徒的工役种类、劳动场所，是明朝赎刑发达的表现，也形成了明朝刑罚的时代特色。随着社会的发展，统治者看到囚犯从事劳役及其所创造的价值，对于加强专制统治有利无害，因而对以役代刑制颇加重视。这种制度与刑杀囚犯或单纯羁押监禁相比，无疑是一种时代的进步，也适应了封建社会晚期工业手工业和商品经济进一步发展的需要。

明朝律例在五刑之外，又增加了枷号，并逐渐成为常用刑。枷号，也就是枷示，或叫作枷令，即在罪犯颈项套枷，枷上标明犯人姓名、所犯罪状，令其在监外示众、备受羞辱痛苦的刑罚。这种刑罚从北周时开始施用，

---

① 《明会典》。

② 《明律·刑律·断狱》。

③ 《明律·刑律·捕亡》。

明朝发展为常用的重刑。这种刑罚的行刑场所基本在监狱门口或指定的官衙门旁，和在狱内带枷的戒护性质不同。一般采用朝枷夜放、昼施枷夜收监的方式。监外执行的期限有一至三月或半年，甚至永远枷号。枷重的可达一百二十斤，犯人带上示众不几日即死。皇帝和宦官为了滥施淫威，常把枷号作为羞辱大臣的惩罚。至于《大诰》中创设的常枷号令、斩趾枷令、枷项游历等名目更多，不仅罪犯带枷监外行刑，兼受肉刑、羞辱于一身，而且常枷号至死。

二、律外之刑

明朝在律令规定的刑名、刑种之外，还有大量的律外刑名和私刑。

明初，朱元璋以重典惩治地主阶级内部的异己分子和与朝廷争利的不法豪强、贪官污吏，他在《大诰》中承认的律外刑名就有族诛、凌迟、枭令、墨面文身挑筋去指、墨面文身挑筋去膝盖、剁指、断手、刖足、阉割为奴、斩趾枷令、常枷号令、枷项游历、免死发广西、人口迁化外、全家抄没、戴罪还职、戴罪充书吏、戴罪读书、充罪工役及砌城准工等三十余种。

据《大诰》所载，朱元璋施用各种酷刑。例如，金华府县官张惟一“故纵皂隶王讨孙等殴打舍人，事觉，皂隶断手”①。御史王式文等徇情妄出绍兴府余姚县吏叶邑妄告他人之罪，被墨面文身，挑筋去指②。应天府上元、江宁两县民刘二、军丁王九儿等十四名，暗出京师百里地，私立牙行，恃强阻客，被“常枷号令，至死而后已”③。平阳守御千户彭友文、谢成二人“两个月不支与行粮”，饿死军人一百人，朱元璋便命令另外一百军人将其

① 《大诰初编·皂隶殴舍人第十八》。

② 《大诰初编·奸吏建言第三十三》。

③ 《大诰三编·私牙骗民第二十六》。

乱枪杀死[①]。医人王允坚因卖毒药与人犯罪，在枭令前，先命其吞服毒药，待至毒发，“身不自宁，手搔上下，摩腹四顾，眼神张惶”之时，再用“粪清插凉水”之法解毒，使之痛苦数番，方才施刑[②]。所有这些，都是法外滥设之刑。

明朝中后期厂卫参预司法，操纵刑狱。为了镇压异己，扩张皇权，皇帝纵容厂卫律外用刑，厂卫在司法实际中经常滥设刑名，广施私刑。厂卫所用的戒具刑具共有十八套。这些刑具不是一般笞杖杻枷锁镣，如刘瑾所创的枷就重达一百五十斤，罪不分轻重，处以枷项发遣的，带上重枷“不数日辄死”。其中，常用的主要有五种：械、镣、棍、拶、夹棍，或单用，或全刑，非常酷毒。此外刘瑾还创制立枷。立枷，又称站笼，犯人直立木笼内，笼顶即套在犯人颈上的枷板，受刑者往往数日就站死，是一种残酷的刑具。天启时，魏忠贤又设断脊、堕指、刺心等刑，更加剧了诏狱的残酷性，惨状空前。

万历时人沈德符这样描述道：

凡厂卫所廉谋反、弑逆及强盗等重辟，始下锦衣卫镇抚司拷问。寻常止云“打著问”，重者加“好生”二字，其最重大者，则云“好生著实打著问”。必用刑一套，凡为具十八种，无不试之。镇抚司狱，亦不比法司。其室卑入地，其墙厚数仞，即隔壁嗥呼，悄不闻声。每市一物入内，必经数处验查，饮食之属，十不能得一。又不能举火，虽严寒，不过啖冷炙、披冷衲而已。家人辈不但不得随入，亦不许相面，惟拷问之期，得于堂下遥相望见。[③]

---

① 《大诰武臣·千户彭友文等饿死军人第五》。

② 《大诰三编·医人卖毒药第二十二》。

③ 《万历野获编》卷21《镇抚司刑具》。

嘉靖四十五年户部主事海瑞因上书规劝世宗而获罪，户部司务何以尚疏请宽宥海瑞，世宗大怒，命将何以尚下镇抚司狱中“昼夜用刑”。据当时官员介绍说：“此刑以木笼四面攒钉内向，令囚处其中，少一转侧，钉入其肤，囚之膺此刑者，十二时中但危坐如偶人。”①

镇抚司狱是皇帝让锦衣卫执行特别刑事制裁的地狱。嘉靖时许多言官下到诏狱之中，不几日就因刑讯创伤过重而死。如御史浦鋐“系七日而卒”，主事周天佐“不三日即死”②。嘉靖二十五年巡按御史侯度下狱拷问，死于杖下③。可见，厂卫不折不扣地执行着皇帝的意旨，承担法外用刑的特殊使命，从而适应了皇帝实行绝对专制的需要。在专制权力的支配之下，厂卫非法用刑成为合法化的拷囚制度，得以通行无阻。

《诏狱惨言》记述了明熹宗天启五年杨涟、左光斗、魏大中、袁化中、周朝瑞、顾大章“六君子”在诏狱受迫害的情况：

次日之暮，严刑拷问诸君子，虽各辩对甚正，而堂官许显纯袖中已有成案，第据之直具疏以进。是日诸君子各打四十棍，拶、敲一百、夹杠五十……七月初四日比较。六君子从狱中出……一步一忍痛，声甚酸楚，……俱色墨而光秃，用尺帛抹额，裳上脓血如染……十九日比较。杨、左、魏俱用全刑，杨公大号而无回声，左公声呦呦如小儿啼，周、顾各受二十棍，拶、敲五十，袁拶、敲五十……二十四比较。杨、左、魏各受全刑，顾拶、敲五十……吏嗟吁曰：今晚大老爷当有壁挺（方言死也）者，是夜三君子果俱死于锁头叶文仲之手。

厂卫对犯人施以酷刑迫其“屈打成招”，如不招则百般折磨，五毒备

① 《万历野获编》卷21《昼夜用刑》。
② 《明史》卷209《杨爵传》。
③ 《弇山堂别集》卷100。

具，以致血肉溃烂，宛转求死不得；或是长期监禁，一关几十年，聚处在疫疠粪溷之中，奄奄一息；被迫害致死的，不过就是一张苇席裹尸抛出牢门，任虫蛆腐体。

此外，廷杖是皇帝用来惩罚大臣的律外之刑，其具体情形将在第六节中予以叙述。

三、赎刑

明朝广施赎刑。其赎法有二："有律得收赎者，有例得纳赎者。律赎无敢损益，而纳赎之例，则因时权宜，先后互异，其端实开于太祖。"[①] "收赎"与"纳赎"的区别在于收赎是赎余罪，纳赎是赎全罪。收赎适用于天文生、老幼废疾及妇女犯徒、流刑者。纳续范围广泛，包括军民官吏人等。收赎比较稳定，纳赎则经常变化。

明朝赎刑宽宥，赎罪不限身份，赎刑不限等级，赎法不限钱财，具有很大的实际使用价值。

明太祖朱元璋曾经讲：律，凡文武官以公事犯笞罪者，官照等收赎钱，吏每季类决之，各还职役，不附过。杖以上，记所犯罪名，每岁类送吏兵二部，候九年满，考通记所犯次数，黜陟之吏典，亦备铨选降叙。洪武中三次下令，"准赎及杂犯死罪以下"。洪武三十年又命部院议定赎罪事例，"凡内外官吏犯笞杖者，记过；徒流迁徙者，俸赎之"[②]。自此以后，律与例互有同异。朱元璋颁行《大明律》御制序中说，"杂犯死罪、徒、流、迁徙等刑，悉视今定《赎罪条例》科断"，于是例随律并行而用。凡官吏公私杂犯准徒以下，俱听运炭纳米等项赎罪；其军官军人照例免徒流。

赎罪之法，明初尝纳铜，成化间尝纳马，后皆不行，不具载；惟纳钞

① 《明史·刑法志》。

② 《明史·刑法志》。

纳钱纳银尝并行通用，而以纳钞为本。所以，律赎的人叫“收赎律钞”；纳赎的人叫“赎罪例钞”。永乐十一年“令除公罪，依例记录收赎，及死罪情重者，依律处治；其情轻者，轻罪八千贯，绞罪及榜例死罪六千贯，流、徒、杖、笞纳钞有差，无力者发天寿山种树”①。

赎例又分为罚役、纳钞。罚役者大多折工值纳钞，钞法既坏，变为纳银纳米，但运灰、运炭、运石、运砖、运碎砖之名尚存。

由于广施赎刑，“国家得时借其入。以佐缓急。而实边，足储，振荒，宫府颁给诸大费，往往取给于赃赎二者。故赎法比历代特详”②。

第六节　刑法的实施及其特点

一、重惩官吏赃罪

元末的残暴统治导致农民四起反抗，出身贫寒的朱元璋亲身参加了农民大起义，并最终得以登上皇帝的宝座。他对元朝的弊政有切身体会，深知“吏治之弊，莫过于贪墨”，“不禁贪墨，则民无以遂其生”③。他十分痛恨贪官污吏，洪武二年告诫群臣说：“昔在民间时，见州县长吏多不恤民，往往贪财好色，饮酒废事，凡民疾苦，视之漠然，心实怒之。故今严法禁，但遇官吏贪污蠹害民者，罪之不恕。……苟贪贿罹法，犹行荆棘中，寸步不可移，纵得出，体无完肤矣。”④《明史 · 刑法志》说：“太祖开国之初，惩元季贪冒，重绳赃吏”，是有一定道理的。

① 《明史 · 刑法志》。

② 《明史 · 刑法志》。

③ 《明太祖实录》卷 38。

④ 《明太祖实录》卷 38。

明初社会经济凋残，阶级矛盾尖锐，战争动乱之后，人口锐减，田园荒芜。为了避免重蹈元朝统治者的覆辙，巩固封建王朝的统治，朱元璋决意推行“与民休养生息”政策，发展生产，恢复经济，希望地主阶级与朱氏王朝通力合作，把对农民的剥削限制在一定的程度以内。但是，统治阶级内部一些鼠目寸光之辈，在其贪婪的阶级本性驱使下，只顾自己的眼前利益，利用职权，侵吞赋税，隐占田地，受赃枉法，致使朱元璋惊呼：“掌钱谷者盗钱谷，掌刑名者出入刑名。”[①]一时贪污成风，贿赂公行，如户部侍郎郭桓等人，贪污官粮达二千四百万石[②]，兵部侍郎王志受赃二十三万[③]。官吏的经济犯罪直接损害了封建王朝的利益。朱元璋既怕因阶级矛盾激化而被农民起义推翻，也不能容忍地主阶级内部异己力量羽毛日丰威胁皇权。因此，明初特定的政治、经济条件以及朱元璋个人的生活经历决定了他比历史上任何一个帝王更坚决、更严厉地惩治贪官污吏，并把这一刑事政策固定化，在基本法律中予以规定。

明朝重惩官吏赃罪在《大明律》中有充分的反映。洪武元年朱元璋“命儒臣四人，同刑官讲《唐律》，日进二十条”[④]。洪武六年诏刑部尚书刘惟谦详定《大明律》，其“篇目一准于唐”，并且“掇《唐律》以补遗百二十三条”[⑤]。虽然以后多次删改，至洪武三十年始颁示天下，但大体上是在《唐律》的基础上演变而成的。《唐律》是我国封建社会的标准法典，后世帝王制定法律莫不以此为蓝本，《唐律》和《明律》受共同的阶级基础和社会经济形态的制约，相似之处很多。但就处罚官吏赃罪而言，明初法网更比唐朝严密，《明律》远较《唐律》为重。对比一下《唐律》和《明律》有关篇目条文，就可一目了然。

① 《大诰·谕官无作非为第四十三》。

② 《大诰·郭桓造罪第四十九》。

③ 《大诰·谕官无作非为第四十三》。

④ 《明史·刑法志》。

⑤ 《明史·刑法志》。

《唐律》把官吏犯赃罪的处理列在《职制》篇中，未设专篇。《明律》专设《受赃》一篇，计有“官员受财”“坐赃致罪”“事后受财”“官吏听许财物”“有事以财请求”“在京求索借贷人财物”“家人求索”“风宪官吏犯赃”“因公擅科敛”“私受公侯财物”“克留盗赃”等十一条[①]。根据情节轻重，分别作出处罚的规定。《明律》在《户律》中又比《唐律》增加了“多收税粮斛面”“揽纳税粮”“虚出通关朱砂”“附余钱粮私下补数”“挪移出纳”“库秤雇役侵欺”“冒支官粮”等条目。今存洪武三十年《大明律》共四百六十条，比《唐律》少四十条，但处罚官吏犯赃罪的条目却比《唐律》大为增加。法律是统治阶级意志的体现，《明律》较之《唐律》作了重要的改变，增加专条，另立专篇，这充分说明朱元璋政权重视对官吏犯赃罪的惩治。

在以上列举的《明律》《户律》中有关赃罪的科刑是极为严厉的，官吏犯赃均计赃以监守自盗论罪。如《附余钱粮私下补数》条中规定：“凡各衙门及仓库，但有附余钱粮，须要尽实报官，明白正收作数。若监临主守将增出钱粮，私下销补别项事故亏折之数，瞒官作弊者，并计赃以监守自盗论。”[②]《明律》规定监守盗仓库钱粮等物四十两即判处斩罪，无怪乎清代刑部尚书薛允升将上述《唐律》和《明律》的条文对比后，连连直呼《明律》“太严”“过严”。

《明律》还专设了《课程》篇十九条，其中对官吏的贪污、盗窃、受贿罪均从重论处。“盐法”条中就规定，“有司官吏通同脱放（犯私盐）者与犯人同罪，受财者计赃以枉法从重论”，“若知情放纵及容令军兵随同贩卖者与犯人同罪，受财者计赃以枉法从重论”[③]，此亦为《唐律》所无。其余如《明律》“擅造作”条中规定：“凡军民官司，有所营造，应申上而不

① 《唐明律合编》卷 11。
② 《唐明律合编》卷 15 下。
③ 《唐明律合编》卷 15 下。

申上，应待报而不待报。而擅起差人工者，各计所役人雇工钱坐赃论。……若营造计料申请财物及人工多少不实者，笞五十。若已损财物，或已费人工，各并计所损物价及所费雇工钱，重者坐赃论。"《唐律》相应的条文中规定照坐赃减一等，《明律》不减[①]。诸如此类，散见于各篇之中。《明律》把六种贪墨之赃作为次于十恶的重罪，置于律首，从重惩处，较之《唐律》的确是"轻其轻罪，重其重罪"。

如果说《大明律》从头到尾贯穿着朱元璋重绳赃吏的立法指导思想，那么朱元璋亲自制定的《大诰》则无异是以惩治官吏赃罪为主要内容的特别刑事法规。

《大诰》共二百三十六条，其中大部分的条目是惩治官吏贪污、盗窃、受贿等赃罪的，条析如下：郭桓贪污案，九条；官吏贪污税粮，十九条；私役丁夫，八条；私吞商税，二十五条；克扣赈济钱粮，六条；杂犯贪赃受贿，四十四条；粮长结官贪赃，十七条；豪强贿赂官吏为奸，二十二条；合计一百五十条。

《大诰》是朱元璋亲自动笔写成，以法外加刑、从重惩治官吏赃罪为主的案例汇编，既有"俾为官者知所监戒"[②]的警戒作用，又具有判罪科刑标准的法律效力。不但与《大明律》一体并行，而且可以"以《诰》破《律》"，朱元璋还将其附于洪武三十年《大明律》后面，"令天下知所遵守"，犯罪必须以"《律》《诰》该载"[③]论断。在朱元璋实行绝对专制的明初司法实际中，"用刑之际，多出圣衷"[④]。通过颁布《大诰》诸峻令，朱元璋把重绳赃吏政策推向新的高度。

《明律》规定：官吏犯赃，计赃科罪，凡不枉法之赃罪，均不处死刑。

---

① 《唐明律合编》卷16下。
② 《明太祖实录》卷179。
③ 《明史・刑法志》。
④ （明）叶居升：《万言书》，《皇明文衡》卷6。

但《大诰》中所列官吏犯不枉法赃罪的被凌迟、枭首者众多。建昌知县徐颐征收夏税作弊贪赃，金吾后卫知事靳歉私吞军饷，均以凌迟身死。甘泉知县郑礼南欺隐税粮，丹徒县丞李荣中累犯受贿舞弊，均被枭首示众。朱元璋认为“中外贪墨所起，以六曹为罪魁”，因而，“诸司敢不急公而务私者，必穷搜其原而罪之”①。在这种重绳赃吏思想支配下，郑州知州康伯太等十二人私吞赈灾钱粮被处死十一人，工部侍郎韩铎贪污工匠食粮、盗卖柴草木炭也成为刀下之鬼。进士秦升等一百四十一人在昆山等地视察灾情，因接受地方官吏和富豪的贿赂宴请而谎报灾田数字，被处死一百四十人。正如清末律学家沈家本所说：“《大诰》所列诸峻令，族诛、凌迟、枭令，以寻常过犯与叛逆、贼盗同科；刖足、斩趾、去膝、阉割，既用久废之肉刑，而断手、剁指、挑筋，更非古肉刑之所有。又或一身而兼数刑，或一事而株连数百人，皆出于常律之外。”②朱元璋制定《大诰》，使明朝有关官吏赃罪的立法，达到空前严厉的地步。

此外，朱元璋还颁布过以惩治公侯赃罪为主的《铁榜》，其中规定：“凡公侯强占官民山场、湖泊、茶园、芦荡及金银铜锡铁冶者，……三犯准免死一次。”“凡公侯除赐定仪仗户及佃田人户，已有名额报籍在官，敢有私托门下、隐闭差徭者斩。”③对公侯赃罪制定专律，这在历史上是少见的。至于针对某一时期发案率高，还可在法外加重。如有一次朱元璋见贪赃者多，下令“今后犯赃者，不分轻重皆诛之”④。洪武年间又有一定规定：“凡官吏人等犯枉法赃者，不分南北，俱发北方边卫充军。”洪武四年曾敕谕刑部：“官吏受赃者，并罪通贿之人，徙其家于边。著为令。”⑤充军、徙边在《明律》中是仅次于死刑的重罪，不但处罚受赃的官吏，而且追究行贿

① 《明史·刑法志》。

② 《寄簃文存·书〈明大诰〉后》。

③ 转引自（清）沈家本:《律令考》。

④ （明）刘辰:《国初事迹》。

⑤ 《明史·刑法志》。

者的刑事责任，还要全家连坐。朱元璋为了惩治赃吏，确实是费尽了心机。

在朱元璋“若贪官之徒，虽小罪，不赦也”[①]的命令下，重典的实施只会是“有过之而无不及”。明朝重绳赃吏的法律是得到充分执行的。

诚然，封建法律旨在维护地主阶级的利益、巩固封建秩序。但为了确保封建统治阶级的长远利益，法律对于封建社会的赋役、地租及其他封建义务都渐渐地规定出一定的、不许超过的限度，明朝的官吏如果越出规定允许的限度，就要受到从重从严的打击。史籍记载甚详，试撮其要如下：

驸马欧阳纶擅自役使吏民贩运私茶，乘奉使至川、陕之机，私载巴茶越境贸易，案发被朱元璋赐死。按《明律》“私茶”条：“凡犯私茶者，同私盐法论罪。”而“凡犯私盐者，杖一百，徒三年”，将欧阳纶处死，显然是加重科罪。对待皇亲尚且如此，大小官吏就可想而知了。如永嘉侯朱亮祖在广东受贿枉法，就被召回京城，在朝堂上鞭死。

朱元璋规定对官吏犯赃的案件，必须层层追查，顺藤摸瓜。“如六部有犯赃罪，必究赃自何而至。若布政司贿于部，则拘布政司至，问斯赃自何得，必指示府，府亦拘至。”[②]洪武十八年户部侍郎郭桓等人贪污巨额粮食，牵连的六部左右侍郎以下都处死，波及诸省官吏，判罪数万人。

朱元璋并不停留在重绳赃吏本人这一步，而是惩一儆百，他创用了“剥皮实草”之刑。凡是犯赃满六十两以上的官吏，都捉到所在府、州、县、卫衙门左边专设的“皮场庙”剥皮，皮剥下后填上稻草，然后摆在官府公座旁边，使后继官员触目惊心。

为了缓和阶级矛盾，朱元璋还借助民众力量惩治贪官污吏，规定各地民众可以捉拿害民官吏进京，也可以越级诉讼，赴京状奏。他告示天下：“有等贪婪之徒，往往不畏死罪，违旨下乡，动扰于民，今后敢有如

① 《典故纪闻》卷3。

② 《大诰·问赃缘由第二十七》。

此，许民间高年有德耆民率精壮拿赴京来。”[①] 自布政司至于府、州、县官吏，若非朝廷号令，私下巧立名目，害民取财，许境内诸耆宿人等遍处乡村市井，连名赴京状奏，备陈有司不才，明指实迹，以凭议罪，更贤育民。[②] 由于朱元璋采取了一系列的措施重绳赃吏，天下官吏皆重足而立，“居职惴惴，惟恐不能奉法恤民”。

明朝重惩官吏赃罪收到了积极的效果。

首先是吏治得到整饬，从而为明朝前期的繁荣铺平了道路。明初的吏治，经过朱元璋的大力整顿，贪污腐败之风得到一次比较集中的扫荡。明史所记载的守法循吏共一百二十多人。洪武到宣德朝六十多年便有一百多人。而以后十余朝二百多年却不足二十人。史称洪武年间，“一时守令畏法，洁己爱民，以当上指，吏治涣然丕变矣。下逮仁、宣，抚循休息，民人安乐，吏治澄清者百余年”[③]。这基本上是可信的。朱元璋以严刑峻法打击不法官吏，强化了中央集权，使国家机器在一定程度上能够缓和冲突，把冲突保持在“秩序”的范围以内，既有利于形成比较稳定的封建统治秩序，也便于调动农民的生产积极性，为历史上所谓“仁、宣之治”的繁荣富庶创造了条件。

其次，增加了国家的实力，有利于社会经济的发展。明初严禁官吏横征暴敛，重惩贪官污吏，把他们隐瞒的土地、户口清理出来，把他们搜刮的钱财收归国库，保证了国家的财政收入，也在一定程度上限制了贪官污吏对农民、手工业者、商人的强取豪夺，使劳动者能够有从事生产的起码条件。明初地方官吏不敢肆无忌惮地隐匿土地、户口，朝廷能够比较平均地摊派赋役，多少减轻了一些农民的负担，有利于人口的增长。洪武一朝的户平均数达到一千零六十六万九千多户，为明朝之冠；洪武十四年的

① 《大诰续编 · 民拿下乡官吏第十八》。

② 《大诰 · 民陈有司贤否第三十六》。

③ 《明史 · 循吏传序》。

人口数达到五千九百八十七万三千三百多人，超过元朝最高的世祖至元二十八年人口数①，这在明朝也是相当高的。《明史·食货志》说当时“百姓充实，府藏衍溢”，虽然造成以上结果的因素还包括朱元璋抑制豪强地主等政策，但也说明由于重惩官吏赃罪，在很大程度上限制了地主阶级过度的土地兼并，这对于保证“与民休养生息”政策的实施是必不可少的，对于社会经济的恢复、发展起了促进作用。

当然，朱元璋作为代表地主阶级的最高统治者，从维护封建王朝的长远利益出发重惩官吏赃罪，有其不可避免的阶级局限性。他不可能去触动产生贪官污吏的土壤——封建剥削制度，而是凭借专制君主的权力，利用地主阶级的国家机器镇压地主阶级中一部分饕餮之徒，这只能收效于一时，不可能根治封建社会肌体上官吏贪赃枉法的痼疾。他大搞法外用刑，任情生杀，扩大打击面，制造了许多冤案，对此必须予以充分的揭露。至于朱元璋为了强化君主专制而滥杀功臣宿将，株连无辜，给社会经济的发展带来消极作用，那是封建君主专制固有的罪恶，并不是打击贪官污吏的必然结果。我们不能因此而否定明代重惩官吏赃罪的历史进步作用。

由于朱元璋制定的《大明律》在明朝一字未改，作为国家的基本法典贯彻始终，因此尽管明朝刑法的实施在不同历史阶段有些差异，情况不尽相同，但在总体上是表现出重惩官吏赃罪的特点的。

二、厂卫操纵刑狱

明朝刑法最显著的特色是厂卫操纵刑狱，在此基础上形成了廷杖和镇抚司私刑等刑罚，以及适用刑法标准的混乱。正如《明史·刑法志》所说：“刑法有创之自明，不衷古制者，廷杖、东西厂、锦衣卫、镇抚司狱是已。是数者，杀人至惨，而不丽于法。踵而行之，至末造而极。举朝野命，一

① 梁仲方：《中国历代户口、田地、田赋统计》，上海人民出版社1980年版。

听武夫、宦竖之手，良可叹也。”

明朝厂卫操纵刑狱，广泛使用私刑，是从明成祖统治时期开始的。明成祖以藩王起兵夺取帝位，他所代表的新官僚集团与建文帝手下的旧官僚集团有着尖锐的矛盾，持有封建正统观念的人也对他采取保留态度。对此，成祖采用高压政策，大肆屠杀建文集团。但是，高压屠杀政策可以奏效于一时，却不能长期施行，反对派并没有被斩尽杀绝，旧官僚势力还在暗中煽动不满，设法抵抗；民间又盛传建文帝尚存人世。当时，成祖急需巩固统治地位，但他的兵力只能控制北平到南京一条交通线。因此他要借助厂卫来维护新政权。

起用宦官，开设东厂也是朱元璋罢相的后果。朱元璋唯恐皇权旁落，除诛杀功臣宿将之外，又在洪武十三年借胡惟庸谋反事乘机废中书省、罢丞相，并于二十八年下令：“以后嗣君并不许立丞相，臣下敢有奏请设立者，文武群臣即时劾奏，处以重刑。”① 朱元璋是颇具韬略的开国皇帝，他有大批官僚亲信的支持，罢相以后仍能维持局面，而明成祖的情况则大不一样。他面临建文集团残余势力的反对，不但没有大批官僚亲信的支持，而且控制局势的手段也远不如朱元璋，因而需要寻找支持。此外，由于大权不能无所寄托，客观上也给宦官干政提供了机会：“彼宫奴者，见宰相之政事坠地不收，从而设为科条，增其职掌；生杀予夺出自宰相者，次第而尽归焉。”② 在司法镇压方面，成祖“防微杜渐无所不用其极，初令锦衣卫官暗行缉访谋逆、妖言、大奸大恶等事，犹恐外官徇情，随设东厂，令内臣提督之，彼此并行，内外相制”③。从此，明朝宦官凭借东厂有组织地参预司法。可见，宦官参预司法是明朝统治阶级内部斗争的产物。

宦官干政是专制政体的派生物，是皇权膨胀的结果。皇帝要不断巩固

① 《明太祖实录》卷239。
② 《明夷待访录·置相》。
③ 《明宪宗实录》卷225。

并扩大皇权，实行绝对专制，不仅对臣僚深怀疑惧，而且与他们常有摩擦。明朝的绝对君主专制已发展到对传统的官僚制度不信赖的地步，皇帝集立法、司法、行政、财政、军事各种权力于一身，个人无法运用所有的权力，但又不愿意分权于臣僚，于是托权于具有很大依附性的宦官。宦官出身卑微，又是“刑余之人”，可以任意操纵，调遣方便，这样就在皇帝周围形成一个代替皇帝掌握权力的宦官集团，而宦官又需要借助锦衣卫来完成其控制刑名政事的使命，因而宦官与锦衣卫成为皇帝厉行独裁的二大支柱。明朝皇权的极度膨胀已到了这一地步：皇帝不能单纯依靠官僚掌管的三法司维护绝对专制，而要用厂卫参预司法来限制、侵夺三法司的权力，以确保皇权的至高无上地位。由于国家正式司法机关不能完全按照皇帝的意志调节社会矛盾，更不能很好地保证皇帝实行独裁，在社会危机深重、阶级斗争和统治阶级内部斗争十分激烈的形势下，厂卫就成了皇帝驾驭官僚的得心应手的工具。皇帝要以厂卫作爪牙来剪除异己，厂卫操纵刑狱就这样适应皇权膨胀的需要而产生，并且愈演愈烈。

明朝厂卫操纵刑狱的主体是宦官和锦衣卫。厂卫是既有各自的独立性，又互相渗透的二套组织系统。

明朝宦官内部可分为上、中、下三个层次。上层宦官即太监、少监、监丞之类各衙门的官员。中层宦官是担任宦官各衙门中的典簿、长随、奉御、当差、听事等职务的人员。下层宦官是从事厮役的乌木牌、手巾、小火者、阍者之类人员。通常人们以太监统称宦官，其实参预政事和司法的主要是上层宦官。

明朝宦官参预司法，主要凭借其特别司法组织东厂、西厂、内行厂等。其中，东厂是常设机构，兼有审判、复核、监察诸方面的司法职能。关于东厂设立的时间，兼考《宪宗实录》《国榷》《明会要》等书，应为永乐十八年十二月始立于东安门北。东厂内有大厅、公堂、祠堂及专门囚禁重犯的监狱，祠堂内供奉历来掌管东厂的太监的职名牌位。

明朝宦官的组织极为庞大，有十二监、四司、八局，总称二十四衙门，而司礼监居于首位。它有掌印太监一员，秉笔太监数名，其中有一名掌“钦差总督东厂官校办事太监”关防，称为提督太监，位居其他秉笔太监之上，是皇帝的心腹。提督太监下设掌刑千户、理刑百户，辖有掌班、领班、司房四十多人，为内勤；外勤有役长一百多人，率领十二班番役计一千多人，均从锦衣卫中挑选。

东厂自设立起，终明之世没有停止过活动。西厂与内行厂先后与东厂并行数年，是临时设立的机构。

宦官参预司法离不开锦衣卫，受东厂控制的锦衣卫可说是东厂的扩大和延伸。

锦衣卫是明朝另一个由皇帝直接掌握的兼有司法职能的组织，其前身是拱卫司，隶属都督府。洪武十五年四月改为锦衣卫，设有都指挥使一人，正三品；同知二人，从三品；佥事二人，四品；镇抚二人，五品；千户十四人，五品。卫下辖南北镇抚司，共掌侍卫、缉捕、刑狱之事。此外，南司兼理本卫刑名等事，北司专理诏狱。宪宗成化十四年给北司颁发印信，规定镇抚所理诏狱必须直接向皇帝报告，卫使不得干预，从而使北司成为特别刑事法庭。镇抚与太监相类似的是，品位不高，容易控制，但执掌司法，权力很大，这正是皇帝让厂卫参预司法的深意。锦衣卫和东、西厂合称厂卫，同是明代皇帝实行绝对专制的支柱。

厂卫在组织上互相渗透。锦衣卫的人员虽非宦官，但其高级人员多半是宦官私人，高级职位几乎为宦官弟侄所世袭。东厂的问刑官员由锦衣卫官员担任，《明史·刑法志》说：“东厂之属无专官，掌刑千户一，理刑百户一，亦谓之贴刑，皆卫官。”东厂的低级番役则从锦衣卫中精心挑选，其“最轻黠猾巧者乃拨充之”。如刘瑾就曾经“选委乖觉官校一百余员名，……不时差出天下司府州县，访察官民贤否过失”[1]。锦衣卫仗宦官之势，宦官借锦衣卫之力，他们往往同时活动，共同拱卫皇权，共同执行皇帝的命令。

---

① （清）毛奇龄:《后鉴录》。

如缉访京城内外奸宄，“其东厂内臣奉敕缉访，别领官校，俱本卫差拨”[①]。廷杖时，东厂太监负责监杖，锦衣卫行刑。东厂主办的案犯，一般都下诏狱掠治、囚禁。“厂卫未有不相结者。狱情轻重，厂能得于内，而外庭有扞格者，卫则东西两司房访缉之，北司拷问之，锻炼周纳，始送法司。即东厂所获，亦必移镇抚再鞫，而后刑部得拟其罪。”[②]

东厂设立之初，权力就在锦衣卫之上。厂有侦伺卫的权利，卫却不能侦伺厂事，一般情况下由司礼太监统一指挥厂、卫。总的来说，厂权重于卫权。因为宦官是内臣，而锦衣卫是外廷机构，皇帝最信任宦官。明代王世贞在《锦衣志》中说：“其钩察出人帷薄间，锦衣二千户理其牍，而中贵人得持牍径至上御所，稍稍出卫上矣。”从熹宗时的情况也可以看出中叶的大概：天启四年，刘侨掌镇抚司，治汪文言狱，因违背了魏忠贤的指令而得罪，魏忠贤以许显纯代替刘侨。每次谳鞫，魏忠贤必派人坐在许显纯后面“听记”，其人偶然不到，许显纯即袖手不敢问。[③]通常，锦衣卫都听命于东、西厂。如成化时西厂太监汪直屡令锦衣百户韦瑛拘捕官员下西厂狱。而违背太监的命令，轻则撤换，重则治罪。如正德时锦衣卫指挥牟斌不听刘瑾摆布，优待下狱谏臣，庇护弹劾刘瑾的言官，刘瑾矫诏廷杖牟斌垂死，谪戍边。可以说，宦官是时主之虎狼，而锦衣卫是宦官之爪牙。原因就在于宦官是皇帝的家奴，皇帝赋予东厂高于法司及锦衣卫的司法权。

东厂逮捕的重犯，一般关押在厂内监狱，轻犯及干连者关押在厂外的代用监狱里。锦衣卫北镇抚司管理的诏狱，也大都是关押重犯的。被羁押的犯人往往不待司法判决即被杀戮。如英宗时太监王振将御史刘球逮来关在诏狱里，令其党羽锦衣卫指挥马顺以计杀之。一夕五更，马顺带一个校尉推开狱门，入内用力割断刘球颈项，肢解后用蒲包裹了埋在锦衣卫后面

---

① 《明会典》卷228《锦衣卫》。

② 《明史》卷95《刑法志》。

③ 《明史·宦官传》。

的空地里。因此，当时犯人均以下刑部狱为幸事，可见厂卫狱中之黑暗和残酷，以及私刑之泛滥。

明朝重案的审判权由皇帝严格控制，地方官只能管辖徒刑以下案件，流刑以上重案由刑部审判，大理寺复核，都察院监督。三法司定案后仍要送皇帝批准，尤其是死刑均须复奏，所以重大案件的最终裁决权属于皇帝。但皇帝不可能承当最高法官的实际事务，因而又往往由太监代行最终裁决权。太监主要是通过“批红”和“矫诏”来操纵刑狱的。

明朝自朱元璋废中书省和罢相以后，逐渐形成了内阁制度。各部重大事宜须经由内阁预拟批答进呈，叫作票拟。然后再由皇帝用朱笔批红。但中叶以后太监权重，往往代替皇帝批红，六部事宜皆得决定，“内阁之票拟，不得不决于内监之批红，而相权转归之寺人”①。太监成了“真宰相”。刑部所奏重案的最终裁决权自然被太监掌握了。“凡每日奏文书，自御亲笔批数本外，皆秉笔内官遵照阁中票拟字样，用朱笔批行。”② 符合太监主意的，就批“如拟”“照阁票”等字样，否则太监往往任意驳回内阁的票拟。武宗时，内阁大学士刘健为票拟事上书说：“昨司礼监递出户部、兵部、吏部、都察院各一本，传示圣意，令臣等拟断，臣等据理论事，皆不可行，逐一从公拟票上请，又蒙发下，不从臣所议。”③ 内阁的票拟必须经过批红才能生效，而大学士的票拟往往被“一一省览窜定，有不留数字者”④。正德十六年，内阁大学士杨廷和上《请正大狱疏》指出：案件由法司议上，再命会官详审，大臣票拟进呈，俱被批红予以否决，而以宦官的裁决为定夺。太监批红一出，即代表皇帝的旨意，具有最高的法律效力，所以，关于司法审判的批红实质上就是最终裁决。许多案件裁决于宦官代拟的批红。“六

---

① 《明史·职官志》。

② 《明通鉴》卷 19。

③ 《明经世文编》卷 53。

④ 《国榷》卷 64。

科不得抄行，诸司无从补本”，三法司的裁决几乎成了虚应故事。正德年间，宦官批红如同家常便饭，武宗甚至敕谕内阁：“每日司礼监发下在京在外各衙门题奏本，俱要一一用心看详，拟旨封进，奏请施行。……听司礼监一面奏请定夺，一面发各衙门依拟议处，毋致延滞误事。”[①] 刘瑾掌司礼监时，奏章先具红揭投刘瑾，号红本，然后上通政司，号白本。因其权重，时人称为“刘皇帝”。内阁首辅李东阳在刘瑾被捕后揭露说：“凡调旨撰敕，或被驳再三，或径自改窜，或持回私室，假手他人，或递出誊黄，逼令落稿，真假混淆，无从别白。”[②] 内阁软弱到何种地步，于此可见一斑。明朝行政干预司法，内阁统管三法司，但宦官权在内阁之上，通过批红掌握了最终裁决权。

矫诏即假传圣旨。史籍所载太监矫诏，比比皆是，正德元年，工部尚书杨守随就劾奏刘瑾“亲幸揽权，强行暴虐，诈传诏旨，放逐大臣，刑诛台谏，邀阻实封，簧惑圣明”[③]。刘瑾用事五年之中，矫诏处罚官员达 53 人之多。

明朝皇帝借事立威以扩大皇权，经常在朝廷上对大臣施杖刑，称为“廷杖”。有明一代廷杖始终通行未废，是专门惩办触犯皇权的官员的特殊刑种，由太监指挥用刑，即监杖。明朝的廷杖始于朱元璋，但中叶以后的皇帝威望不可与朱元璋相比，恣意妄行的欲望却有过之而无不及，因而滥施廷杖更甚，太监也往往挟私施杖，致使许多律不当死的大臣当场被击毙。如正德十四年，因谏武宗南巡，廷杖大臣一百四十六人，打死十五人。嘉靖三年因争大礼，一次杖大臣一百三十四人，杖死十七人。明朝中叶的太监控制了生杀大权，通过监杖可以决定被杖官员的死活，万历时刑部员外郎艾穆记叙亲身被杖的情形说：

① 《弇山堂别集》卷 93。

② 《明史》卷 181。

③ 《国榷》卷 64。

司礼大珰数十辈捧驾帖来。首喝曰：带上犯人来。每一喝则千百人大喊以应，声震甸服，初喝跪下，宣驾帖杖吾二人，着实打八十棍。五棍一换，总之八十棍换十六人。喝着实打，喝阁上棍，次第凡四十六声，皆大喊应如首喝时。……杖毕喝踩下去。校尉四人以布袱曳之而行。①

太监监杖时并且掌握用刑的轻重，廷杖时，“司礼监、锦衣卫使分坐左右，列校行杖之轻重，非独察二人之言语、辨其颜色也，黠者每视其足，足如箕张，则囚可生，靴尖一敛，则囚无生理矣”②。

廷杖原非死罪，但被杖者往往毙命。成化之前廷杖不去衣，正德以后刘瑾用事始去衣，以后便常有杖死的情况发生，明律中并无廷杖的规定，然而明朝的皇帝正是通过法外用刑来严厉镇压统治阶级内部的离心倾向，维持绝对专制。太监基本上只是执行皇帝的意旨，他们的权势随着皇权而消长，个别权势异常的太监凭借皇权钤束群臣，他们所掌握的那部分权力，只不过是皇权的转移罢了。

厂卫操纵刑狱的深度与广度是空前的。首先是变乱成法，任情生杀，致使刑狱更加冤滥。这从正德时太监刘瑾在五年期间的主要司法活动中即可窥见一斑。

明律以六部分类，律外辅之以例。律例并行，都具有法律效力，而例比律更灵活、更具体，在司法实际中常常以例代律。刘瑾变乱成法范围很广，数量很多，“廷臣奏瑾所变法：吏部二十四事，户部三十余事，兵部十八事，工部十三事”③，甚至废前朝法典。而变乱成法的重要方式就是另行新例。正德四年四月，“刘瑾矫诏以弘治中纂修大明会典坏祖宗旧制，

① （明）艾穆：《熙亭先生文集》卷4。

② （清）查嗣瑮：《查浦辑闻》。

③ 《明史 · 宦官传》。

杂以新例，悉毁之”[①]，并将自己所创之法经皇帝批准刊行。王世贞考定：正德五年，兵部给事中屈铨奏请正德元年刘瑾所立见行事例，以六部为序，编集成书，颁布中外。得旨：朝廷因事制法，见行条例，内外官民多有不遵者，其议拟刊行，永为遵守。以后虽因刘瑾谋反而未及刊行，但所行新例已遗患无穷。

清代查继佐在《罪惟录》中考核：刘瑾“更改先朝制令，悉事苛刻，动以微文中诸大臣，各边都御史以下，逮系无虚日，稍不如意辄荷校百五十斤门示”（按：荷校即枷号）。法律规定“死罪应枷”，但死罪枷重只有三十五斤，徒、流枷重二十斤，杖罪枷重十五斤[②]。枷原是一种戒具，并非刑种。《明律·断狱》篇的《条例》规定：“凡枷号人犯，除例有正条及催征税粮，用小枷枷号，朝枷夜放外，敢有将罪轻人犯用大枷枷号伤人者，奏请降级调用；因而致死者，问发为民。”但厂卫公然违背法律，滥用重枷，却不受任何惩罚。英宗时王振用枷有重至一百斤的，而刘瑾所用大枷重至一百五十斤，并作为常刑，且被枷号的官员多属罚不当罪者。

《明律·断狱》中还规定：“凡官司决人不如法者，笞四十；因而致死者，杖一百。”可是，刘瑾法外用刑，“非罪滥及良善，三、四年来，枷号死者何止数千人”[③]，却从来没有挨过一板子。刘瑾死后，其“用枷法”沿用至万历年间，又有所发展。沈德符在《万历野获编》中记道：“近来厂卫多用重枷，以施御囚，其头号者至重三百斤，为期至二月，已百无一全。而最毒则为立枷，荷此者不旬日必绝。大抵皆因罪轻情重，设为此法以毙之。或得罪禁廷，万无可活之理，凡枷未满期而死，守者掊土掩之，俟期满以请，始奏闻以理。若值炎夏，则所存仅空骸耳。故谈者谓酷于大辟云。”

法律还规定，内外问刑衙门，用惨刻刑具拷讯人致死者，“文官发原

① 《明史纪事本末》卷43。

② 《实政录》。

③ 《明武宗实录》卷66。

籍为民，武官革职，随舍余食粮差操；若致死三命以上者，文官发附近，武官发边卫，各充军”[①]。然而，刘瑾法外用刑常使受刑者致死，却从未受到任何处罚。

此外，刘瑾任意扩大株连范围，“凡瑾所逮捕，一家犯，邻里皆坐，或瞰河居者，以河外居民坐之。屡起大狱，冤号遍道路”[②]。我们从刘瑾在司法活动中的恣肆妄为可以窥见明朝法制所受到的严重破坏。

三、宽纵最高特权阶层的犯罪

明朝皇帝最大的政治需要是扩张皇权、巩固绝对君主专制。为此，皇帝赋予皇室成员和紧紧依附于皇权的宦官特殊的法律地位，对他们的犯罪实行宽纵的刑事政策和刑罚方式，从而形成了明代刑法实施上的又一特点。

1. 宦官的犯罪与处罚

明朝宦官的犯罪与处罚往往不受成文法规定的限制。皇帝在政治上需要借助宦官来实行绝对专制、压抑官僚势力，一般说来，只要是维护并扩张皇权，宦官的某些活动即使越过法律所允许的界限，皇帝也可以因事立法，通过颁发诏旨或敕谕给宦官的活动披上合法的外衣。但是，皇帝虽然有最高的立法、司法权，但不能不受到统治阶级内部各种势力的牵制，明太祖亲定的法律对后代皇帝有很大的拘束力，因此，此类犯罪，虽然在大多数情况下得以幸免，但在一定的条件下也要受到法律的追究。但是，皇帝对于必须法办的宦官的量刑，原则上是尽可能曲法从轻。不仅比普通平民和官吏的同类犯罪处罚为轻，而且比前朝宦官的同类犯罪处罚也要轻得多。

宦官犯罪由司礼监督辖，但司礼监审讯之后必须请示皇帝，由皇帝决定如何处理，因此司礼监只有部分管辖权，最终裁决权属于皇帝。而且，

① 《明会典》卷171。
② 《明史·宦官传》。

绝大多数情况下必须经过皇帝裁决的程序才能够发落。有时甚至不经司礼监审讯，世宗就直接处理。如嘉靖元年二月，巡按陕西御史许翔凤劾奏镇守甘肃太监王欣、赵林、陶俊、申永、孔学克扣官军月粮草束，世宗下旨：赵林充军，陶俊、孔学俱降为长随，申永革任回京，王欣令刑部追赃银五千两[①]。类似这样的情况在明朝绝非偶然现象。由于宦官企图颠覆皇权等政治上的犯罪极少发生，大多数是盗窃国库、受赃索贿等经济上的犯罪，以及倚仗权势为非作歹、虐待民众、致死人命等刑事犯罪，上述犯罪由于没有直接危害皇帝的个人利益，皇帝权衡宦官对皇权的维系作用大于危害作用，因此一般都不按照法律规定的刑罚量刑，而对他们从轻处罚。

以嘉靖五年几件案件为例。南京广西道御史仲选劾奏南京守备太监卜春贪暴不法事，世宗下旨“特宥之”。潼关守备太监黄玉“勒取军民财产以万计，拷掠人致死者众。各该抚按参奏，委官勘实”。奉世宗诏旨：令南京新房闲住。“甲字库内臣赵纲需索解户，致死无辜，俱会勘明白，依律议拟，竟从宥免，南京科道官交章请正其罪，俱不听。”[②]如此严重的犯罪，结果或是解除罪犯的职务，还让其养尊处优，不劳而获；或是予以宥免，不了了之。

宦官犯罪的处罚方式在法律上未作规定，由皇帝根据历朝形成的惯例和该犯的具体案情，确定采用何种方式。宦官的处罚有其独特的体系，基本可以分为行政处分和刑罚二大类。

从明朝宦官犯罪之后所受到的具体处罚来看，宦官犯罪大多数给予行政处分。一般情况下依其轻重序列有平调、降调、革职在私宅闲住或发往南京新房闲住、贬为小火者、往南京孝陵或凤阳祖陵司香、充当孝陵净军、发往南京孝陵卫种菜、发南海子常川打更。中、上层宦官首先以其官职充当刑罚，革职闲住的太监仍享受六品官的待遇，情节严重的合并处分，既

① 《弇山堂别集》卷97。
② 《弇山堂别集》卷100。

革职又服劳役；下层宦官则因无官可以当罪，只有承受司香、种菜、打更等卑微的劳役。但这种劳役毕竟还是宦官的专门职事，不是普通人所能从事的。无论如何，比起普通人犯罪所受的刑罚要轻得多。

被皇帝认为是性质恶劣、情节严重的犯罪而又受到刑罚的，在宦官犯罪中只占很小的比例。明朝宦官的刑罚有体刑、赎刑，籍没财产和死刑。

体刑常见的是“夹四夹、拶四拶、杖一百”，据沈德符说，这实际上是皇帝“示意杀之”，受这种刑的人“十无一存”[①]。

赎刑在明朝宦官受处罚时用得最滥，宦官犯了死罪，常常科以“罚金贷死”的赎刑。宦官赎刑与普通赎刑不同之处在于，普通赎刑根据不同的刑种确定赎金，从允许收赎的死刑到笞刑，只要交纳一定的罚金即可充当刑罚，但真犯死罪不能赎，杂犯死罪有一部分不能赎，流刑和徒刑也有限制收赎的规定。而宦官赎刑则专用于死罪，并且一般情况下都可以交纳一定的罚金代替死刑[②]。

籍没财产入官，往往用于经济上犯罪的上层太监，嘉靖三十六年司礼监太监李彬侵盗营造工料和内府钱粮数十万，就被籍没财产[③]。

宦官犯罪被处死刑而且予以执行的情况在明朝比较少见，但也还是有的。嘉靖三十六年锦衣卫都督陆炳劾奏太监李彬、杜泰、李庚、王恺侵盗公物和大逆不道等罪，四人皆被处以死刑。

显然，除了极少数例外的情况之外，宦官犯罪的处罚方式比法律规定的刑种要轻，同时又因无明文规定而带有很大的不确定性，这是在皇帝对宦官犯罪实行轻刑的指导思想下的自然结果。

明朝宦官依附于皇权，在犯罪之后得以规避法律，既破坏了封建法制的稳定和统一性，也引起了统治阶级内部的矛盾，加剧了阶级矛盾。正如

① （明）沈德符:《万历野获编补遗》卷 1《内臣罪谴》。
② 《明史》卷 94《刑法志》二，卷 95《刑法志》三。
③ 《弇山堂别集》卷 100。

嘉靖年间历任的都御史和刑部尚书的颜颐寿所说："（宦官）所犯过恶，法曹按验不为不明，言官参劾不为不切，若意中其奸置之不问，是黩货杀人者得以苟容，国法不彰，民心自解，殆非守成致治之良图也。"①

2. 宗藩的犯罪与处罚

明朝的皇室成员统称宗藩，是一个在政治上、经济上举足轻重的特权阶层。宗藩在明初执掌重兵，分封各地。宣德以后，宗藩渐失兵权，但待遇十分优厚。除了法定的正常俸禄之外，宗藩还可以因婚礼、丧事、营造宫室等缘由向朝廷请求额外给赐。随着宗藩人口以几何级数繁衍，他们的经济需求使政府不堪负担。嘉靖后期，宗藩已经是"二百年来宗支繁衍，郡王二百四十余位，将军、中尉一万二千余位，郡、县主、君一万六千六百余位，岁支禄米八百六十余万石"②。世宗不得不在嘉靖四十四年命大学士李春芳等拟定了《宗藩要例》，由皇帝颁布实行。《宗藩要例》共六十七条，主要内容是减少大宗的禄米，限制受禄宗藩的人数，以及申明宗藩禁令。宗藩从明初的政治问题转为明朝中叶的经济问题。宗藩犯罪也日益增多，成为影响很大的社会问题。宗藩内部的两极分化相当明显，亲王、郡王等大宗禄赐较丰，又有足够的庄田，养尊处优，饱食终日，无所事事。他们凭借藩王的特权，纵然触犯刑律也常常逍遥法外，即使宣布有罪也往往从宽处理，因而视法律为儿戏，出现了许多严重的刑事犯罪。如嘉靖四十三年伊王朱典楧越制建造宫殿、强夺良家子女，科道官相继弹劾其罪状。"上初犹曲宥之，革其禄米三之二"。由于皇帝姑息养奸，朱典楧不但拒不奉诏，反而变本加厉，甚至于"逼残民众、炮烙人尸"，"立致灭门、骨肉都离"。他对世宗下诏革其禄米不以为然，与之公然大唱对台戏。

宗藩当中品级较低的中尉甚至一部分奉国将军，由于禄米有限而朝廷

① 《宗藩要例》。

② 《宗藩要例》。

又有不准宗藩从事士农工商各业的藩禁，生活无着，“久锢贫困”[①]，而国家也难以支付庞大的宗室禄米，常常拖欠禄米。随着宗藩人口迅速增长，国家的负担日益加重，甚至有些省的全部田赋收入不足以支付宗室禄米。诚如嘉靖四十一年十月巡按直隶监察御史林润奏称的那样：“宗藩迩年以来愈加藩衍，岁征钱粮不足以供禄米之半，将军、中尉而下多不能以自存。”[②]这种低层次的宗藩由于经济窘迫而犯罪的人数很多，其犯罪类型则大多是违反宗藩管理规定越关奏事等一般妨碍治安罪，以及触犯盐法等经济方面的犯罪。甚至有的宗室成员为了求得温饱而故意犯罪，有的轻毙人命，有的故意凌辱尊长，以求获罪，得以进入专用监狱凤阳高墙居住，“以邀口粮充饥寒”。嘉靖四十五年五月，周府镇国中尉朱勤熨之子朱朝埍，因为其父朱勤熨在嘉靖二十七年以越关奏求禄米等事削爵禁锢高墙，朱朝埍家贫无计，有人替他出主意说：“王子建言，法不过废锢，废锢乃更得衣食县官，是汝父以虚名得罪而实受赐也。今汝贫且死，即弃捐沟壑，孰与一发愤上书从汝父俱生乎？”于是代为朱朝埍草二疏：“其一疏请贳其父罪，其一疏陈中兴四事：一、亲宗族以固本支，二、求真贤以正风俗，三、定国本以安天下，四、辨邪说以回天意。朝埍如其言，自诣阙上之，果得禁锢。”[③]这个案例看来有点类似奇闻，却是事实。

如果说，社会制度和经济需求是宗藩犯罪的客观原因，那么，利欲熏心，骄奢淫逸，极度扩张的个人欲望则是宗藩犯罪的主观根源。他们自恃宗藩的特殊社会地位，滋事生端，目无法纪，横行地方，凌辱官府。由于司法实践中对宗藩此类犯罪处罚极轻，所以他们不惜以身试法，以求一逞。如嘉靖三十六年钜野王府奉国将军父子犯淫虐、禽兽行之罪，“尝夺人子为奴，不从则支解之，焚其尸”，其子镇国中尉朱观熠“强妾其祖姑之女

① 《万历野获编》卷4。
② 《宗藩要例》。
③ 《明世宗实录》卷558。

孙，寻为其妻杀之”。宗藩横行不法，而所受的处罚只是禁锢高墙和降为庶人[①]。这种纵容、姑息更使宗藩的犯罪成为严重的社会问题。

明朝的法律对宗藩犯罪的司法管辖没有专门的规定，但由于宗藩属于明律中八议之首“议亲”的范围之内，因此可以类推适用《名例律》中的《应议者犯罪》条有关八议者犯罪的司法管辖的规定，除了犯十恶之罪以外，“凡八议者犯罪，实封奏闻取旨，不许擅自勾问。若奉旨推问者，开具所犯及应议之状，先奏请议，议定奏闻，取自上裁”[②]。根据这一规定，宗藩的犯罪不由普通法司管辖，其名义上属于皇帝管辖，实际上由皇帝指定专人组成的特别法庭管辖。究其原因，是因为封建社会是一个宗法社会，要维护“亲亲、尊尊”的伦理和等级观念，皇帝在任何事情上都要保持皇室的尊严，显示出宗藩的高贵，他们即使犯了罪也不能与普通人相提并论，不能受普通法司的审讯。这既是封建社会等级特权观念在司法中的体现，也是为了适应对宗藩犯罪进行特殊处罚的需要。

明朝对宗藩犯罪的量刑原则是与预防犯罪的法律对策密切相关的。皇帝认真防范的只是宗藩干预政事，因为干预政事侵犯了皇帝的统治权，并且可能演变为藩王割据，形成觊觎皇权的异己势力，这是皇帝最为顾忌的事，虽干预政事者属偶尔小过，必定予以重惩。嘉靖四十年九月，太原知府于惟一为巡抚所劾，当调。晋王上书称于惟一在郡得军民心，请留之。世宗览奏不悦，大感惊讶，降敕戒谕晋王：“凡事务遵祖训，以保禄位，毋得妄有干预。”晋王上书表明自己对封地知府的看法，并非祖训所禁止之举，但却触动了世宗的神经敏感点，立即招致处罚。足见量刑原则是由皇帝认定的对皇权的危害性予以确定的。

就犯罪作为一个整体而言，封建统治阶级确定犯罪性质的轻重首先不是根据犯罪的社会危害性，而是根据犯罪对皇权的危害程度。因此，法律

① 《明世宗实录》卷446。

② 《大明律·名例》。

对直接侵害皇权以及对皇权可能带来危害的犯罪规定了最严厉的刑罚。例如十恶中的谋反、谋大逆、谋叛、大不敬等罪，都是要处以极刑的。明律规定："谋反谓谋危社稷；谋大逆谓谋毁宗庙、山陵及宫阙；谋叛谓背本国潜从他国；大不敬谓盗大祀神御之物、乘舆服御物，盗及伪造御宝，合和御药误不依本方及封题错误，若造御膳误犯食禁、御幸舟船误不坚固。"① 上述四种直接侵害皇权的犯罪是十恶中的特大恶性犯罪。对这一类最严重的犯罪，不管犯罪者属于什么阶层，即使是宗藩，也一概处以重刑。如嘉靖二十五年，代府奉国将军朱充灼因劫夺大同知府财物被世宗下诏夺其禄米，遂心怀怨望，准备了伪书、旗帜，策划叛乱。事发，世宗将朱充灼磔于市，诸宗室从逆者俱依谋反律弃市②。可见，对于谋反等直接威胁皇权的犯罪，皇帝是严惩不贷的。当然，谋反在整个宗藩犯罪中所占比例极小，因此在司法实际中宗藩犯罪处死刑的情况是屈指可数的。

虽然明律中有犯十恶者不适用应议者犯罪可以议请减赎的规定，但在嘉靖年间的司法实际中，宗藩除了犯有十恶中上述直接损害皇权的四种特大恶性犯罪外，即使犯有十恶中其他几种严重犯罪，也往往可以获得特别宽大的处理。例如嘉靖三年九月，宁化王府奉国将军朱奇涿"作乱伦伤化"，即犯有十恶中的内乱罪，世宗下令将他"革为庶人，发高墙禁住"③。嘉靖六年十一月，庆成王府奉国将军朱奇沺残害兄侄，触犯了十恶中的不睦罪条，世宗也只是将其夺爵，废为庶人④。由此可见，皇帝在司法实践中并不遵循明律的规定，即使宗藩触犯十恶中某些罪条，也可以根据其对皇权的危害程度予以灵活处理。在绝大多数情况下，宗藩犯罪的量刑都尽量从宽，宗藩犯了普通的杀人罪也只不过是削除封爵，废为庶人，发往凤阳高墙禁

① 《大明律·名例》。
② 《明通鉴》卷 58。
③ 《明世宗实录》卷 43。
④ 《明世宗实录》卷 82。

锢。至于其余相对轻微的各种犯罪，仅仅予以经济制裁，只是减少或革除禄米而已。甚至有犯了杀人罪的也是减少禄米，如嘉靖元年十月鲁府馆陶王“招集凶恶殴死平民，事闻，诏革禄米三之一”[①]。需要特别指出的是，相当多的一部分宗藩犯罪被揭发之后，并没有受到法律追究，而是作为犯有过失交由本府亲王加以训诫和管束。这种以家族内部的处理代替朝廷的处罚的案例，在整个宗藩犯罪中占很大比例。由于本文只限于研究作为犯罪进行处罚的情况，故不作具体讨论。

对宗藩的犯罪采取特别宽大的量刑原则，是封建法制公开体现不平等的等级特权观念的一种表现，其内在原因是维护皇权。皇帝不但需要宗藩对他完全服从，而且需要获得宗藩尽可能多的支持，以实现对全国的绝对专制统治，因此在司法实际上突破了法律规定，对宗藩犯罪远比前朝处罚要轻。

宗藩中除了犯有特大恶性罪行的可能处以死刑之外，原则上不适用普通的刑罚。这是因为，宗藩具有皇族的血统，是统治阶级中最高贵的阶层，他们即使有罪，也不能科以普通的笞、杖、徒、流刑或罚金赎刑，而是代之以特殊的处罚方式。

关于宗室过犯的处罚，明律没有专门的规定，《明会典》汇集的明初到嘉靖年间的有关条款主要有以下一些内容。洪武六年定，亲王虽有大罪，亦不加刑，重则降为庶人，轻则来朝，面谕其非，或遣官谕以祸福，使之自新。弘治九年令，亲王有过，专罪辅导官，郡王有过，专治内使、教授。嘉靖朝沿用弘治年的惯例，诸王有过，以该府辅导官员代受其罪。如嘉靖元年八月，寿王榜掠知府李重，司礼监太监张钦、都察院左都御史金献民、锦衣卫指挥使周傅奉命会勘回奏，世宗下令将奉寿王命令榜掠知府的官校夺官五级，寿王府承奉长史等官分别降调发遣，对寿王只是赐书戒谕。

诸王以下的宗藩犯罪不可能由辅导官代罪，但其处罚的方式则非常宽

① 《明世宗实录》卷19。

厚。这方面明确的立法并不多见，只是在嘉靖四十四年议准，郡王以下有非法不道、怙恶违训者，俱降为庶人，押发高墙居住。但是够得上降为庶人押发高墙这种处罚标准的已经是非常严重的犯罪了，其性质至少相当于其他身份的人犯了流刑以上重罪。其情节较轻一些的，则按照议准的条例处理："宗室有罪，降革、迁发省城内闲宅。"[①] 但是宗藩的犯罪类型众多，性质和情节轻重不一，仅仅这些条款是不能适应对宗藩犯罪的特殊预防的，因此在实际上还有其它处罚的方式。明代宗藩犯罪的处罚方式，除了极少数的处以死刑这种生命刑之外，主要有财产刑、剥夺宗藩身份及剥夺宗藩身份附加自由刑三大类。

宗藩根据品级高低享受国家供给的禄米，如果犯罪，皇帝可以对之作出减除禄米的经济制裁。减除的幅度分别为犯罪者原有禄米的三分之一、二分之一和三分之二，如果废为庶人，则禄米全部革除。在减除的幅度相同的情况下，似乎品级越高受到的实际处罚越重，其实不然。因为司法实践中对性质和情节大致相同的犯罪，犯人的品级越高受到宣告的处罚的强度越低，所以实际上品级越高的宗藩，犯罪之后受到的处罚越轻。如嘉靖五年八月庆成王府一名镇国中尉犯有诈取民财、强占妇女罪，革爵为庶人[②]，而同年九月该王府一名奉国将军犯相同的罪名，只夺其禄米半年[③]。而诸王犯相同的罪名，本人并不受处罚，而只处罚该府辅导、教授等官员。

况且，由于宗藩犯罪无法可依，没有法定的罪刑相适应的条款，而是取决于皇帝的裁决，因此就更没有法律上的和事实上的平等可言。不仅宗藩与其他人存在不平等，而且在宗藩内部也是不平等的，在一般情况下，皇帝要尽可能优待品级较高的宗藩，以便利用大宗控制小宗，用血缘纽带结成宗法统治网，以巩固封建帝国。所以宗藩犯罪处罚的不平等在封建社

① 《明会典》卷 57。

② 《明世宗实录》卷 67。

③ 《明世宗实录》卷 68。

会是天经地义的。

剥夺宗藩身份即革去爵位、废为庶人，自然革除了全部禄米。因此这种处罚实际上是财产刑附加剥夺贵族的政治权利，其处罚的强度超过单纯的财产刑。

受到剥夺宗藩身份而在家闲住或被迁移到省城私宅住处罚的人，尚未丧失人身自由，如果罪加一等，废为庶人，押发凤阳高墙居住，即丧失人身自由，这是宗藩犯罪中仅仅次于死刑的最严重的处罚。

嘉靖末期，迫于宗藩犯罪日益增加，世宗接受了官僚们的建议，制定出一部关于宗藩的综合法规。嘉靖四十四年大学士领礼部尚书李春芳等奉命“通将节年前后题准恩例一并会议，逐一开款，奏请圣明裁定，立为万世不刊之典，颁行天下王府永远遵守。”[①] 李春芳等人议定并经世宗批准颁行天下王府的《宗藩条例》，是明代第一部关于宗藩的系统立法，共六十七款，内容包括宗藩的权利、义务，对宗藩的管理方法，犯罪的处罚等各个方面。以后在万历十年时又加以修订，更名为《宗藩要例》。《宗藩要例》对嘉靖时处罚宗藩犯罪的司法经验进行了总结，规定了亲王削封、郡王削爵、各级宗藩革除本爵、削减禄米、押发高墙等处罚方式。它是世宗为减少宗藩犯罪作出的一种努力。但是，由于宗藩犯罪的社会和个人因素没有任何的改变，《宗藩要例》有关条款只不过是将姑息容忍宗藩犯罪的司法惯例系统化、法律化，并没有切实按照通行的法律和习惯相应制裁宗藩犯罪，当然不可能达到减少和预防宗藩犯罪的目的。

宗藩如果受到财产刑的处罚，有关支付禄米的官府按照诏书裁定的数字从禄米额中扣除。如果受到剥夺宗藩身份的处罚，自诏书宣布之日起即成为庶人，在私宅闲住。如果被处以自由刑，则押往凤阳高墙内禁锢。

高墙是宗藩监狱的名称，在凤阳城内。据《宗藩要例》所记，嘉靖时期有高墙五座，散处凤阳城内。除犯人之外，有的犯人的妻妾和年幼子女

---

① 《宗藩要例》。

也住在里面。犯人在高墙内不受任何刑罚，并且供应足够的衣食，其生活条件远非普通监狱可比。凤阳守备太监负责高墙的狱政管理，并负责向皇帝报告犯人服刑的情况。凡是在高墙内拘禁的宗藩，如需变更执行，必须得到皇帝的批准。

由于宗藩犯罪人数不断增加，高墙的管理和供给都很困难，因此嘉靖三十二年十一月，世宗批准礼部议定的方案，"有司于省城中益造闲宅一区，多其院落，缭以高垣，外设总门"，令违悖《祖训》的犯罪宗藩人员"移家安置其中，昼夜锔护，五日一启。例给口粮，毋使失所。若其悔罪自新，王府及有司会请释放"[①]。这种省城的闲宅可以说是位于各地的宗藩拘留场所，实际上具有代用监狱的性质。

如前所述，宗藩犯罪后受到的处罚与所犯的罪行是很不相应的。不仅如此，除了禁锢高墙的犯人之外，其他受到宣告的处罚在实际执行时又常常获得免除。仅在嘉靖一朝，世宗就多次下诏停止处罚的执行，并且几乎每次大赦或特赦时都要宣告停止某些犯罪宗藩的处罚的执行，尽可能对他们予以优待。

总之，宗藩的犯罪与处罚对明朝法制产生了重大的影响。绝大多数宗藩犯罪之后，或者免予处罚，或者处罚轻微，其司法管辖、量刑原则、处罚的方式和处罚的执行都有一套特殊制度，与普通的刑罚制度大相径庭。一些宗藩犯罪之后仍然逍遥法外，这也是对封建法制本身的一种破坏。在统治阶级内部适用法律都显失公平，必然降低了法律的权威性，其结果只能是增加了统治阶级成员犯罪率。统治阶级成员带头犯罪，法制焉能够稳定？

封建法制对于皇室成员犯罪的种种优待和特殊庇护，反而促成了他们的进一步堕落。皇帝越是庇护宗藩的犯罪行为，他们的犯罪越是猖獗，形成恶性循环。宗藩犯罪的客体大都是劳动人民，但也有一些犯罪的客体是

① 《明世宗实录》卷404。

封建国家利益甚至是皇权本身。由于朝廷姑息养奸，激起人民的极大愤慨，而致奋起反抗。明末农民大起义的导火线，有很多是宗藩的犯罪。明朝宗藩在农民大起义中被“屠戮几尽”，农民起义军所到之处，“宗室无得免者”①。而明王朝也在农民战争中覆灭。明朝宗藩的犯罪成为社会动乱的重要因素，最终危及统治阶级自身。这是宽纵宗藩犯罪的皇帝和封建统治阶级的其他代表人物始料所不及的。

① （清）温睿临:《南疆逸史》卷48《宗藩》。

第六章　司法制度

第一节　司法机关及管辖

明朝的司法机关分为中央司法机关、地方司法机关和“厂”“卫”组织等非正式司法机关。下面分述之。

一、中央司法机关

明朝中央司法机关的组织及职掌，规定于诸司职掌之中，其常设机构为三法司——刑部、都察院、大理寺。除三法司作为正式的司法机关享有司法审判权外，司礼太监有部分审判权，五军都督府也有对军人诉讼的管辖权责。[①]另外，刑科、锦衣卫、通政司等，也会被皇帝临时指派，参与司法审判。

（一）刑部

明朝刑部为中央六部之一，其地位沿唐宋制。洪武十三年三月定六部官制时规定：刑部，尚书、侍郎各一人，总掌天下之刑名及徒隶勾覆关禁

① 《皇明制书》上。

之政令。①

刑部的组织机构，在明初期曾分为宪部（问拟刑名）、比部（比类赃罚）、司门部（编发囚车）、都官部（提调牢狱）四部。洪武二十三年改原来四部为十二部，后十二部再改为十三清吏司，每司负责一布政司（省）的司法行政事务，并依事务繁简情形而监管直隶府、州、县及在京衙门与军衙的司法行政与案件。②如每年所问罪囚，不问轻重罪名，分别南京、北京两刑部的人数，由山东清吏司整理后奏闻皇帝，此称为“岁报”。而每月将现监罪囚奏闻，则谓之“月报”。刑部有权处决流刑以下案件，但定罪以后，须将罪犯连同案卷送大理寺复核，再由刑部具奏行刑。

（二）都察院

明初循元制，置御史台。洪武十三年五月，因胡惟庸案，撤御史台，而改为都察院。都察院为三法司之一，凡“大狱重囚，（都御史）会鞫于外朝，偕刑部、大理寺谳平之”③。分为十三道，设左右都御史、监察御史等官。

都察院的具体职掌为：（1）纠劾百官，俗称“风宪衙门”，有肃政、饬法之责；（2）问拟刑名，兼及挝登闻鼓案的审理；（3）巡察、监督地方州郡刑案办理情形；（4）刷卷，查核地方官员公文办理情形；（5）以钦差监察御史身份出外追问刑案；（6）参加死罪囚犯的会审工作。

（三）大理寺

明代大理寺沿唐宋旧制，但职责略有变动。唐时大理寺为初审机构，凡审判之流罪案件，皆要送刑部复审。但到明时，大理寺则为复核机构，

---

① 《明太祖实录》卷130。

② 《皇明制书》上。

③ 《明史·刑法志》。

所谓“掌审谳平反刑狱之政令”，凡刑部、都察院审判的案件，“皆移案牍，引囚徒诣寺详谳”。如情允罪服，准予具奏，否则驳令改判，曰“照驳”；三拟不当，则纠问官，曰“参驳”；有牾律失入者，调他司再讯，曰“番异”；犹不惬，则请下九卿会讯，曰“圆审”。招供不清者，可移再审，曰“追驳”；屡驳不合，则请旨发落，曰“制决”。①

大理寺设卿、左右寺丞等官。它原则上是专掌复核之职，但遇有重大案件或审录时，或三法司会审，或九卿会审，大理寺亦派员参加审理。在弘治之前，大理寺还有监狱，有些囚犯要到寺应审。大理寺其具体职掌有：（1）审录参详；（2）详拟罪名；（3）月报囚数；（4）处决重囚；（5）审录在外重囚。

（四）三法司的分工与制约

三法司各有所司，具体分工是刑部负责审判，大理寺负责复核，都察院负责监督。但是这只是一般而言，对某些特定案件，都察院可以单独审判，而都察院、大理寺参预审判的情形就更多了。洪武十七年还在中央建立了三法司的联合审判组织。凡遇有大狱重囚，均由三法司审理，叫作“三司会审”。洪武十七年：“诏天下罪囚，刑部、都察院详议，大理寺覆谳后奏决。”②

刑部有权处决流刑以下案件，但定罪以后，须将罪犯连同案卷送大理寺复核，再由刑部具奏行刑。死刑案件须奏请皇帝批准。刑部官如判错案，处罚较重。

明朝的司法审判中，都察院可受理通政使司送发的案件和挝登闻鼓控诉的京控直诉案件。凡是三法司会审重大案件，都察院是当然成员之一。此外，在朝审、热审、寒审、大审、秋审、圆审等特别审判程序中，都察院官员必须参加审判活动。

---

① 《明史·职官志》。

② 《明史·太祖本纪》。

大理寺是三法司会审的当然成员。遇有九卿会审、大审、热审等特别审判，大理寺照例参加。例如京城大审，“司礼监太监一员，会同三法司堂上官，于本寺审录罪囚”①。三法司会审与初审，以刑部、都察院为主，而复审则以大理寺为主。

明朝的重大案件必须由三法司会审。因此，都察院、大理寺都具有审判职权。这种将重大案件审判权由刑部、都察院、大理寺三机关共同执掌的制度实质上是一种司法权的牵制与约束，旨在防止刑部独揽审判权，而三法司的相互制约又最终保证了最高权力者皇帝可以有效地控制司法大权。

中央司法机构——三法司组织图

图 1

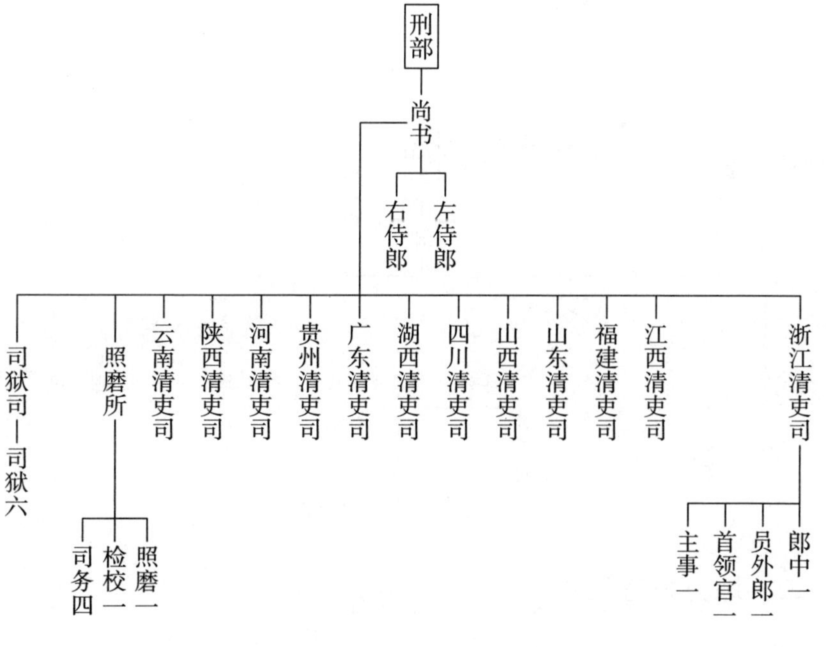

① 《明会典》卷 214《审录参详》。

图 2

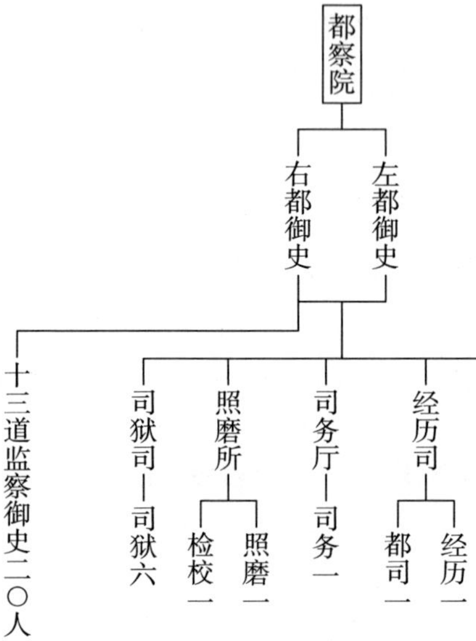

图 3

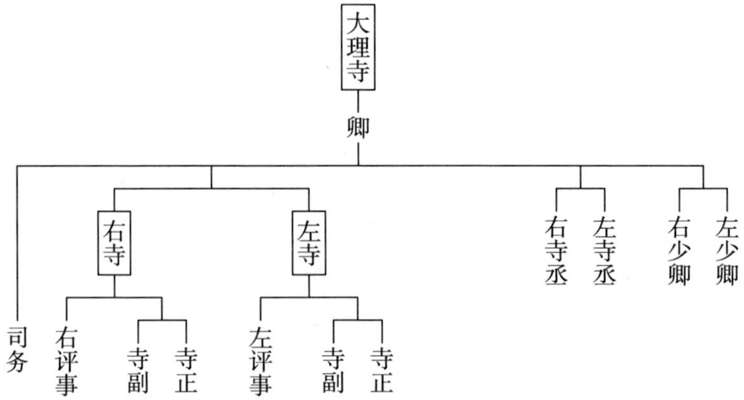

二、地方司法机关

明代地方司法机构，在省一级专设提刑按察司，为省级司法机关，这标志着明朝国家机关组织的严密和司法审判的加强。在府（州）、县二级仍是行政与司法合一，由知府、知县等地方行政长官掌握或亲理司法审判事务。

（一）提刑按察司

吴元年（1368 年，按朱元璋为吴王时的纪年），设各道提刑按察司。及明政府成立，各道改为布政司，按察司组织仍其旧。建文元年，提刑按察司曾改为肃政按察司，成祖时，又改回原称。

按察司设提刑按察使，管辖地区为一布政司（即一省）地区，“掌一省刑名按劾之事”[①]，并为府县一审案件的上诉机关。按察使有权处决徒以下案件，徒以上重案须报送中央刑部，无权擅决。

按察司既为一省司法机构，但又不限于司法范围。洪武七年，明太祖曾对由兵部员外郎升转至山西按察副使的杨基说：“风宪之设，本在整肃纪纲，澄清吏治，非专理刑名。尔等往，修厥职务，明大体，毋徒效俗吏，拘于绳墨之末……”[②]可见，按察司又是风宪机关（监察机关），隶属于都察院系统。

（二）布政司

布政司为一省行政机关，但下设有理问所和司狱司，负责部分刑名之事。后来该项职权逐渐废弛。明正德元年（1506 年）更是规定：“凡布政司不许受词，自问刑名。抚、按官亦不许批行问理；其分守官受理所属所告户、婚、田土之情，许行理问所及各该府属问报。”[③]由此可知，布政司只对部分民事案件有司法管辖权。

（三）府

府是省以下的行政单位，对上直隶于布政司，对下又管辖州、县，地位非常重要。南京应天府和北京顺天府，则直隶于朝廷。

---

① 《明史·职官志》。

② 《明太祖实录》卷 89。

③ 《明会典》卷 177《拘役囚人》。

明朝各省所属之府由元代的路改设而来。洪武六年（1373 年），分天下府三等，粮二十万石以上为上府，二十万石以下为中府，十万石以下为下府，全国共有一百五十九府。

府设知府、同知、通判、推官各一人，具为正官。知府属吏有经历、知事、照磨、检校、司狱各一人，设有吏、户、礼、兵、刑、工六房。

知府掌一府之政，到任时，一般都持有皇帝的敕书。其职掌为“宣风化，平狱讼，均赋役，以教养百姓”①。府推官负责刑狱，司狱负责狱政，但大狱重囚，知府随时都可以决定自己亲自审理。

（四）州

明代的州有两类，一类是直隶于布政司的州，如四川的泸州、湖广的郴州等，直隶州的地位与府相同；另一类是府属州，地位与县相同，又称为散州。明代共有二百三十四州。

州有知州、同知、判官、吏目等官员。知州执一州之政，同知与判官之设，视州之情形而定。州范围不及三十里而有属县时，裁同知；无属县时，同知、判官均裁，知州兼理一切，包括审理司法案件。

（五）县

县为明代的第三级行政区划，亦为明政权最基层的组织。明初以财政情况分县为三等，“粮十万石以下为上县，知县从六品；六万石以下为中县，知县正七品；三万石以下为下县，知县从七品”②。共有一千一百七十一县。

县设知县、县丞、主簿、典史各一人。

知县掌一县之政，缉捕、听狱、赋税均须亲自处理。老百姓把明断狱讼，分辨枉冤的知县官称为“青天老爷”，反映了普通民众之命运安危系

① 《明史》卷 75《职官志四》。

② 《明史》卷 75《职官志四》。

于知县之司法权行使正当与否的现实。

明朝县以下有里甲组织，以自然村为单位。里甲具有基层司法组织的性质，凡是一般的民事诉讼，包括婚姻、继承、财产纠纷以及轻微的治安案件，必须先由里长、老人调停处理，“若不由里老处分，而径诉县官，此之谓越诉也”①。明朝在乡之里社还设立申明亭，“凡民间应有词状，许耆老里长准受于本亭剖理”②。申明亭以调解民间纠纷及民事争执为主，凡户、婚、田土、盗窃、子孙违犯教令等案件皆须经过申明亭，由里老作出裁决或进行调解。

三、厂卫组织与司法

明代存在一个非常独特的司法机构，即东西厂和锦衣卫，合称厂卫。厂卫组织也掌握实际的司法审判权，其职权甚至凌驾于三法司之上，《明史·刑法志》说，明代刑法“不衷古制者，廷杖、东西厂、锦衣卫、镇抚司狱是已”。

（一）锦衣卫

锦衣卫本为一军事组织。一般军事卫所是国家正常的常备军编练与作战单位，随时有奉调出征的责任，但锦衣卫却地位特殊，属于上直卫二十二卫之一③，直接担负皇帝皇宫护卫的重要职责，又称亲军，以都督指挥领之，不隶于五军都督府。其设官与一般军卫同，有镇抚二人，但其职

---

① 顾炎武著，黄汝成集释：《日知录集释》卷8，“乡亭之职”条，上海古籍出版社2006年版，第474页。

② 《大明律集解附例》卷26。

③ 上直二十二卫：上十二卫为锦衣、旗手、金吾前、金吾后、羽林左、羽林右、府军、府军左、府军右、府军前、府军后、虎贲左等，系洪武中设置；另上十卫为金吾左、金吾右、羽林前、燕山左、燕山右、燕山前、大兴左、济阳、济州、通州等，永乐中设置。

权却迥异于一般镇抚。卫下辖南北镇抚司，掌巡察、缉捕、理诏狱之职。南镇抚司兼理本卫刑名等事，北镇抚司专理诏狱。宪宗成化十四年给北镇抚司颁发印信，规定镇抚所理诏狱，必须直接向皇帝报告，本卫指挥使不得干预，因而使北镇抚司成为特别刑事法庭。镇抚官品不高，但权势益重。历来许多学者皆称“锦衣卫之狱”，实际上是“镇抚司之狱”也。

（二）东、西厂与内行厂

东厂是永乐十八年（1420 年）十二月由成祖设立于北京东安门外，以内监兼管厂事，专主刺探。成祖用内宫刺事，渊源于初起兵北平时，多用建文帝左右为耳目刺探宫中事，即位后仍倚宦官缉谤谋逆妖言大奸恶者。西厂是成化十三年（1477 年）正月设立，内行厂又称内办事厂，是正德三年（1508 年）正月设立于荣府旧仓地。由于西厂、内行厂皆为临时性设立的组织，不及东厂影响大。东、西厂历经英宗时王振、宪宗时汪直、武宗时刘瑾以及熹宗时魏忠贤等主理厂事，权势显赫，气焰嚣张，司法侦察权极为广泛。厂属隶役，“四出刺民间阴事”，“大政小事，方言巷语，悉探以闻”。[①] 以至“民间斗詈鸡狗琐事，辄置重法，人情大抗”[②]。由于它承命皇帝，地位特殊，所以其裁决，刑部、大理寺官虽“洞见其情，无敢擅改一字”[③]，“法司不敢平反”[④]。

东厂自成祖时设立，终明之世一直存在，但非国家正式机构，也无专设人员，“厂事率由司礼大监兼领，称督主。其下属多由锦衣卫拨充之”[⑤]。督主又称为提督太监，位居其他秉笔太监之上，成为皇帝之心腹。提督太监下设掌刑千户、理刑百户，辖有掌班、领班、司房四十余人，为内勤；

① 《明史纪事本末》卷 37。
② 《明史纪事本末》卷 37。
③ 《明史 · 孙盘传》。
④ 《明史 · 胡献传》。
⑤ 《明史 · 刑法志》。

外勤有役长一百余人，率领十二班番役计一千多人，均从锦衣卫中挑选。

东厂既主动刺探重大刑案，也参与审判。厂内有大厅、公堂、祠堂及专门囚禁重犯的监狱，祠堂内供奉历来主理厂事太监的职名牌位。一般情形下，东厂将刺探案件追问（侦讯）明白之后送到有正式审判权的法司如刑部、都察院治罪，因这些案件多为关系明朝朝廷安危之政治案件，因而东厂也被后人称为特务组织。

（三）“厂”与“卫”的关系

厂卫在组织上互相渗透，在行动上互相配合。东厂的低级番役是从锦衣卫中精心挑选，而锦衣卫的高级官员多由宦官弟侄世袭。锦衣卫仗宦官之势，宦官借锦衣卫之力，共同拱卫皇权。厂卫往往同时行动，互相配合。如缉访京城内外奸宄，“其东厂内臣奉敕缉访，别领官校，俱本卫差拨”[①]。廷杖时，东厂太监负责监杖，锦衣卫行刑。东厂主办的案犯，一般都下诏狱掠治、囚禁。“厂卫未有不相结者。狱情轻重，厂能得于内，而外庭有扞格者，卫则东西两司房访缉之，北司拷问之，锻炼周纳，始送法司。即东厂所获，亦必移镇抚再鞫，而后刑部得拟其罪。”[②]

东厂权力在锦衣卫之上。厂有侦伺卫的权力，卫却不能侦伺厂事。一般情况下由司礼太监统一指挥厂、卫，但厂权重于卫权，可以说，宦官是时主之虎狼，而锦衣卫是宦官之爪牙。

四、管辖

《明律》第355条规定：“凡军民词讼，皆须自下而上陈告。若越本管官司辄赴上司称诉者，笞五十。若迎车驾及击登闻鼓申诉，而不实者，杖

① 《明会典》卷228。

② 《明史·刑法志》。

一百；事重者，从重论；得实者，免罪。”① 此条的规定，既是对告诉人陈告的限制，又是对各司法机关在词讼管辖权力上的限制。明代司法机关的管辖又因案件性质、诉讼人身份等因素的不同而划分为若干类，下面略述之。

（一）地域管辖

县是明代最基层的政权组织，因此一县政府对本县范围内民众的词讼有当然的司法管辖权。辖区内人民涉及诉讼时，应向该管辖的县政府陈告，县政府也有义务受理其案件。

州、府、布政司皆是逐级管理本辖区内的诉讼，不得越级，亦不得对外州外府外省之诉讼进行干预。② 但府、省之案件，多非初审，它或是由按察使、巡按交办，或是由所辖州、县申详而来。

中央三法司司法管辖权及于全国，但有南京、北京两京之设，其地域管辖稍稍复杂。据《大明会典》所载：“凡南京法司问拟该决重囚，永乐间，连人带卷解北京该（刑部）审奏裁决。宣德以后免解京，止送南京大理寺审允，本寺参奏，奉钦依回文到部，其决不待时者，本部即行覆奏；秋后处决者，监候，秋分后覆奏，各会官审决，不三覆奏。”③

（二）身份管辖

明朝依诉讼人身份地位不同，其司法管辖亦有所不同。

1. 普通平民

普通平民主要指士、农、工、商、医、阴阳等属民户口，其诉讼案件应向自己所属籍贯的州、县政府陈告，此与地域管辖大致相同。遇有牵连

---

① 《大明律 · 刑律 · 越诉》。

② 也有特例，弘治年间，眉州知州郭彭祥曾受理邻州合州一讼案，且博得清官之声名。详见《棠荫比事补编》，第 10 页。

③ 《大明会典 · 南京刑部》。

词讼及涉及数州县案件，则依照诉讼系属原则如原告就被告、轻囚就重囚、后发就先发的规定。

2. 官员

明律对职官犯罪的管辖权规定颇详：凡京官及在外五品以上官有犯，奏闻请旨，不许擅问。六品以下官，听分巡御史、按察司并分司取问明白，议拟问奏区处。若府、州、县官犯罪，所辖上司不得擅自勾问，止许开具所犯事由，实封奏闻。若准许推问，依律议拟回奏，候委官审实，方许判决。其犯应该笞决，罚俸收赎纪录者，不在奏请之限。若所属被本管上司非理凌虐，亦应开具实迹，实封从直奏陈。①

除品级外，官员的职位如为府、州、县正官，其直接上司无管辖权，不得擅自审判。各衙门的首领官有犯，本衙门的正官也无权审问。对职官诉讼的管辖权，律与令有时也有冲突。如永乐七年规定大小官员犯罪都要奏请，与律原来规定不符。成化元年，六品官以下犯罪，御史于受理后发交府官提向，后又改为巡抚、巡按之权。②

3. 八议者

八议者是指对亲、故、功、贤、能、勤、贵、宾八种有特殊身份的人，犯罪时不适用正常的审判程序，普通法司无权管辖。明律明确规定："凡八议者犯罪，实封奏闻取旨，不许擅自勾问。若奉旨推问者，开具所犯及应议之状，先奏请议，议定奏请，取自上裁。"③但八议之人如犯十恶罪者，不用此律。

4. 军官

明律对军人犯罪特优，凡军官犯罪，"从本管衙门开具事由，申呈五军都督府奏闻，请旨取问。若六部、察院、按察司并分司及有司，见问公事，

---

① 《大明律·名例·职官有犯》。

② 《明宪宗实录》卷16。

③ 《大明律·名例·应议者犯罪》。

但有干连军官及承告军官不公不法等事，须要密切实封奏闻，不许擅自勾问。若奉旨推问，除笞罪收赎，明白回奏，杖罪以上，须要论功定议，请旨区处”①。洪武三十年删定明律时规定，军职有犯强盗人命等项真犯死罪者，“先行该管衙门拘系，备由奏提”。别项罪名，只能散行拘审，果有干碍，然后参提。②

5. 化外人

化外人指的是外蕃夷狄之人，《皇明条法事类纂》把土官、土人也列入其中。明律与唐律不同，对化外人犯罪，采绝对属地主义原则，即化外人犯罪，一依明律拟断。③化外人即便为使臣、贡臣在中国境内有犯时，有司法审判权机关皆可审理，如永乐十三年琉球国中山王思绍的贡使直佳鲁在福建犯罪，即由福建法司依律处死。④

（三）案件管辖

依诉讼案件本身性质而定司法管辖，称为案件管辖。

刑案皆以案件大小，罪刑轻重来定司法管辖。《大明令》初定时规定：“凡犯罪，（杖）六十以下，各县断决；八十以上，各州断决；一百以下，各府断决；徒、流以下，申闻区处。”⑤至死罪大狱，皇明祖训规定由皇帝面讯，期免构陷锻炼之弊。

户、婚、田土、钱债及行政诉讼以及斗殴等轻微刑事诉讼，应自下而上陈告，县、州、府、卫、所都司有正常的管辖权，若断案不公或有冤抑之情不予审理时，诉讼权可因之转移，可向巡按御史或赴按察司直至京城控诉。道德风化案件，“凡败伦伤化者，在外有司毋擅断决，悉送京师，

---

① 《大明律 · 名例 · 军官有犯》。

② 《问刑条例 · 军官有犯条例》。

③ 《大明律 · 名例 · 化外人有犯》。

④ 《明太宗实录》卷 170。

⑤ 《皇明制书》上。明代罪刑合一，五十以下为笞，六十至一百为杖。

如律鞫治”[①]。

军民牵连案件，特别是人命案件由管军衙门与普通衙门共同负责管辖。[②]由普通司法机关负责审结其案。但管辖权转移时，承案机关应先行奏请，不得干犯刑责，擅自勾问。

第二节　诉讼制度

一、诉讼当事人

此处讲的诉讼当事人，主要指诉讼时原告与被告两造。诉讼当事人是否合格，也就是诉讼当事人的资格及限制主要体现于年龄及身份方面。

1. 有关民事行为能力方面的规定：明代当事人的民事行为能力以成丁为准，“人始生，藉其名，曰不成丁；年十六，曰成丁。成丁而役，六十而免”[③]。

2. 对告诉人年龄、健康状况及性别的规定：明律条文，凡八十岁以上，十岁以下，及重病人、妇女，只准告谋反叛逆、子孙不孝，或自己及同居之内被人盗诈侵夺财产及杀伤之类，其余一切事均不得上告。若有司受理此类官司，笞五十。[④]但妇女夫死无子，遇有田土、家财等事，仍准对簿公堂。若本人受到损害，无人代告，亦可以自己上告。[⑤]

3. 对诉告“八议”、军官和上级官员的规定：凡“八议”者（亲、故、功、贤、能、勤、贵、宾）犯罪，除犯“十恶”（谋反、谋大逆、谋叛、恶逆、

① 《明宣宗实录》卷51。

② 《大明律·刑律·诉讼·军民约会词讼》。

③ 《续通典》卷10。

④ 《大明律·刑律·诉讼·现禁囚不得告举他事》。

⑤ 《皇明制书》上。

不道、大不敬、不孝、不睦、不义、内乱）以外，只能实封奏闻请旨。军官犯罪，由五军都督府请旨。属官告上司非理凌虐，或呈告军官不法，或各部门事涉军官的，都只能实封上奏。①

4. 对宗室诉讼的规定：万历十年议准，“宗室如有构讼及请乞婚、封禄粮等项，合行长史、教授，启王转奏。如亲王不转奏，许差家人于分守、分巡抚按衙门具告”②。即使事情重大，要会奏请旨时亦不能例外。绝对“不许私自越关来京奏扰”。

5. 对官吏诉讼的规定：凡官吏（含任满得代、改除、致仕等官）有争论婚姻、钱债、田土等事，听家人告官理对，不许公文行移。违者，笞四十。③

6. 对诉亲属的规定：明律“干名犯义”条明确子孙不得告父母、祖父母，妻妾不得告夫及夫之父母、祖父母。若告，有其事得其实，也要对告诉人处杖一百、徒三年的刑责。如告期亲尊长、外祖父母，杖一百。告缌麻，杖七十等。若无其事而妄告，与骂詈无异，坐以绞罪。但幼卑告谋反、大逆、谋叛、窝藏奸细等，法司可听理告诉，不在干名犯义之列。④

7. 对现禁囚犯告诉的规定：囚犯只准告与本案或他案有牵连的人、欺凌虐待自己的狱官、狱卒，其余的人和事一概不准上告。但囚犯受司狱官吏凌虐，致死于非命时，“许囚人家属赴官司陈告”。⑤

8. 对监生上告的规定：“生员事非于己之大者，毋轻诉于官。”不许代人诉状。⑥“敢有毁辱师长及生事告讦者，即系干名犯义，有伤风化”，犯者杖一百，发云南地面充军。

---

① 《明史·刑法志》。

② 《古今图书集成》第767册。

③ 《大明律·刑律·诉讼·官吏词讼家人诉》。

④ 《大明律·刑律·诉讼·干名犯义》。

⑤ 《大明律·刑律·诉讼·现禁囚不得告举他事》。《皇明条法事类纂》卷46。

⑥ 《明太祖实录》卷147。

二、起诉的方式

明朝对案件的起诉，一般有两种方式，一是举劾、自劾和告发。举劾指由监察官纠举渎职犯罪的官员，或上级纠举属下的犯罪。自劾是官吏检举自己的渎职犯罪。告发指法律上强加给臣民的告发犯罪的义务。二是告诉，包括自诉、越诉、直诉、亲属代诉。第一种方式带有很强的监察性和义务性。第二种方式则是普遍发生的诉告，下文着重探讨通常的告诉方式。

（一）经官陈告

明律规定："凡争论事理，听经官陈告。若以威力制缚人及于私家拷打监禁者，并杖八十。伤重至内损吐血以上，各加凡斗伤二等。因而致死者，绞。若以威力主使人殴打，而致死伤者，并以主使之人为首，下手之人为从论，减一等。"①也就是说，凡当事人或被害人，遇有认为无法解决之事，只有陈告于官府，请求为之伸理解决，才是合法正当途径，不得自力救助或挟威力自行解决。

（二）时效

1. 刑案时效，任何时间告诉均发生效力，但对命、盗大案，明律有特别规定："凡捕强、窃、盗贼，以事发日为始，当该应捕弓兵，一月不获强盗者，笞二十。""若经隔二十日以上告官者，不拘捕限。捕杀人贼与捕强盗限同。"②这是对盗贼行劫，不仅受害人应予告官，亦对官府破案赋以责任。

2. 民案时效，对家财田产纷争案有时效规定。明律规定："告争家财田产，但系五年以上，并虽未及五年，验有亲族写立分书已定，出卖文契是

① 《大明律·刑律·斗殴·威力制缚人》。

② 《大明律·刑律·捕亡·盗贼捕限》。

实者，断令照旧营业，不许重分，告词立案不行。”①

（三）诉状与状式

告诉一般以书面形式，即要递交状子，故俗称告诉为告状。

明诉状并无格式限制，但要求简明扼要，陈明诉讼目的。诉状一般要求有以下内容：

1. 时间：应写明确切之年、月、日。状内有关案情时间更应明确。

2. 事实：所告之事实要用肯定语气，不得称疑。

3. 告诉人：告诉人的姓名、住址、籍贯要填写清楚。

4. 代写人：诉状如系由他人代写，也要写明代写者姓名、籍贯、住址。

5. 画押：告诉人应签押。

有些地方官员还规定了状式令人遵行。如山西按察使吕坤鉴于当时“刁风曰甚，状中叙事仅数语，而形容彼罪张大我冤常居十六”的诉状弊情，亲自拟定了各类状子的格式，并严令辖境内“各衙门一体遵行”。这些状式非常具体，共有人命告辜、人命告检、告盗情、告辩盗、告奸情、告打诈、告土地、告婚姻、告赌博、告凌夺、告保盗、告贪污、告故勘、告科敛、告侵欺、告卖军、告飞军、告包揽、告窝访、告土豪、告财产、告钱债、告欺害、告唆诬、告诡隐、告抗粮、告重收二十七种。

兹举两例如下：

例一　人命告辜式

（原注：不许多报一处，不许妄增一分，违者看明重究。路远告辜不超过五日。）

本县某里某人为殴伤事，有某父、伯、叔、侄、兄、弟、妻、子，年若干岁，本月某日某时与某人为某事（多不过四字）相争，被某执拏（砖，

① 《问刑条例》。

石，金刃他物，或用拳脚），将某（父、伯、侄、兄、弟、妻、子）顶心打有斜伤一处（青、红）色，长若干，阔若干，耳根打有圆伤一处（青、红）色，有（无）骨破，围若干，横若干，现今着床（或不食）某人某人见证。为此，抬扶到官，伏乞相看，案候保辜，责令本犯寻医调治，上告。

例二　告土地式

（原注：田宅同卖过十年者不准。）

某府某县某人为土地事，某年月日同中某人，买到某人（民、军、匠）地若干，价钱若干（已、未）经过割，被某人侵占，自量得几十几亩几分几厘。邻右某人某人证。上告。[1]

（四）告状与投递

诉状写完，告状与投递诉状有一个程序。明律“越诉”条规定：“凡军民词讼，皆须自下而上陈告。”在地方告状的程序是：民由县（州）—府—按察司，军人由百户所—千户所—卫—都指挥司。除告机密要事外，均不准自行赴京上诉。在直隶及两京告状的程序是：民由县—府—三法司，军人由五军都督府—三法司。若越级上诉，除不予受理外，还要笞五十。[2]

依规定，告状须由原告本人亲自投递到官。本人不能自往，则由家中年壮者代为投递。不得故意要家中的老弱病残及妇女投递诉状，否则，不但立案后不予受理，还要提原告本人及家中年壮者问罪。[3]

不论在何地、由何人以何种方式告状，告状人的姓名绝对不准隐匿，否则处以绞刑。至于冒名告状或诡名（化名）告状，一经查出，亦要处死。明《大诰》三篇中第三十一条规定代人告状者枭令处决，第三十二条规定

① 《吕新吾实政录》卷6，《风宪约·状式》。

② 《大明律·刑律·越诉》。

③ 《问刑条例》。

诡言告状者凌迟处死，即为实例。

（五）收状

州县衙门是收受诉状的最基层司法机关。收状时间一般三日或五日一次，此日称为放告日（或受词日）。届时州县官升堂后，抬出放告牌。此时等候在衙门外的告状人，才能抱状陈告。然后州县官接受状子，加以登记、验看，若有代告、抱告及架词捏禀者告状，则“原词立案不行”。[①]

府、按察司等州县上级机关，原则上只收受下级机关申详之案件，但对有冤越诉，或下属官员犯罪应由府、按初审的，则派专人收状与登记。

中央衙门收受诉状的机构不在三法司，而在通政司。通政司在对诉状的文字与投递程序审核参详后，转送三法司审理。

（六）告鼓状、御状

击登闻鼓：明沿旧制，置登闻鼓于南京午门外（后北京长安右门外亦置之），命监察御史一人（后又命六科给事中并锦衣卫各一员）轮流值鼓，凡民间词讼不能自下而上伸理及有冤抑重事不能自达的，许击鼓。[②] 值鼓官收到鼓状后（如系口诉，则由值鼓官加以记录），则要加以登记、分类，即时上达。候圣旨出，即差值班校尉领驾帖，备批旨意于上，连状子并原告押送各该有关衙门审理。在任何情况，任何人均不得改动鼓状，否则要受到严厉处分。如洪武年间，左都御史杨靖因稍改删增饰其同乡鼓状，即被赐死于家。[③]

迎车驾：俗称告御状，即皇帝车驾过处，有机密重情或重大冤枉者，准拦路喊冤陈告。告御状只能在车驾仪仗以外俯伏陈告，若告诉不实，负

① 《皇明条法事类纂》下。

② 《明太祖实录》卷37。

③ 《明太祖实录》卷245。

杖一百刑责，事重者，从重论。“若冲入仪仗内而所诉事不实者，绞。得实者，免罪。”[①] 皇帝在接到诉状后，通常把状子与原告一并交付司法机构审理。

三、起诉的强制措施

诉讼提起以后，诉讼当事人（包括原告、被告和佐证人等），有的不知如何出庭，有的不知诉讼已受理，有的避不出庭，有的逃匿他方，甚至有的当事人不在该诉讼管辖地，受案衙门可以采取一定的强制措施迫使有关当事人到案，以利诉讼程序进行。这些强制措施有以下数种。

（一）传唤

诉讼经陈告后，通常以传唤方式令被告到官理对。明律对传唤方式并无明文规定，但实践中有数种方式：其一，原告于陈告后，官府即将通知被告出庭理对之，通知单交由原告送往被告；[②] 其二，差地方保伍或里甲长代为传唤；其三，派遣本衙门的皂快执行其事；其四，由官署将原告之原状或官司之红票交付原告，由原告人带交案中干证人，干证人持之呼唤被告，约会同往官司理对；[③] 其五，若人犯已在他司或军卫羁押，受案衙门可径自行文提人。[④]

（二）勾摄（拘提）

被告经传唤后，拒不到庭，受案衙门可以强制拘提其到官应讯，此谓

---

① 《大明律·兵律·宫卫·冲突仪仗》。

② （明）苏茂相:《临民宝镜》卷首下。

③ 《吕新吾实政录》卷6。

④ 《问刑条例》。

勾摄。勾摄人犯有如下两种方式。

1. 票拘

明律规定拘提人犯时，须持信牌行之："凡府、州、县，置立信牌，量地远近，定立程限，随时缴销。"[①] 信牌又称牌票，是府州县官催钱粮、拘人犯时，交皂役人员持之执行的凭据。牌票的签发权在掌印官（主官），但制作者则为吏典。[②] 签发票拘时，应将批票及勾摄人犯票帖记于一专门票文簿上，以利日后查考。如有州县签出时，还应盖州县之印。[③]《律法全书》记载了其格式。如县拘票式：

某县为某事，据某都图民人某，状告前事除外，牌差本役即便前去协同该图并地方总甲人等，查照后开有名人犯拘拿，各正身送县，以凭查实施行。差去人役毋得受贿卖放、延违，究罪不便，须至牌者。右牌差机快某人　准此　某年月日（全印）　司典吏某承

2. 钦提

京师地区及事涉国家重情等特殊案件，皇帝可命锦衣卫执朝廷签发拘票执行者，称钦提。钦提票据有三：其一为驾帖（一种公文书），即厂卫拘提人犯时，应取原奉情事送刑部签发驾帖，驾帖签发批定时，应开写原奏情事，各经手单位会同署名于上，下各衙门时则用司礼监印信，刑科挂号。[④] 其二为勘合，洪武二十六年（1393 年）规定，凡刑部追赃、提人，或下各布政司或直隶府州县追问刑名并取招断决等事，须向刑科填领勘合，勘合是防止公文作伪的一种手段，一般是外号底簿发给各地衙门，内号底簿和勘合纸则由本衙门收留。[⑤] 其三为精微批文。此为两京各衙门堂上官派属下出外公干时，为防诈伪，向内府领填原奉批案件之文件，交委派之人以

① 《大明律·吏律·公式·信牌》。

② 《皇明条法事类纂》下。

③ 《临民宝镜》卷首下。

④ 《明会要》卷 4。

⑤ 《明会典》卷 179《类填勘合》。

为凭据。奉差人员赴所在官司，以勘合与精微批文比号相符，然后行事。[①]

（三）缉捕

缉捕是对现行犯、逃犯和通缉犯采取的强制到案措施。明朝对一般的刑事案件的缉捕，州、县地方政府可出具告示，张贴于本辖区各冲要地方，这种告示，称为“海捕文书”或“广捕文书”，类似今天的通缉令。重要案件由刑部咨都察院，在内行文巡视京城御史，在外行文抚按官，通告各管辖地区张贴告示，悬挂冲要地方，令人知晓。缉捕现行犯即通缉犯，明例人人得而为之，但追捕逃犯，往往有专人为人，如巡所之巡捕军官，巡检司之弓兵、衙门之快手及官府选允捕盗者等。

州县差役一般分为快手、民壮、皂班三班，其中快手专职捕贼、拘囚、堂讯之事。[②]府州县虽有捕快专职缉捕之职，但其正官及首领官也都负有责任，重大案件须亲自率领捕手行事。[③]京城案件缉捕之权则属于五城兵马司与锦衣卫人员。五城兵马司类似今日之警察机构，负责京师的提防火盗、缉捕囚犯、检验尸伤，勘分财产、监追赃物等事，职责庞杂。[④]

（四）羁押

明制，对现问人犯不能即问即结而需时日者，依规定羁押于一定场所，随时候审。对囚犯应禁而不禁者，明律有专条惩处。[⑤]对于羁押的对象，大致有：“男子犯笞以上，女子奸及死罪，皆应收禁；官犯私罪杖以下及公罪流以下，与民人犯轻罪者，若老幼废疾者，皆散收在禁。”[⑥]但是七十以

① 《典故纪闻》卷16，第260页。

② 《明会典》卷157《皂隶》。

③ 《大明律·刑律·捕亡·盗贼捕限条》。

④ 《皇明条法事类纂》下。

⑤ 《大明律·刑律·断狱·囚应禁而不禁》。

⑥ 《大明律例附解》卷28。

上老人，十五以下小儿，有新丧，不系堪合重犯，不许随便送监羁押。[①]

羁押待审犯亦有期限，依正德十六年规定。“事小者逮系不终宵，事大者拘禁不过旬，即与断理。”[②]但此规定实属具文，事实上很难遵守。但轻微案情人员，或有疾人员，也可办理一定手续取保候审。

羁押人犯一般都在监狱。监狱组织各地各不相同，但有男监女监之分，以将男女人犯分另收禁。监狱中之刑吏、禁卒俱属男性，但为防止他们欺凌监中女犯，有时选用精壮之老妇二人作为女监之伴婆以代禁卒。[③]狱中为防意外事故及人犯脱逃，亦有很多限制性规定。

收监人犯依其犯情轻重，要加带戒具桎梏。明羁押之戒具分枷、锁、杻三种，另有刑具如笞、杖、讯杖及镣在审讯时使用。戒具之大小规格，使用程序都有一定规定，如“在禁之囚，徒以上应杻，充军以上应锁，死罪应枷。凡枷者兼锁杻，惟妇人不杻”[④]。人犯加带戒具要待讯后视各别情况而减脱。人犯患病，也有脱去戒具，应脱而不脱，司狱官与典狱卒依例应负刑责。[⑤]

除戒具之外，万历年间还把匣床之制作为“法司定式”，对重刑犯人施之。吕新吾（山西按察使）对此记载甚详：“匣床之制，极为严密。头上有揪头环，项间有夹项锁，胸前有拦胸铁索，腹上有压腹木梁，两手有双环铁杻，两胫有短索铁镣，两足匣于匣栏，仍有号天板一叶，钉长三寸，密如猬刺，利如狼牙，其板盖于囚身，去面不及二寸，仍以枭木关闸，而禁卒卧于其上，以听缚犯动静。复有四面枷栏状如鸟笼，人囚在槛，四体如僵，手足不得屈伸，肩背不得辗转。莫道蚤虱交攻，蚊虻争嚼，纵使毒蛇

① 《吕新吾实政录》卷6。
② 《律例备考》卷1。
③ 《吕新吾实政录》卷7。
④ 《大明律例附解》卷28。
⑤ 《大明律·刑律·断狱·狱囚衣粮》。

蛰身，饿鼠啮足，蛐蜒入脑，大蛇缠头，只得忍受，孰能变之。”[①]

（五）解送

解送指的是解审和移送未决人犯。

1. 解审与移送

明制，州县衙门对人命犯、强盗重罪于审讯后只有定拟之权，应分别录取招供，缮具清册，连同人犯一起解送到上级衙门。府审讯后解送到按察司。按察司审讯后一般只把案情报送到刑部，但三法司认为应当提审的人犯，亦要解送到京，另行审问勘办。[②]解送人犯应尽量减少解审人数，要考虑路途险远，隆冬盛暑，老幼病疾，妇女双身等情。如人命犯，往往是正犯一人，尸亲一人，要紧干证一人和的当一人。解送公文要详述解送人犯情况和不解送其他人犯原因。

移送往往是侦缉机关捉拿人犯后送交司法部门。如厂卫机构拿获人犯后送三法司，兵马司拿获人犯后送京顺天府听讯。[③]移送亦有固定格式的移送公文。

2. 解差

解差系官府派遣的解送人员。案情轻微的，解差一般由衙门狱卒或其他差役人员充任。重大案情的解送，往往要另派官吏人员负责提调。军卫人犯由军卫所派军人担当解差。有些人犯还可交由各地递运所递送人犯。宣德七年规定：“情犯深重者发递运所防解。”[④]

3. 解送防范措施

为防人犯中途脱逃，明律严定解送人员责任：“押解人员不觉失囚时，

---

① ［日］仁井田升：《中国法制史研究》第四部卷14，东京大学出版会1959年版。

② 《律法全书》卷7。另京剧《苏三起解》，即为明代著名解审案件。

③ 《临民宝镜》卷首中。

④ 《明宣宗实录》卷89。

一名杖六十，每一名加一等，（罪止杖一百）。”① 对人犯的防范措施，除依其罪情应带枷杻之外，还规定应于解发之日先将臂腿加刑，令其难于奔走，人犯众多时沿路州县卫所差人护送，日行暮止所在收监等等。

四、案件的受理与管辖原则

明律对各级衙门受理案件有较具体的司法责任制，各级衙门官员必须按各自的职责权限接受应受理的诉讼。

洪武元年（1368 年）规定，对应受理的词讼，要“即便附（口告文）簿发付书状，随即施行”。一般是州县官收了状子，即表明已受理此案，以后便转入审判阶段。府、按察司对有冤越诉，或下属官员犯罪应由府按初审的，均得受理。不论哪一级衙门，如不受理应受理的词讼，要按情节轻重给予惩处。如不受理告谋反、叛逆，要杖一百、徒三年直至斩刑；不受理婚姻、田宅、斗殴等事，各减犯人罪二等。不受理百姓赴上司自下而上陈告赋役不均，杖八十。成化八年，规定在外衙门官员对有文卷可查、众证明白的案件“要亲自受理”，② 否则要随所告事理之轻重坐罪。所以海瑞任应天巡抚时，就曾要求所属州县官对民间小讼，“俱要一一与之问理”。③ 另外，明律规定各衙门官员不得受理不归属本衙门或非法的诉讼。如刑部、都察院与大理寺三法司不得直接收受通政司以外各衙门、各下级机构或官民之诉讼。府按衙门一般不直接收受百姓词讼。凡规定不得上诉的人和事，若有官员受理，要受到惩处，如受理匿名文书杖一百，受理老、疾、妇女告不应告之事杖五十。《问刑条例》还规定，两京及在外抚按监

---

① 《大明律 · 刑律 · 捕亡 · 徒流人逃》。

② 《皇明条法事类纂》卷 38，在外问刑衙门官员务要亲理词讼。另《大明律 · 刑律 · 诉讼 · 告状不受理》。

③ 《海瑞集》上编，“示府县状不受理”。

司衙门，均不准受理私揭，若情节严重的，比诬告律反坐。地方不得受理军官军人词讼，军官亦不得受理民人词讼。官吏接受诉状，亦有听讼回避之规定，凡与诉状人有服亲、姻亲、师生关系，或曾有仇怨的，均要移文回避，否则笞刑四十予以惩处。[①]

有管辖权的各级衙门受理词状之后，在法律上立即发生诉讼系属的效力，也即司法管辖原则的效力。明朝的司法管辖原则如下：

1. 原告就被告

原告被告两造具在同一州县管辖之下，不会发生司法管辖上的冲突。若原告被告分别居住于不同或多处的州、县，按照明制规定，原告应就被告所在地司法衙门告理归结，即诉状应向被告所在地的衙门投递，由被告所在地衙门予以理断，归其罪名，结其文案。[②]但对钱债之争，明《问刑条例》却有特别规定："凡内外放债之家，不分文约远近，系在京住坐军匠人等揭借者，止许于原借之人名下索取，不许赴原籍逼扰，如有执当印信阅单勘合等项公文者，提问，原债不还。"[③]

2. 轻囚就重囚

明律规定："若起内应合对问同伴罪囚，见在他处州县事发见问者，听轻囚就重囚。"[④]即一案内有数被告分住各州县的，依轻囚就重囚的司法管辖原则。但因明朝交通不便，解送囚犯困难不少，因此明律补充规定：两处州县若相距在三百里以上者，则又各从事发处归断。[⑤]

3. 少囚就多囚

一案所犯者在不同州县事发即逮，而两地人数有多有少，一般以少囚

① 《大明律·刑律·诉讼·听讼回避》。

② 《大明律·刑律·诉讼·告状不受理》。

③ 《皇明制书》下。

④ 《大明律·刑律·断狱·鞫狱停囚待对》。

⑤ 《大明律·刑律·断狱·鞫狱停囚待对》。

就多囚推问，但也以三百里以内为限。[1]

4. 后发就先发

一案囚数相等，又涉及两州县以上，则采后发者送先发处推断，也以三百里以内为限，因为先发者已经开始了诉讼程序。受案衙门与相关机关不管是何行政关系，皆可直接行文，径行勾取人犯。受文衙门应在收到提人公文后，限三日内发遣，若违限不发，一日笞二十，每日加一等，罪止杖六十。[2] 事实上，明律的此条规定很难做到，于是《问刑条例》有放宽的规定："问刑衙门行文军衙有司提人，迁延三个月以上不到，经该官吏住俸，事完之日方许关支；半年不到，经该官员参奏提问。"[3]

诉状一经有司衙门收受，告诉开始受理，就发生了相应的法律效力，主要有：

（1）诉案不得私自和解。明律规定："凡私和公事者，减犯人二等，罪止笞五十。"[4] 所谓"公事"即在官府理断之事。

（2）官员犯案应自动停职。明隆庆四年八月曾规定："抚按纠劾官员，具本之日即革任，听候命下题覆。其所去者，俱依考察事例不得复用；其所留者，待文书到日管事。"[5]

（3）不得再告

案状一经衙门受理，尚未及审理或审而未结时，不得再赴其它衙门告理。依《问刑条例》的规定，若出现再告的情况，各衙门俱不得立案，仍将犯人转发原问衙门收回历结。

（4）开始计算重犯

若被诉之人在衙门未断决又犯罪者，则依徒流囚犯又犯新罪之规定，

① 《大明律 · 刑律 · 断狱 · 鞫狱停囚待对》。
② 《大明律 · 刑律 · 断狱 · 鞫狱停囚待对》。
③ 《皇明制书》下。
④ 《大明律 · 刑律 · 杂犯 · 私和公事》。
⑤ 《玄览堂丛书续集》卷 104。

从重论处。若两罪各等时，则从一科断。①

五、对越诉和诬告的惩处

（一）越诉

越诉指的是军民词诉不依规定程序自下而上陈告，而是越过本管官司辄赴上一级衙门称诉的行为。

由于越诉赴京上告者众多，明代对越诉屡有所禁。洪武十五年（1392年）十月二十三日申明："凡军民诉户、婚、田土、作奸犯科诸事，悉由本属自下而上陈告，毋得越诉辄赴京师，亦不许家居上封事，违者，罪之。"②洪武二十七年四月："命有司择高年人公正可任事者理其乡之词讼。若户婚田宅斗殴则会里胥决之，事涉重者，始告于官，若不由里老处分而径诉县官，即谓之越诉。"③洪武三十年，正式颁布的《大明律》中明确规定："越本管官司告诉时，笞五十。"④

律文对越诉虽有禁止，但事实上很难禁绝，甚至愈来愈多。宣德六年（1431年），竟发严禁，越诉者发辽东充军。结果是诬讼确实少了，但冤抑者亦不能伸。豪猾愈肆，新弊又生。于是，宣德八年再修正严禁越诉规定："凡越诉得事实者，免罪，不实者，仍发戍边。"⑤直至《问刑条例》数条规定："各处军民词讼，除叛逆、机密等重事许赴京奏告，其有亲邻全家被人残害及无主人命，官吏侵盗系官钱粮，并一应干己事情，俱要自下而上陈

---

① 《大明律·名例·徒流人犯罪》。
② 《明太祖实录》卷149;《续文献通考》卷136《刑考二》。
③ 《日知录》卷8。
④ 《大明律·刑律·诉讼·越诉》。
⑤ 《明宣宗实录》卷100。

告。若有蓦越奏告者，俱问罪。”[①]“犯罪逃走来京奏诉者，不分云贵、两广并四川，行都司所属，及宣慰、宣抚等司军民人等，一体问罪，递回听理。”[②]

由于越诉在各朝代皆不能止，于是明廷在考虑如何减少越诉时，想到了把有关受理断案衙门与越诉挂钩的主意，以减少越诉。成化十七年规定：“自成化十七年为始，于年终通查类奏，但系户役、田宅、婚姻、钱粮等项，曾经司、府、州、县具告不与从公理断，致令小民赴京越诉者，每州县十起以上，每府十五起以上，每布政、按察司三十起以上，连该吏各罚俸三个月，行移巡按监察御史处取招住俸。若有受财枉法者，从重归结。”[③]可以肯定，朝廷能想到这个主意来禁止越诉，一定是当时司法腐败的程度到了相当严重的地步。

（二）诬告

明朝对诬告的惩处比《唐律》严厉得多，《唐律》只是对诬告者惩以反坐，而明律不仅对诬告者反坐以罪，且更加注重惩处。律文规定甚详：“凡诬告人笞罪者，加所诬罪二等；徒、流杖罪，加所诬罪三等。各罪止杖一百，流三千里。若诬徒罪，人已役，流罪，人已配，虽经改正放回，验日于犯人名下，追征用过路费给还。若曾经典卖田宅者，着落犯人，备价取赎，因而致死随行有服亲属一人者，绞；将犯人财产一半断付被诬之人。”[④]凡诬告致充军的，民告，抵充军役；军告，发边远卫充军。代人诬告的，罪坐代告之人。[⑤]

别说一般老百姓怕诬告，就是对各级官员，“若各官员追呈实封诬告

① 《问刑条例·越讼》。

② 《问刑条例·越讼》。

③ 《皇明成化条例》。

④ 《大明律·刑律·诉讼·诬告》。

⑤ 如《大诰》三编，“代人告状第三十一”，民郭和卿受雇代人诬告，被判枭刑。

人，及风宪官挟私弹事不实者，也以诬告论”[①]。明成祖时加重对诬告的惩罚，永乐元年二月，“严诬告法，凡诬告三四人者，杖一百，徒三年；五六人者杖一百，流千里；所诬重者从重论。诬告十人以上者，凌迟处死，枭首其乡，家属迁化外”[②]。被诬之人因诬致死，当比照诬告人因而致死随行有服亲属一人，绞罪。若诬告别人的轻罪为重罪，或虽诬平常人，但被诬者是因患病在外身死的，止拟应当罪名发落。[③]此外，地方一些官员也积极采取措施，惩治诬告者。如山西按察使吕新吾采取设立刁民簿登记，在申明亭纪恶等办法，以惩戒诬告者。[④]

第三节　审判制度

一、证据

证据是审案的基础。明朝审判制度不独重口供，亦重证据。有的案件甚或没有证据则不能定人犯之罪。明律明确规定：“凡应八议之人及年七十以上，十五以下，若废疾者，并不合拷讯，皆据众证定罪，违者，以故失入人罪论。”[⑤]这是规定对特定身份和特定年龄者须以证据定罪，无证据则不得定罪。

证据又分人证和物证。人证和物证俱需检验其真实性，如对人命刑案中尸伤的检验等。下面分述之。

---

① 《大明律·刑律·诉讼·诬告》。

② 《明太宗实录》卷17。

③ 《明会典》卷169《律例》。

④ 《吕新吾实政录》卷3，《民务·恶风当戒者十》。

⑤ 《大明律·刑律·断狱·老幼不拷讯》。

（一）人证

1. 证人的资格。一般情况下，人人都具备作证人的能力，但亦有特例。明律规定："于律得相容隐之人，及年八十以上，十岁以下，若笃疾者，不得令其为证。违者，笞五十。"① 这实际上是规定了证人的亲属身份限制与年龄限制。根据律条，相容隐之人有特定含义，指的是"凡同居，若大功以上亲，及外祖父母、外孙，妻之父母、女婿，若孙之妇，夫之兄弟及兄弟妻，有罪相为容隐，奴婢、工人为家长隐者，皆勿论"②。人证除身份关系与年龄条件外，往往因案件性质之不同，对人证要求亦不一样。如人命刑案，当然是目睹现场者最有效力，而告妻子不孝，则四邻为最适当之人。

2. 证人的责任。先要求证言真实，不作串通和偏袒，假如证佐之人有所符同偏庇，不言真情，故行诬捏情词以为证佐，致官司断罪有所出入者，减罪人之罪二等。③ 证人有时还有义务呼唤被告，约其同往应讯及催缴犯人罚款等。有的案件，要据案情审讯需要，证佐干连人等一并羁候在官府衙门等候问讯。但明律禁止淹禁证佐之人于狱中。④

3. 证言的效力，一般由受案衙门自行决定是否采用证人证言，证言对其并无约束力。但证言对减避司法官冤枉之弊极有效力。

（二）物证

1. 物证类别。物证主要有两类，第一类是直接为犯罪所用物证，如盗窃的赃物、杀人的利器等都是，但须与犯罪情节相合。现场拿获物证最为有效，如私铸铜钱，从现场拿获钱模及新钱最为紧要。崇祯年间曾规定："各处巡按御史今后奉审强盗，必须审有赃证明确及系当时现获者，照例

① 《大明律·刑律·断狱·老幼不拷讯》。
② 《大明律·名例·亲属相为容隐》。
③ 《大明律·刑律·断狱·狱囚诬指平人》。
④ 《明宪宗实录》卷20。

处决。如赃迹未明，招扳续缉，涉及疑似者，不妨再审。”[①] 又规定：“其问刑衙门以后如遇鞫审强盗，务要审有赃证，方拟不时处决，决不待时。或于被获之时，伙贼共证明白，年久未获，赃亦化费，伙贼已决无证者，俱行秋后处决。”[②] 在这里，有无物证成为死罪是决不待时还是秋后处决的关键，而秋后处决者往往都有收赎或赦免的机会，可见其差异之大。第二类是可以作为解决诉讼争端的凭据。此类物证多在民事案件中出现而显重要，如田土之地契、婚姻之婚约等。《大明律》规定：“凡典买田宅不税契者，笞五十，仍追田宅价钱一半入官。”[③] 这里的“税契”，即为田宅买卖的重要物证。

2. 物证的引用。物证须经被害人认指后方才有效。但在明代，这一程序常被省略，以至带来冤抑。正统五年三月，刑部右侍郎柯文渊奏称五城兵马司指挥司所送的窃盗，大多是巡捕校尉在街上擒拿，并无实据，拷逼成招，造成冤滥太多。于是规定以后“捕获窃盗，须有失主认赃，当时连赃送问”[④]，才可治罪。治诬告罪时，应该仔细研究笔迹，细致地进行笔迹对比，因为事关重大，若无实据，不得问刑。

（三）检验

明朝对人证、物证皆有验证的规定，对死伤命案，更重视其检验程序。明律规定：“凡检验尸伤，若牒到托故不即检验……，定执致死根因不明者，正官杖六十。”[⑤] 成化年间又规定：“凡盗贼赃仗未真，人命死伤未及勘验，辄加重刑致死狱中者，审勘有无故失明白，不分军民职官，但视酷刑事例，

---

① 《临民宝镜》卷 6。
② 《临民宝镜》卷 6。
③ 《大明律·户律·田宅·典买田宅》。
④ 《明英宗实录》卷 65。
⑤ 《大明律·刑律·断狱·检验死伤不以实》。

为民。”[①] 由于“人命关天”，明朝对命盗案的检验规定殊为细致。

1. 检验者。因行政层级和衙门分工的不同而有区别。其一，对地方命盗案，知县、知州都应亲往处理，不得草菅人命，此视为初检。各府推官及上级衙门对初检仍有疑义，还应亲往复检或再检。有些命案，数年未结，甚至掘墓开棺，用洗骨、蒸骨方法对尸骨进行检验。其二，对于京城命案，京知县、府推官及各城兵马司人员都有权检验。[②] 其三，仵作为检验的专职人员，类似今天的法医。州县官往往主持检验，而仵作具有职业知识，需直接动手，甚或全部负责检验之事。惟因如此，也给仵作造弊、隐瞒真情留下了余地。

2. 赴检时限。凡是人命案件，由尸亲（包括父、兄、伯、叔、弟、侄、妻、子）于身亡日，即具状告验。立时打死及在三日之内者，均应准告检。如初已致伤，继而因伤死亡者，如已告保辜，也应准告检。保辜指的是人被殴伤后，告官相验，登记伤痕，令行凶者带伤者去治疗，尔后伤者因伤致死时，行凶者应承担致死责任。保辜日期，明律规定：“手足及以他物殴伤人者，限二十日。以刃及汤火伤人者，三十日。折跌肢体及破骨堕胎者，无问手足他物，皆限五十日。”[③] 问刑衙门在接到告检告验案件后，不得托故迁延，须立即赶赴现场。《洗冤录》规定检验者应在受差委后四小时内赴现场勘验，除遇夜晚不计算外，当日须将结果报出，否则以违制论。[④] 但实际上，明朝时并无如此严格。

3. 检验内容。明成化年间规定：“今后有告人命，须先体勘明白，果系应该偿命者，然后如法委官检验，依律问断。其情轻不该偿者，并诬告图赖等项人命及被犯输情者，止许明白相视，悉免检验。”[⑤] 命案检验时，对

① 《明史稿》卷71。
② 《续通典》卷148。
③ 《大明律·刑律·斗殴·保辜限期》。
④ 《临民宝镜》卷末中。
⑤ 《皇明条法事类纂》下，卷46。

要害致命之处，要仔细检其圆、长、斜、正；青与赤；分与寸。果否系某物所伤，公同一干人众质对，明白各情，然后成招。对妇女尸和尸亲请求免检下身时，由尸亲出具甘结附卷。

4. 检验报告。检验后，检验者应以书面形式写出报告，检验报告应包括检验地点、时间、致死根由、尸伤情形、证佐人对质、检尸人及见证人、尸亲签名等内容。[①] 检验后还需填画具尸图，一张付苦主（尸亲），一张粘连附卷，一张申报上司。检验报告如有不实等虚情，致罪增减者，以故出入人罪论。

二、审讯

（一）和息（调解）制度

明洪武二十七年（1394 年）四月规定："乡之户、婚、田宅、斗殴者，应先由里甲老人理断和息。"[②] 这是对户、婚、田土、斗殴等轻微案件的一种和息调解制度。依户部教民榜文规定："民间户、婚、田土、斗殴、相争一切小事，不许轻便告官，务要经本管里甲老人理断，若不经由者，不问虚实，先将告人杖断六十，仍发里甲老人理断。"[③]

嘉靖年间的乡甲约对应和之事规定有如下九种：（1）婚姻不明；（2）土地不明；（3）骂詈斗殴；（4）牲畜食践田禾；（5）放债三年以上；（6）钱到取赎房地力不能回者；（7）买卖货物不公，亏损人者；（8）地界不明等；（9）收留走失人口牲畜，具令各还本主者。[④]

和息程序又分申明亭议决和乡甲约议和两种。申明亭议决，由里甲老

① 《临民宝镜》卷末中。

② 《明太祖实录》卷 132。

③ 《皇明制书》上。

④ 《吕新吾实政录》卷 5。

人主持。依规定："其坐次，先老人，次里长，次甲首，论齿序坐。如里长年于老人者，坐于老人之上。事干别里，须会该里老人里甲公同剖决。"[①]里甲老人议决只能公议问断，问断以后，愿和者，听；不愿和者，准予告官。乡甲约议和则由约正约副主持，其程序比申明亭议决更为庄严慎重，一般应将和事牌移置"孝顺父母，尊敬长上"的圣谕之前，尔后约正、约副、约史、当事人等各立于其位置，在牌前起誓："处事不公，身家被祸。"约正、约副问断明白，令当事人心服，然后斟酌王法、天理、人情，与约史商量处断，并将结果记于和簿或恶簿之中。[②]

明律对和息制度还做了限制，即"公事不得私和"[③]。"公事"即指已告诉在官之案。公事私和者予以重处。

（二）初审制度

1. 初审原则，其一为两造具备，即审讯时原告被告都得到庭应对。其二是不公开，准许庭上用刑。其三是依状鞫狱，明律规定："凡鞫狱，须依所告本状推问。"[④]其四是独立审讯，司法官及断刑衙门须独立办案，不得听从上司主使。[⑤]

2. 初审程序。审讯开始的一般程序是：先由问刑衙门官命直堂皂快将应听审人犯依牌唤进，跪于问堂之下；先讯原告，再讯被告，另讯干证人等；问讯时循例先问各当事人之姓名、年龄、籍贯以及职业等，尔后是对状词及不服事由。刑部对问拟刑名有专门规定，即要问刑官"观其颜色，审听情词"，类似于传统的"五听"制，对"其词语抗厉，颜色不动者，

---

① 《皇明制书》上，户部教民榜文。
② 《吕新吾实政录》卷5。
③ 《大明律·刑律·杂犯·私和公事》。
④ 《大明律·刑律·断狱·依告状鞫狱》。
⑤ 《大明律·吏律·职制·奸党》。

事理必真，若转换支吾，则必理亏”[①]。除言词审讯之外，还有证据调查。

3. 刑讯。明律规定，审问案件可以拷讯，但应八议之人，年七十以上、十五以下及废疾者不得拷讯。[②]拷打犯人的法定工具是笞、杖、讯，皆用荆条制作。笞、杖刑为臀受，讯杖刑是臀腿分受。另有许多法外刑具，如拶指、夹棍、脑箍、烙铁、竹签、鞭等名目，均残酷之极。明律对拷讯亦有限制："凡官司决人不如法者，笞四十；因而致死者，杖一百。均征埋葬银一十两。行杖之人各减一等。"[③]还有所谓的"拷讯不得过三度"，但实际上明朝拷讯是无所谓节度的，厂卫审案时使用的刑讯更加残酷，因拷讯致死者屡见不鲜。

4. 笔录。笔录为审讯过程中极为重要的环节，其内容一般包括诉讼当事人（含审讯人员与原被告两造）情况、证人情况、证据与证物、供词、画押等内容均要记载其中，特别是供词，包含原告之状词与被告之供状，要准确无误，不得遗漏。[④]

（三）特别审与再审制度

1. 朝审。明初遇有重大刑狱，由皇帝亲自面讯。洪武十三年（1380年），明太祖决定除武臣大狱外，不再面讯亲审，[⑤]而有三法司等会多官审录。天顺三年遂形成朝审制度。朝审一般于每年霜降后，题请钦定日期举行，审讯对象初为在京现监重囚，永乐年间又定在外死罪重囚悉送京师审录，弘治年间再定凡捕获强盗，绑送御前引奏者皆为朝审对象。[⑥]朝审一般由三法司及其各部、通政司并锦衣卫堂上官和科道官等参加，吏部尚书秉笔主

① 《皇明制书》上，刑部职掌。
② 《大明律·刑律·断狱·老幼不拷讯》。
③ 《临民宝镜》卷首上。
④ 《临民宝镜》卷首上。
⑤ 《明史·刑法志》。
⑥ 《明会典》卷177《朝审》。

持。朝审地点在承天门外，弘治年间又改在午门前。[①]

2. 大审与录囚。大审，又称五年审录，成化十七年（1481 年）命司礼太监会同三法司堂上官到大理寺会审，以后遂成大审制度。大审一般是每届五年，遇丙、辛年期时，由刑部题请钦定。所谓丙年、辛年，谐音明年、新年之意。大审对象为现监囚犯及累诉冤枉者。嘉靖年间规定，凡遇每五年审录之期，一应杂犯死罪准徒五年者，一体减去一半，徒流以下减等发落。[②]大审在京师者则由司礼太监与三法司堂上官主持，在各直隶、布政司，则由各直隶、布政司与巡按御史主持。审录目的为理枉伸冤，所以又称录囚。录囚之法，有五个步骤，其一曰阅文卷，以察始末之详；二曰询掌印官，以察拟罪之意；三曰询原问官，以察取招之由；四曰询检尸捕盗及证佐人，以察起狱之故，五曰审正犯之言、貌、视、听、气，以察所犯之实。审录之后，不得迳行处置，而应将审录结果奏报。

3. 热审。永乐二年（1404 年），明成祖因天热，狱囚淹久，而命法司清疏刑狱，遂形成热审制度。热审一般为每年小满后十余日，由司礼监传旨下刑部，组织热审庭，以五、六两个月为期。[③]热审对象，在永乐二年为案未能决者，出狱听候。成化年间，对徒、流以下现监罪囚，减等发落，重囚可矜疑及枷号者，具奏定夺。弘治年间又规定，五至六月终，例该枷号人犯陆续奏请宽贷。[④]热审主持者在京师一般为司礼太监会同三法司主审，在外则由巡按御史同各掌印官主审。

4. 寒审。洪武二十三年、永乐四年、永乐九年、宣德四年曾有数次以灾异修刑、覃恩布德之名义给当系重罪者恤刑，被崇祯年间的代州知州郭正中称为寒审。[⑤]未见有明确制度规定。

① 《明史 · 刑法志》。
② 《明会典》卷 177《恤刑》。
③ 《明会典》卷 177《热审》。
④ 《明会典》卷 177《热审》。
⑤ 《明史 · 刑法志》。

5. 再审。明朝再审，未见制度所载，但案例甚多，尤以命盗大案及政治案为甚。如熹宗时，宰相魏忠贤用事，治东林党领袖人物杨涟、左光斗及黄尊素等人死罪，处极刑完毕。明思宗时，视此案为逆案，重新审理，平反冤案。

三、判决

（一）判决的原则

1. 依法判决。明朝的法律，范围很广，有律、令、条例、大诰、祖训、诏谕、榜文等。明律规定："凡断罪，皆须具引律令，违者，笞三十。若数事共条，止引所犯罪者，听。"① 这说明律令是判案的基本依据。所谓"律令出于素定，斟酌详明，用法之经也"②。律与令有时会发生冲突，往往律比令更有效力。"令已有入律及与殊者，皆依律。近有例与令殊者，亦依例尔。"③ 这说明不仅律效力在令之上，例之效力也高于令。有时新律旧律亦会规定不同，大明律与大明令都规定有："凡律自颁降日为始，若犯在以前者，并依新律拟断。"④ 可以说这是从新不从旧原则。但是律令条例在皇帝有赦令、遗诏时，应当终止其适用和效力。

2. 比附原则。明朝断案必须"具引律令"，标明律条，但有的犯罪行为在律条上无明文规定，可比附类似律条予以适用。明律规定："凡律令该载不尽事理，若断罪而无正条者，引律比附，应加应减；定拟罪名，转达刑部，议定奏闻。"⑤ 这里规定了比附的程序，若不遵此程序，"若辄断决，

① 《大明律·刑律·断狱·断罪依律令》。
② 《招判正宗》卷10。
③ 《招判正宗》卷10。
④ 《大明律·名例·断罪依新颁律》。
⑤ 《大明律·名例·断罪无正条》。

致罪有出入者，以故失论”[①]。比附的适用，范围甚广，自笞、杖、徒、流至绞、斩，皆可比附。

3. 本衙门归结。问刑衙门一旦收受词状，即应在本衙门受理裁判，结清其案卷，不得拒绝受理或转委所属机构，否则，一经发觉，即随所告事理轻重以坐其罪。[②]

（二）判决书的制作与内容

1. 判决书的制作。判决书一般应由主审司法官负责拟定，原则上不得假手同僚和吏书。明律规定：“凡应行官文书，而同僚官代判署者，杖八十。若因遗失文案而代者，加一等。若有增减出入，罪重者，从重论。”[③]但实际上，判决书的真正制作者皆为各衙门之吏典，承担责任者则为主审司法官。判决书之文体明代初期多用典丽之骈体文，后期逐渐改为用散文体裁。但不论用何体裁，都不得误犯御名及庙讳。若有犯，将分别轻重而惩处。[④]判决书的款式，按明朝公文制度分为奏、题本式和普通公文式。其内容书写皆有一定格式，不得违误。

2. 判决书的内容。明时判决书一般含以下内容：其一，招由，即案由。一般要求简洁明了，说明本案起因、受理依据及经过。若系上级交办，更要予以说明，但如系奉旨审问，则不得开写旨意。其二，问得。即将审讯事实予以叙述，以作断案依据。讼案如只有人犯一人，简明叙述皆可，若为二人以上共犯，则不得错乱行文次序，先叙述之首犯称为“招首”。其余年月日、保人证人、金钱数目等记载皆要详细具体。其三，俱小招。对共犯之同案犯，除招首于问得项下详述事实之外，其余之人，都记在俱小

① 《大明律·名例·断罪无正条》。
② 《大明律·刑律·诉讼·告状不受理》。
③ 《大明律·吏律·公式·同僚代判署文案》。
④ 《大明律·吏律·公式·上书奏事犯讳》。

招项下。一般不需要再详述全案，只记其姓名、年岁、籍贯、职业等。如其人有罪者称“招”与某人（招首）同，若无罪，则称“供”与某人同。其四，取服辩。当主审官审断明白，当事人知其所犯，服其罪名者，称服辩。审判衙门应向当事人等取服辩文状，以防囚犯蔽冤或日后翻供。其五，议得。就是根据案情，依律令规定，确定当事人在讼案中之责任。这是判决书中最重要也最难写的内容。其六，照出。除主要罪刑之外，与本案有关之其它事项或措施皆在此项下写明。如诉讼费用、犯罪之物、借调之文卷、证件追缴、提结及其它有关事项等。

（三）判决的宣告

明朝断案之后，有一定的宣告程序，一般采口头方式。无罪之轻微案件，可当庭宣告释放，笞杖罪也可当堂宣示应笞杖多少及审力之有无，填写印票，了结其案。[①] 但属于徒、流、死罪，明律特别规定：“唤囚及其家属，具告所断罪名，仍取囚服辩文状……。违者，徒、流罪，笞四十；死罪，杖六十。其囚家属在三百里之外，止取囚服辩文杖，不在具告家属罪名之限。”[②] 这是把判决内容正式告诉囚犯及其家属，为让囚犯服法归心，允许囚犯与家属取去服辩文状，以防囚犯日后反异（翻案）。宣告判决后，若囚犯不服辩，不递送服辩文状者，听其自理，仍由原问官详审或另有机关审理。

（四）死刑的复奏

明时沿旧制，对死罪罪囚有复奏制度，即死刑应奏闻皇帝作最终裁决。与唐朝的三复奏不同，明时规定了五复奏制度。永乐七年（1409 年）规定，重罪必五复奏；九年九月规定：凡死罪必五复奏；及十三年，乃著为令，变

---

① 《吕新吾实政录》卷 6。
② 《大明律·刑律·断狱·狱囚取服辩》。

成制度。复奏的期限，成化元年规定为五日，稽延超过五日的，刑科应劾举之。[①] 复奏程序一般是各法司报送死刑案，经大理寺审允后，由大理寺送报皇帝复奏，这期间，刑科亦有稽核之责。复奏后，皇帝或命执行死刑，或否决，或留中不发。

（五）诉讼费用

明朝的诉讼费用又称纸费。洪武二十七年定，免予纳纸费的罪囚有逃军、逃囚、抄家发配者以及抢劫的强盗。弘治时《问刑条例》又定对经济困难，“监追纸札三个月之上不能完纳者”，“窃盗死罪逃军民匠囚犯充军遇革释放者”，亦均免纳纸费。除此之外，“其余官吏军民人等，俱各办纳纸札一份”。收纳纸费的目的，一是在经济上加以约束，防止滥诉，二是借以补充政府财政开支。[②] 正统年间，户部提出所辖府州县所军民词讼数多，供应需用纸张，请求照在京法司罪囚纳纸事例，“向罪囚减半追收纸札应用”，得到钦准施行。[③] 交纳囚纸的办法，一是在将罪囚解送大理寺审录时，“令家属将纸照例收买送官”，官衙“验无破坏，即与收受”。[④] 二是没有家属的罪囚在审讯结束后，由司法部门差吏押出自行买纸交纳。三是穷囚或远离家乡一时未有钱买纸的，可以“先行拟议发落”，然后“行令本管官司责限交纳”。

（六）判决的执行

明律规定：“凡狱囚情犯已完，监察御史，提刑按察司审录无冤，别无追勘事理，应断决者，三日内断决，应起发者，限一十日内起发。”[⑤] 限外

① 《明宪宗实录》卷22。
② 《明会典》卷228《镇抚司》。
③ 《皇明条法事类纂》卷5，在外罪囚罚纸俱照在京则例减等。
④ 《皇明条法事类纂》卷5，在京法司囚犯纳纸许家属自买送纳。
⑤ 《大明律 · 刑律 · 断狱 · 淹禁》。

不断，决不起发时，三日笞二十，每日加一等，罪止杖六十。对于笞杖罪，问刑官即为行刑官，对于徒流罪，除贴杖之刑外，府州县只有决配权，而无行刑权。对于死刑，在京以刑部为执行机构；在地方则以巡按御史为主。死刑之执行又分“决不待时”与“秋后处决”两类。遇死囚为产妇时，虽奉到决单，亦要待产后一百日乃行刑。另外，明朝还有“输作”与“赎刑”之规定。这是以劳力或金钱来代替刑罚执行。特别是赎刑，明朝广为运用，并载于律文，详列图表。洪武三十年五月定：“凡内外官吏犯笞、杖者，纪过；徒流迁徙者，以俸赎之，三犯之，如律。”“民有犯徒、流、迁徙者，发充递运水夫。凡运米赎罪者，甘肃车一辆，牛四头，米四石。”①

四、复审复核制度

（一）复审的基本规定

洪武十七年（1384年）规定，凡布政司、按察司拟问罪名，其间人命重狱，应具奏转达刑部、都察院参考，仍送大理寺详拟。二十六年（1393年）又规定，凡布政司并直隶府、州问拟之刑名，笞、杖者，由府、州、县决断；徒、流、迁徙、充军、杂犯死罪者，应解刑部审录，刑部确定无误的，送大理寺复拟而后定。如大理寺认为情词不明，出入人罪的，驳回再审。正统四年（1439年）《宪纲》中申明：“凡在外问之徒、流、死罪，申上司详审，直隶地方，由刑部、巡按御史负责，各布政司由按察司并分司负责，审录无异时，徒、流就便断遣；死罪，议拟奏闻。”②由此可见，复审的基本规定以五刑轻重而定。笞刑，州、县一审终结，不复审；杖刑，八十以下，由州管辖者，不复审，由县管辖者，六十以上申府复审。一百以下，初审后

① 《明太祖实录》卷253。
② 《明史·刑法志》；《明会典》卷177。

应申府复审。徒、流刑，由州、县初审者，应申府复审，并转呈按察司决定；死刑，州、县申府详，府转按察司，按察司于会审后转呈刑部或都察院，再转大理寺详议，最后由皇帝钦定。

另外，诉讼当事人如不服判决，亦可向原问刑机构或其他衙门，特别是监察御史、按察司或分巡道等陈告冤枉，要求复审。徒、流、死罪囚不仅本人可以不服辩要求复审，其家属亦可不服判决要求复审。[①] 此类似于今天的上诉制度。对于罪囚及其家属的请求，亦依五刑之审级来决定由何机构复审。

（二）复审程序

1. 一般的复审程序。复审的普通程序依案件轻重而不同。死罪重囚，各州、县审理后报上级衙门，称之为“申详”。其它案件，各地方衙门有自问之案，也有奉上级衙门交办之案。这些案件的复审，都具呈各上级衙门照详。呈上级衙门照详之案件，有时应同时解送人犯到案复审，此称为“解详”。申详各案时，一般应附上案卷材料。抚按衙门在接到申详案件后，如为命盗大案，发现有冤抑之情或出入人罪者，可径行批驳，发回重审，如无冤无误，在外之死刑案件由按察司会同巡按御史会审详允之后，转送刑部，由刑部转大理寺详谳后奏闻，此曰“京详”。

2. 大理寺复审程序。大理寺为专职复审衙门。对地方案件，大理寺仅审理案卷材料，而不直接审录人犯。对京师案件，大理寺则可直接审录人犯。前者称为“详拟罪名”，后者称为“参详罪名”。

详拟罪名：凡地方之都司、布按及直隶所辖卫所府州之讼案，问拟完毕后应行转详者，均要到大理寺复审。大理寺复审时大致有以下几种处理：其一，如拟施行，对原判合律者，除死罪重囚外，回报原问刑衙门如拟施行。其二，再拟，对原判不合律者，驳回令其再拟。其三驳回，对招词含糊，

---

① 《大明律 · 刑律 · 断狱 · 狱囚取服辩》。

事情不明者，驳回再问。[①]

参详罪名：凡刑部、都察院、五军断事官问拟的在京轻重狱囚，连卷牍送大理寺审理。[②]对于死刑翻异案等，大理寺还要联合吏部尚书、左都御史、通政司使等九卿会审案卷狱囚，此制称为“圆审”。“圆审”无异，待原案之奏本公文到大理寺后，由大理寺参详研究罪名，最后作出处理。一般有以下几种类别：其一，准拟，即原判合乎律条，无疑义者，以“准拟”处理。仍由通政司回报原送审衙门。其二，照驳，原判不合律令，驳回原衙门再拟。第二次改拟不当，还可再驳。前二次称“照驳”，第三次称“参驳”。其三，番异，对陈冤不服辩之狱囚，大理寺另以公文发交其他衙门审理，此称“番异”，即调问。其四，制决。对屡驳不合者，请旨发落，称“制决”。[③]

---

① 《明会典》卷 214《大理寺》。

② 《明会典》卷 214《大理寺》。

③ 《明史》卷 73《职官志二》。